中核华纬系列丛书

天津市公路中心联合出版

PPP项目政府方监管要点

崔德高 / 著　　岳向武 / 审订

编写人员

岳向武　陈鑫瑞　许永强　李　安　刘明林

王　蔚　申　婵　赵　阳

法律出版社 LAW PRESS · CHINA

序言

人生百年常在醉，算来三万六千场。

年前××市高速公路管理处委托我做一个关于PPP项目政府方监管要点的课题研究，想想这两年问我PPP项目应该怎么监管的实施机构领导有不少，各方似乎也少有这方面的研究成果，而政策当中又多是一笔带过的原则性表述，往往对实务中的指导功效有限，于是我觉得这个课题还是很有实务需求性的。

这几年一直扎在一线，深知实务中的各种问题频发多是由于执行人员对自身的定位不清晰，职责不明了，管理边界模糊所致。各方依然处于温暖的舒适区，依然采用传统的工作方式和工作思维进行，因此积累到一定的极限，问题自然就会产生了。本书以高速公路管理处实施中的津石高速公路为例，从微观实务着手，根据现行的政策规定和项目的合同约定，厘清政府方的管理边界，希望对实务中各方的有效推进产生重要意义。

PPP的本质就是“规范的政府和社会资本合作模式能够将政府的发展规划、市场监管、公共服务职能，与社会资本的管理效率、技术创新动力有机结合，**减少政府对微观事务的过度参与，提高公共服务的效率与质量**”，[①]“**政府通过合同管理、绩效考核、按效付费，实现全产业链和项目全生命周期的PPP合作**”，[②]我们既然是以项目为例，目标也是帮助政府方明确应该管理哪

① 财政部《关于推广运用政府和社会资本合作模式有关问题的通知》（财金〔2014〕76号）。

② 国家发展改革委、住房城乡建设部《关于开展重大市政工程领域政府和社会资本合作（PPP）创新工作的通知》（发改投资〔2016〕2068号）。

些内容，例如，实务中经常出现的一些工作该不该管？该管的部分应该去怎样管？因此，本书直接开门见山、单刀直入，从实务角度着手研究，如上所述，政策规定的、合同约定的，再结合行政赋权和项目具体情形，综合分析研究后，直接量化形成政府方监管要点的清单，达到管理处的领导们看到后就能知道哪些该管、哪些不该管的标准。

从应用角度出发！目标既定，路线清晰，思路透彻，撸起袖子加油干就对了。

期待结果，全力以赴，一往无前！

崔德高

2020 年 2 月 29 日

目录 CONTENTS

第五章　政府方监管要点：合同部分　283

第一章

概　述

PPP 模式发展至今，还没有形成成熟的、完整的理论体系，执行的依据为目前国务院和财政部、国家发展改革委等各部委发布的 277 项政策。① 而政府方在 PPP 项目中的授权管理代表为实施机构，根据财政部文件精神，实施机构必须是职能部门或事业单位，② 因此，一般实施机构也有其行政管理职能。另外，实施机构在管理过程中，核心依据就是和项目公司签订的《PPP 项目合同》，因此，从宏观来看，政府方的监管要点至少应该包括以下三个部分：法律法规、政策规定的内容；作为行政机关或事业单位，国家赋予的行政职能内容；实施机构签订的各项合同内约定的内容。

除此之外，还应包括在项目实践中通常需要实施机构配合才能完成的工作内容，也需要政府方进行监督、管理。

国务院办公厅转发财政部发展改革委人民银行《关于在公共服务领域推广政府和社会资本合作模式指导意见的通知》（国办发〔2015〕42 号）中明确，"……政府作为监督者和合作者，减少对微观事务的直接参与，加强发展战略制定、社会管理、市场监管、绩效考核等职责，有助于解决政府职能错位、越位和缺位的问题，深化投融资体制改革，推进国家治理体系和治理能力现代化"，"在政府和社会资本合作模式下，政府以运营补贴等作为社会资本提供公共服务的对价，以绩效评价结果作为对价支付依据，并纳入预算管理、财政中期规划和政府财务报告，能够在当代人和后代人之间公平地分担公共资金投入，符合代际公平原则，有效弥补当期财政投入不足，有利于减轻当期财政支出压力，平滑年度间财政支出波动，防范和化解政府性债务风险"。

国家发展和改革委员会（以下简称国家发展改革委）《关于开展政府和社会资本合作的指导意见》（发改投资〔2014〕2724 号）第 2 条第 1 款也规定，"开展政府和社会资本合作，对转变政府职能、提高管理水平提出了更高要

---

① 截至 2020 年 3 月 2 日，本数据不含地方政府发布的地方政策。

② 财政部《关于推进政府和社会资本合作规范发展的实施意见》（财金〔2019〕10 号）第 2 条第 1 款第 5 项，"政府方签约主体应为县级及县级以上人民政府或其授权的机关或事业单位"。

求。政府要牢固树立平等意识及合作观念，集中力量做好政策制定、发展规划、市场监管和指导服务，从公共产品的直接‘提供者’转变为社会资本的‘合作者’以及PPP项目的‘监管者’”。

2014年11月29日，财政部发布的《关于印发政府和社会资本合作模式操作指南（试行）的通知》（财金〔2014〕113号）[①]第30条第1款规定，“政府相关职能部门应根据国家相关法律法规对项目履行行政监管职责，重点关注公共产品和服务质量、价格和收费机制、安全生产、环境保护和劳动者权益等”。

以上对政府方的身份转变、身份定位、管理内容等均从政策层面给予了明确的定义，政府方要从公共产品的“提供者”转变为“合作者”和“监管者”，对于“监管者”的权利，2014年12月30日财政部发布的《关于规范政府和社会资本合作合同管理工作的通知》（财金〔2014〕156号）作出了明确要求，**PPP项目合同中除应规定社会资本方的绩效监测和质量控制等义务外，还应保证政府方合理的监督权和介入权，以加强对社会资本的履约管理。与此同时，政府还应依法严格履行行政管理职能，建立健全及时有效的项目信息公开和公众监督机制**，可见，政府方的身份已经明确转换，这是要求我们一线管理的领导必须要调整的思路。

根据国家审计署于2019年3月15日发布的《中华人民共和国审计法（修订草案征求意见稿）》[②]第25条规定，“审计机关对政府投资和以政府投资为主的工程项目，以及其他关系国家利益和公共利益的公共工程项目的预算执行、决算以及有关建设、运营情况，进行审计监督”，且“社会审计机构审计的单位依法属于审计机关审计对象的，审计机关有权对该社会审计机构出具的相关审计报告进行核查”。由于PPP项目有其公益属性，属于“关系国家利益和公共利益的公共工程项目”，这就明确意味着PPP项目势必要经

① 根据财政部《关于公布废止和失效的财政规章和规范性文件目录（第十三批）的决定》（财政部令第103号），本文件已失效。

② 虽然属于征求意见稿，但从审慎管理角度考虑，管理可以参考。

历行政审计，因此，站在实施机构的角度考虑，我们应审慎管理，应从行政审计的角度去考虑各项监管工作，并以行政审计的标准来要求。

以案例项目为例，高速公路管理处作为授权的实施机构，在本 PPP 项目中有双重身份，**一是行政身份**，在 ×× 市交通委的领导下，代表国家行使相关的行政管理权限，例如，负责对各高速公路经营公司养护维修工程和养护行为的监管，组织协调高速公路设施应急处置工作；监督和指导宣贯路政管理法律法规、保护路产路权等法制管理工作，负责对救援服务工作实施行业指导和监督；承担高速公路建设及涉路工程的行业监管工作等。**二是民事身份**，在 PPP 项目体系中，实施机构作为政府方的授权管理代表，代表政府方与中标的社会资本方及后成立的项目公司签订一系列的合同，包括与中标社会资本方签订的《PPP 项目投资协议》、与新成立的项目公司签订的《PPP 项目合同》等，并按约履行责任和义务。由于 PPP 项目的投资经营和管理属于正常的民事活动，因此，在此情境之下，实施机构又是和中标的社会资本方、后成立的项目公司属于平等的民事责任主体关系。

财政部在 2014 年 12 月 30 日发布的《关于规范政府和社会资本合作合同管理工作的通知》（财金〔2014〕156 号）附件《PPP 项目合同指南（试行）》中对以上内容进行了明确，“PPP 从行为性质上属于政府向社会资本采购公共服务的民事法律行为，构成民事主体之间的民事法律关系。同时，政府作为公共事务的管理者，在履行 PPP 项目的规划、管理、监督等行政职能时，与社会资本之间构成行政法律关系”，因此，实施机构存在双重身份，管理者也应该随着管理内容的变化而随时切换自身的角色，难度比较高，颇有挑战。

《PPP 项目合同指南（试行）》第 1 章第 1 节第 1 条对政府的定义进行了翔实的规定，“根据 PPP 项目运作方式和社会资本参与程度的不同，政府在 PPP 项目中所承担的具体职责也不同。总体来讲，在 PPP 项目中，政府需要同时扮演以下两种角色：作为公共事务的管理者，政府负有向公众提供优质且价格合理的公共产品和服务的义务，承担 PPP 项目的规划、采购、管理、监督等行政管理职能，并在行使上述行政管理职能时形成与项目公司（或社会资本）之间的行政法律关系；作为公共产品或服务的购买者（或者购买者的代理人），政府基于 PPP 项目合同形成与项目公司（或社会资本）之间的平等民事主体关系，按照 PPP 项目合同的约定行使权利、履行义务”。由此可见，政府方的监管要点包括行政职能监管及合同约定的管理内容。

另外，政府方出资代表在 PPP 项目中也有双重任务。根据合同相对性，政府方出资代表的责任、权利和义务均已在《股东协议》和《公司章程》中约定，一般在公司的管理制度中，也会对其管理范围作出明确的赋权。这些属于基本动作，其实政府方出资代表的任务包括两点：**一是拜师学艺**，国家推动 PPP 模式的本意就是利用社会资本方的先进管理经验，提高社会公共服务的效率，未来合作期满，项目要完整的、无偿地移交给政府方，届时还需要能够接收后持续稳定提供相应服务，因此，派出管理代表学习先进的管理经验，既是对管理效率的提高，也是为了未来顺利接收项目做的准备。**二是随时监督**，政府方出资代表深度参与项目公司的经营管理，根据公司章程和管理制度，对日常工作也有相应权限，因此可以随时监督项目公司是否按照合同约定在健康地推进 PPP 项目，若有违规违约事项发生，政府方出资代表可以随时代表政府方进行制止和纠正，当不能及时正确处理时，必然会向政府方汇报，以保证项目不出现原则性偏差。这也是一个防止出现根本性风险的防火墙。

那么，作为 PPP 项目的“合作者”和“监管者”，我们应该监管哪些内容呢？又该如何监管？没有准确答案，需要我们自己去拨云见日，沧海拾遗。编者认为 PPP 项目的政府方监管要点研究，应该从两部分去考虑，一是哪些内容应该管，二是应该怎么管。同时，监管的内容，不仅仅是看监管项目公司是否做到，还应包括监管自身责任和义务是否履行。

所以下文的要点研究，全部着力于以上逻辑。首先明确监管要点（明确监管要点的过程经历了大量的基础工作，比较冗长、繁杂，不在本书中详细体现），然后论证“为什么要管”，确认应该管之后，再明确“应该怎么管”，即构成完整的“政府方监管要点研究”。

本次研究最终形成以下成果，以形成完整的系统研究，供不同角度参考：

1.《PPP 项目政府方监管要点成果报告》：本报告为本次研究的正式成果，也是本书的核心内容的高度提炼。

2.《PPP 项目政府方监管要点 PPT》：作为研究成果汇报材料使用，是研究成果的高度提炼。

3.《PPP 项目政府方监管要点研究》论文：本书核心观点的提炼和总结，拟发表于《施工企业管理杂志》，作为多维度成果确认。

4.《PPP 项目政府方监管要点》专著：本书，本著作论述范围将高于上述成果，具有适用于所有项目的普适性，是对本次成果的进一步延伸。

至此，我们将分别从现行政策规定、案例项目实施机构 ×× 市高速公路管理处的行政职能赋权、案例项目 PPP 项目合同约定及经验建议 (本内容分散在各个监管要点之中，未单独成立章节) 四个方面分别提炼“政府方监管要点”，并直接论述。

PPP 项目分为识别、准备、采购、执行和移交五个阶段，每个阶段都有不同的关键工作，在日常管理过程中，政府方应抓住各项关键工作，在关键节点必须坚定方向、有所依据，才能达成 PPP 项目物有所值的原意。因此，对以上监管要点进行提炼后，编者将按照以上五个阶段进行分类，最终形成本次课题所需的《PPP 项目建设阶段政府方监管要点》，共计 50 项，详见本书附录。

第二章

PPP项目建设阶段政府方监管要点

以 ×× 市高速公路 PPP 项目为例，政府方建设阶段监管要点共计 50 项。

其中，政策相关规定部分计 25 项，行政职能相关规定部分 7 项，PPP 项目合同约定相关部分 35 项。但政策相关部分 20 项和合同约定部分的 16 项重叠一致，重叠部分详见表 2-1。故最终合并同类项后，PPP 项目建设阶段政府方监管要点共计 50 项，详细如下：

1. 行政职能：监督、检查建设期间是否存在大气污染情形，确认安全文明施工措施是否到位？

2. 行政职能：确认案例 PPP 项目施工期间所需行政审批手续是否及时批出，项目行政许可是否已经全部获得？

3. 行政职能：确认案例 PPP 项目是否存在建设补助资金申报情况，如果存在，是否及时推进落实？

4. 行政职能：定期与项目公司沟通、会议，确认是否存在阻碍项目建设的情形，如有，确认是否及时推动协调解决？

5. 行政职能：对案例 PPP 项目进行定期监督、检查、管理，确保项目建设合法合规、顺利有序推进。

6. 行政职能：确认案例 PPP 项目的图纸设计、变更审查、工程方案审查等工作是否及时落实到位？

7. 行政职能：确认是否及时开展、落实项目建设后评估工作？

8. 合同约定：确认是否已经获得了土地批准手续，相应的费用乙方是否及时、完全支付？并监管确认乙方是否按照协议约定的内容使用该土地。

9. 合同约定：确认是否已经获得政府对 PPP 项目的批文和对实施机构的书面授权？

10. 合同约定与政策规定：本项目案例中，请高速公路管理站确认是否已经获得 ×× 市交通运输委员会的书面授权？

11. 政策规定：确认项目是否入库？若没有入库，是否排查原因并消除后予以入库？

表 2-1　PPP 项目政策和合同的监管要点重叠比对（建设期）

序号	PPP 项目政策监管要点	PPP 项目合同监管要点
1	监管要点 1：项目前期规划、土地预审、环境评价等前期工作是否按规定完成？	监管要点 54：确认是否已经获得了土地批准手续，相应的费用乙方是否及时、完全支付？并监管确认乙方是否按照协议约定的内容使用该土地。
2	监管要点 3：确认实施机构、政府方出资代表是否为适格的主体？是否已获得了政府书面授权？	监管要点 55：确认是否已经获得政府对 PPP 项目的批文和对实施机构的书面授权？
3	监管要点 7：确认《PPP 项目实施方案》是否按照规定编制？并获得了政府的批准？	监管要点 55：确认是否已经获得政府对 PPP 项目的批文和对实施机构的书面授权？
4	监管要点 8：确认政府方支出责任是否已经获得了财政确认，并获得了人大决议？	监管要点 55：确认是否已经获得政府对 PPP 项目的批文和对实施机构的书面授权？
5	监管要点 16：实际管理代表是否已经获得相应书面授权？	监管要点 56：本案中，请高速公路管理站确认是否已经获得 ×× 市交通运输委员会的书面授权？
6	监管要点 18：项目资本金是否已经及时、足额注资到位？项目资本金来源是否合规？	监管要点 57：确认项目公司注册资本金、项目资本金是否已经足额、及时出资缴纳到位？融资贷款的条件是否按照协约约定达成？融资贷款是否及时到账，且未影响项目的正常推进？
7	监管要点 20：确认项目融资是否按约及时到位？	监管要点 57：确认项目公司注册资本金、项目资本金是否已经足额、及时出资缴纳到位？融资贷款的条件是否按照协约约定达成？融资贷款是否及时到账，且未影响项目的正常推进？
8	监管要点 22：实施机构或政府方出资代表应及时办理法人变更手续，是否已及时完成？	监管要点 63：确认项目公司是否已经按照规定履行并获得了施工许可证及其他项目实施必须具备的合法合规性手续？若涉及前期手续法人不一致的，确认是否已及时配合乙方办理法人转移手续？

续表

序号	PPP 项目政策监管要点	PPP 项目合同监管要点
9	监管要点 23：确认项目公司是否已经获得了建设用地规划许可证、建设工程规划许可证、土地许可证、施工许可证等项目建设所必需的合规性手续？	监管要点 63：确认项目公可是否已经按照规定履行并获得了施工许可证及其他项目实施应必须具备的合法合规性手续？若涉及前期手续法人不一致的，确认是否已及时配合乙方办理法人转移手续？
10	监管要点 24：确认项目公司是否建立了完整的财务管理制度并遵照执行？	监管要点 64：确认对项目公司的财务监管是否到位？
11	监管要点 25：确认项目公司是否获得了必要的三通一平？是否与水电气等公用事业单位接洽顺利？征地拆迁工作是否顺利？	监管要点 64：确认前期征地拆迁工作是否及时完成，是否符合项目推进进度要求？
		监管要点 65：确认项目公司是否已经获得项目所需的公用设施条件？必要时，可以给予充分和必要的协助。
12	监管要点 26：确认项目公司是否加强了项目成本控制，明确了投资控制目标？确保项目不超概算，否则，确认是否及时获得了相应的批准手续？	监管要点 71：常态化监管投资是否超出批复概算？投资控制上限 31.65 亿元，若要超出，必须履行完成相应正式批准手续，以避免行政后果。
13	监管要点 29：项目实施过程中，确认项目公司是否按照规定进行招标采购工作？	监管要点 73：确认项目公司的各项采购程序是否合规？
14	监管要点 30：确认项目公司是否定期提交了建设、运营情况报告？	监管要点 74：要求项目公司及时提交《SPV 公司经营管理大纲》、年度建设进度计划、采购计划、资金计划等，作为年度监管的重要依据，要求项目公司按期提交固定格式的《SPV 公司经营管理月报》、《SPV 公司经营管理年报》、会计师事务所出具的财务年报等。要求定其召开周例会或月例会，施工总承包单位、监理单位、跟踪审计单位、项目公司、实施机构等共同参加，听取各方工作汇报，并及时落实、处理问题，以上确认定期执行，并存档备案。

续表

序号	PPP 项目政策监管要点	PPP 项目合同监管要点
15	监管要点 32：确认项目公司是否存在股权变更情形？若有，应确认是否按规定和合同处理？	监管要点 75：确认乙方股权变更是否按照规定执行？
16	监管要点 33：确认是否协助项目公司获得了应有的相关税收优惠或减免？	监管要点 76：是否已经协助项目公司获得许可的税收和其他优惠？
17	监管要点 34：确认各项补助资金、贴息资金、奖补资金等是否按照规定执行？是否履行了相关手续？项目公司是否按照规定专款专用？	监管要点 77：专项资金是否已经按照规定及时、足额拨付？专项资金的使用是否按照《专项资金使用管理办法》专款专用？
18	监管要点 36：项目实施过程中，若原合同确需变更的，确认是否及时签订了相关补充合同？	监管要点 78：确认项目是否存在需要签订补充协议的情形？若有，确认双方是否已经签订补充协议或变更协议？且该协议已经通过同级人民政府书面批准？
19	监管要点 37：确认项目公司是否及时、合适地进行了项目结算和决算？	监管要点 80：最终投资的认定是否合适？
20	监管要点 38：确认是否按约及时进行绩效考核工作？（建设期）	监管要点 89：确认是否按约及时进行绩效考核工作？（建设期）

12. 政策规定：项目公司是否已经按照约定设立？

13. 政策规定：实施机构和项目公司的正式 PPP 项目合同是否及时签订？

14. 合同约定与政策规定：确认项目公司注册资本金、项目资本金是否已经足额、及时出资缴纳到位？融资贷款的条件是否按照协约约定达成？融资贷款是否及时到账，且未影响项目的正常推进？（应确认已经协助乙方提供了项目融资所必需的政府文件，且获得了乙方正式书面的融资交割文件？确认项目公司是否专款专用？）

15. **政策规定：**确认项目公司是否采取资产证券化等方式进行融资？若有，确认应予相应支持。

16. **合同约定：**确认乙方履约保函是否已经及时足额提交？且该提交的履约保函是否“见索即付”？若提取了保函，是否履行了合适的程序，且确认乙方是否及时予以补足？

17. **合同约定：**确认项目公司是否有完整的组织架构，各岗位人员均已实际到位履职？确认项目公司是否有经过董事会正式批准的管理制度和管理体系，并遵照执行？

18. **合同约定：**是否及时批准了《施工总承包合同》等重大协议的签订？保留相应审核记录、招采记录，签订后应保留一份合同原件备案。

19. **合同约定：**确认乙方是否已经签订保修证书，并遵照执行？

20. **合同约定：**确认项目公司是否按照约定购买相应保险？

21. **合同约定与政策规定：**确认项目公司是否已经按照规定履行并获得了施工许可证及其他项目实施应必须具备的合法合规性手续？若涉及前期手续法人不一致的，确认是否已及时配合乙方办理法人转移手续？

22. **政策规定：**是否已经落实了跟踪审计单位，以确保投资控制的及时落实？

23. **合同约定与政策规定：**确认对项目公司的财务监管是否到位？

24. **合同约定与政策规定：**确认前期征地拆迁工作是否及时完成，是否符合项目推进进度要求？

25. **合同约定：**确认项目公司是否已经获得项目所需的公用设施条件？必要时，可以给予充分和必要的协助。

26. **合同约定：**确认项目公司是否按合同约定支付项目前期费用？若发生违约情形，是否按照合同约定提取履约保函？

27. **合同约定：**确认项目材料、设备检测是否全部合格？（监理必须跟踪取样，并确认各程序合规）若不合格，要求项目公司整改完成并报备确认，各项工作应完整关闭。

28. 合同约定：确认乙方是否按照合同约定支付各类款项，是否及时支付农民工工资？

29. 合同约定：确认 PPP 项目建设期是否按照合同约定履约？若有工期变化，是否按照约定履行了批准手续？确认是否存在实施机构原因导致的建设期延误，若有，应批准乙方的顺延建设期要求。

30. 合同约定与政策规定：常态化监管投资是否超出批复概算？投资控制上限 31.65 亿元，若要超出，必须履行完成相应正式批准手续，以避免行政后果。

31. 合同约定：关于工程变更，是否按照规定执行相应批准程序？

32. 合同约定与政策规定：确认项目公司的各项采购程序是否合规？

33. 合同约定与政策规定：要求项目公司及时提交《项目公司经营管理大纲》（包括经营方案、建设方案、运营方案等，包含一级控制进度计划）、年度建设进度计划、采购计划、资金计划等，作为年度监管的重要依据。要求项目公司按期提交固定格式的《项目公司经营管理月报》（包括三会工作情况、财务资金情况、工程投资情况、工程建设进度安全质量环保情况、项目运营情况等）、《项目公司经营管理年报》、会计师事务所出具的财务年报等。要求定其召开周例会或月例会，施工总承包单位、监理单位、跟踪审计单位、项目公司、实施机构等共同参加，听取各方工作汇报，并及时落实、处理问题。以上确认定期执行，并存档备案。

34. 合同约定与政策规定：确认乙方股权变更是否按照规定执行？

35. 合同约定与政策规定：是否已经协助项目公司获得许可的税收和其他优惠？

36. 合同约定与政策规定：专项资金是否已经按照规定及时、足额拨付？专项资金的使用是否按照《专项资金使用管理办法》专款专用？

37. 政策规定：确认项目公司是否根据合同履约？并及时更新和上报相

关信息？

38. 政策规定：确认自身是否根据合同履约？

39. 政策规定：实施过程中，若实施的内容发生了变化，是否及时向原审批部门进行了申报并获得了批准？

40. 合同约定与政策规定：确认项目是否存在需要签订补充协议的情形？若有，确认双方是否已经签订补充协议或变更协议？且该协议已经通过同级人民政府书面批准？

41. 合同约定：确认项目是否交工验收通过、竣工验收通过？

42. 合同约定与政策规定：最终投资的认定方法是否合适？

43. 合同约定：确认项目公司是否存在视为放弃或严重违约情形？若有该等情形发生，实施机构是否及时介入？是否按照合同约定追求其违约责任？

44. 合同约定：确认项目是否需要提前终止？若提前终止，确认是否按约处理？

45. 合同约定：确认项目是否存在双方不能达成一致的争议问题？若有，应根据合同约定及时处理，不得影响项目稳定推进。

46. 合同约定：确认是否存在不可抗力？若有，确认是否按约处理？

47. 合同约定：确认是否存在法律变更？若有，确认是否按约处理？

48. 合同约定：确认是否定期向政府提交年度监督检查报告？

49. 合同约定与政策规定：确认是否按约及时进行绩效考核工作？（建设期）

50. 合同约定：确认项目信息是否及时披露？

以上 50 项建设期监管要点，实施机构在实务工作中应根据项目进展逐条进行监督管理，根据其管理内容，我们将具体监督管理办法的关键要点内容进行高度提炼和量化，形成了完整的**《PPP 项目建设阶段政府方监管要点清册》**，[①]实施机构仅需根据清册内容，逐项进行监管、记录，并根据提示，将相关文件整理并附件处理，即可高效完成监管动作，简单易用，更加方便。

① 由于篇幅所限，本书范围内未做详细列示。

以上监管要点来自政策规定、行政职能赋权和合同约定三部分，其中，政策规定部分的 46 项全生命周期监管要点具有普适性，不同的实施机构均可参考使用，但行政职能赋权会根据职能部门的不同而不同，所以其 7 项监管要点仅供参考。合同约定部分的 41 项监管要点同属于参考使用，因为各项目的合同约定不尽相同，因此，本书中的提炼和量化方法可以参照使用，但最终结论性的监管要点不具有普适性，各位读者须甄别借鉴。

对于以上建设阶段监管要点的由来，我们将在以下章节进行逐项解析，并详细量化和论证。

第三章

政府方监管要点：政策部分

政府方监管要点的来源之一就是各项政策，通过对现行 PPP 相关政策的系统收集和梳理，我们共收集和整理了 277 份相关政策，这些政策包括国务院政策文件类、部委联合政策文件类、财政部政策文件类、国家发展改革委政策文件类和其他部委政策文件类，不包含地方政府发布的地方政策。之后，我们逐份、逐条进行了剖解与分析，识别出涉及“政府方监管要点”规定的 110 份政策文件，[①] 并系统提炼、整理，最终形成 46 条监管要点，如图 3-1 所示。

下面，我们将逐条论证，确认该监管要点的来源及如何实施监管。

监管要点 1：项目前期规划、土地预审、环境评价等前期工作是否按规定完成？

政策依据与解析

前期行政审批手续具体管理或办理并不复杂，一般在当地行政服务中心即可集中落实，按照行政管理规定逐一提供相关要求的材料即可。

对于 PPP 项目的土地处理，根据国务院办公厅转发财政部发展改革委人民银行《关于在公共服务领域推广政府和社会资本合作模式指导意见的通知》（国办发〔2015〕42 号）执行，其第 20 条规定，“实行多样化土地供应，保障项目建设用地。对符合划拨用地目录的项目，可按划拨方式供地，划拨土地不得改变土地用途。建成的项目经依法批准可以抵押，土地使用权性质不变，待合同经营期满后，连同公共设施一并移交政府；实现抵押权后改变项目性质应该以有偿方式取得土地使用权的，应依法办理土地有偿使用手续。不符合划拨用地目录的项目，以租赁方式取得土地使用权的，租金收入参照土地出让收入纳入政府性基金预算管理。以作价出资或者入股方式取得土地使用权的，应当以市、县人民政府作为出资人，制定作价出资或者入股方案，经市、县人民政府批准后实施”。

① 另有引用的地方政策文件 3 份，共计 113 份。

- 政府方监管要点政策部分
  - 识别阶段
    - 监管要点1：项目前期规划、土地预审、环境评价等前期工作是否按规定完成？
    - 监管要点2：是否已经完成项目建议书或可行性研究报告，是否已经获得立项批复？
  - 准备阶段
    - 监管要点3：确认实施机构、政府方出资代表是否为适格的主体？是否已获得了政府书面授权？
    - 监管要点4：确认是否按照规定采购了合适的咨询机构？并确认是否对相关专家和实施机构进行了适当的管理？
    - 监管要点5：确认物有所值评价是否论证通过，并获得了批准？
    - 监管要点6：确认财政承受能力论证是否通过，并获得了批准？
    - 监管要点7：确认《PPP项目实施方案》是否按照规定编制？并获得了政府的批准？
    - 监管要点8：确认政府方支出责任是否已经获得了财政确认，并获得了人大决议？
  - 采购阶段
    - 监管要点9：确认是否进行了合适的资格预审？
    - 监管要点10：确认正式采购程序和办法是否合规？采购文件中是否设置了不合理的采购条款？
    - 监管要点11：PPP项目合同文件是否按照规定起草？合同评审是否完整清晰？
    - 监管要点12：合同谈判备忘录是否记录清晰？
    - 监管要点13：确认采购信息是否及时、适当公开？
    - 监管要点14：PPP项目合同终稿签订前是否获得了合适的正式审批？
  - 执行阶段
    - 建设阶段
      - 监管要点15：确认项目是否入库？若没有入库，是否排查原因并消除后予以入库？
      - 监管要点16：实际管理代表是否已经获得相应书面授权？——与监管要点56重叠
      - 监管要点17：项目公司是否已经按照约定设立？
      - 监管要点18：项目资本金是否已经及时、足额注资到位？项目资本金来源是否合规？
      - 监管要点19：实施机构和项目公司的正式PPP项目合同是否及时签订？——与监管要点57重叠
      - 监管要点20：确认项目融资是否按约及时到位？——与监管要点57重叠
      - 监管要点21：确认项目公司是否采取资产证券化等方式进行融资？若有，确认应予相应支持。
      - 监管要点22：实施机构或政府方出资代表应及时办理法人变更手续，是否已及时完成？——与监管要点63重叠
      - 监管要点23：确认项目公司是否已经获得了建设用地规划许可证、建设工程规划许可证、土地许可证、施工许可证等项目建设所必需的合规性手续？——与监管要点63重叠
      - 监管要点24：确认项目公司是否建立了完整的财务管理制度并遵照执行？——与监管要点64重叠
      - 监管要点25：确认项目公司是否获得了必要的三通一平？是否与水电气等公用事业半日位接洽顺利？征地拆迁工作是否顺利？——与监管要点65、66重叠
      - 监管要点26：确认项目公司是否加强了项目成本控制，明确了投资控制目标？确保项目不超概算，否则，确认是否及时获得了相应的批准手续？——与监管要点70重叠
      - 监管要点27：是否已经落实了跟踪审计单位，以确保投资控制的及时落实？
      - 监管要点28：确认项目公司是否根据合同履约？并及时更新和上报相关信息？
      - 监管要点29：项目实施过程中，确认项目公司是否按照规定进行招标采购工作？——与监管要点72重叠
      - 监管要点30：确认项目公司是否定期提交了建设、运营情况报告？——与监管要点73重叠
      - 监管要点31：确认自身是否根据合同履约？
      - 监管要点32：确认项目公司是否存在股权变更情形？若有，应确认是否按规定和合同处理？——与监管要点74重叠
      - 监管要点33：确认是否协助项目公司获得了应有的相关税收优惠或减免？——与监管要点75重叠
      - 监管要点34：确认各项补助资金、贴息资金、奖补资金等是否按照规定执行？是否履行了相关手续？项目公司是否按照规定专款专用？——与监管要点76重叠
      - 监管要点35：实施过程中，若实施的内容发生了变化，是否及时向原审批部门进行了申报并获得了批准？
      - 监管要点36：项目实施过程中，若原合同确需变更的，确认是否及时签订了相关补充合同？——与监管要点77重叠
      - 监管要点37：确认项目公司是否及时、合适地进行了项目结算和决算？——与监管要点80重叠
      - 监管要点38：确认是否按约及时进行绩效考核工作？——与监管要点89重叠
      - 监管要点44：确认PPP项目信息是否按照规定及时公开？——与监管要点93重叠
    - 运营阶段
      - 监管要点39：确认是否按约履行，及时付费？——与监管要点90重叠
      - 监管要点40：确认是否及时进行中期评估工作？——与监管要点91重叠
      - 监管要点41：确认是否存在中断或临时终止服务的情形，是否按约执行？——与监管要点92重叠
      - 监管要点42：PPP项目实施方案后期是否存在重大问题？若有重大瑕疵导致不当后果的，应向咨询机构和/或相关专家严肃追责。
      - 监管要点43：确认实施机构、项目公司是否按照要求妥善将全部管理资料建档保存？
      - 监管要点44：确认PPP项目信息是否按照规定及时公开？
  - 移交阶段
    - 监管要点45：确认项目移交是否按约执行？——与监管要点94重叠
    - 监管要点46：确认是否及时进行项目后评价工作？

图 3-1　政府方监管要点：政策部分

具体办理，则按照国家发展改革委、工业和信息化部、国家安全部等《关于印发全国投资项目在线审批监管平台投资审批管理事项统一名称和申请材料清单的通知》（发改投资〔2019〕268 号）执行，该通知附件 1 列明了《全国投资项目在线审批监管平台投资审批管理事项统一名称清单》（2018 年版），附件 2 列明了《全国投资项目在线审批监管平台投资审批管理事项申请材料清单》（2018 年版），该通知第 2 条和第 4 条还要求，“为防止审批工作中的自由裁量权，各级审批部门不得要求项目单位提供本通知之外的申请材料”，且“为切实减轻项目单位负担，项目单位在线提交的申请材料和部门的批准文件，作为后续审批事项申请材料的，应通过在线平台共享获得，不得要求项目单位重复提交”。其中附件 2 中明确，部分申请材料清单仍需由实施机构配合提供，因此，实施机构应予自我检查并配合项目公司落实到位。

重点行政许可简列如表 3-1 所示：

表 3-1　重点行政许可

审批事项名称	材料序号	申请材料清单	提供单位	适用情形
建设项目用地预审	1	建设项目用地预审申请表	项目单位	
	2	建设项目用地预审申请报告	项目单位	
	3	地方自然资源主管部门初审意见	地方自然资源主管部门	
	4	项目建设依据（项目建议书批复文件、项目列入相关规划文件或相关产业政策文件）	项目单位或主管部门	其中，占用永久基本农田的需提供项目列入相关规划文件和符合相关政策要求的文件

续表

审批事项名称	材料序号	申请材料清单	提供单位	适用情形
	5	标注项目用地范围的土地利用总体规划图、土地利用现状图、占用永久基本农田示意图（包含城市周边范围线）及其他相关图件	地方自然资源主管部门	
	6	土地利用总体规划修改方案（暨永久基本农田补划方案）	地方自然资源主管部门	
	7	项目用地边界拐点坐标表、占用永久基本农田拐点坐标表、补划永久基本农田拐点坐标表（2000 年国家大地坐标系）	项目单位	
选址意见书	1	建设项目选址意见书申请书（表）	项目单位	
	2	项目建设依据（项目建议书批复文件、项目列入相关规划文件或相关产业政策文件）	项目单位或主管部门	
	3	选址意向方案［包括项目选址方案图件和文字说明。方案文本应分析说明项目拟选用地范围和四至，与有关城市、镇（乡）、村和风景名胜规划区、文物保护单位建设控制地带范围的关系，项目建设控制要求］	项目单位	

续表

审批事项名称	材料序号	申请材料清单	提供单位	适用情形
	4	项目所在地市、县有关主管部门出具的规划选址意见。其中，跨市、县的建设项目，应有沿线各市、县有关主管部门分别出具的初审意见	主管部门	其中，占用永久基本农田的需提供项目列入相关规划文件和符合相关政策要求的文件
	5	《建设项目规划选址论证报告》及专家审查意见	项目单位	
建设项目环境影响评价审批	1	建设项目环境影响评价文件报批申请书	项目单位	
	2	建设项目环境影响报告书（表）	项目单位	
	3	关于建设项目环境影响评价文件中删除不宜公开信息的说明	项目单位	
	4	公众参与说明书（环境影响报告书项目）	项目单位	
节能审查	1	项目节能审查申请书	项目单位	
	2	固定资产投资项目节能报告	项目单位	
生产建设项目水土保持方案审批	1	生产建设项目水土保持方案审批申请	项目单位	
	2	生产建设项目水土保持方案	项目单位	

续表

审批事项名称	材料序号	申请材料清单	提供单位	适用情形
公路建设项目设计审批	1	勘察设计文件（包括附件）	项目单位	
	2	下一级地方交通运输主管部门报批的文件（如有）	地方交通运输主管部门	
	3	项目可研审批、核准或备案文件	项目审批部门	
	4	建设单位管理机构设置及主要管理人员情况	项目单位	1. 项目单位报批初步设计时应提供建设单位管理机构设置及主要管理人员情况； 2.PPP 项目在初步设计批准后进行投资人招标、组建建设管理机构的，报批初步设计可不提供，但报批施工图设计应提供
	5	保证工程质量、安全所需的专题论证材料	项目单位	对涉及特殊复杂工程的建设项目，包括但不限于跨海或特大水体的水下隧道、跨径 1000 米以上的特大桥梁、长度 10 公里以上的特长隧道应提供

此外，2019 年 9 月 17 日，国家自然资源部还发布了《关于以“多规合一”为基础推进规划用地“多审合一、多证合一”改革的通知》（自然资规〔2019〕2 号），其第 1 条规定，“合并规划选址和用地预审。将建设项目选址意见书、建设项目用地预审意见合并，自然资源主管部门统一核发建设项目用地预审与选址意见书，不再单独核发建设项目选址意见书、建设项目用地预审意见”，第 2 条规定，“合并建设用地规划许可和用地批准。将建设用地规划许可证、建设用地批准书合并，自然资源主管部门统一核发新的建设用地规划许可证，不再单独核发建设用地批准书。以划拨方式取得国有土地使用权的，建设单位向所在地的市、县自然资源主管部门提出建设用地规划许可申请，经有建设用地批准权的人民政府批准后，市、县自然资源主管部门向建设单位同步核发建设用地规划许可证、国有土地划拨决定书。以出让方式取得国有土地使用权的，市、县自然资源主管部门依据规划条件编制土地出让方案，经依法批准后组织土地供应，将规划条件纳入国有建设用地使用权出让合同。建设单位在签订国有建设用地使用权出让合同后，市、县自然资源主管部门向建设单位核发建设用地规划许可证”。

第 3 条还规定，“推进多测整合、多验合一。以统一规范标准、强化成果共享为重点，将建设用地审批、城乡规划许可、规划核实、竣工验收和不动产登记等多项测绘业务整合，归口成果管理，推进‘多测合并、联合测绘、成果共享’。不得重复审核和要求建设单位或者个人多次提交对同一标的物的测绘成果；确有需要的，可以进行核实更新和补充测绘。在建设项目竣工验收阶段，将自然资源主管部门负责的规划核实、土地核验、不动产测绘等合并为一个验收事项”。

因此，实施机构应在监管或办理中，应根据现行的规定要求及时落实。

从项目实践来看，PPP 项目执行阶段建设周期延长的一个重要原因就是项目迟迟不能获得用地指标，或征地拆迁不能按时完成，导致项目延期，最终项目各方发生争议。

因此，实施机构应从项目伊始就认真处理各项前期手续，并同步完成相关工作，尤其应重点关注用地指标的及时获取以及征地拆迁的按计划落实这两项。

该项监管内容属于重要监管要点，但只要一次办理成功即可，其成果为行政职能主管部门所签发的书面批准，属于必然监管项。只要在办理项目的正式核准、审批或备案前一次确认即可。

要求成果清单

序号	要点内容（参考）
1	各项行政审批文件原件
2	其他相关文件等

关联政策及规定

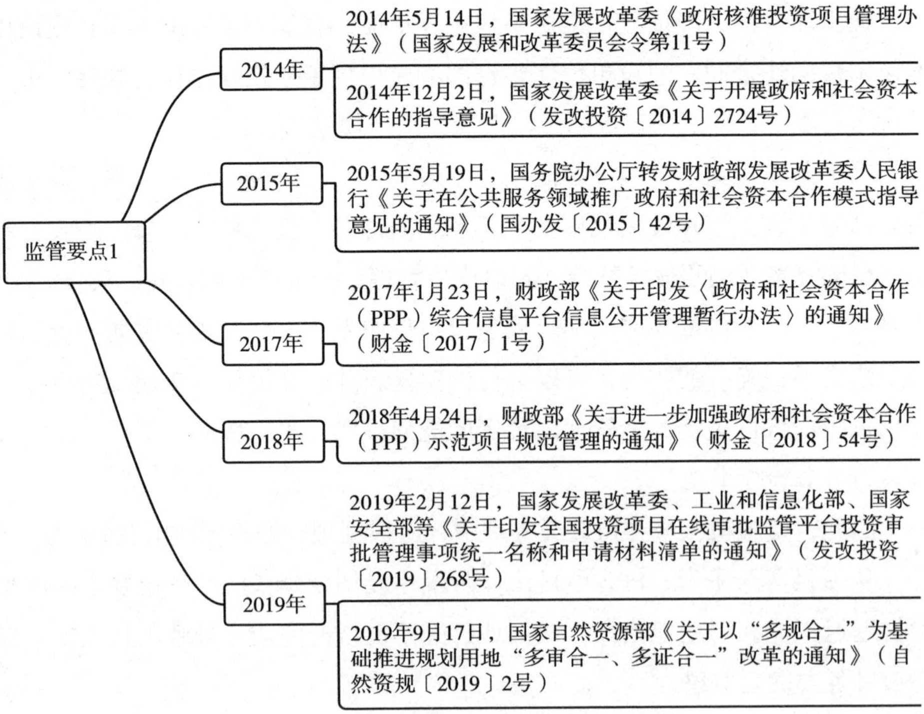

知识点延伸

1. **审批制：适用于政府投资项目。**政府投资项目是指全部或部分使用中央预算内资金、国债专项资金、地方预算内基本建设和更新改造资金投资建设的项目。

2. **核准制：**企业投资属于国务院《政府核准的投资项目目录》中所列重大项目和限制类项目的，均应向当地投资主管部门请求核准。

3. **备案制：**凡属于国务院《政府核准的投资项目目录》以外的企业投资项目，均实行备案制。

4. **三者的区别：（1）适用范围不同。**审批制只适用于政府投资项目；核准制适用于企业不使用政府资金投资建设的重大项目和限制类项目；备案制则适用于企业投资的中小项目。**（2）审核内容不同。**过去的审批制是对投资项目的全方位审批，核准制只是政府从社会和经济公共管理的角度审核，不负责考虑企业投资项目的市场前景、资金来源、经济效益等因素。**（3）程序环节不同。**审批制一般要经过项目建议书、可研报告、初步设计等多个环节，而核准制、备案制只有项目申请核准或备案一个环节。

5. 根据国家发展改革委《关于依法依规加强 PPP 项目投资和建设管理的通知》（发改投资规〔2019〕1098 号）第 2 条第 4 款规定，“PPP 项目要严格执行《政府投资条例》、《企业投资项目核准和备案管理条例》，依法依规履行审批、核准、备案程序。**采取政府资本金注入方式的 PPP 项目，按照《政府投资条例》规定，实行审批制。列入《政府核准的投资项目目录》的企业投资项目，按照《企业投资项目核准和备案管理条例》规定，实行核准制”**。

监管要点 2：是否已经完成项目建议书或可行性研究报告，是否已经获得立项批复？

政策依据与解析

无论是 PPP 项目，还是其他类型的项目，获得必须的行政审批是项目实施的第一要件，这是现行的行政规定。除此之外，PPP 相关政策也作出了明确的要求。

2016 年 5 月 28 日，财政部发布的《关于进一步共同做好政府和社会资本合作（PPP）有关工作的通知》（财金〔2016〕32 号）第 3 条要求，“扎实做好 PPP 项目前期工作　要加强项目可行性研究，充分论证、科学决策，确保合理有效地提供公共产品和服务。项目决策后，选择条件成熟、适合采用 PPP 模式的项目，依法选择社会资本方，加快前期工作”，可见，只有通过可行性研究的项目才可以继续推进下一步工作。

2016 年 6 月 8 日，财政部、教育部等《关于组织开展第三批政府和社会资本合作示范项目申报筛选工作的通知》（财金函〔2016〕47 号）附件 1 第 1 条第 3 款第 1 项规定，“项目不符合城市总体规划和各类专项规划的；新建项目未按规定程序完成可行性研究、立项等项目前期工作的”，“不再列为备选项目”。

2016 年 8 月 10 日，国家发展改革委《关于切实做好传统基础设施领域政府和社会资本合作有关工作的通知》（发改投资〔2016〕1744 号）第 4 条规定，“加强项目可行性研究，依法依规履行投资管理程序。对拟采用 PPP 模式的项目，要将项目是否适用 PPP 模式的论证纳入项目可行性研究论证和决策。充分考虑项目的战略价值、经济价值、商务模式、可融资性以及管理能力，科学分析项目采用 PPP 模式的必要性和可行性，不断优化工程建设规模、建设内容、建设标准、技术方案及工程投资等”，进一步强化了 PPP 项目前期合规程序、合规手续的论证和办理要求。

同日，国家发展改革委办公厅针对国家高速公路网新建项目也发布了《关于国家高速公路网新建政府和社会资本合作项目批复方式的通知》（发改办基础〔2016〕1818 号），该通知第 1 条确认，“**政府采用投资补助方式参与的国家高速公路网新建 PPP 项目按照核准制管理。政府采用资本金注入方式参与的国家高速公路网新建 PPP 项目仍按照审批制管理，直接报批可行性研究报告**”。结合案例项目情况分析，案例项目应采用“核准制”进行报批管理。

国家发展改革委还于 2016 年 10 月 24 日发布了《关于印发〈传统基础设施领域实施政府和社会资本合作项目工作导则〉的通知》（发改投资〔2016〕2231 号），其附件《传统基础设施领域实施政府和社会资本合作项目工作导则》第 10 条规定，“**政府投资项目的可行性研究报告应由具有相应项目审批职能的投资主管部门等审批**。可行性研究报告审批后，实施机构根据经批准的可行性研究报告有关要求，完善并确定 PPP 项目实施方案。重大基础设施政府投资项目，应重视项目初步设计方案的深化研究，细化工程技术方案和投资概算等内容，作为确定 PPP 项目实施方案的重要依据。

实行核准制或备案制的企业投资项目，应根据《政府核准的投资项目目录》及相关规定，由相应的核准或备案机关履行核准、备案手续。项目核准或备案后，实施机构依据相关要求完善和确定 PPP 项目实施方案。纳入 PPP 项目库的投资项目，应在批复可行性研究报告或核准项目申请报告时，明确规定可以根据社会资本方选择结果依法变更项目法人”。

而在 2016 年 12 月 30 日国家发展改革委办公厅和交通运输部办公厅联合发布的《关于进一步做好收费公路政府和社会资本合作项目前期工作的通知》（发改办基础〔2016〕2851 号）第 2 条第 1 款中则进一步规定，“**地方政府确定的项目实施机构在编制完成项目实施方案后，向发展改革部门提交项目可行性研究报告（含相关附件，下同）或项目申请报告履行项目审批（核准）程序**。其中，需要交通运输部进行行业审查的项目，同步向交通运输部报送可行性研究报告或项目申请报告等相关材料，并在上报文件中提出政府支持方式。交通运输部按程序出具行业审查（核准）意见，对于符合国家投资政策和车购税资金安排规定的项目，将同时明确车购税资金的安排上限和支持方式”。

以上信息也是 PPP 项目信息公开的内容。根据财政部于 2017 年 1 月 23

日发布的《关于印发〈政府和社会资本合作（PPP）综合信息平台信息公开管理暂行办法〉的通知》（财金〔2017〕1号）附件《政府和社会资本合作（PPP）综合信息平台信息公开管理暂行办法》第5条第4款明确，“项目识别阶段应当公开的PPP项目信息包括”“其他基础资料，包括：**新建或改扩建项目建议书及批复文件、可行性研究报告（含规划许可证、选址意见书、土地预审意见、环境影响评价报告等支撑性文件）及批复文件**、设计文件及批复文件（如有）；存量公共资产建设、运营维护的历史资料以及第三方出具的资产评估报告，以及存量资产或权益转让时所可能涉及到的员工安置方案、债权债务处置方案、土地处置方案等（如有）”，详细要求如表3-2所示：

表3-2　项目信息公开要求

项目所处阶段	公开内容	公开方式	公开的时点	信息提供方
项目识别	新建或改扩建项目建议书及批复文件	适时公开	进入项目执行阶段后6个月内	实施机构
	可行性研究报告（含全套支撑性文件）及批复文件，设计文件及批复文件（如适用）	适时公开	进入项目执行阶段后6个月内	实施机构

因此，前期行政手续的办理和批准的获得，就成了识别阶段最重要的监管要点（或办理要点）。

如果以上工作没有进行或完善，对于项目的推进将产生重大影响，比如，影响项目的专项债券发行、影响项目正常入库等。

国家发展改革委办公厅《关于印发〈政府和社会资本合作（PPP）项目专项债券发行指引〉的通知》（发改办财金〔2017〕730号）第2条第3款规定，债券发行条件之一就是“PPP项目运作应规范、透明，已履行审批、核准、备案手续和实施方案审查程序”。

财政部《关于规范政府和社会资本合作（PPP）综合信息平台项目库管理的通知》（财办金〔2017〕92号）第2条规定，“严格新项目入库标准”，

“存在下列情形之一的项目，不得入库：……（二）前期准备工作不到位。包括新建、改扩建项目未按规定履行相关立项审批手续的；涉及国有资产权益转移的存量项目未按规定履行相关国有资产审批、评估手续的；未通过物有所值评价和财政承受能力论证的”。

2018年4月24日财政部在《关于进一步加强政府和社会资本合作（PPP）示范项目规范管理的通知》（财金〔2018〕54号）第2条第1款中进一步要求，“夯实项目前期工作。按国家有关规定认真履行规划立项、土地管理、国有资产审批等前期工作程序，规范开展物有所值评价和财政承受能力论证。不得突破10%红线新上项目，不得出现‘先上车、后补票’、专家意见缺失或造假、测算依据不统一、数据口径不一致、仅测算单个项目支出责任等现象”。

2019年国家发展改革委和国务院发布了两个重要的文件，文件对此也分别做了明确的规定。

2019年6月21日，国家发展改革委《关于依法依规加强PPP项目投资和建设管理的通知》（发改投资规〔2019〕1098号）第1条第1款和第3款分别要求，“PPP项目涉及公共资源配置和公众利益保障，其建设的必要性、可行性等重大事项应由政府研究认可。按照国务院关于‘加强PPP项目可行性论证，合理确定项目主要内容和投资规模’的要求，所有拟采用PPP模式的项目，均要开展可行性论证。通过可行性论证审查的项目，方可采用PPP模式建设实施”，“实行审批制管理的PPP项目，在可行性研究报告审批通过后，方可开展PPP实施方案审查、社会资本遴选等后续工作。实行核准制的PPP项目，应在核准的同时或单独开展可行性论证和审查。实行备案制的PPP项目，应单独开展可行性论证和审查”。

国务院于2019年4月14日发布的《政府投资条例》（国务院令712号）第9条规定，“政府采取直接投资方式、资本金注入方式投资的项目（以下统称政府投资项目），项目单位应当编制项目建议书、可行性研究报告、初步设计，按照政府投资管理权限和规定的程序，报投资主管部门或者其他有关部门审批。项目单位应当加强政府投资项目的前期工作，保证前期工作的深度达到规定的要求，并对项目建议书、可行性研究报告、初步设计以及依法应当附具的其他文件的真实性负责”。

可见，以上工作属于强制性工作，必须按规定完成。

针对案例收费公路项目，交通运输部发布了明确的文件可以遵照执行。

交通运输部办公厅《关于印发〈收费公路政府和社会资本合作操作指南〉的通知》（交办财审〔2017〕173 号）第 12 条规定，“项目实施机构在编制完成项目实施方案后，向发展改革部门提交项目可行性研究报告（含相关附件，下同）或项目申请报告履行项目审批（核准）程序。政府采用建设期投资补助、运营补贴、贷款贴息方式参与收费公路 PPP 项目，按照核准制管理；政府采用资本金注入、既有资本金注入又有建设期投资补助、运营补贴、贷款贴息一种或几种方式参与收费公路 PPP 项目，按照审批制管理。对于需要交通运输部进行行业审查的项目，同步逐级向交通运输部报送可行性研究报告或项目申请报告等相关材料，并在上报文件中提出政府支持方式。交通运输部按程序出具行业审查（核准）意见，对于符合国家公路发展规划、国家投资政策和车辆购置税资金安排规定的项目，将同时明确车辆购置税资金的安排上限和支持方式”。

因此，不管是行政规定，还是 PPP 政策规定，拟实施 PPP 项目必须获得相应的行政批准，即审批或核准，这就是监管要点 2。

国家发展改革委《关于依法依规加强 PPP 项目投资和建设管理的通知》（发改投资规〔2019〕1098 号）第 2 条第 4 款规定，“**PPP 项目要严格执行《政府投资条例》、《企业投资项目核准和备案管理条例》，依法依规履行审批、核准、备案程序。采取政府资本金注入方式的 PPP 项目，按照《政府投资条例》规定，实行审批制。列入《政府核准的投资项目目录》的企业投资项目，按照《企业投资项目核准和备案管理条例》规定，实行核准制**”。

因此，案例项目采用核准制进行办理相关批准手续。

对于符合《政府核准的投资项目目录》清单的项目，应根据 2014 年 5 月 14 日国家发展改革委发布的《政府核准投资项目管理办法》（国家发展和改革委员会令第 11 号）（已失效）进行核准，该办法第 3 条规定，“企业投资建设实行核准制的项目，应当按照国家有关要求编制项目申请报告，取得依法应当附具的有关文件后，按照规定报送项目核准机关”，第 12 条规定，“项目单位在报送项目申请报告时，应当根据国家法律法规的规定附送以下文件：**（一）城乡规划行政主管部门出具的选址意见书（仅指以划拨方式提供国有土地使用权的项目）；（二）国土资源行政主管部门出具的用地预审意见（不涉及新增用地，在已批准的建设用地范围内进行改扩建的项目，可以不进行用地预审）；（三）环境保护行政主管部门出具的环境影响评价审批文件；（四）节能审查机关出具的节能审查意见；（五）根据有关法律法规的规定应当提交的其他文件”**。现行《政府核准的投资项目目录》详见 2016 年 12 月 20 日国务院《关于发布政府核准的投资项目目录（2016 年本）的通知》（国发〔2016〕72 号）。

具体的办理按照 2019 年 2 月 12 日**国家发展改革委、工业和信息化部、国家安全部发布的《关于印发全国投资项目在线审批监管平台投资审批管理事项统一名称和申请材料清单的通知》（发改投资〔2019〕268 号）**执行，**重点办理材料清单简列如表 3-3 所示：**

表 3-3 重点办理材料清单

审批事项名称	材料序号	申请材料清单	提供单位	适用情形
政府投资项目建议书审批	1	项目建议书审批申请文件	项目单位或主管部门	
	2	项目建议书文本	项目单位或主管部门	
政府投资项目可行性研究报告审批	1	项目建议书批复文件	项目审批部门	已列入相关规划的项目无须提供
	2	可行性研究报告审批申请文件	项目单位或主管部门	

续表

审批事项名称	材料序号	申请材料清单	提供单位	适用情形
	3	可行性研究报告	项目单位或主管部门	
	4	选址意见书	主管部门	以划拨方式提供国有土地使用权的项目
	5	用地（海）预审意见	自然资源主管部门	自然资源部门明确可以不进行用地（海）预审的情形除外
	6	节能审查意见	节能审查机关	除年综合能源消费量不满1000吨标准煤，且年电力消费量不满500万千瓦时的固定资产投资项目，涉及国家秘密的固定资产投资项目，以及《不单独进行节能审查的行业目录》外的固定资产投资项目
	7	项目社会稳定风险评估报告及审核意见	项目报送单位，项目所在地人民政府或其有关部门	重大项目
	8	移民安置规划审核	省级人民政府水利水电工程移民管理机构	涉及移民安置的大中型水利水电工程
	9	航道通航条件影响评价审核意见	交通运输主管部门	涉及影响航道通航的项目
	注：需要由国务院审批的重大项目，由国务院投资主管部门依法另行制定公布办事指南			
政府投资项目初步设计审批	1	可行性研究报告批复文件	项目审批部门	
	2	项目初步设计报告审批申请文件	项目单位或主管部门	
	3	项目初步设计文本	项目单位或主管部门	

续表

审批事项名称	材料序号	申请材料清单	提供单位	适用情形
企业投资项目核准	1	项目申请报告	项目单位	
	2	选址意见书	主管部门	以划拨方式提供国有土地使用权的项目
	3	用地（海）预审意见	自然资源主管部门	自然资源部门明确可以不进行用地（海）预审的情形除外
	4	项目社会稳定风险评估报告及审核意见	项目报送单位，项目所在地人民政府或其有关部门	重大项目
	5	移民安置规划审核	水利水电工程移民管理机构	涉及移民安置的大中型水利水电项目
	6	中外投资各方的企业注册证明材料及经审计的最新企业财务报表（包括资产负债表、利润表和现金流量表）。投资意向书，增资、并购项目的公司董事会决议。以国有资产出资的，需提供有关部门出具的确认文件。并购项目申请报告还应包括并购方情况、并购安排、融资方案和被并购方情况、被并购后经营方式、范围和股权结构、所得收入的使用安排等	项目单位、国有资产主管部门	外商投资项目
	注：需要由国务院审批的重大项目，由国务院投资主管部门依法另行制定公布办事指南			

该项监管内容属于重要监管要点，只要一次办理成功即可，其成果为行政职能主管部门所签发的书面批准，属于必然监管项。只要在 PPP 项目准备阶段前一次确认即可。

要求成果清单

序号	要点内容（参考）
1	发改委立项批复文件（核准、审批或备案），范例如图 3-2 所示
2	其他相关文件等

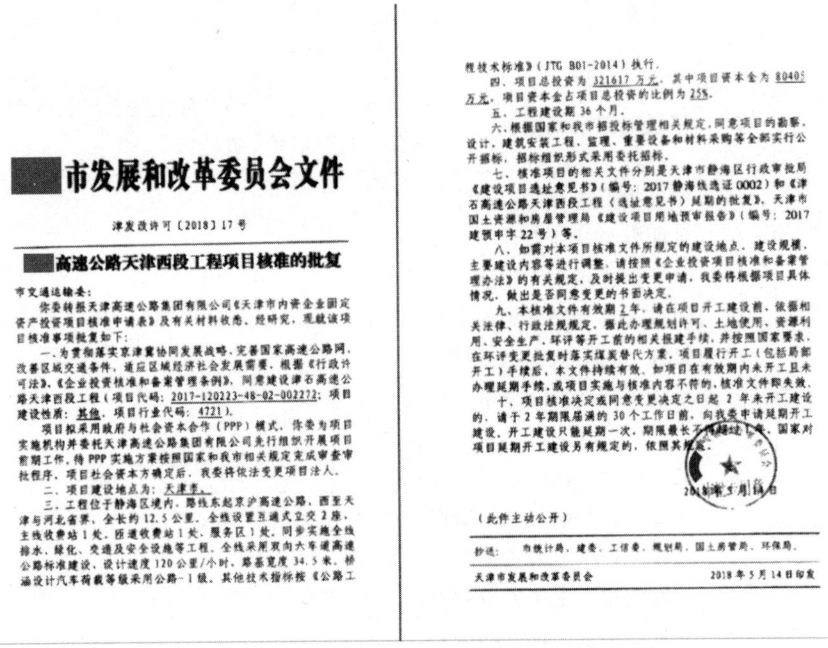

[redacted]市发展和改革委员会文件

津发改许可〔2018〕17 号

[redacted]高速公路天津西段工程项目核准的批复

市交通运输委：

你委转报天津高速公路集团有限公司《天津市内资企业固定资产投资项目核准申请表》及有关材料收悉。经研究，现就该项目核准事项批复如下：

一、为贯彻落实京津冀协同发展战略，完善国家高速公路网，改善区域交通条件，适应区域经济社会发展需要，根据《行政许可法》、《企业投资核准和备案管理条例》，同意建设津石高速公路天津西段工程（项目代码：2017-120223-48-02-002272；项目建设性质：其他，项目行业代码：4721）。

项目拟采用政府与社会资本合作（PPP）模式，你委为项目实施机构并委托天津高速公路集团有限公司先行组织开展项目前期工作，待 PPP 实施方案按照国家和我市相关规定完成审查审批程序，项目社会资本方确定后，我委将依法变更项目法人。

二、项目建设地点为：天津市。

三、工程位于静海区境内，路线东起京沪高速公路，西至天津与河北省界，全长约 12.5 公里。全线设置互通式立交 2 座，主线收费站 1 处，匝道收费站 1 处，服务区 1 处，同步实施全线排水、绿化、交通及安全设施等工程。全线采用双向六车道高速公路标准建设，设计速度 120 公里/小时，路基宽度 34.5 米，桥涵设计汽车荷载等级采用公路–Ⅰ级，其他技术指标按《公路工程技术标准》（JTG B01-2014）执行。

四、项目总投资为 321617 万元，其中项目资本金为 80405 万元，项目资本金占项目总投资的比例为 25%。

五、工程建设期 36 个月。

六、根据国家和我市招投标管理相关规定，同意项目的勘察、设计、建筑安装工程、监理、重要设备和材料采购等全部实行公开招标，招标组织形式采用委托招标。

七、核准项目的相关文件分别是天津市静海区行政审批局《建设项目选址意见书》（编号：2017 静海线选证 0002）和《津石高速公路天津西段工程〈选址意见书〉延期的批复》、天津市国土资源和房屋管理局《建设项目用地预审报告》（编号：2017 建预审字 22 号）等。

八、如需对本项目核准文件所规定的建设地点、建设规模、主要建设内容等进行调整，请按照《企业投资项目核准和备案管理办法》的有关规定，及时提出变更申请，我委将根据项目具体情况，做出是否同意变更的书面决定。

九、本核准文件有效期 2 年，请在项目开工建设前，依据相关法律、行政法规规定，据此办理规划许可、土地使用、资源利用、安全生产、环评等开工前的相关报建手续，并按照国家要求，在环评变更批复时落实煤炭替代方案。项目履行开工（包括局部开工）手续后，本文件持续有效。如项目在有效期内未开工且未办理延期手续，或项目实施与核准内容不符的，核准文件即失效。

十、项目核准决定或同意变更决定之日起 2 年未开工建设的，请于 2 年期限届满的 30 个工作日前，向我委申请延期开工建设，开工建设只能延期一次，期限最长不[illegible]。国家对项目延期开工建设另有规定的，依照其规定。

2018 年 5 月 14 日

（此件主动公开）

抄送：市统计局、建委、工信委、规划局、国土房管局、环保局。

天津市发展和改革委员会 2018 年 5 月 14 日印发

图 3-1　发改委批复文件

关联政策及规定

- 监管要点2
  - 2014年
    - 2014年5月14日，国家发展改革委《政府核准投资项目管理办法》（中华人民共和国国家发展和改革委员会令第11号）
  - 2016年
    - 2016年5月28日，财政部《关于进一步共同做好政府和社会资本合作（PPP）有关工作的通知》（财金〔2016〕32号）
    - 2016年6月8日，财政部、教育部等二十部委联合发布《关于组织开展第三批政府和社会资本合作示范项目申报筛选工作的通知》（财金函〔2016〕47号）
    - 2016年8月10日，国家发展改革委《关于切实做好传统基础设施领域政府和社会资本合作有关工作的通知》（发改投资〔2016〕1744号）
    - 2016年8月10日，国家发展改革委办公厅《关于国家高速公路网新建政府和社会资本合作项目批复方式的通知》（发改办基础〔2016〕1818号）
    - 2016年10月24日，国家发展改革委《关于印发〈传统基础设施领域实施政府和社会资本合作项目工作导则〉的通知》（发改投资〔2016〕2231号）
    - 2016年12月20日，国务院《关于发布〈政府核准的投资项目目录（2016年本）〉的通知》（国发〔2016〕72号）
    - 2016年12月30日，国家发展改革委办公厅 交通运输部办公厅《关于进一步做好收费公路政府和社会资本合作项目前期工作的通知》（发改办基础〔2016〕2851号）
  - 2017年
    - 2017年1月23日，财政部《关于印发〈政府和社会资本合作（PPP）综合信息平台信息公开管理暂行办法〉的通知》（财金〔2017〕1号）
    - 2017年4月25日，国家发展改革委办公厅《关于印发〈政府和社会资本合作（PPP）项目专项债券发行指引〉的通知》（发改办财金〔2017〕730号）
    - 2017年11月10日，财政部《关于规范政府和社会资本合作（PPP）综合信息平台项目库管理的通知》（财办金〔2017〕92号）
    - 2017年11月22日，交通运输部办公厅《关于印发〈收费公路政府和社会资本合作操作指南〉的通知》（交办财审〔2017〕173号）
  - 2018年
    - 2018年4月24日，财政部《关于进一步加强政府和社会资本合作（PPP）示范项目规范管理的通知》（财金〔2018〕54号）
  - 2019年
    - 2019年2月12日，国家发展改革委《关于印发全国投资项目在线审批监管平台投资审批管理事项统一名称和申请材料清单的通知》（发改投资〔2019〕268号）
    - 2019年6月21日，国家发展改革委《关于依法依规加强PPP项目投资和建设管理的通知》（发改投资规〔2019〕1098号）
    - 2019年7月1日，国务院《政府投资条例》（中华人民共和国国务院令第712号）

监管要点 3：确认实施机构、政府方出资代表是否为适格的主体？是否已获得了政府书面授权？[①]

政策依据与解析

本监管要点应包括三个问题：一是实施机构、政府方出资代表是否符合政策规定？二是符合规定的话，是否获得了政府的正式书面授权？三是延伸的问题，潜在社会资本方是否适当？

由于实施机构和出资代表都是代表政府对具体的 PPP 项目进行监督、管理和推进实施的授权主体，因此，其身份角色非常敏感，既要执行行政职能，又要履行民事责任，所以要审慎对待。因此，对于政府方实施机构和出资代表，均有明确的政策限制规定：**实施机构应为政府或其授权的职能部门、事业单位，社会资本不得是本级政府所属融资平台公司及其他控股国有企业，未按国办发 42 号文要求剥离政府性债务、并承诺不再承担融资平台职能的本地融资平台公司。**

在具体的项目实施之前，拟被授权的实施机构应结合政策规定，审视自身是否具备作为实施机构的条件。同时也应关注，政府方出资代表、拟参与项目竞争的潜在社会资本方是否也满足相应的政策要求。

2014 年 11 月 29 日，财政部《关于印发政府和社会资本合作模式操作指南（试行）的通知》（财金〔2014〕113 号）[②]第 2 条规定，“**社会资本**是指已建立现代企业制度的境内外企业法人，但**不包括本级政府所属融资平台公司及其他控股国有企业**”，第 10 条规定，“**政府或其指定的有关职能部门或事业单位可作为项目实施机构**，负责项目准备、采购、监管和移交等工作”。

2014 年 12 月 2 日，国家发展改革委《关于开展政府和社会资本合作的指导意见》（发改投资〔2014〕2724 号）第 4 条第 2 款规定，“按照地方政府的相关要求，明确相应的行业管理部门、事业单位、行业运营公司或其他相关机构，作为政府授权的项目实施机构，在授权范围内负责 PPP 项目的前

---

① 关联监管要点 16：实际管理代表是否已经获得相应书面授权？

② 本文件已失效。

期评估论证、实施方案编制、合作伙伴选择、项目合同签订、项目组织实施以及合作期满移交等工作”。

2014 年 12 月 30 日，财政部《关于规范政府和社会资本合作合同管理工作的通知》（财金〔2014〕156 号）附件《PPP 项目合同指南（试行）》第 1 章第 1 节第 2 条对“社会资本方”的定义和要求为，“**社会资本**是指依法设立且有效存续的具有法人资格的企业，包括民营企业、国有企业、外国企业和外商投资企业。**但本级人民政府下属的政府融资平台公司及其控股的其他国有企业（上市公司除外）不得作为社会资本方参与本级政府辖区内的 PPP 项目**……项目公司可以由社会资本（可以是一家企业，也可以是多家企业组成的联合体）出资设立，也可以由政府和社会资本共同出资设立。但**政府在项目公司中的持股比例应当低于 50%，**[①] **且不具有实际控制力及管理权**”。

2016 年 6 月 8 日，财政部、教育部等联合发布的《关于组织开展第三批政府和社会资本合作示范项目申报筛选工作的通知》（财金函〔2016〕47 号）附件 1 第 1 条第 1 款和第 2 款分别规定，“**国有企业或融资平台公司作为政府方签署 PPP 项目合同的**”，“**未按国办发〔2015〕42 号文要求剥离政府性债务、并承诺不再承担融资平台职能的本地融资平台公司作为社会资本方的**”，“**不再列为备选项目**”。

2016 年 10 月 24 日，国家发展改革委《关于印发〈传统基础设施领域实施政府和社会资本合作项目工作导则〉的通知》（发改投资〔2016〕2231 号）第 8 条也规定，“对于列入年度实施计划的 PPP 项目，应根据项目性质和行业特点，**由当地政府行业主管部门或其委托的相关单位作为 PPP 项目实施机构**，负责项目准备及实施等工作。**鼓励地方政府采用资本金注入方式投资传统基础设施 PPP 项目，并明确政府出资人代表**，参与项目准备及实施工作”。

因此，政府方应按规定授权委托实施机构、出资人代表具体落实 PPP 项目的各项工作。

另外，书面授权文件也是 PPP 项目信息公开的内容之一。财政部于 2017

---

① 征求意见中的新《政府和社会资本合作模式操作指南（修订稿）》（财办金〔2019〕94 号）第 26 条也规定，“……政府方出资代表在项目公司中的股权出资比例应低于 50%，且不具有项目公司的实际控制权”，原则一致。

年 1 月 23 日发布的《关于印发〈政府和社会资本合作（PPP）综合信息平台信息公开管理暂行办法〉的通知》（财金〔2017〕1 号）附件《政府和社会资本合作（PPP）综合信息平台信息公开管理暂行办法》第 6 条第 1 项规定，“项目准备阶段应当公开的 PPP 项目信息包括”“政府方授权文件，包括对实施机构、PPP 项目合同的政府方签约主体、政府方出资代表（如有）等的授权”，第 7 条第 8 项规定，“项目采购阶段的信息公开应遵照政府采购等相关规定执行，应当公开的 PPP 项目信息包括”“（八）项目采购阶段更新、调整的政府方授权文件（如有），包括对实施机构、PPP 项目合同的政府方签约主体、政府方出资代表（如有）等的授权”，详细要求如下：

2017 年 11 月 10 日，财政部发布的《关于规范政府和社会资本合作（PPP）综合信息平台项目库管理的通知》（财办金〔2017〕92 号）第 3 条第 3 项还明确要求，**“包括未按规定转型的融资平台公司作为社会资本方的”**，属于“不符合规范运作要求”，“应予以清退”。

针对收费公路项目，交通运输部办公厅《收费公路政府和社会资本合作操作指南》（交办财审〔2017〕173 号）第 2 条规定，“社会资本方，是指已建立现代企业制度的各类国有企业、民营企业、外商投资企业、混合所有制企业，以及其他投资、经营主体”，第 9 条规定，“**经过本级人民政府授权，各级交通运输主管部门可作为项目实施机构或者指定有关单位作为项目实施机构**，负责项目识别和准备、社会资本方选择、执行和移交等 PPP 模式全生命周期的管理工作”。

对于政府方派出出资代表的情形，该指南第 8 条规定，“**政府采用资本金注入方式支持收费公路 PPP 项目的，应明确政府出资人代表。政府指定的出资人代表按照本指南第二十六条第三款**[①]**中所述的方式与社会资本方共同设立项目公司**”。

不止于此，2019 年 3 月 7 日，财政部发布了《关于推进政府和社会资本合作规范发展的实施意见》（财金〔2019〕10 号），对规范的 PPP 项目做出了明确的、量化的要求，紧接着又发布了财政部办公厅《关于梳理 PPP 项目

① 第 26 条第 3 款明确，“项目公司可以由社会资本方单独设立，也可以由政府指定出资人代表采取出资入股或设立特殊股份的方式与社会资本方共同设立”。

增加地方政府隐性债务情况的通知》（财金〔2019〕40 号），要求各地财政部门严格按照财金〔2019〕10 号文的规定逐一梳理 PPP 项目，并对不合规的项目进行整改或者清退。

《关于推进政府的社会资本合作规范发展的实施意见》第 2 条第 1 款第 5 项对于实施机构和社会资本再次明确规定，“规范的 PPP 项目应当符合以下条件”，**“政府方签约主体应为县级及县级以上人民政府或其授权的机关或事业单位”。不得出现“本级政府所属的各类融资平台公司、融资平台公司参股并能对其经营活动构成实质性影响的国有企业作为社会资本参与本级 PPP 项目的”行为**，否则，“应在限期内进行整改。无法整改或逾期整改不到位的，已入库项目应当予以清退，涉及增加地方政府隐性债务的，依法依规提请有关部门予以问责和妥善处置”。

因此，综上所述，规范的实施机构、出资人代表和潜在社会资本方应满足以下条件：

1. **实施机构**：县级及县级以上政府或其指定的有关职能部门或事业单位可以作为实施机构，国有企业或融资平台公司不能作为实施机构；

2. **出资人代表**：一般为当地平台公司；

3. **潜在社会资本方**：不包括本级政府所属融资平台公司及其他控股国有企业，未按国办发 42 号文要求剥离政府性债务并承诺不再承担融资平台职能的本地融资平台公司不能作为社会资本方。

满足以上条件的情况下，实施机构应主动、积极地向政府要求获得正式书面授权文件，然后按照规定公示即可。

实务中，实施机构有可能取消、合并，或委托其他单位作为新的实施机构，只要发生变化的情况下，还应重新获得新的正式书面授权文件，详见成果范例。

因此，确认符合政策规定后，实施机构、出资代表应获得相应的政府书面正式授权文件，之后才可以顺利推进项目进展。

所以，这也是必须的监管要点之一。

要求成果清单

序号	要点内容（参考）
1	政府书面授权文件，范例如图3-3、图3-4所示
2	若实施机构方案变化或调整，重新发出书面授权文件
3	其他相关文件等

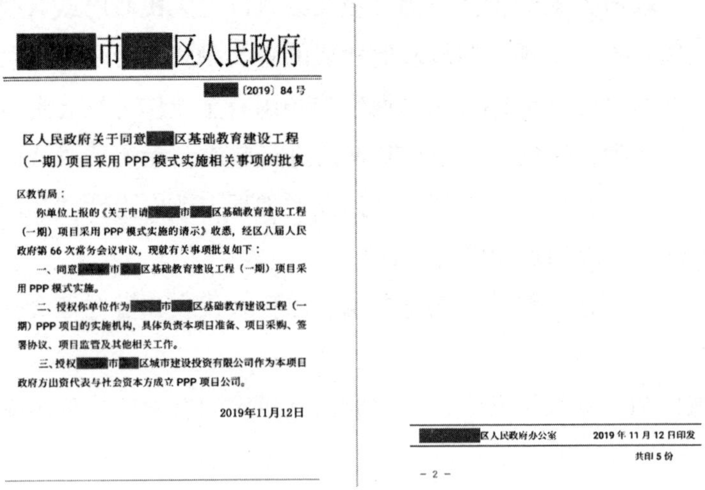

[redacted]市[redacted]区人民政府

[redacted]〔2019〕84号

区人民政府关于同意[redacted]区基础教育建设工程（一期）项目采用PPP模式实施相关事项的批复

区教育局：

你单位上报的《关于申请[redacted]市[redacted]区基础教育建设工程（一期）项目采用PPP模式实施的请示》收悉，经区八届人民政府第66次常务会议审议，现就有关事项批复如下：

一、同意[redacted]市[redacted]区基础教育建设工程（一期）项目采用PPP模式实施。

二、授权你单位作为[redacted]市[redacted]区基础教育建设工程（一期）PPP项目的实施机构，具体负责本项目准备、项目采购、签署协议、项目监管及其他相关工作。

三、授权[redacted]市[redacted]区城市建设投资有限公司作为本项目政府方出资代表与社会资本方成立PPP项目公司。

2019年11月12日

[redacted]区人民政府办公室　2019年11月12日印发

共印5份

－2－

图3-2　政府授权文件一

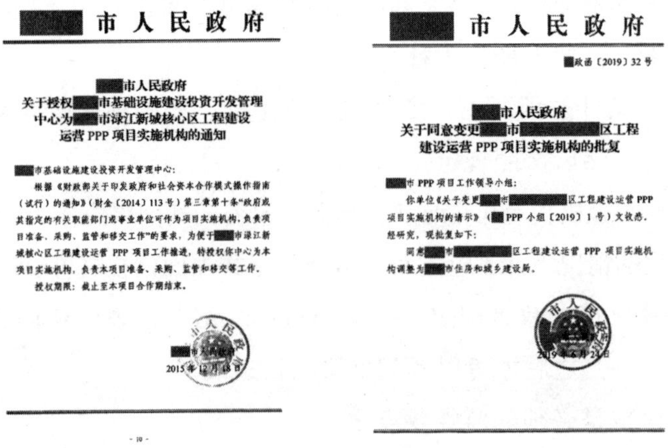

[redacted]市人民政府

[redacted]市人民政府
关于授权[redacted]市基础设施建设投资开发管理中心为[redacted]市渌江新城核心区工程建设运营PPP项目实施机构的通知

[redacted]市基础设施建设投资开发管理中心：

根据《财政部关于印发政府和社会资本合作模式操作指南（试行）的通知》（财金〔2014〕113号）第三章第十条"政府或其指定的有关职能部门或事业单位可作为项目实施机构，负责项目准备、采购、监管和移交工作"的要求，为便于[redacted]市渌江新城核心区工程建设运营PPP项目工作推进，特授权你中心为本项目实施机构，负责本项目准备、采购、监管和移交等工作。

授权期限：截止至本项目合作期结束。

[redacted]市人民政府

2015年12月18日

－10－

[redacted]市人民政府

[redacted]政函〔2019〕32号

[redacted]市人民政府
关于同意变更[redacted]市[redacted]区工程建设运营PPP项目实施机构的批复

[redacted]市PPP项目工作领导小组：

你单位《关于变更[redacted]市[redacted]区工程建设运营PPP项目实施机构的请示》（[redacted]PPP小组〔2019〕1号）文收悉，经研究，现批复如下：

同意[redacted]市[redacted]区工程建设运营PPP项目实施机构调整为[redacted]市住房和城乡建设局。

2019年6月24日

图3-3　政府授权文件二

关联政策及规定

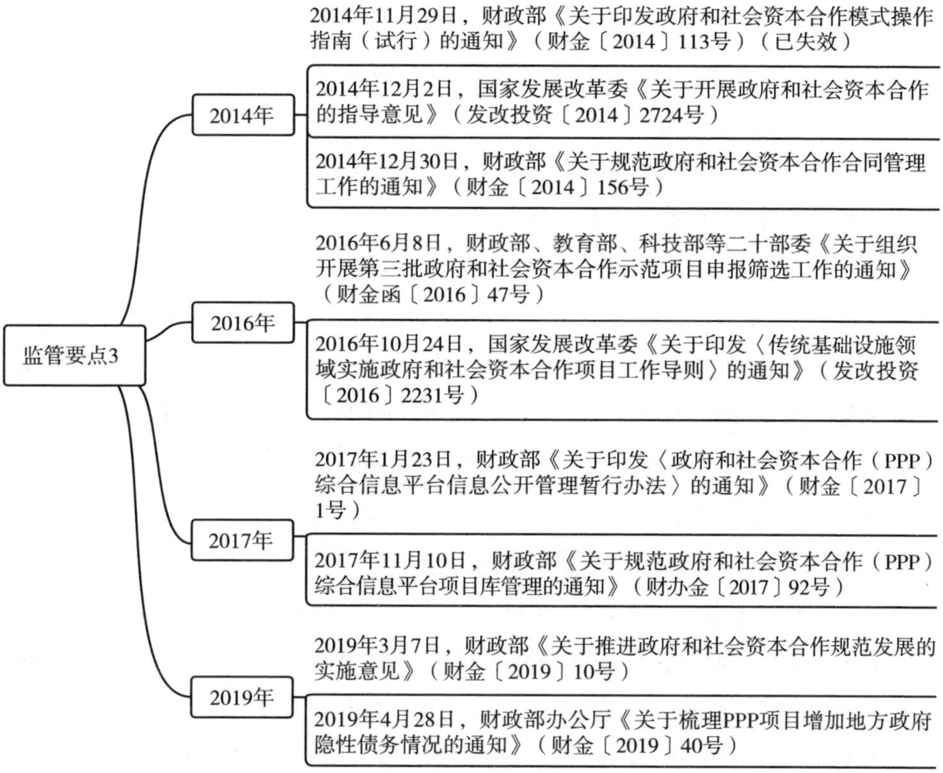

监管要点4：确认是否按照规定采购了合适的咨询机构？并确认是否对相关专家和实施机构进行了适当的管理？

政策依据与解析

在PPP项目的准备阶段，其主要工作就是完成物有所值分析报告、财政承受能力论证和PPP项目实施方案，在该项工作中，实施机构一般不具备自身完成的能力，因此，一般都是委托第三方专业机构去完成。各项PPP相关政策也对此予以了肯定。

2014 年 11 月 30 日财政部发布的《关于政府和社会资本合作示范项目实施有关问题的通知》（财金〔2014〕112 号）第 3 条第 1 项就明确，“进一步完善实施方案，必要时可聘请专业机构协助，确保示范项目操作规范，符合《通知》、《政府和社会资本合作模式操作指南（试行）》和标准化合同文本等一系列制度要求”。

2015 年 2 月 13 日，财政部、住房城乡建设部《关于市政公用领域开展政府和社会资本合作项目推介工作的通知》（财建〔2015〕29 号）（已失效）第 4 条第 2 项明确，“对拟采用 PPP 模式的市政公用项目，由当地住房城乡建设（市政公用）、财政部门组织编制或委托第三方机构编制实施方案”。

《基础设施和公用事业特许经营管理办法》（国家发展改革委、财政部、住房和城乡建设部、交通运输部、水利部、中国人民银行令第 25 号）第 11 条也规定，“项目提出部门可以委托具有相应能力和经验的第三方机构，开展特许经营可行性评估，完善特许经营项目实施方案”。

而 2015 年 6 月 25 日财政部发布的《关于进一步做好政府和社会资本合作项目示范工作的通知》（财金〔2015〕57 号）再一次明确，“确保示范项目实施质量……要发挥政府集中采购降低成本的优势，确定合理的收费标准，通过政府采购平台选择一批能力较强的专业中介机构，为示范项目实施提供技术支持”。

2015 年 2 月 13 日，财政部、住房城乡建设部联合发布的《关于市政公用领域开展政府和社会资本合作项目推介工作的通知》（财建〔2015〕29 号）（已失效）第 4 条第 2 项规定，“对拟采用 PPP 模式的市政公用项目，由当地住房城乡建设（市政公用）、财政部门组织编制或委托第三方机构编制实施方案。实施方案具体应包含项目实施内容、产品及服务质量和标准、投融资结构、财务测算与风险分析、技术及经济可行性论证、合作伙伴要求、合同结构、政府支持方式、必要的配套措施等”。

2015 年 4 月 9 日，财政部、环境保护部《关于推进水污染防治领域政府和社会资本合作的实施意见》（财建〔2015〕90 号）（已失效）第 4 条第 2 项规定，“对拟采用 PPP 模式的水污染防治项目，由当地环境保护、财政部门组织编制或委托第三方机构编制实施方案。实施方案具体应包含项目实施内容、产品及服务质量和标准、投融资结构、财务测算与风险分析、技术及经济可行性论证、合作伙伴要求、合同结构、权益分配和风险分担、政府支持方式、配套措施等”。

2015 年 4 月 21 日，财政部、国土资源部、住房城乡建设部等部委联合发布的《关于运用政府和社会资本合作模式推进公共租赁住房投资建设和运营管理的通知》（财综〔2015〕15 号）第 5 条第 2 项规定，“市县财政部门会同同级住房保障部门引入第三方中介机构和专家，对拟实施政府和社会资本合作的公共租赁住房项目进行必要性、可行性、经济性、合规性评估和物有所值评价，论证项目是否满足政府和社会资本合作项目的必要条件。在此基础上，财政部门应组织开展政府和社会资本合作项目财政承受能力论证工作，通过识别、测算项目的各项财政支出责任，科学评估项目实施对当前及今后年度财政支出的影响，为项目财政预算管理提供依据，以保障政府切实履行合同义务，有效防范和控制财政风险，促进项目可持续发展”。

2015 年 12 月 18 日，财政部《关于印发〈PPP 物有所值评价指引（试行）〉的通知》（财金〔2015〕167 号）第 7 条规定，“财政部门（或 PPP 中心）应会同行业主管部门共同做好物有所值评价工作，并积极利用第三方专业机构和专家力量”。

2016 年 8 月 10 日，国家发展改革委《关于切实做好传统基础设施领域政府和社会资本合作有关工作的通知》（发改投资〔2016〕1744 号）第 3 条规定，“积极推行多评合一、统一评审的工作模式，提高审核效率。各地发展改革部门要会同相关部门建立 PPP 项目联审机制，积极引入第三方评估机构，从项目建设的必要性、合规性、规划衔接性、PPP 模式适用性、财务可负担性以及价格和收费的合理性等方面，对项目进行综合评估”。

2016 年 9 月 24 日，财政部《关于印发〈政府和社会资本合作项目财政管理暂行办法〉的通知》（财金〔2016〕92 号）第 6 条明确，“项目实施机构可依法通过政府采购方式委托专家或第三方专业机构，编制项目物有所值评价报告。受托专家或第三方专业机构应独立、客观、科学地进行项目评价、论证，并对报告内容负责”。

2016 年 10 月 24 日，国家发展改革委《关于印发〈传统基础设施领域实施政府和社会资本合作项目工作导则〉的通知》（发改投资〔2016〕2231 号）第 11 条第 1 款再次明确，“鼓励地方政府建立 PPP 项目实施方案联审机制。按照‘多评合一，统一评审’的要求，由发展改革部门和有关行业主管部门牵头，会同项目涉及到的财政、规划、国土、价格、公共资源交易管理、审计、法制等政府相关部门，对 PPP 项目实施方案进行联合评审。必要时可先组织相关专家进行评议或委托第三方专业机构出具评估意见，然后再进行联合评审”。

因此，实施机构可以委托第三方咨询机构来完成该项工作。实施机构在委托时，应根据《政府采购法》进行采购，被采购的 PPP 咨询机构应能满足国家发展改革委《工程咨询行业管理办法》（国家发展和改革委员会令第 9 号）的规定。

实施机构委托 PPP 咨询机构后，应对咨询机构进行适当的管理。

对于 PPP 专家的管理应依据财政部《关于印发〈财政部政府和社会资本合作（PPP）专家库管理办法〉的通知》（财金〔2016〕144 号）执行。

对于 PPP 咨询机构的管理应依据财政部《关于印发〈政府和社会资本合作（PPP）咨询机构库管理暂行办法〉的通知》（财金〔2017〕8 号）执行。

若咨询机构未能提供合适的专业服务，并对项目造成不良后果的话，实施机构可以依据财政部《关于进一步加强政府和社会资本合作（PPP）示范项目规范管理的通知》（财金〔2018〕54 号）、**《关于推进政府和社会资本合作规范发展的实施意见》（财金〔2019〕10 号），以及双方的咨询协议，追究其违约责任。**

财政部在《关于进一步加强政府和社会资本合作（PPP）示范项目规范管理的通知》（财金〔2018〕54 号）第 3 条第 3 项要求，“强化咨询服务监督。全面披露参与示范项目论证、采购、谈判等全过程咨询服务的专家和咨询机构信息，主动接受社会监督。建立健全咨询服务绩效考核和投诉问责机制，将未妥善履行咨询服务职责或提供违法违规咨询意见的专家或咨询机构，及时清退出 PPP 专家库或咨询机构库”。

财政部在《关于推进政府和社会资本合作规范发展的实施意见》（财金〔2019〕10 号）第 4 章第 7 条中再次规定，“咨询机构和专家要发挥专业作用，遵守职业操守，依法合规提供 PPP 项目咨询服务。**对于包装不规范 PPP 项目增加隐性债务风险、出具咨询意见违反相关政策规定、收费标准偏离市场合**

理水平、对 PPP 项目实施造成消极影响和严重后果的咨询机构和专家，要按照规定严肃追究责任”。

详细论述，请见监管要点 45。

因此，该项属于实施机构的监管要点之一，也是准备阶段的第二个监管要点。

该项要点比较简单，严格签订服务合同，并按照合同进行管理即可。

对咨询机构提供的成果应经过合适的联评联审程序，确认符合现行法律法规和政策规定。未来，若发现存在重大问题引致后果的，则追究其违约责任或法律责任。

因此，实施机构应从以下几点来进行监督管理：

1. 按照《PPP 项目咨询服务合同》要求咨询机构合适履约。

2. 对咨询机构提交的正式成果进行联评联审，确认通过。

3. 按照规定进行公示。

4. 在项目实施过程中进行动态监管，确认方案适当即可。

5. 若存在方案不适当导致严重后果的，根据《PPP 项目咨询服务合同》和相关政策追究咨询机构违约责任和 / 或法律责任。

PPP咨询机构成果的质量严重影响未来 PPP 项目的健康实施，因此，该项监管要点属于重要监管要点，实务中，众多咨询机构出于效益最大化考虑，往往嵌套模板，短时间就可以完成项目的方案设计和论证，但实际上并未真实地、深入地考量项目实际情况，导致项目还未开始，就已必然失败。

因此，对于咨询机构的监管应基于其成果进行动态管理，建议按照成果进行考核。

要求成果清单

序号	要点内容（参考）
1	咨询机构招标文件、投标文件、评标文件、定标文件、中标通知书以及双方签订的《咨询合同》
2	关于咨询成果不当导致后果的专项报告（或有）
3	对于责任专家、责任咨询机构的处理意见或报告（或有）
4	其他相关文件等

关联政策及规定

- 监管要点4
  - 2014年
    - 2014年8月31日，《政府采购法》（主席令第14号）（2014年修正）
    - 2014年11月30日，财政部《关于政府和社会资本合作示范项目实施有关问题的通知》（财金〔2014〕112号）
  - 2015年
    - 2015年2月13日，财政部、住房城乡建设部《关于市政公用领域开展政府和社会资本合作项目推介工作的通知》（财建〔2015〕29号）（已失效）
    - 2015年4月9日，财政部、环境保护部《关于推进水污染防治领域政府和社会资本合作的实施意见》（财建〔2015〕90号）（已失效）
    - 2015年4月21日，财政部、国土资源部、住房城乡建设部、中国人民银行、国家税务总局、银监会《关于运用政府和社会资本合作模式推进公共租赁住房投资建设和运营管理的通知》（财综〔2015〕15号）
    - 2015年4月25日，《基础设施和公用事业特许经营管理办法》（国家发展改革委、财政部、住房和城乡建设部、交通运输部、水利部、中国人民银行令第25号）
    - 2015年6月25日，财政部《关于进一步做好政府和社会资本合作项目示范工作的通知》（财金〔2015〕57号）
    - 2015年12月18日，财政部《关于印发〈PPP物有所值评价指引（试行）〉的通知》（财金〔2015〕167号）
  - 2016年
    - 2016年8月10日，国家发展改革委《关于切实做好传统基础设施领域政府和社会资本合作有关工作的通知》（发改投资〔2016〕1744号）
    - 2016年9月24日，财政部《关于印发〈政府和社会资本合作项目财政管理暂行办法〉的通知》（财金〔2016〕92号）
    - 2016年10月24日，国家发展改革委《关于印发〈传统基础设施领域实施政府和社会资本合作项目工作导则〉的通知》（发改投资〔2016〕2231号）
    - 2016年12月30日，财政部《关于印发〈财政部政府和社会资本合作（PPP）专家库管理办法〉的通知》（财金〔2016〕144号）
  - 2017年
    - 2017年3月22日，财政部《关于印发〈政府和社会资本合作（PPP）咨询机构库管理暂行办法〉的通知》（财金〔2017〕8号）
    - 2017年11月6日，国家发展改革委《工程咨询行业管理办法》（国家发展改革委令第9号）
  - 2019年
    - 2019年3月7日，财政部《关于推进政府和社会资本合作规范发展的实施意见》（财金〔2019〕10号）

监管要点 5：确认物有所值评价是否论证通过，并获得了批准？

政策依据与解析

对于物有所值评价的重要性，目前最新政策为财政部《关于推进政府和社会资本合作规范发展的实施意见》（财金〔2019〕10 号），该意见第 2 条第 1 款第 1 项规定，“规范的 PPP 项目应当符合以下条件”，“属于公共服务领域的公益性项目，合作期限原则上在 10 年以上，按规定履行物有所值评价、财政承受能力论证程序”。如果“未按规定开展‘两个论证’。包括已进入采购阶段但未开展物有所值评价或财政承受能力论证的（2015 年 4 月 7 日前进入采购阶段但未开展财政承受能力论证以及 2015 年 12 月 18 日前进入采购阶段但未开展物有所值评价的项目除外）；虽已开展物有所值评价和财政承受能力论证，但评价方法和程序不符合规定的”，根据意见第 3 条的规定，“应予以清退”。

因此，物有所值评价事关 PPP 项目的合规性，属于重要监管要点。

事实上，从 PPP 模式开始施行至今，相关政策持续作出了明确的规定和要求。

2014 年 11 月 29 日，财政部发布的《关于印发政府和社会资本合作模式操作指南（试行）的通知》（财金〔2014〕113 号）（已失效）第 8 条规定，“财政部门（政府和社会资本合作中心）会同行业主管部门，从定性和定量两方面开展物有所值评价工作。定量评价工作由各地根据实际情况开展。定性评价重点关注项目采用政府和社会资本合作模式与采用政府传统采购模式相比能否增加供给、优化风险分配、提高运营效率、促进创新和公平竞争等。定量评价主要通过对政府和社会资本合作项目全生命周期内政府支出成本现值与公共部门比较值进行比较，计算项目的物有所值量值，判断政府和社会资本合作模式是否降低项目全生命周期成本”，第 12 条规定，“**财政部门（政府和社会资本合作中心）应对项目实施方案进行物有所值和财政承受能力验证，通过验证的，由项目实施机构报政府审核；未通过验证的，可在实施方**

案调整后重新验证；经重新验证仍不能通过的，不再采用政府和社会资本合作模式”。

财政部《关于印发〈PPP 物有所值评价指引（试行）〉的通知》（财金〔2015〕167 号）（已失效）要求，“**中华人民共和国境内拟采用 PPP 模式实施的项目，应在项目识别或准备阶段开展物有所值评价**”，“**物有所值评价结论分为‘通过’和‘未通过’。‘通过’的项目，可进行财政承受能力论证；‘未通过’的项目，可在调整实施方案后重新评价，仍未通过的不宜采用 PPP 模式**”。

2016 年 6 月 8 日，财政部、教育部等 20 部委联合发布的《关于组织开展第三批政府和社会资本合作示范项目申报筛选工作的通知》（财金函〔2016〕47 号）附件 1“PPP 示范项目评审标准”，第 1 条第 3 款第 2 项明确规定，“**未按财政部相关规定开展物有所值评价或财政承受能力论证的**”，“**不再列为备选项目**”。

2016 年 9 月 24 日，财政部又在《关于印发〈政府和社会资本合作项目财政管理暂行办法〉的通知》（财金〔2016〕92 号）第 7 条规定，“各级财政部门应当会同同级行业主管部门根据项目实施方案共同对物有所值评价报告进行审核。物有所值评价审核未通过的，项目实施机构可对实施方案进行调整后重新提请本级财政部门和行业主管部门审核”。

财政部《关于在公共服务领域深入推进政府和社会资本合作工作的通知》（财金〔2016〕90 号）第 4 条明确，“**扎实做好项目前期论证。在充分论证项目可行性的基础上，各级财政部门要及时会同行业主管部门开展物有所值评价和财政承受能力论证**”。

物有所值评价报告也是 PPP 项目信息公开的核心内容。财政部《关于印发〈政府和社会资本合作（PPP）综合信息平台信息公开管理暂行办法〉的通知》（财金〔2017〕1 号）第 2 章第 5 条第 2 项规定，“项目识别阶段应当公开的 PPP 项目信息包括”“经财政部门和行业主管部门审核通过的物有所值评价报告，包含：定性评价的指标及权重、评分标准、评分结果；定量评价测算的主要指标、方法、过程和结果（含 PSC 值、PPP 值）等（如有）；

物有所值评价通过与否的结论”。

对于收费公路 PPP 项目，交通运输部办公厅在《收费公路政府和社会资本合作操作指南》（交办财审〔2017〕173 号）第 14 条规定，“实施方案评审通过后，**项目实施机构可委托专家或第三方编制项目物有所值评价报告。项目实施机构应积极配合本级财政部门对物有所值评价报告进行审核。物有所值评价审核未通过的，项目实施机构可对实施方案进行调整后重新提请审核**”。

2018 年 4 月 24 日，财政部在发布的《关于进一步加强政府和社会资本合作（PPP）示范项目规范管理的通知》（财金〔2018〕54 号）第 2 条第 1 项中要求，“夯实项目前期工作。按国家有关规定认真履行规划立项、土地管理、国有资产审批等前期工作程序，规范开展物有所值评价和财政承受能力论证。不得突破 10% 红线新上项目，不得出现‘先上车、后补票’、专家意见缺失或造假、测算依据不统一、数据口径不一致、仅测算单个项目支出责任等现象”。

综上所述，物有所值评价属于重要的监管要点，实施机构应重点关注，并及时按规定公开相关信息。

根据财政部《关于印发〈PPP 物有所值评价指引（试行）〉的通知》（财金〔2015〕167 号）第 34 条和《关于印发〈政府和社会资本合作项目财政管理暂行办法〉的通知》（财金〔2016〕92 号）第 6 条规定，实施机构应按如下程序执行：

1. 实施机构通过政府采购方式委托第三方咨询机构或专家，编制项目物有所值评价报告。

2. 物有所值评价报告编制完成后，经财政部门确认通过，报省级财政部门备案，并将报告电子版上传 PPP 综合信息平台。

3. 项目本级财政部门（或 PPP 中心）应在物有所值评价报告编制完成之日起 5 个工作日内，将报告的主要信息通过 PPP 综合信息平台等渠道向社会公开披露，但涉及国家秘密和商业秘密的信息除外。

要求成果清单

序号	要点内容（参考）
1	咨询机构中标通知书、《PPP 项目咨询服务协议》
2	《物有所值分析报告》及其批复
3	财政部综合信息平台公示
4	其他相关文件等

关联政策及规定

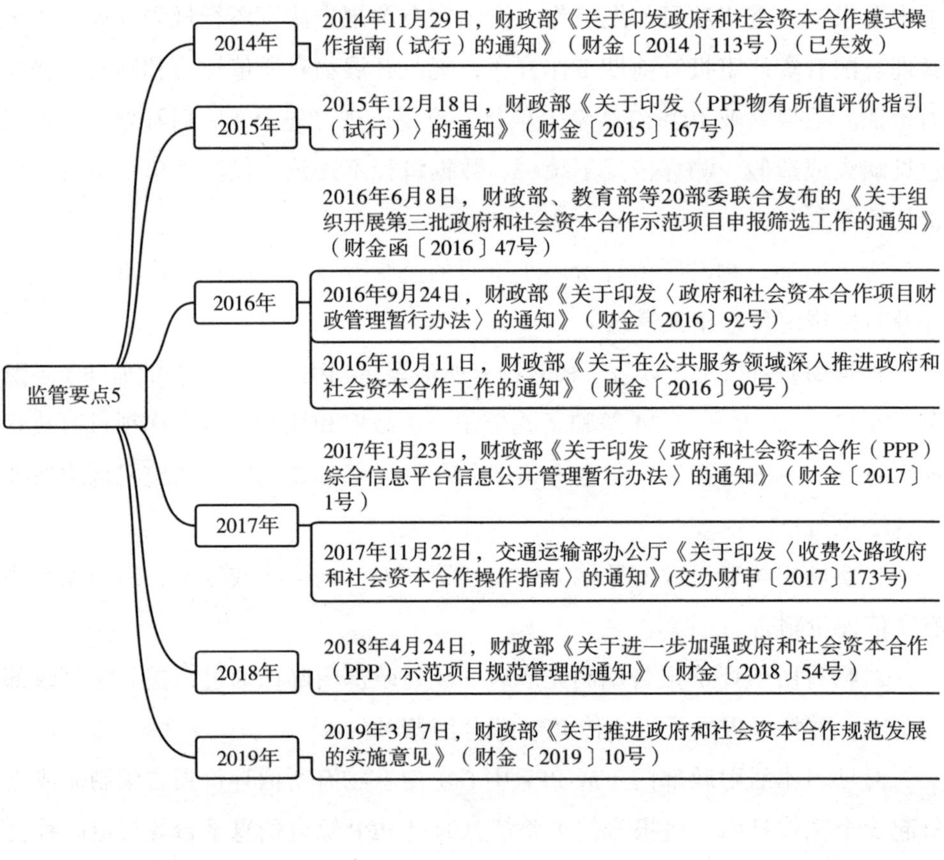

监管要点 6：确认财政承受能力论证是否通过，并获得了批准？

政策依据与解析

财政承受能力论证是 PPP 项目可行性的一道刚性要求，也是规范 PPP 项目的前置条件。只有财政承受能力论证满足具体的量化要求了，方有可能实施，财政承受能力论证不能满足规定的量化要求，则一定不能实施。

和物有所值评价一样，目前财政承受能力论证的刚性量化标准最新政策为 2019 年 3 月 7 日财政部发布的《关于推进政府和社会资本合作规范发展的实施意见》（财金〔2019〕10 号），该意见第 2 条第 1 款第 1 项规定，“规范的 PPP 项目应当符合以下条件”，“属于公共服务领域的公益性项目，合作期限原则上在 10 年以上，**按规定履行物有所值评价、财政承受能力论证程序**”，否则视为“不规范”。

对于具体的财政承受能力量化标准，意见第 2 条第 2 款第 2 项规定，“财政支出责任占比超过 5% 的地区，不得新上政府付费项目。按照‘实质重于形式’原则，污水、垃圾处理等依照收支两条线管理、表现为政府付费形式的 PPP 项目除外”，“**强化财政支出责任监管**。确保每一年度本级全部 PPP 项目从一般公共预算列支的财政支出责任，不超过当年本级一般公共预算支出的 10%。新签约项目不得从政府性基金预算、国有资本经营预算安排 PPP 项目运营补贴支出。建立 PPP 项目支出责任预警机制，对财政支出责任占比超过 7% 的地区进行风险提示，对超过 10% 的地区严禁新项目入库”。意见还强调，各级财政部门要将规范运作放在首位，严格按照要求实施规范的 PPP 项目，不得出现未经法定程序选择社会资本方的。未按规定通过物有所值评价、财政承受能力论证或规避财政承受能力 10% 红线，自行以 PPP 名义实施的情形，否则“应在限期内进行整改。无法整改或逾期整改不到位的，已入库项目应当予以清退，涉及增加地方政府隐性债务的，依法依规提请有关部门予以问责和妥善处置”。

因此，财政承受能力论证事关 PPP 项目的合规性，属于重要监管要点。

除了财金〔2019〕10 号，其他政策还包括以下部分：

2014 年 11 月 29 日，财政部发布的《关于印发政府和社会资本合作模式操作指南（试行）的通知》（财金〔2014〕113 号）（已失效）第 9 条规定，“为确保财政中长期可持续性，财政部门应根据项目全生命周期内的财政支出、政府债务等因素，对部分政府付费或政府补贴的项目，开展财政承受能力论证，每年政府付费或政府补贴等财政支出不得超出当年财政收入的一定比例。通过物有所值评价和财政承受能力论证的项目，可进行项目准备”，第 12 条规定，“财政部门（政府和社会资本合作中心）应对项目实施方案进行物有所值和财政承受能力验证，通过验证的，由项目实施机构报政府审核；未通过验证的，可在实施方案调整后重新验证；经重新验证仍不能通过的，不再采用政府和社会资本合作模式”。

具体如何开展财政承受能力论证，财政部专门发布了《关于印发〈政府和社会资本合作项目财政承受能力论证指引〉的通知》（财金〔2015〕21 号）（已失效）进行指导，该通知第 7 条要求，“财政部门（或 PPP 中心）应当会同行业主管部门，共同开展 PPP 项目财政承受能力论证工作。必要时可通过政府采购方式聘请专业中介机构协助”，第 20 条规定，“每一年度全部 PPP 项目需要从预算中安排的支出责任，占一般公共预算支出比例应当不超过 10%”，第 26 条规定，“审慎控制新建 PPP 项目规模，防止因项目实施加剧财政收支矛盾”。

2015 年 6 月 25 日财政部《关于进一步做好政府和社会资本合作项目示范工作的通知》（财金〔2015〕57 号）进一步明确，“示范项目所在地财政部门要认真做好示范项目物有所值定性分析和财政承受能力论证，有效控制政府支付责任，合理确定财政补助金额，每一年度全部 PPP 项目需要从预算中安排的支出责任占一般公共预算支出比例应当不超过 10%”。

2016年6月8日，财政部、教育部等二十部委联合开展第三批示范项目筛选，《关于组织开展第三批政府和社会资本合作示范项目申报筛选工作的通知》（财金函〔2016〕47号）附件1“PPP示范项目评审标准”第1条第3款第2项则明确规定，“未按财政部相关规定开展物有所值评价或财政承受能力论证的”，“不再列为备选项目”。

财政部《关于在公共服务领域深入推进政府和社会资本合作工作的通知》（财金〔2016〕90号）第4条要求，“扎实做好项目前期论证。在充分论证项目可行性的基础上，各级财政部门要及时会同行业主管部门开展物有所值评价和财政承受能力论证”。

财政部《关于印发〈政府和社会资本合作项目财政管理暂行办法〉的通知》（财金〔2016〕92号）第8条规定，“经审核通过物有所值评价的项目，由同级财政部门依据项目实施方案和物有所值评价报告组织编制财政承受能力论证报告，统筹本级全部已实施和拟实施PPP项目的各年度支出责任，并综合考虑行业均衡性和PPP项目开发计划后，出具财政承受能力论证报告审核意见”，第35条规定，“……财政部门应根据财政承受能力论证结果和PPP项目合同约定，严格管控和执行项目支付责任，不得将当期政府购买服务支出代替PPP项目中长期的支付责任，规避PPP项目相关评价论证程序”。

财政承受能力论证也是PPP项目信息公开的核心内容。财政部《关于印发〈政府和社会资本合作（PPP）综合信息平台信息公开管理暂行办法〉的通知》（财金〔2017〕1号）第2章第5条第3项明确，“项目识别阶段应当公开的PPP项目信息包括”“经财政部门审核通过的财政承受能力论证报告，包含：本项目各年度财政支出责任数额及累计支出责任总额，本级政府本年度全部已实施和拟实施的PPP项目各年度财政支出责任数额总和及其占各年度一般公共预算支出比例情况；财政承受能力论证的测算依据、主要因素和指标等；财政承受能力论证通过与否的结论”。

2017 年 11 月 10 日，财政部发布了《关于规范政府和社会资本合作（PPP）综合信息平台项目库管理的通知》（财办金〔2017〕92 号），该通知第 2 条第 2 款明确，“前期准备工作不到位”，“未通过物有所值评价和财政承受能力论证的”，“不得入库”。该通知第 3 条规定，“集中清理已入库项目”中也列举了两种清退的情形，“（一）未按规定开展‘两个论证’。包括已进入采购阶段但未开展物有所值评价或财政承受能力论证的（2015 年 4 月 7 日前进入采购阶段但未开展财政承受能力论证以及 2015 年 12 月 18 日前进入采购阶段但未开展物有所值评价的项目除外）；虽已开展物有所值评价和财政承受能力论证，但评价方法和程序不符合规定的。（二）不宜继续采用 PPP 模式实施。……尚未进入采购阶段但所属本级政府当前及以后年度财政承受能力已超过 10% 上限的”，涉及以上情形的项目，“不宜继续采用 PPP 模式实施”，“应予以清退”。

对于收费公路 PPP 项目，交通运输部办公厅《收费公路政府和社会资本合作操作指南》（交办财审〔2017〕173 号）第 15 条规定，“经审核通过物有所值评价的项目，由交通运输主管部门协调本级财政部门，依据项目实施方案和物有所值评价报告，组织编制财政承受能力论证报告，并出具财政承受能力论证报告审核意见。财政承受能力论证审核未通过的，项目实施机构可对实施方案进行调整后重新提请审核”。

2018 年 4 月 24 日，财政部在发布的《关于进一步加强政府和社会资本合作（PPP）示范项目规范管理的通知》（财金〔2018〕54 号）第 2 条第 1 项中要求，“夯实项目前期工作。按国家有关规定认真履行规划立项、土地管理、国有资产审批等前期工作程序，规范开展物有所值评价和财政承受能力论证。不得突破 10% 红线新上项目，不得出现‘先上车、后补票’、专家意见缺失或造假、测算依据不统一、数据口径不一致、仅测算单个项目支出责任等现象”。

综上所述，财政承受能力论证属于重要的监管要点，实施机构应重点关注，并及时按规定公开相关信息。

监管程序与办法

根据财政部《关于印发〈政府和社会资本合作项目财政承受能力论证指引〉的通知》（财金〔2015〕21号）（已失效）规定，实施机构应按如下程序执行：

1. 实施机构通过政府采购方式委托第三方咨询机构或专家，编制财政承受能力论证报告。

2. 财政承受能力论证报告编制完成后，经财政部门确认通过，报人民政府批准，并将报告电子版上传PPP综合信息平台。

3. 项目本级财政部门（或PPP中心）应当通过官方网站及报刊媒体，每年定期披露当地PPP项目目录、项目信息及财政支出责任情况。应披露的财政支出责任信息包括：PPP项目的财政支出责任数额及年度预算安排情况、财政承受能力论证考虑的主要因素和指标等。实施机构对此予以协助。

4. 项目实施后，各级财政部门（或PPP中心）应跟踪了解项目运营情况，包括项目使用量、成本费用、考核指标等信息，定期对外发布。实施机构予以协助。

要求成果清单

序号	要点内容（参考）
1	咨询机构中标通知书、《PPP项目咨询服务协议》
2	《财政承受能力论证报告》及其批复
3	财政部综合信息平台公示
4	其他相关文件等

关联政策及规定

- 监管要点6
  - 2014年
    - 2014年11月29日，财政部《关于印发政府和社会资本合作模式操作指南（试行）的通知》（财金〔2014〕113号）（已失效）
  - 2015年
    - 2015年4月7日，财政部《关于印发〈政府和社会资本合作项目财政承受能力论证指引〉的通知》（财金〔2015〕21号）（已失效）
    - 2015年6月25日，财政部《关于进一步做好政府和社会资本合作项目示范工作的通知》（财金〔2015〕57号）
  - 2016年
    - 2016年6月8日，财政部、教育部等二十部委《关于组织开展第三批政府和社会资本合作示范项目申报筛选工作的通知》（财金函〔2016〕47号）
    - 2016年9月24日，财政部《关于印发〈政府和社会资本合作项目财政管理暂行办法〉的通知》（财金〔2016〕92号）
    - 2016年10月11日，财政部《关于在公共服务领域深入推进政府和社会资本合作工作的通知》（财金〔2016〕90号）
  - 2017年
    - 2017年1月23日，财政部《关于印发〈政府和社会资本合作（PPP）综合信息平台信息公开管理暂行办法〉的通知》（财金〔2017〕1号）
    - 2017年11月10日，财政部《关于规范政府和社会资本合作（PPP）综合信息平台项目库管理的通知》（财办金〔2017〕92号）
    - 2017年11月22日，交通运输部办公厅《关于印发〈收费公路政府和社会资本合作操作指南〉的通知》(交办财审〔2017〕173号)
  - 2018年
    - 2018年4月24日，财政部《关于进一步加强政府和社会资本合作（PPP）示范项目规范管理的通知》（财金〔2018〕54号）
  - 2019年
    - 2019年3月7日，财政部《关于推进政府和社会资本合作规范发展的实施意见》（财金〔2019〕10号）

监管要点 7：确认《PPP 项目实施方案》是否按照规定编制？并获得了政府的批准？

政策依据与解析

《PPP 项目实施方案》是 PPP 项目万里长征第一步，是 PPP 项目能否健康、安全、顺利实施的基础，因此非常重要。其完整性、精确性和可行性对下一步的工作推进至关重要，因此，政府方应认真、审慎落实该项工作。

首先，应确认《PPP 项目实施方案》内容是否完整？

完整的实施方案内容至少应包括项目概况、风险分配框架、运作方式、交易结构、合同体系、边界条件、监督管理架构、项目采购、财务测算等内容，建议完善建设运营和移交方案。

2014 年 11 月 29 日，财政部《关于印发政府和社会资本合作模式操作指南（试行）的通知》（财金〔2014〕113 号）[①] 第 11 条规定，实施方案主要包括：项目概况、风险分配基本框架、项目运作方式、交易结构、合同体系、监管架构、采购方式等七项内容。

2016 年 9 月 24 日，财政部在《关于印发〈政府和社会资本合作项目财政管理暂行办法〉的通知》（财金〔2016〕92 号）第 5 条规定，“新建、改扩建项目的项目实施方案应当依据项目建议书、项目可行性研究报告等前期论证文件编制；存量项目实施方案的编制依据还应包括存量公共资产建设、运营维护的历史资料以及第三方出具的资产评估报告等。项目实施方案应当包括**项目基本情况、风险分配框架、运作方式、交易结构、合同体系、监管架构**等内容”。

2016 年 10 月 24 日，国家发展改革委《传统基础设施领域实施政府和社

① 本文件已失效，财政部办公厅《关于征求〈政府和社会资本合作模式操作指南（修订稿）〉意见的函》（财办金〔2019〕94 号）对新的操作指南提出了意见征求，《政府和社会资本合作模式操作指南（修订稿）》附件 2 明确，实施方案编制要点包括：项目概况、风险分配框架、运作方式、交易结构、合同体系、边界条件、监督管理架构、项目采购、财务测算等九项内容。

会资本合作项目工作导则》（发改投资〔2016〕2231 号）第 9 条规定，实施方案内容应包括：项目概况、运作方式、社会资本方遴选方案、投融资和财务方案、建设运营和移交方案、合同结构与主要内容、风险分担、保障与监管措施等八项内容。

针对收费公路项目，《关于在收费公路领域推广运用政府和社会资本合作模式的实施意见》（财建〔2015〕111 号）第 8 条要求，“实施方案应包含**项目实施内容、产品及服务质量和标准、投融资结构、财务测算与风险分析、技术及经济可行性论证、合作伙伴要求、合同结构、政府组织方式、必要的配套措施等**”。

我们可以先进行交叉检验，确保主要内容无遗漏。

其次，要对关键核心内容进行逐一审查，要从合规性和可行性两个方面去看。

合规性部分，不得出现负面清单的内容。根据财政部、教育部、科技部等二十部委于 2016 年 6 月 8 日联合下发的《关于组织开展第三批政府和社会资本合作示范项目申报筛选工作的通知》（财金函〔2016〕47 号）、财政部办公厅《关于规范政府和社会资本合作（PPP）综合信息平台项目库管理的通知》（财办金〔2017〕92 号）、财政部《关于推进政府和社会资本合作规范发展的实施意见》（财金〔2019〕10 号）等政策规定，PPP 项目实施方案应关注的核心合规内容应包括：

1. 本项目是否适用于 PPP 模式？必须是公益性项目，垃圾处理项目、污水处理项目必须采用 PPP 模式，且不得采用 BT 模式实施。

2014 年 11 月 29 日，财政部发布的《关于印发政府和社会资本合作模式操作指南（试行）的通知》（财金〔2014〕113 号）[①] 第 6 条规定，“投资规模较大、需求长期稳定、价格调整机制灵活、市场化程度较高的基础设施及

---

① 本文件已失效，征求意见中的新《政府和社会资本合作模式操作指南（修订稿）函》（财办金〔2019〕94 号）第 6 条规定，“政府负有提供义务、适宜由社会资本承担、投资规模较大、社会需求长期稳定、项目产出明确的公共服务领域项目，可采用 PPP 模式。仅涉及建设，不包含运营或维护内容的项目，不适宜采用 PPP 模式”。

公共服务类项目，适宜采用政府和社会资本合作模式”。

2014 年 12 月 2 日，国家发展改革委《关于开展政府和社会资本合作的指导意见》（发改投资〔2014〕2724 号）第 3 条第 1 款明确，“PPP 模式主要适用于政府负有提供责任又适宜市场化运作的公共服务、基础设施类项目。燃气、供电、供水、供热、污水及垃圾处理等市政设施，公路、铁路、机场、城市轨道交通等交通设施，医疗、旅游、教育培训、健康养老等公共服务项目，以及水利、资源环境和生态保护等项目均可推行 PPP 模式。各地的新建市政工程以及新型城镇化试点项目，应优先考虑采用 PPP 模式建设”。

2016 年 6 月 8 日，财政部、教育部、科技部等二十部委联合发布的《关于组织开展第三批政府和社会资本合作示范项目申报筛选工作的通知》（财金函〔2016〕47 号）附件 1 明确规定，“不属于公共产品或公共服务领域的”，“不再列为备选项目”。

2016 年 8 月 10 日，国家发展改革委《关于切实做好传统基础设施领域政府和社会资本合作有关工作的通知》（发改投资〔2016〕1744 号）附件《传统基础设施领域推广 PPP 模式重点项目》规定了适用 PPP 的项目类型，包括能源领域、交通运输领域、水利领域、环境保护领域、农业领域、林业领域和重大市政工程领域等七大类。

2016 年 10 月 24 日，国家发展改革委发布了《传统基础设施领域实施政府和社会资本合作项目工作导则》（发改投资〔2016〕2231 号）第 2 条“适用范围”明确规定，“适用于在能源、交通运输、水利、环境保护、农业、林业以及重大市政工程等传统基础设施领域采用 PPP 模式的项目。具体项目范围参见《国家发展改革委关于切实做好传统基础设施领域政府和社会资本合作有关工作的通知》（发改投资〔2016〕1744 号）”。

2017 年 11 月 10 日，财政部《关于规范政府和社会资本合作（PPP）综合信息平台项目库管理的通知》（财办金〔2017〕92 号）第 2 条第 1 项规定，“不属于公共服务领域，政府不负有提供义务的，如商业地产开发、招商引资项目等”，“不适宜采用 PPP 模式实施”，“不得入库”。

2019 年 3 月 7 日，财政部发布的《关于推进政府和社会资本合作规范发展的实施意见》（财金〔2019〕10 号）第 2 条第 1 款第 1 项也再次强调，规范的 PPP 项目，“属于公共服务领域的公益性项目”。

可见，PPP 项目一般属于公共产品或公共服务，属于公益性项目，政府不负有提供义务的，不能做 PPP。实践中，标准厂房做了不少 PPP 项目，但编者认为，这不应属于“政府负有提供义务的”范畴，政府方在项目策划时应予充分论证。

另外，根据财政部《关于在公共服务领域深入推进政府和社会资本合作工作的通知》（财金〔2016〕90 号）第 2 条规定，“在中央财政给予支持的公共服务领域，可根据行业特点和成熟度，探索开展两个‘强制’试点。在垃圾处理、污水处理等公共服务领域，项目一般有现金流，市场化程度较高，PPP 模式运用较为广泛，操作相对成熟，各地新建项目要‘强制’应用 PPP 模式，中央财政将逐步减少并取消专项建设资金补助”，即垃圾处理项目、污水处理项目，强制采用 PPP 模式实施。

2016 年 6 月 8 日，财政部、教育部、科技部等二十部委联合发布的《关于组织开展第三批政府和社会资本合作示范项目申报筛选工作的通知》（财金函〔2016〕47 号）附件 1 明确规定，“采用建设—移交（BT）方式实施的”，“不再列为备选项目”。

2017 年 11 月 10 日，财政部《关于规范政府和社会资本合作（PPP）综合信息平台项目库管理的通知》（财办金〔2017〕92 号）第 3 条第 3 款规定，“采用建设—移交（BT）方式实施的”，“不符合规范运作要求”，“应予以清退”。

明确禁止 BT 模式，实施机构应予确认。

2. 实施主体是否适格？

详见监管要点 4，已论证，此处不再赘述。

3. 合作期限是否满足规定？应为最低 10 年，最长 30 年。

2015 年 3 月 10 日，国家发展改革委和国家开发银行联合发布的《关于推进开发性金融支持政府和社会资本合作有关工作的通知》（发改投资

〔2015〕445号）第6条规定，“在监管政策允许范围内，给予PPP项目差异化信贷政策，对符合条件的项目，贷款期限最长可达30年，贷款利率可适当优惠”。

2015年4月25日，《基础设施和公用事业特许经营管理办法》（国家发展改革委、财政部、住房和城乡建设部、交通运输部、水利部、中国人民银行令第25号）第6条规定，“基础设施和公用事业特许经营期限应当根据行业特点、所提供公共产品或服务需求、项目生命周期、投资回收期等综合因素确定，最长不超过30年”。

2015年5月4日，《市政公用事业特许经营管理办法》（2015年修正）第12条规定，“特许经营期限应当根据行业特点、规模、经营方式等因素确定，最长不得超过30年”。

2016年6月8日，财政部、教育部、科技部等二十部委联合发布的《关于组织开展第三批政府和社会资本合作示范项目申报筛选工作的通知》（财金函〔2016〕47号）附件1明确规定，“合作期限（含建设期在内）低于10年的”，“不再列为备选项目”。

2015年6月25日，财政部《关于进一步做好政府和社会资本合作项目示范工作的通知》（财金〔2015〕57号）第2条第6项明确，“……项目所在行业已印发开展PPP模式相关规定的，要同时满足相关规定。政府和社会资本合作期限原则上不低于10年”。

2016年6月27日，文化部办公厅《关于做好第三批政府与社会资本合作示范项目申报筛选工作的补充通知》（办产函〔2016〕247号）第3条第3项明确，“合作期限低于10年，采取建设—移交（BT）方式，通过保底承诺、回购安排等方式进行变相融资的项目不得申报”。

2016年9月24日，财政部《关于印发〈普惠金融发展专项资金管理办法〉的通知》（财金〔2016〕85号）（已失效）第5章第27条第2款规定，“项目采购要严格执行《中华人民共和国政府采购法》、《政府和社会资本合作项目政府采购管理办法》（财库〔2014〕215号）等规定，充分引入竞争机制，保证项目实施质量。项目合同约定的政府和社会资本合作期限原则上不低于10年”。

2019年3月7日，财政部发布的《关于推进政府和社会资本合作规范发展的实施意见》（财金〔2019〕10号）第2条第1款第1项也再次强调，规范的PPP项目，“合作期限原则上在10年以上”。

规范的PPP项目全生命周期应为10～30年，该要求应无疑义。

4.项目资本金的设置是否符合规定？[①] **资本金比例满足要求，必须自有资金，不得第三方代持，且政府方出资代表占股不得超过50%。**

2014年12月30日，财政部《关于规范政府和社会资本合作合同管理工作的通知》（财金〔2014〕156号）附件《PPP项目合同指南（试行）》第1章第1节第2条明确，“……项目公司可以由社会资本（可以是一家企业，也可以是多家企业组成的联合体）出资设立，也可以由政府和社会资本共同出资设立。但政府在项目公司中的持股比例应当低于50%[②]、且不具有实际控制力及管理权”。

2017年11月10日，财政部《关于规范政府和社会资本合作（PPP）综合信息平台项目库管理的通知》（财办金〔2017〕92号）第3条第3项规定，“……未按时足额缴纳项目资本金、以债务性资金充当资本金或由第三方代持社会资本方股份的”，“应予以清退”。

2018年3月28日，财政部《关于规范金融企业对地方政府和国有企业投融资行为有关问题的通知》（财金〔2018〕23号）第2条明确规定，“国有金融企业向参与地方建设的国有企业（含地方政府融资平台公司）或PPP项目提供融资，应按照‘穿透原则’加强资本金审查，确保融资主体的资本金来源合法合规，融资项目满足规定的资本金比例要求。若发现存在以‘名股实债’、股东借款、借贷资金等债务性资金和以公益性资产、储备土地等

① 监管要点18：项目资本金是否已经及时、足额注资到位？项目资本金来源是否合规？

② 征求意见中的新《政府和社会资本合作模式操作指南（修订稿）》（财办金〔2019〕94号）第26条也规定，“……政府方出资代表在项目公司中的股权出资比例应低于50%，且不具有项目公司的实际控制权”，原则一致。

方式违规出资或出资不实的问题，国有金融企业不得向其提供融资”。

2019 年 3 月 7 日，财政部发布的《关于推进政府和社会资本合作规范发展的实施意见》（财金〔2019〕10 号）第 2 条第 1 款第 4 项也再次强调，规范的 PPP 项目应当“项目资本金符合国家规定比例，项目公司股东以自有资金按时足额缴纳资本金”。

2019 年 6 月 21 日，国家发展改革委《关于依法依规加强 PPP 项目投资和建设管理的通知》（发改投资规〔2019〕1098 号）第 4 条第 9 款要求，“按照国务院有关规定，投资项目资本金对投资项目来说是非债务性资金，项目法人不承担这部分资金的任何利息和债务；投资者可按其出资的比例依法享有所有者权益，也可转让其出资，但不得以任何方式抽回。各行业固定资产投资项目资本金必须满足国务院规定的最低比例要求，防止过度举债融资等问题”。

因此，项目资本金比例必须按照国务院文件政策规定执行（详见监管要点 18），项目资本金必须明确是股东的自有资金，不得由第三方代持（实践中，常有基金公司加入，形成“明股实债”和 / 或第三方代持），实施机构应予甄别排除。

5. 确认是否存在变相融资、回购投资本金、固定回报等情形？

2016 年 5 月 28 日，财政部、国家发展改革委《关于进一步共同做好政府和社会资本合作（PPP）有关工作的通知》（财金〔2016〕32 号）第 4 条明确，“建立完善合理的投资回报机制　各地要通过合理确定价格和收费标准、运营年限，确保政府补贴适度，防范中长期财政风险。要通过适当的资源配置、合适的融资模式等，降低融资成本，提高资金使用效率。要充分挖掘 PPP 项目后续运营的商业价值，鼓励社会资本创新管理模式，提高运营效率，降低项目成本，提高项目收益。要建立动态可调整的投资回报机制，根据条件、环境等变化及时调整完善，防范政府过度让利”，第 6 条规定，“强化监督管理　各地要对 PPP 项目有关执行法律、行政法规、行业标准、产品或服务技术规范等进行有效的监督管理，并依法加强项目合同审核与管理，加强成本监督审查。要杜绝固定回报和变相融资安排，在保障社会资本获得合理收益的同时，实现激励相容”。

2016年6月8日，财政部、教育部、科技部等二十部委联合发布的《关于组织开展第三批政府和社会资本合作示范项目申报筛选工作的通知》（财金函〔2016〕47号）附件1第1条第2款第4项明确规定，“采用固定回报、回购安排、明股实债等方式进行变相融资的”，“不再列为备选项目”。

2016年9月24日，财政部在《关于印发〈政府和社会资本合作项目财政管理暂行办法〉的通知》（财金〔2016〕92号）第35条规定，“……财政部门应当会同相关部门加强项目合规性审核，确保项目属于公共服务领域，并按法律法规和相关规定履行相关前期论证审查程序。项目实施不得采用建设—移交方式。政府与社会资本合资设立项目公司的，应按照《公司法》等法律规定以及PPP项目合同约定规范运作，不得在股东协议中约定由政府股东或政府指定的其他机构对社会资本方股东的股权进行回购安排”。

2017年7月1日，财政部、住房城乡建设部、农业部、环境保护部联合发布的《关于政府参与的污水、垃圾处理项目全面实施PPP模式的通知》（财建〔2017〕455号）规定，“政府以货币、实物、权益等各类资产参与，或以公共部门身份通过其他形式介入项目风险分担或利益分配机制，且财政可承受能力论证及物有所值评价通过的各类污水、垃圾处理领域项目，全面实施PPP模式”，其实施内容必须“符合全面实施PPP模式条件的各类污水、垃圾处理项目，政府参与的途径限于PPP模式。政府与社会资本间应签署PPP协议，明确权益分配和风险分担机制，并通过成立具有独立法人资格的PPP项目公司实现项目商业风险隔离。政府可以在符合PPP相关政策规定的前提下对项目给予必要的支持，但不得为项目融资提供担保，不得对项目商业风险承担无限责任，不得以任何方式承诺回购社会资本方的投资本金，不得以任何方式承担社会资本方的投资本金损失，不得以任何方式向社会资本方承诺最低收益”。

2017年11月10日，财政部《关于规范政府和社会资本合作（PPP）综合信息平台项目库管理的通知》（财办金〔2017〕92号）第3条第4项规定，“包括由政府或政府指定机构回购社会资本投资本金或兜底本金损失的；政府向社会资本承诺固定收益回报的；政府及其部门为项目债务提供任何形式担保的；存在其他违法违规举债担保行为的”，即“构成违法违规举债担保”，“应予以清退”。

2019年3月7日，财政部发布的《关于推进政府和社会资本合作规范发展的实施意见》（财金〔2019〕10号）第3条第1款第1项再次强调，“存在政府方或政府方出资代表向社会资本回购投资本金、承诺固定回报或保障最低收益的。通过签订阴阳合同，或由政府方或政府方出资代表为项目融资提供各种形式的担保、还款承诺等方式，由政府实际兜底项目投资建设运营风险的”，“已入库项目应当予以清退，项目形成的财政支出责任，应当认定为地方政府隐性债务，依法依规提请有关部门对相关单位及个人予以严肃问责”。

2019年6月21日，国家发展改革委《关于依法依规加强PPP项目投资和建设管理的通知》(发改投资规〔2019〕1098号)第4条第10项也规定，“PPP项目的融资方式和资金来源应符合防范化解地方政府隐性债务风险的相关规定。不得通过约定回购投资本金、承诺保底收益等方式违法违规变相增加地方政府隐性债务，严防地方政府债务风险”。

除此之外，征求意见中的新《政府和社会资本合作模式操作指南（修订稿）》（财办金〔2019〕94号）第19条也明确，“……PPP项目合同中不得约定由政府或政府方出资代表回购社会资本投资本金、承诺固定收益回报、为项目融资提供各种形式的担保、还款承诺等由政府实际兜底项目投资建设运营风险的内容，且不得提前锁定、固化政府支出责任，不得减轻或免除社会资本的投资建设运营责任”。

因此，方案中一定不能存在变相融资、回购投资本金、固定回报等情形。

6. 采购安排是否适当？对社会资本方的资格条件是否清晰？

根据财政部《关于推进政府和社会资本合作规范发展的实施意见》（财金〔2019〕10号）第2条第2款第2项规定，在符合规范的PPP项目条件的同时，“新上政府付费项目原则上还应符合以下审慎要求”，“采用公开招标、邀请招标、竞争性磋商、竞争性谈判等竞争性方式选择社会资本方”，第 4 条第 1 款明确要求，“……各地在开展 PPP 项目时，不得对外资企业、中资境外分支机构参与设置歧视性条款或附加条件。提倡优质优价采购，应当根据采购项目需求特点，合理选择采购方式，进一步加强采购需求和履约验收管理，提高采购质量”。

国家发展改革委在 2019 年 6 月 21 日发布的《关于依法依规加强 PPP 项目投资和建设管理的通知》（发改投资规〔2019〕1098 号）对此也作出了明确的规定，该通知第 3 条第 8 项规定，“公开招标应作为遴选社会资本的主要方式。不得排斥、限制民间资本参与 PPP 项目，消除隐性壁垒，确保一视同仁、公平竞争。招标文件的主要内容应与经批准的 PPP 项目实施方案保持一致”。

因此，**PPP 项目的采购方式应为公开招标、邀请招标、竞争性谈判、竞争性磋商和单一来源采购等五种之一，其中，公开招标应为主要方式。**

另外，根据《关于推进政府和社会资本合作规范发展的实施意见》（财金〔2019〕10 号）第 3 条第 1 款第 2 项的规定，**“本级政府所属的各类融资平台公司、融资平台公司参股并能对其经营活动构成实质性影响的国有企业”不得“作为社会资本参与本级 PPP 项目”**。

以上两点，实施机构应予确认和排除。

其他论述，详见监管要点 10：确认正式采购程序和办法是否合规？采购文件中是否设置了不合理的采购条款？

7. 是否建立了合适的、完整的、可实施的绩效考核办法和细则？

绩效考核是硬性规定，实施机构应重点关注两条：一是必须建立完全与绩效考核挂钩的付费机制，二是绩效考核的基数至少应为建设成本的 30%，主要政策规定如下：

2019 年 3 月 7 日，财政部《关于推进政府和社会资本合作规范发展的实施意见》（财金〔2019〕10 号）第 2 条第 1 款第 1 项明确，“规范的 PPP 项目应当符合以下条件……建立完全与项目产出绩效相挂钩的付费机制，不得通过降低考核标准等方式，提前锁定、固化政府支出责任”，第3条第1款第2项要求，不得出现“社会资本方实际只承担项目建设、不承担项目运营责任，或政府支出事项与项目产出绩效脱钩的”行为，否则，“应在限期内进行整改。无法整改或逾期整改不到位的，已入库项目应当予以清退，涉及增加地方政府隐性债务的，依法依规提请有关部门予以问责和妥善处置”。

2017年11月10日，财政部《关于规范政府和社会资本合作（PPP）综合信息平台项目库管理的通知》（财办金〔2017〕92号）第2条要求，“严格新项目入库标准”，存在“……（三）未建立按效付费机制。包括通过政府付费或可行性缺口补助方式获得回报，但未建立与项目产出绩效相挂钩的付费机制的；政府付费或可行性缺口补助在项目合作期内未连续、平滑支付，导致某一时期内财政支出压力激增的；**项目建设成本不参与绩效考核，或实际与绩效考核结果挂钩部分占比不足30%**，固化政府支出责任的”，“不得入库”。

因此，实施方案必须建立完整的绩效考核机制，与政府付费紧密挂钩，且考核基数不得低于建设成本的30%。

更详细论述，详见监管要点38：确认是否按约及时进行绩效考核工作?

8. 项目风险分担设置是否适当?

根据财政部《关于推进政府和社会资本合作规范发展的实施意见》（财金〔2019〕10号）第2条第1款第2项规定，规范的PPP项目应当“社会资本负责项目投资、建设、运营并承担相应风险，政府承担政策、法律等风险”。

简言之，**社会资本承担项目投资风险、建设风险和运营风险，政府承担政府风险、法律风险，双方共同承担不可抗力风险，不得将社会资本应承担的风险转嫁到政府方**。其他政策规定如下：

2014年11月29日，财政部《关于印发政府和社会资本合作模式操作指南（试行）的通知》（财金〔2014〕113 号）[①] 第 11 条第 2 款规定，“风险分配基本框架。按照风险分配优化、风险收益对等和风险可控等原则，综合考虑政府风险管理能力、项目回报机制和市场风险管理能力等要素，在政府和社会资本间合理分配项目风险。原则上，项目设计、建造、财务和运营维护等商业风险由社会资本承担，法律、政策和最低需求等风险由政府承担，不可抗力等风险由政府和社会资本合理共担”。

2014 年 12 月 2 日，国家发展改革委《关于开展政府和社会资本合作的指导意见》（发改投资〔2014〕2724 号）第 2 条第 3 款规定，“按照风险收益对等原则，在政府和社会资本间合理分配项目风险。原则上，项目的建设、运营风险由社会资本承担，法律、政策调整风险由政府承担，自然灾害等不可抗力风险由双方共同承担”。

2014 年 12 月 30 日，财政部《关于规范政府和社会资本合作合同管理工作的通知》（财金〔2014〕156 号）附件《PPP 项目合同指南（试行）》第 2 章第 1 节第 3 条明确规定了风险分配原则和常见风险分配安排。其中：

风险分配原则根据第 3 条第 1 款规定，“1. 承担风险的一方应该对该风险具有控制力；2. 承担风险的一方能够将该风险合理转移（例如通过购买相应保险）；3. 承担风险的一方对于控制该风险有更大的经济利益或动机；4. 由该方承担该风险最有效率；5. 如果风险最终发生，承担风险的一方不应将由此产生的费用和损失转移给合同相对方”。

常见风险分配安排根据第 3 条第 2 款规定，“1. 通常由政府方承担的风险，包括：（1）土地获取风险（在特定情形下也可能由项目公司承担，详见本章第六节）；（2）项目审批风险（根据项目具体情形不同，可能由政府方承担，也可能由项目公司承担，详见本章第四节）；（3）政治不可抗力（包括非因

① 本文件已失效，财政部办公厅征求意见中的《政府和社会资本合作模式操作指南（修订稿）》（财办金〔2019〕94 号）附件《实施方案编制要点》第 2 条规定，“原则上，项目设计、投资、融资、建造、运营、维护等风险主要由社会资本承担，法律变更、政策变化和最低需求等风险主要由政府承担，不可抗力等风险由各方合理分担，双方可根据项目具体情况协商一致达成合理的风险分配框架”。风险分配原则没有发生变化，依然一致。

政府方原因且不在政府方控制下的征收征用和法律变更等，详见本章第十五节）。2. 通常由项目公司承担的风险，包括：（1）如期完成项目融资的风险；（2）项目设计、建设和运营维护相关风险，例如完工风险、供应风险、技术风险、运营风险以及移交资产不达标的风险等；（3）项目审批风险（根据项目具体情形不同，可能由政府方承担，也可能由项目公司承担，详见本章第四节）；（4）获得项目相关保险。3. 通常由双方共担的风险：自然不可抗力”。

另外，风险分配方案也是信息公示的内容之一。

2017 年 1 月 23 日，财政部《政府和社会资本合作（PPP）综合信息平台信息公开管理暂行办法》（财金〔2017〕1 号）第 6 条第 2 项明确，“项目准备阶段应当公开的 PPP 项目信息包括”“经审核通过的项目实施方案（含同级人民政府对实施方案的批复文件），包含：项目基本情况（含项目合作范围、合作期限、项目产出说明和绩效标准等基本信息），风险分配框架，运作方式，交易结构（含投融资结构、回报机制、相关配套安排），合同体系及核心边界条件；监管架构；采购方式选择”，详细要求如表 3-4 所示：

表 3-4　公开信息相关内容

项目所处阶段	公开内容	公开方式	公开的时点	信息提供方
项目准备	交易结构（含投融资结构、回报机制、相关配套安排）、项目产出说明和绩效标准、风险分配框架、核心边界条件、合同体系、监管体系	适时公开	进入项目执行阶段后 6 个月内	实施机构

因此，实施机构应予确认，风险分配是否适当。

9. 新上政府付费项目，使用者付费是否比例是否低于 10%？

根据财政部《关于推进政府和社会资本合作规范发展的实施意见》（财金〔2019〕10 号）第 2 条第 2 款规定，“……对于规避上述限制条件，将新上政府付费项目打捆、包装为少量使用者付费项目，项目内容无实质关联、使用者付费比例低于 10% 的，不予入库”。

因此，使用者付费不得低于10%，也是硬性条件之一，实施机构应予确认。

以上内容，实施机构在监管时应从两方面考虑，一是不存在负面清单情形，有没有突破硬性规定？二是方案的可行性。

该项属于重要监管要点，实施机构应予重视！

除了以上核心要点的审核外，实施方案还要经过联评联审以及政府的批准，方可实施。

2014 年 11 月 29 日，财政部发布的《关于印发政府和社会资本合作模式操作指南（试行）的通知》（财金〔2014〕113 号）[①]第 12 条明确“财政部门（政府和社会资本合作中心）应对项目实施方案进行物有所值和财政承受能力验证，通过验证的，由项目实施机构报政府审核；未通过验证的，可在实施方案调整后重新验证；经重新验证仍不能通过的，不再采用政府和社会资本合作模式”。

2014 年 12 月 2 日，国家发展改革委《关于开展政府和社会资本合作的指导意见》（发改投资〔2014〕2724 号）第 4 条第 3 款明确，“为提高工作效率，可会同相关部门建立 PPP 项目的联审机制，从项目建设的必要性及合规性、PPP 模式的适用性、财政承受能力以及价格的合理性等方面，对项目实施方案进行可行性评估，确保‘物有所值’。审查结果作为项目决策的重要依据”。

2016 年 8 月 10 日，国家发展改革委《关于切实做好传统基础设施领域政府和社会资本合作有关工作的通知》（发改投资〔2016〕1744 号）第 3 条明确，“各地发展改革部门要会同相关部门建立 PPP 项目联审机制，积极引入第三方评估机构，从项目建设的必要性、合规性、规划衔接性、PPP 模式适用性、财务可负担性以及价格和收费的合理性等方面，对项目进行综合评估”。

① 本文件已失效，征求意见中的新《政府和社会资本合作模式操作指南（修订稿）》（财办金〔2019〕94 号）第 15 条规定，“项目实施机构应根据物有所值评价和财政承受能力论证结果完善实施方案，报本级政府审核同意，并在开展采购工作签完成项目相关立项审批”，与原规定一致。

2016年10月24日，国家发展改革委发布的《关于印发〈传统基础设施领域实施政府和社会资本合作项目工作导则〉的通知》（发改投资〔2016〕2231号）第11条规定，“鼓励地方政府建立PPP项目实施方案联审机制。按照‘多评合一，统一评审’的要求，由发展改革部门和有关行业主管部门牵头，会同项目涉及到的财政、规划、国土、价格、公共资源交易管理、审计、法制等政府相关部门，对PPP项目实施方案进行联合评审。必要时可先组织相关专家进行评议或委托第三方专业机构出具评估意见，然后再进行联合评审。一般性政府投资项目可行性研究报告中的PPP项目实施专章，可结合可行性研究报告审批一并审查。通过实施方案审查的PPP项目，可以开展下一步工作；按规定需报当地政府批准的，应报当地政府批准同意后开展下一步工作。未通过审查的，可在调整实施方案后重新审查；经重新审查仍不能通过的，不再采用PPP模式”。

2016年12月30日，国家发展改革委办公厅、交通运输部办公厅《关于进一步做好收费公路政府和社会资本合作项目前期工作的通知》（发改办基础〔2016〕2851号）第2条第2项规定，“项目审批或核准后，项目实施单位根据审批或核准意见对项目实施方案进行完善，并按有关规定做好项目物有所值评估和财政承受能力论证。有关部门应对PPP项目实施方案进行联合评审”。

实施方案也是PPP项目信息公开的内容，根据财政部于2017年1月23日发布的《关于印发〈政府和社会资本合作（PPP）综合信息平台信息公开管理暂行办法〉的通知》（财金〔2017〕1号）第5条第1项明确，“项目识别阶段应当公开的PPP项目信息包括”“项目实施方案概要，包含：项目基本情况（含项目合作范围、合作期限、项目产出说明和绩效标准等基本信息）、风险分配框架、运作方式、交易结构（含投融资结构、回报机制、相关配套安排）、合同体系、监管架构、采购方式选择”，第6条第2项还明确，“项目准备阶段应当公开的PPP项目信息包括”“经审核通过的项目实施方案（含同级人民政府对实施方案的批复文件），包含：项目基本情况（含项目合作范围、合作期限、项目产出说明和绩效标准等基本信息），风险分配框架，运作方式，交易结构（含投融资结构、回报机制、相关配套安排），合同体系及核心边界条件；监管架构；采购方式选择”，详细要求如表 3-5 所示：

表 3-5 公开信息内容

项目所处阶段	公开内容	公开方式	公开的时点	信息提供方
项目识别	交易结构（含投融资结构、回报机制、相关配套安排）、项目产出说明和绩效标准、风险分配框架、核心边界条件、合同体系、监管体系	适时公开	进入项目执行阶段后 6 个月内	项目发起方
项目准备	交易结构（含投融资结构、回报机制、相关配套安排）、项目产出说明和绩效标准、风险分配框架、核心边界条件、合同体系、监管体系	适时公开	进入项目执行阶段后 6 个月内	实施机构
	政府对实施方案的审核批复文件	即时公开	批复文件下发后 10 个工作日内	实施机构
	审核通过的项目实施方案及修正案	适时公开	进入项目执行阶段后 6 个月内	实施机构

针对案例收费公路项目，2017 年 11 月 22 日，交通运输部办公厅《收费公路政府和社会资本合作操作指南》（交办财审〔2017〕173 号）第 11 条规定，“对于确定采用 PPP 模式的项目，在开展项目前期各项工作的同时，项目实施机构组织编制 PPP 项目实施方案。实施方案主要内容包括：项目基本情况、项目运作方式、交易结构（包括投融资结构、财务测算和回报机制等）、建设运营和移交方案、风险分配方案、绩效评价、合同体系和主要内容、社会资本方应当具备的条件及选择方式、保障和监管措施以及应当明确的其他事项等。在实施方案编制过程中，各级交通运输主管部门应积极依托本级人民政府建立的 PPP 项目部门联动协调机制，统筹考虑开展 PPP 项目政府可赋予的政策措施，包括征地拆迁、项目沿线土地开发使用、建设期投资补助或

者运营补贴等，并在实施方案和社会资本方选择招标文件中予以明示。对于申请车辆购置税资金的项目，还应当在实施方案中提出资金申请理由、支持额度和政府支持方式，有关政府支持方式参见本指南第八条。实施方案可委托第三方进行编制，承担编制任务的第三方应尽量避免与潜在社会资本方存在关联关系，如存在关联关系，不得利用其关联关系损害社会资本方选择的公正性”，第13条明确，“项目审批（核准）后，项目实施机构根据项目审批或核准意见对项目实施方案进行完善。各级交通运输主管部门或项目实施机构应重视项目初步设计方案的深化研究，细化工程技术方案和投资概算等内容，并作为确定项目实施方案的重要依据”。

实施方案完成后，应进行方案的联评联审。该指南第14条第1款规定，“项目实施机构可组织相关专家对项目实施方案进行评审。实施方案评审通过后，项目实施机构可委托专家或第三方编制项目物有所值评价报告”，第16条明确，“项目实施机构向本级人民政府上报项目实施方案申请联合评审。通过实施方案联合评审并经本级人民政府批准后，由项目实施机构按照相关规定组织开展社会资本方选择工作”。

按照国务院《关于加强中央企业PPP业务风险管控的通知》（国资发财管〔2017〕192号）的要求，国务院国有资产监督管理委员会财务监管局对39家央企进行了PPP业务的专项检查，2018年9月18日下发的《关于开展中央企业PPP业务专项检查的通知》（财管函〔2018〕104号）附件3“专项检查所需资料清单”明确要求，“PPP项目实施方案及其批复”，没有相应方案或批复，则视为重大问题进行披露，因此，该项批准十分重要。

2019年6月21日，国家发展改革委《关于依法依规加强PPP项目投资和建设管理的通知》（发改投资规〔2019〕1098号）对拟实施PPP的项目作出了进一步的要求，该通知第3条第7项明确，“加强对PPP项目实施方案的审核，通过实施方案审核的PPP项目，方可开展社会资本遴选。鼓励各地建立PPP项目实施方案联审机制，各级发展改革部门要严格审查实施方案主要内容是否与经批复的可行性研究报告、项目核准文件、备案信息相一致。

对建设内容单一、投资规模较小、技术方案简单的 PPP 项目，可将实施方案纳入可行性研究报告一并审核”。

因此，实施方案编制完成后，还应通过联评联审进行审定，然后报政府批准，方案开展下一步工作，实施机构应知悉，并及时落实以上程序。

要求成果清单

序号	要点内容（参考）
1	《PPP 项目实施方案》正式文本
2	联评联审报告、会议纪要
3	政府批准文件，范例如图 3-5 所示
4	其他相关文件等

[redacted]市[redacted]区人民政府

钟府复〔2019〕87 号

[redacted]市[redacted]区人民政府关于[redacted]市[redacted]区基础教育建设工程（一期）PPP 项目实施方案的批复

区教育局：

你单位上报的《关于审定[redacted]市[redacted]区基础教育建设工程（一期）PPP 项目实施方案的请示》（[redacted]教局请〔2019〕95 号）收悉。经研究，现批复如下：

一、同意《[redacted]市[redacted]区基础教育建设工程（一期）PPP 项目实施方案》。

二、你单位要根据《财政部关于印发〈政府和社会资本合作模式操作指南（试行）〉的通知》（财经〔2014〕113 号）和《财政部关于印发〈政府和社会资本合作项目政府采购管理办法〉的通知》（财库〔2014〕215 号）等文件规定，依据此次批复的实施方案，积极稳妥并依法依规推进[redacted]市[redacted]区基础教育建设工程（一期）PPP 项目后续工作。

— 1 —

2019 年 11 月 28 日

[redacted]市[redacted]区人民政府办公室　　2019 年 11 月 28 日印发

共印 5 份

— 2 —

图 3-4　政府批准文件

关联政策及规定

- 监管要点7
  - 2014年
    - 2014年11月29日，财政部《关于印发政府和社会资本合作模式操作指南（试行）的通知》（财金〔2014〕113号）（已失效）
    - 2014年12月2日，国家发展改革委《关于开展政府和社会资本合作的指导意见》（发改投资〔2014〕2724号）
    - 2014年12月30日，财政部《关于规范政府和社会资本合作合同管理工作的通知》（财金〔2014〕156号）
  - 2015年
    - 2015年3月10日，国家发展改革委、国家开发银行《关于推进开发性金融支持政府和社会资本合作有关工作的通知》（发改投资〔2015〕445号）
    - 2015年4月20日，财政部、交通运输部《关于在收费公路领域推广运用政府和社会资本合作模式的实施意见》（财建〔2015〕111号）
    - 2015年4月25日，《基础设施和公用事业特许经营管理办法》（国家发展和改革委员会、财政部、住房和城乡建设部、交通运输部、水利部、中国人民银行令第25号）
    - 2015年5月4日，《市政公用事业特许经营管理办法》（2015年修正）
    - 2015年6月25日，财政部《关于进一步做好政府和社会资本合作项目示范工作的通知》（财金〔2015〕57号）
  - 2016年
    - 2016年5月28日，财政部、国家发展改革委《关于进一步共同做好政府和社会资本合作（PPP）有关工作的通知》（财金〔2016〕32号）
    - 2016年6月8日，财政部、教育部、科技部等二十部委《关于组织开展第三批政府和社会资本合作示范项目申报筛选工作的通知》（财金函〔2016〕47号）
    - 2016年6月27日，文化部办公厅《关于做好第三批政府与社会资本合作示范项目申报筛选工作的补充通知》（办产函〔2016〕247号）
    - 2016年8月10日，国家发展改革委《关于切实做好传统基础设施领域政府和社会资本合作有关工作的通知》（发改投资〔2016〕1744号）
    - 2016年9月24日，财政部《关于印发〈政府和社会资本合作项目财政管理暂行办法〉的通知》（财金〔2016〕92号）
    - 2016年9月24日，财政部《关于印发〈普惠金融发展专项资金管理办法〉的通知》（财金〔2016〕85号）（已失效）
    - 2016年10月11日，财政部《关于在公共服务领域深入推进政府和社会资本合作工作的通知》（财金〔2016〕90号）
    - 2016年10月24日，国家发展改革委《关于印发〈传统基础设施领域实施政府和社会资本合作项目工作导则〉的通知》（发改投资〔2016〕2231号）
    - 2016年12月30日，国家发展改革委办公厅、交通运输部办公厅《关于进一步做好收费公路政府和社会资本合作项目前期工作的通知》（发改办基础〔2016〕2851号）
  - 2017年
    - 2017年1月23日，财政部《关于印发〈政府和社会资本合作（PPP）综合信息平台信息公开管理暂行办法〉的通知》（财金〔2017〕1号）
    - 2017年7月1日，财政部、住房城乡建设部、农业部、环境保护部《关于政府参与的污水、垃圾处理项目全面实施PPP模式的通知》（财建〔2017〕455号）
    - 2017年11月10日，财政部《关于规范政府和社会资本合作（PPP）综合信息平台项目库管理的通知》（财办金〔2017〕92号）
    - 2017年11月17日，国务院《关于加强中央企业PPP业务风险管控的通知》（国资发财管〔2017〕192号）
    - 2017年11月22日，交通运输部办公厅《关于印发〈收费公路政府和社会资本合作操作指南〉的通知》(交办财审〔2017〕173号)
  - 2018年
    - 2018年9月18日，国资委财务监管局《关于开展中央企业PPP业务专项检查的通知》（财管函〔2018〕104号）
  - 2019年
    - 2019年3月7日，财政部《关于推进政府和社会资本合作规范发展的实施意见》（财金〔2019〕10号）
    - 2019年6月21日，国家发展改革委《关于依法依规加强PPP项目投资和建设管理的通知》（发改投资规〔2019〕1098号）
    - 2019年11月1日，财政部办公厅《关于征求〈政府和社会资本合作模式操作指南（修订稿）〉意见的函》（财办金〔2019〕94号）

知识点延伸

财政部办公厅《关于征求〈政府和社会资本合作模式操作指南（修订稿）〉意见的函》（财办金〔2019〕94 号）附件《政府和社会资本合作模式操作指南（修订稿）》，其附件 2 对实施方案要点进行了明确说明，详细如下：

一、项目概况

项目概况主要包括基本情况、经济技术指标和授权安排等。

基本情况主要明确项目发起的背景情况、经济社会发展需要、前期工作进展、项目公共产品和服务的内容、项目运作的目标和意义。

经济技术指标主要明确项目区位、占地面积、建设内容或资产范围、投资规模或资产价值、主要产出说明等。

授权安排主要明确政府对专门协调机制、政府方出资代表等的授权。

二、风险分配框架

按照风险分配优化、风险收益对等和风险可控等原则，充分识别项目风险，综合考虑政府和市场的风险管理能力，在政府和社会资本间合理分配项目风险，并明确相应的风险管控措施。

原则上，项目设计、投资、融资、建造、运营、维护等风险主要由社会资本承担，法律变更、政策变化和最低需求等风险主要由政府承担，不可抗力等风险由各方合理分担，双方可根据项目具体情况协商一致达成合理的风险分配框架。

三、运作方式

项目运作方式主要包括建设—运营—移交、转让—运营—移交、改建—运营—移交、建设—拥有—运营、租赁—运营—移交和委托运营等。

具体运作方式的选择主要由收费定价机制、项目投资收益水平、风险分配框架、融资需求、改扩建需求和期满处置等因素决定。运作方式可单一或组合使用。

四、交易结构

交易结构主要包括项目投融资结构、回报机制和相关配套安排。

项目投融资结构主要明确项目资金来源、性质和用途，项目资产或权益的形成和转移，是否设立项目公司以及项目公司股权结构（如适用）等。

项目回报机制主要说明社会资本取得投资运营回报的资金来源及支付方式，包括使用者付费、可行性缺口补助和政府付费。

相关配套安排主要说明政府为保障项目顺利实施所提供的土地、水、电、气和道路等配套设施和项目所需的上下游服务。

五、合同体系

合同体系主要包括 PPP 项目合同、股东协议（如适用）等，以及项目公司（未设立项目公司时为社会资本）为完成 PPP 项目合同约定的产出目标等而与各有关主体签署的设计合同、融资协议及担保合同、工程承包合同、保险合同、运营服务合同、原材料供应合同、产品和服务采购合同等。PPP 项目合同是其中最核心的法律文件。

六、边界条件

边界条件主要包括权利义务、交易条件、履约保障和调整衔接等。

权利义务主要明确合作内容与范围、政府和社会资本的分工、政府支付安排、项目资产权属、土地取得及相应的使用方式等。

交易条件主要明确项目合作期限、定价及调整机制、最低需求风险分担安排等。

履约保障主要明确强制保险方案，由投资竞争担保、投资履约保函、建设履约保函、运营维护保函和移交维修保函等组成履约保函体系。

调整衔接主要明确应急处置、临时接管和提前终止、合同变更、合同展期、项目新增改扩建需求等应对措施。

七、监督管理架构

监督管理架构主要包括基于 PPP 项目合同约定开展的履约管理，以及行政监管、公众监督等。

履约管理应重点关注项目绩效管理及按效付费机制、中期评估机制等。

八、项目采购

项目采购主要包括采购方式选择、采购主要程序、资格审查条件、采购时间计划、竞争标的等，并明确是否允许在组建项目公司前增加、变更或在存在两名（含）以上财务投资人的情况下减少财务投资人。

九、财务测算

财务测算主要包括基本假设、测算过程、测算结果、关键测算指标等。

基本假设应明确项目投资额、项目合作期、资本金比例、股权结构、融资安排、折旧摊销机制、运营维护成本、更新改造和追加投资、收入预测、税收政策等。

测算过程应包括但不限于流动资金估算表、投资使用计划与资金筹措表、折旧摊销及重置更新表、借款还本付息计划表、公共产品或服务量预测表、成本费用测算表、收入测算表、税金及附加估算表。

测算结果应包括但不限于利润与利润分配表、资金来源与运用表、资产负债表、项目投资现金流量表、项目资本金现金流量表、投资各方现金流量表、情景分析和敏感性分析。

测算指标应包括但不限于项目公司（如适用）每年累计盈余资金、资产负债率、偿债备付率、融资前税前财务内部收益率、融资后税后财务内部收益率、社会资本方税前财务内部收益率等财务指标。

监管要点 8：确认政府方支出责任是否已经获得了财政确认，并获得了人大决议？

政策依据与解析

按照政策规定，PPP 项目的政府方支出责任应获得人大决议，但实务中很多地方政府出于种种原因考虑，不予提供人大决议，这对项目的顺利推进产生了诸多负面影响，详细解析可以延伸阅读《PPP 项目执行阶段操作指南：100个实务问题深度解析》（第二册）[①]之问题29：多个PPP项目存在地方政府拒绝提供人大决议的情形，导致项目公司无法顺利融资，应如何应对?

早在2014年11月29日，财政部发布的《关于印发政府和社会资本合作模式操作指南（试行）的通知》（财金〔2014〕113号）（已失效）第25条就规定，“项目合同中涉及的政府支付义务，财政部门应结合中长期财政规划统筹考虑，纳入同级政府预算，按照预算管理相关规定执行”，而按照预算管理的规定，就需要获得人大决议通过后方可按计划支出。

2015年4月3日，财政部《关于印发〈政府和社会资本合作项目财政承受能力论证指引〉的通知》（财金〔2015〕21号）（已失效）第28条继续明确，“‘通过论证’且经同级人民政府审核同意实施的PPP项目，各级财政部门应当将其列入PPP项目目录，并在编制中期财政规划时，将项目财政支出责任纳入预算统筹安排”。

财政部《关于印发〈政府和社会资本合作项目财政管理暂行办法〉的通知》（财金〔2015〕92号）则十分明确的强调了需要获得人大决议。第18条、第19条规定，“行业主管部门应当根据预算管理要求，将PPP项目合同中约定的政府跨年度财政支出责任纳入中期财政规划，经财政部门审核汇总后，报本级人民政府审核，保障政府在项目全生命周期内的履约能力”，“本级人民政府同意纳入中期财政规划的PPP项目，由行业主管部门按照预算编制程序和要求，将合同中符合预算管理要求的下一年度财政资金收支纳入预算管理，报请财政部门审核后纳入预算草案，经本级政府同意后报本级人民代表大会审议”。该通知第36条进一步规定，“……财政部门信息公开内容包括本级PPP项目目录、本级人大批准的政府对PPP项目的财政预算、执行及决算情况等”，确认无疑。

财政部《关于印发〈政府和社会资本合作（PPP）综合信息平台信息公

① 崔德高：《PPP项目执行阶段操作指南：100个实务问题深度解析》（第二册），法律出版社2020年版。

开管理暂行办法〉的通知》（财金〔2017〕1号）对以上信息公示进行了再次确认，该通知第2章第8条第11项规定，“项目执行阶段应当公开的PPP项目信息包括”“本级PPP项目目录、本级PPP项目示范试点库及项目变化情况、本级人大批准的政府对PPP项目的财政预算、执行及决算情况等”。

国家发展改革委办公厅《关于印发〈政府和社会资本合作（PPP）项目专项债券发行指引〉的通知》（发改办财金〔2017〕730号）第2条第5项也明确，“PPP项目应能够产生持续稳定的收入和现金流，项目收益优先用于偿还债券本息。来源于政府付费和财政补贴的项目收益应按规定纳入中期财政规划和年度财政预算”。

对于收费公路项目，2017年11月22日，交通运输部办公厅发布的《关于印发〈收费公路政府和社会资本合作操作指南〉的通知》（交办财审〔2017〕173号）第30条也明确规定，“各级交通运输主管部门应当根据预算管理要求，将收费公路PPP项目合同中约定的政府跨年度财政支出责任纳入中期财政规划，经财政部门审核汇总后，报本级人民政府审核，保障政府在项目全生命周期内的履约能力”，第31条继续要求，“经本级人民政府同意纳入中期财政规划的收费公路PPP项目，由交通运输主管部门按照预算编制程序和要求，将合同中符合预算管理要求的下一年度财政资金支出纳入预算管理，报请财政部门审核后纳入预算草案，经本级人民政府同意后报本级人民代表大会审议”。

另外，中共中央国务院《关于全面实施预算绩效管理的意见》进一步规定，“大力推进绩效信息公开透明，主动向同级人大报告、向社会公开，自觉接受人大和社会各界监督”，“各级政府要加强一般公共预算绩效管理。收入方面，要重点关注收入结构、征收效率和优惠政策实施效果。支出方面，要重点关注预算资金配置效率、使用效益，特别是重大政策和项目实施效果，其中转移支付预算绩效管理要符合财政事权和支出责任划分规定，重点关注促进地区间财力协调和区域均衡发展。同时，积极开展涉及一般公共预算等财政资金的政府投资基金、主权财富基金、政府和社会资本合作（PPP）、政府采购、政府购买服务、政府债务项目绩效管理”。

明确可见，政府方支出责任事关未来政府支出责任的稳定支出，应获得财政确认，并获得人大决议，因此属于重要的监管要点，实施机构应重点关注，并及时按规定公开相关信息。

要求成果清单

序号	要点内容（参考）
1	人大常委会决议通过的正式批文，范例如图 3-6 所示
2	其他相关文件等

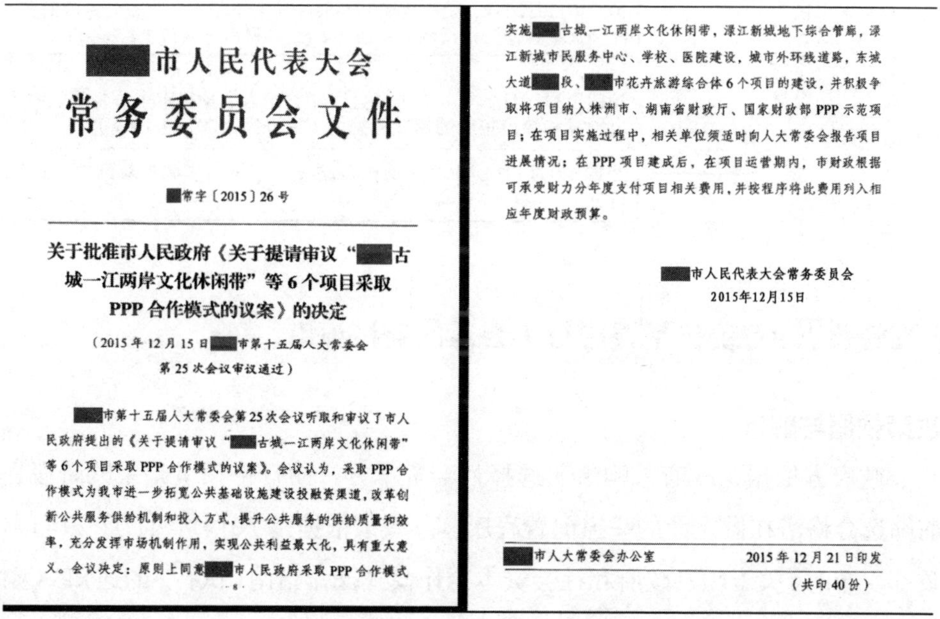

[redacted]市人民代表大会
常务委员会文件

[redacted]常字〔2015〕26 号

关于批准市人民政府《关于提请审议“[redacted]古城一江两岸文化休闲带”等 6 个项目采取 PPP 合作模式的议案》的决定

（2015 年 12 月 15 日[redacted]市第十五届人大常委会第 25 次会议审议通过）

[redacted]市第十五届人大常委会第 25 次会议听取和审议了市人民政府提出的《关于提请审议“[redacted]古城一江两岸文化休闲带”等 6 个项目采取 PPP 合作模式的议案》。会议认为，采取 PPP 合作模式为我市进一步拓宽公共基础设施建设投融资渠道，改革创新公共服务供给机制和投入方式，提升公共服务的供给质量和效率，充分发挥市场机制作用，实现公共利益最大化，具有重大意义。会议决定：原则上同意[redacted]市人民政府采取 PPP 合作模式

·8·

实施[redacted]古城一江两岸文化休闲带，渌江新城地下综合管廊，渌江新城市民服务中心、学校、医院建设，城市外环线道路，东城大道[redacted]段、[redacted]市花卉旅游综合体 6 个项目的建设，并积极争取将项目纳入株洲市、湖南省财政厅、国家财政部 PPP 示范项目；在项目实施过程中，相关单位须适时向人大常委会报告项目进展情况；在 PPP 项目建成后，在项目运营期内，市财政根据可承受财力分年度支付项目相关费用，并按程序将此费用列入相应年度财政预算。

[redacted]市人民代表大会常务委员会
2015年12月15日

[redacted]市人大常委会办公室　　2015 年 12 月 21 日印发

（共印 40 份）

图 3-5　人大常委会相关文件

关联政策及规定

- 监管要点8
  - 2014年
    - 2014年11月29日，财政部《关于印发政府和社会资本合作模式操作指南（试行）的通知》（财金〔2014〕113号）（已失效）
  - 2015年
    - 2015年4月7日，财政部《关于印发〈政府和社会资本合作项目财政承受能力论证指引〉的通知》（财金〔2015〕21号）（已失效）
    - 2015年5月4日，交通运输部《关于深化交通运输基础设施投融资改革的指导意见》（交财审发〔2015〕67号）
  - 2016年
    - 2016年9月24日，财政部《关于印发〈政府和社会资本合作项目财政管理暂行办法〉的通知》（财金〔2016〕92号）
  - 2017年
    - 2017年1月23日，财政部《关于印发〈政府和社会资本合作（PPP）综合信息平台信息公开管理暂行办法〉的通知》（财金〔2017〕1号）
    - 2017年4月25日，国家发展改革委办公厅《关于印发〈政府和社会资本合作（PPP）项目专项债券发行指引〉的通知》（发改办财金〔2017〕730号）
    - 2017年11月22日，交通运输部办公厅《关于印发〈收费公路政府和社会资本合作操作指南〉的通知》(交办财审〔2017〕173号)
  - 2018年
    - 2018年3月9日，中共中央办公厅《关于人大预算审查监督重点向支出预算和政策拓展的指导意见》（中办发〔2018〕15号）
    - 2018年9月1日，中共中央国务院《关于全面实施预算绩效管理的意见》

监管要点 9：确认是否进行了合适的资格预审？

政策依据与解析

政府方依据《政府采购法》选择社会资本方，而资格预审是采购阶段提前筛选合格潜在供应商的一道前置程序，其政策依据是 2014 年 11 月 29 日财政部发布的《关于印发政府和社会资本合作模式操作指南（试行）的通知》（财金〔2014〕113号）[①]第11条第7款，“项目采购应根据《中华人民共和国政府采购法》及相关规章制度执行，采购方式包括公开招标、竞争性谈判、邀请招标、竞争性磋商和单一来源采购。项目实施机构应根据项目采购需求特点，依法选择适当采购方式”。

该通知第13条和第14条进一步明确，“项目实施机构应根据项目需要准备资格预审文件，发布资格预审公告，邀请社会资本和与其合作的金融机构参与资格预审，验证项目能否获得社会资本响应和实现充分竞争，并将资格预审的评审报告提交财政部门（政府和社会资本合作中心）备案。项目有3家以上社会资本通过资格预审的，项目实施机构可以继续开展采购文件准备工作；项目通过资格预审的社会资本不足3家的，项目实施机构应在实施方案调整后重新组织资格预审；项目经重新资格预审合格社会资本仍不够3家的，可依法调整实施方案选择的采购方式”，“资格预审公告应在省级以上人民政府财政部门指定的媒体上发布。资格预审合格的社会资本在签订项目合同前资格发生变化的，应及时通知项目实施机构。资格预审公告应包括项目授权主体、项目实施机构和项目名称、采购需求、对社会资本的资格要求、是否允许联合体参与采购活动、拟确定参与竞争的合格社会资本的家数和确定方法，以及社会资本提交资格预审申请文件的时间和地点。提交资格预审申请文件的时间自公告发布之日起不得少于15个工作日”。

2014年12月31日，财政部针对PPP项目的采购专门制定和发布了相应的采购管理办法，即《关于印发〈政府和社会资本合作项目政府采购管理办法〉

---

① 财政部2020年1月23日《关于公布废止和失效的财政规章和规范性文件目录（第十三批）的决定》（财政部令第103号）已经公布废止，同时废止的还有《关于印发〈政府和社会资本合作项目财政承受能力论证指引〉的通知》（财金〔2015〕21号），《关于印发〈PPP物有所值评价指引（试行）〉的通知》（财金〔2015〕167号），但替代性的文件尚处于征求意见稿阶段，详见《关于征求〈政府和社会资本合作模式操作指南（修订稿）〉意见的函》（财办金〔2019〕94号）。本书从依据完整性考虑，依然罗列，各位读者应知悉。

的通知》（财库〔2014〕215 号），该通知第 5 条规定，“PPP 项目采购应当实行资格预审。项目实施机构应当根据项目需要准备资格预审文件，发布资格预审公告，邀请社会资本和与其合作的金融机构参与资格预审，验证项目能否获得社会资本响应和实现充分竞争”。

对于资格预审的具体开展，该通知第 6 条规定，“资格预审公告应当在省级以上人民政府财政部门指定的政府采购信息发布媒体上发布。资格预审合格的社会资本在签订 PPP 项目合同前资格发生变化的，应当通知项目实施机构。资格预审公告应当包括项目授权主体、项目实施机构和项目名称、采购需求、对社会资本的资格要求、是否允许联合体参与采购活动、是否限定参与竞争的合格社会资本的数量及限定的方法和标准，以及社会资本提交资格预审申请文件的时间和地点。提交资格预审申请文件的时间自公告发布之日起不得少于 15 个工作日”，第 7 条继续明确，“项目实施机构、采购代理机构应当成立评审小组，负责 PPP 项目采购的资格预审和评审工作。评审小组由项目实施机构代表和评审专家共 5 人以上单数组成，其中评审专家人数不得少于评审小组成员总数的 2/3。评审专家可以由项目实施机构自行选定，但评审专家中至少应当包含 1 名财务专家和 1 名法律专家。项目实施机构代表不得以评审专家身份参加项目的评审”。

如果资格预审结果发生偏差，该通知第 8 条规定，“项目有 3 家以上社会资本通过资格预审的，项目实施机构可以继续开展采购文件准备工作；项目通过资格预审的社会资本不足 3 家的，项目实施机构应当在调整资格预审公告内容后重新组织资格预审；项目经重新资格预审后合格社会资本仍不够 3 家的，可以依法变更采购方式。资格预审结果应当告知所有参与资格预审的社会资本，并将资格预审的评审报告提交财政部门（政府和社会资本合作中心）备案”。

此外，资格预审相关信息也是 PPP 信息公示要求的内容。《关于印发〈政府和社会资本合作（PPP）综合信息平台信息公开管理暂行办法〉的通知》（财金〔2017〕1 号）第 7 条明确，“项目采购阶段的信息公开应遵照政府采购等相关规定执行，应当公开的 PPP 项目信息包括：（一）项目资格预审公告（含资格预审申请文件）及补充公告（如有）；（二）项目采购文件，包括竞争者须知、PPP 项目合同草案、评审办法（含评审小组组成、评审专家人数及产生方式、评审细则等）；（三）补遗文件（如有）；（四）资格预审评审及响应文件评审结论性意见；（五）资格预审专家、评审专家名单、确认谈判工作组成员名单；（六）预中标、成交结果公告……等”，具体公开要求如表 3-6 所示：

表 3-6 公开信息相关内容

项目所处阶段	公开内容	公开方式	公开的时点	信息提供方
项目采购	项目资格预审公告（含资格预审申请文件）	即时公开	资格预审公告发布后 10 个工作日内	实施机构
	项目采购文件、补遗文件（如有）	适时公开	进入项目执行阶段后 6 个月内	实施机构
	资格预审评审报告及响应文件评审报告中专家组评审结论性意见，附资格预审专家和评审专家名单	适时公开	进入项目执行阶段后 6 个月内	采购监管机构
	确认谈判工作组成员名单	适时公开	进入项目执行阶段后 6 个月内	实施机构
	预中标及成交结果公告；中标、成交结果公告及中标通知书	即时公开	依法律规定及采购文件约定	实施机构、采购监管机构
	已签署的 PPP 项目合同	适时公开	进入项目执行阶段后 6 个月内	实施机构

续表

项目所处阶段	公开内容	公开方式	公开的时点	信息提供方
	PPP 项目合同核心条款，应包括主要产出说明、绩效指标回报机制、调价机制	即时公开	项目合同经人民政府审核通过后 10 个工作日内	实施机构项目公司
	本项目政府支出责任确认文件或更新调整文件（如适用），以及同级人大（或人大常委会）将本项目财政支出责任纳入跨年度预算的批复文件（如适用）	适时公开	进入项目执行阶段后 6 个月内	实施机构
	项目采购阶段调整、更新的政府方授权文件（如有）	即时公开	项目合同经人民政府审核通过后 10 个工作日内的附件依据法律规定公开	实施机构

因此，实施机构应将此作为监管要点之一，按规定完成资格预审工作，按规定公示相关信息。

要求成果清单

序号	要点内容（参考）
1	项目资格预审公告
2	资格预审申请文件
3	资格预审评审报告、专家组评审结论性意见
4	其他相关文件等

关联政策及规定

监管要点 10：确认正式采购程序和办法是否合规？采购文件中是否设置了不合理的采购条款？

政策依据与解析

PPP 项目的采购依据《政府采购法》进行，采购方式包括公开招标、邀请招标、竞争性谈判、竞争性磋商和单一来源采购等五种，其中，采用频率最高的是公开招标和竞争性磋商两种，而当社会资本方同时又是施工总承包单位的情况下，则必须采用公开招标方式进行采购。鉴于实践中经常出现“定制”的采购条件，所以目前政策均强制要求，不得设置不合理的门槛要求。

对此，财政部《关于推进政府和社会资本合作规范发展的实施意见》（财金〔2019〕10 号）第 2 条第 2 款第 2 项规定，在符合规范的 PPP 项目条件的同时，“新上政府付费项目原则上还应符合以下审慎要求”，“采用公开招标、邀请招标、竞争性磋商、竞争性谈判等竞争性方式选择社会资本方”，第 4 条第 1 项明确要求，“……各地在开展 PPP 项目时，不得对外资企业、中资境外分支机构参与设置歧视性条款或附加条件。提倡优质优价采购，应当根据采购项目需求特点，合理选择采购方式，进一步加强采购需求和履约验收管理，提高采购质量”。

国家发展改革委在 2019 年 6 月 21 日发布的《关于依法依规加强 PPP 项目投资和建设管理的通知》（发改投资规〔2019〕1098 号）对此也作出了明确的规定，该通知第 3 条第 8 项规定，“公开招标应作为遴选社会资本的主要方式。不得排斥、限制民间资本参与 PPP 项目，消除隐性壁垒，确保一视同仁、公平竞争。招标文件的主要内容应与经批准的 PPP 项目实施方案保持一致”。

可见，对于采购的规范管理非常重要。与采购相关的政策文件比较多，相关文件和条件详细摘录如下：

财政部《关于政府和社会资本合作示范项目实施有关问题的通知》（财金〔2014〕112 号）第 3 条第 2 项要求，“严格按照《政府采购法》等规定，采取竞争性采购方式，引入信誉好、有实力的运营商参与示范项目建设和运营”。

财政部《关于印发政府和社会资本合作模式操作指南（试行）的通知》（财金〔2014〕113 号）（已失效）第 11 条第 7 项规定，“项目采购应根据《中华人民共和国政府采购法》及相关规章制度执行，采购方式包括**公开招标、竞争性谈判、邀请招标、竞争性磋商和单一来源采购**。项目实施机构应根据项目采购需求特点，依法选择适当采购方式。公开招标主要适用于核心边界条件和技术经济参数明确、完整、符合国家法律法规和政府采购政策，且采购中不作更改的项目”。

前述政策明确规定了采购的法律依据。

这里财政部还提到了竞争性磋商这个采购方式，当采用竞争性磋商方式选择社会资本方时，应按照 2014 年 12 月 31 日财政部发布的《关于印发〈政府采购竞争性磋商采购方式管理暂行办法〉的通知》（财库〔2014〕214 号）执行。

根据该通知第 3 条规定，竞争性磋商采购方式适用于以下情形：“（一）政府购买服务项目；（二）技术复杂或者性质特殊，不能确定详细规格或者具体要求的；（三）因艺术品采购、专利、专有技术或者服务的时间、数量事先不能确定等原因不能事先计算出价格总额的；（四）市场竞争不充分的科研项目，以及需要扶持的科技成果转化项目；（五）按照招标投标法及其实施条例必须进行招标的工程建设项目以外的工程建设项目”。

实施机构应按照适用情形选择。

对于采购，国家发展改革委《关于开展政府和社会资本合作的指导意见》（发改投资〔2014〕2724号）第5条第3款规定，“实施方案审查通过后，配合行业管理部门、项目实施机构，按照《招标投标法》、《政府采购法》等法律法规，通过公开招标、邀请招标、竞争性谈判等多种方式，公平择优选择具有相应管理经验、专业能力、融资实力以及信用状况良好的社会资本作为合作伙伴”，也明确了相关的规定。

之后，财政部在《关于印发〈政府和社会资本合作项目政府采购管理办法〉的通知》（财库〔2014〕215号）中进一步详细明确了采购的程序和办法，该通知第4条再次明确，“PPP项目采购方式包括公开招标、邀请招标、竞争性谈判、竞争性磋商和单一来源采购。项目实施机构应当根据PPP项目的采购需求特点，依法选择适当的采购方式”。通知还要求“PPP项目采购应当实行资格预审”，实施机构遵照执行相关采购工作。

2015年6月25日，财政部《关于进一步做好政府和社会资本合作项目示范工作的通知》（财金〔2015〕57号）进一步明确，“项目采购要严格执行《政府采购法》、《政府和社会资本合作项目政府采购管理办法》（财库〔2014〕215号）等规定，充分引入竞争机制，保证项目实施质量……严禁通过保底承诺、回购安排、明股实债等方式进行变相融资，将项目包装成PPP项目”。

如果没有按照规定履行适当的采购程序，根据财政部、教育部等20部委联合发布的《关于组织开展第三批政府和社会资本合作示范项目申报筛选工作的通知》（财金函〔2016〕47号）附件1，第1条第3款第3项的明确规定，“已进入采购阶段或执行阶段的项目，未按政府采购相关规定选择社会资本合作方的”，“不再列为备选项目”。

2016 年 8 月 10 日，国家发展改革委《关于切实做好传统基础设施领域政府和社会资本合作有关工作的通知》（发改投资〔2016〕1744 号）第 6 条明确，“对确定采用 PPP 模式的项目，要按照《招标投标法》等法律法规，通过公开招标、邀请招标等多种方式，公平择优选择具有相应管理经验、专业能力、融资实力以及信用状况良好的社会资本作为合作伙伴”，第 9 条规定，“招标选择社会资本方时，要合理设定投标资格和评标标准，消除隐性壁垒，确保一视同仁、公平竞争”。

另外，财政部在《关于在公共服务领域深入推进政府和社会资本合作工作的通知》（财金〔2016〕90 号）第 3 条中强调，“积极引导各类社会资本参与。各级财政部门要联合有关部门营造公平竞争环境，鼓励国有控股企业、民营企业、混合所有制企业、外商投资企业等各类型企业，按同等标准、同等待遇参与 PPP 项目。要会同有关行业部门合理设定采购标准和条件，确保采购过程公平、公正、公开，不得以不合理的采购条件（包括设置过高或无关的资格条件，过高的保证金等）对潜在合作方实行差别待遇或歧视性待遇，着力激发和促进民间投资。对民营资本设置差别条款和歧视性条款的 PPP 项目，各级财政部门将不再安排资金和政策支持”，因此，实施机构不得设置任何歧视性条款，确保各类社会资本参与充分竞争。

财政部《关于印发〈政府和社会资本合作项目财政管理暂行办法〉的通知》（财金〔2016〕92 号）第 3 章继续明确，“对于纳入 PPP 项目开发目录的项目，项目实施机构应根据物有所值评价和财政承受能力论证审核结果完善项目实施方案，报本级人民政府审核。本级人民政府审核同意后，由项目实施机构按照政府采购管理相关规定，依法组织开展社会资本方采购工作。项目实施机构可以依法委托采购代理机构办理采购”，“项目实施机构应当优先采用公开招标、竞争性谈判、竞争性磋商等竞争性方式采购社会资本方，鼓励社会资本积极参与、充分竞争。根据项目需求必须采用单一来源采购方式的，应当严格符合法定条件和程序”，“项目实施机构应当根据项目特点和建设运营需求，综合考虑专业资质、技术能力、管理经验和财务实力等因素合理设置社会资本的资格条件，保证国有企业、民营企业、外资企业平等参与”，“项目实施机构应当综合考虑社会资本竞争者的技术方案、商务报价、融资能力等因素合理设置采购评审标准，确保项目的长期稳定运营和质量效益提升”。

项目实践中，多数社会资本方有双重身份，其既是中标社会资本方，同时也是施工总承包单位，该种情形下，根据规定必须采用**公开招标**方式采购，政策依据如下：

财政部《关于在公共服务领域深入推进政府和社会资本合作工作的通知》（财金〔2016〕90号）第9条规定，“各级财政部门要联合有关部门，加强项目前期立项程序与PPP模式操作流程的优化与衔接，进一步减少行政审批环节。对于涉及工程建设、设备采购或服务外包的PPP项目，已经依据政府采购法选定社会资本合作方的，合作方依法能够自行建设、生产或者提供服务的，按照《招标投标法实施条例》第九条①规定，合作方可以不再进行招标”。

国家发展改革委《关于印发〈传统基础设施领域实施政府和社会资本合作项目工作导则〉的通知》（发改投资〔2016〕2231号）第13条第1款规定，“依法通过公开招标、邀请招标、两阶段招标、竞争性谈判等方式，公平择优选择具有相应投资能力、管理经验、专业水平、融资实力以及信用状况良好的社会资本方作为合作伙伴。其中，拟由社会资本方自行承担工程项目勘察、设计、施工、监理以及与工程建设有关的重要设备、材料等采购的，必须按照《招标投标法》的规定，通过招标方式选择社会资本方”。

针对采购条件设置，《关于规范政府和社会资本合作（PPP）综合信息

① 《招标投标法实施条例》（国务院令第709号）第9条，“除招标投标法第六十六条规定的可以不进行招标的特殊情况外，有下列情形之一的，可以不进行招标：（一）需要采用不可替代的专利或者专有技术；（二）采购人依法能够自行建设、生产或者提供；（三）已通过招标方式选定的特许经营项目投资人依法能够自行建设、生产或者提供；（四）需要向原中标人采购工程、货物或者服务，否则将影响施工或者功能配套要求；（五）国家规定的其他特殊情形。招标人为适用前款规定弄虚作假的，属于招标投标法第四条规定的规避招标”。

平台项目库管理的通知》（财办金〔2017〕92号）第3条第3款明确规定，“采购文件中设置歧视性条款、影响社会资本平等参与的”，属于“不符合规范运作要求”，“应予以清退”，后果比较严重，因此，实施机构应予重视。

针对收费公路PPP项目的采购，根据交通运输部办公厅《关于印发〈收费公路政府和社会资本合作操作指南〉的通知》（交办财审〔2017〕173号）第18条和第19条规定，“项目实施机构根据项目实施方案和项目特点，通过公开招标、竞争性谈判等竞争方式择优选择社会资本方”，“通过公开招标、竞争性谈判等竞争方式选择社会资本方的程序，按照现行法律法规和有关规定实施”。

该指南第21条规定，“项目实施机构应当根据收费公路PPP项目的特点和需要，对潜在社会资本方的财务状况、投融资能力、商业信誉、市场信用、项目建设管理经验和项目运营管理经验等资格条件作出要求，但不得以不合理的条件限制或者排斥潜在社会资本方，不得对不同所有制形式的潜在社会方实行歧视性待遇。项目实施机构应当接受具备投融资能力的潜在社会资本方参与投标，不得将具备设计或施工资格能力作为参与投标的强制性条件。对于具备设计或施工资格能力的社会资本方，或者自身不具备设计或施工资格能力但联合了具有相应资格能力的设计或施工单位共同组成联合体投标的社会资本方，按照《中华人民共和国招标投标法实施条例》第九条规定，中标后可以不再对设计或施工任务进行招标。对于不具备设计或施工资格能力的社会资本方，应当允许其中标后依法对设计或施工任务进行招标”。

PPP模式鼓励民间资本参与投资，2017年11月28日，国家发展改革委发布的《关于鼓励民间资本参与政府和社会资本合作（PPP）项目的指导意见》（发改投资〔2017〕2059号）第5条明确，“严格按照《中华人民共和国招标投标法》和《中华人民共和国政府采购法》规定，通过公开招标等竞争性方式选择PPP项目的社会资本方。合理确定社会资本方资格，不得设置超过项目实际需要的注册资本金、资产规模、银行存款证明或融资意向函等条件，不得设置与项目投融资、建设、运营无关的准入条件。规范投标保证金设置，除合法合规的投标保证金外，不得以任何其他名义设置投标担保要求，推行以银行保函方式缴纳保证金。科学设置评标标准，综合考虑投标人的工程技术、运营水平、投融资能力、投标报价等因素。鼓励通过组建高质量的 PPP 项目特殊目的载体（SPV）等方式，整合各方资源，完善项目治理结构，提高专业化运作能力。支持民间资本股权占比高的社会资本参与 PPP 项目，调动民间资本积极性。同等条件下，优先选择运营经验丰富、商业运作水平高、创新创造能力强的民营企业”。

此外，采购相关信息也是 PPP 信息公示要求的内容。《关于印发〈政府和社会资本合作（PPP）综合信息平台信息公开管理暂行办法〉的通知》（财金〔2017〕1 号）附件第 7 条明确规定，“项目采购阶段的信息公开应遵照政府采购等相关规定执行，应当公开的 PPP 项目信息包括：……（二）项目采购文件，包括竞争者须知、PPP 项目合同草案、评审办法（含评审小组组成、评审专家人数及产生方式、评审细则等）；（三）补遗文件（如有）；……（六）预中标、成交结果公告；（七）中标、成交结果公告及中标通知书；（八）项目采购阶段更新、调整的政府方授权文件（如有），包括对实施机构、PPP 项目合同的政府方签约主体、政府方出资代表（如有）等的授权……等”，具体公开要求如表 3-7 所示：

表 3-7 公开内容相关信息

项目所处阶段	公开内容	公开方式	公开的时点	信息提供方
项目采购	项目资格预审公告（含资格预审申请文件）	即时公开	资格预审公告发布后 10 个工作日内	实施机构
	项目采购文件、补遗文件（如有）	适时公开	进入项目执行阶段后 6 个月内	实施机构
	资格预审评审报告及响应文件评审报告中专家组评审结论性意见，附资格预审专家和评审专家名单	适时公开	进入项目执行阶段后 6 个月内	采购监管机构

续表

项目所处阶段	公开内容	公开方式	公开的时点	信息提供方
	确认谈判工作组成员名单	适时公开	进入项目执行阶段后 6 个月内	实施机构
	预中标及成交结果公告；中标、成交结果公告及中标通知书	即时公开	依法律规定及采购文件约定	实施机构采购监管机构
	已签署的 PPP 项目合同	适时公开	进入项目执行阶段后 6 个月内	实施机构
	PPP 项目合同核心条款，应包括主要产出说明、绩效指标回报机制、调价机制	即时公开	项目合同经人民政府审核通过后 10 个工作日内	实施机构项目公司
	本项目政府支出责任确认文件或更新调整文件（如适用），以及同级人大（或人大常委会）将本项目财政支出责任纳入跨年度预算的批复文件（如适用）	适时公开	进入项目执行阶段后 6 个月内	实施机构
	项目采购阶段调整、更新的政府方授权文件（如有）	即时公开	项目合同经人民政府审核通过后 10 个工作日内的附件依据法律规定公开	实施机构

2018 年，财政部对于采购工作继续强调相关要求。《关于进一步加强政府和社会资本合作（PPP）示范项目规范管理的通知》（财金〔2018〕54 号）第 2 条第 2 项规定，“切实履行采购程序。加强对项目实施方案和采购文件的审查，对于采用单一来源采购方式的项目，必须符合政府采购法及其实施

条例相关规定。不得设置明显不合理的准入门槛或所有制歧视条款，不得未经采购程序直接指定第三方代持社会资本方股份”，可见采购工作应常抓不懈。

综上可见，采购工作是各项政策强调的重点，从PPP模式推广至今，始终处于关注焦点，因此，采购程序和办法是否合规，采购文件是否设置了不合理的采购条款，自然就成了实施机构的监管要点。监管程序与办法建议如下：

律师介入审核，或法制办进行审核。

江苏省财政厅2018年12月3日发布了《关于建立全省政府和社会资本合作（PPP）项目全生命周期法律顾问制度的意见》（苏财规〔2018〕19号），明确规定，“建立PPP项目全生命周期法律顾问制度，法律顾问接受财政部门委托，通过建言献策、审核把关、质询论证、法律咨询、出具法律意见书等方式参与当地PPP宏观管理及PPP项目全生命周期事前、事中、事后管理全过程，充分发挥法律顾问在PPP相关法律法规和政策制度等方面的经验优势，为PPP项目全生命周期管理提供智力支持和专业服务。有效防范和化解涉及PPP管理的现时或潜在各类风险，大幅提高政府PPP管理能力、管理质量和管理效率”。

要求成果清单

序号	要点内容（参考）
1	采购文件正稿
2	采购文件的法律审核意见书
3	政府批准进行采购的正式文件
4	其他相关文件等

关联政策及规定

- 监管要点10
  - 2014年
    - 2014年11月29日，财政部《关于印发政府和社会资本合作模式操作指南（试行）的通知》（财金〔2014〕113号）（已失效）
    - 2014年11月30日，财政部《关于政府和社会资本合作示范项目实施有关问题的通知》（财金〔2014〕112号）
    - 2014年12月2日，国家发展改革委《关于开展政府和社会资本合作的指导意见》（发改投资〔2014〕2724号）
    - 2014年12月31日，财政部《关于印发〈政府采购竞争性磋商采购方式管理暂行办法〉的通知》（财库〔2014〕214号）
    - 2014年12月31日，财政部《关于印发〈政府和社会资本合作项目政府采购管理办法〉的通知》（财库〔2014〕215号）
  - 2015年
    - 2015年6月25日，财政部《关于进一步做好政府和社会资本合作项目示范工作的通知》（财金〔2015〕57号）
  - 2016年
    - 2016年6月8日，财政部、教育部、科技部等二十部委《关于组织开展第三批政府和社会资本合作示范项目申报筛选工作的通知》（财金函〔2016〕47号）
    - 2016年8月10日，国家发展改革委《关于切实做好传统基础设施领域政府和社会资本合作有关工作的通知》（发改投资〔2016〕1744号）
    - 2016年9月24日，财政部《关于印发〈政府和社会资本合作项目财政管理暂行办法〉的通知》（财金〔2016〕92号）
    - 2016年10月11日，财政部《关于在公共服务领域深入推进政府和社会资本合作工作的通知》（财金〔2016〕90号）
    - 2016年10月24日，国家发展改革委《关于印发〈传统基础设施领域实施政府和社会资本合作项目工作导则〉的通知》（发改投资〔2016〕2231号）
  - 2017年
    - 2017年1月23日，财政部《关于印发〈政府和社会资本合作（PPP）综合信息平台信息公开管理暂行办法〉的通知》（财金〔2017〕1号）
    - 2017年11月10日，财政部《关于规范政府和社会资本合作（PPP）综合信息平台项目库管理的通知》（财办金〔2017〕92号）
    - 2017年11月22日，交通运输部办公厅《关于印发〈收费公路政府和社会资本合作操作指南〉的通知》（交办财审〔2017〕173号）
    - 2017年11月28日，国家发展改革委《关于鼓励民间资本参与政府和社会资本合作（PPP）项目的指导意见》（发改投资〔2017〕2059号）
  - 2018年
    - 2018年4月24日，财政部《进一步加强政府和社会资本合作（PPP）示范项目规范管理的通知》（财金〔2018〕54号）
    - 2018年12月3日，江苏省财政厅《关于建立全省政府和社会资本合作（PPP）项目全生命周期法律顾问制度的意见》（苏财规〔2018〕19号）
  - 2019年
    - 2019年3月2日，《招标投标法实施条例》（国务院令第709号）
    - 2019年3月7日，财政部《关于推进政府和社会资本合作规范发展的实施意见》（财金〔2019〕10号）
    - 2019年6月21日，国家发展改革委《关于依法依规加强PPP项目投资和建设管理的通知》（发改投资规〔2019〕1098号）

监管要点 11：PPP 项目合同文件是否按照规定起草？合同评审是否完整清晰？

政策依据与解析

PPP 项目合同是 PPP 项目的“宪法”，是项目顺利推进的基石，是未来 10~30 年双方合作的根本依据，其重要性不言而喻。

财政部和国家发展改革委先后发布了《PPP 项目合同指南》，但指南均为原则性说明，并不能实际指导合同的起草和编制，直至 2020 年 2 月 21 日，财政部办公厅就具体的行业发布了《关于印发污水处理和垃圾处理领域 PPP 项目合同示范文本的通知》（财办金〔2020〕10 号），对污水处理项目和垃圾处理项目的合同制定了示范文本，分别为《PPP 项目合作协议》《PPP 项目承继协议》《污水处理厂网一体化 PPP 项目合同》《污水处理厂网一体化 PPP 项目运营维护服务协议》《垃圾处理 PPP 项目合同》，行业指导意义重大。

但除了具体的范本问题，另一个重要的问题是合同相对性和完整的 PPP 项目合同体系。只要建立了完整的 PPP 项目合同体系概念，明白了合同相对性，那么关于合同管理的各项工作就会迎刃而解，清晰简单。

完整的 PPP 合同体系包括：

1. 政府采购社会资本方完成后，由实施机构和中标社会资本方签订的《PPP 项目投资协议》，甲方：实施机构，乙方：中标社会资本方。

2. 中标社会资本方成立项目公司，与各个股东签订《股东协议》和《公司章程》，甲方、乙方、丙方：各项目股东。

3. 项目公司成立后，实施机构和新成立的项目公司签订《PPP 项目合同》，甲方：实施机构，乙方：新成立的项目公司。

4. 项目公司成立后要有资金才能正常运转，除了 20%~30% 的项目资本金外，还有 70%~80% 需要向金融机构融资获得，融资不能时，由中标社会资本方根据《PPP 项目投资协议》向实施机构承担违约责任，融资顺利时，则由项目公司和金融机构签订《融资协议》，甲方：项目公司，乙方：金融机构。

5. 项目公司成立，资金到位，下一步则开始项目建设，建设前需要签订《施工总承包合同》，甲方：项目公司，乙方：施工总承包单位（大概率就是中标社会资本方）。

6. PPP 项目包括建设和运营（且必须包括运营），建设完成后，即进入运营期，此时则需要签订《委托运营合同》，甲方：项目公司，乙方：被委托运营单位。

以上六份合同组成了完整的 PPP 项目主合同体系[①]，我们在实施时，只要根据合同相对性，找到正确的合同相对方，将具体的事件代入到具体的合同中分析，就会简单明了、清晰高效了。

由于实施机构和项目公司签订的《PPP 项目合同》是所有合同的核心和关键，因此，我们此处对此进行研究论证。

对于 PPP 项目合同的原则和开展，2014 年 12 月 2 日，国家发展改革委《关于开展政府和社会资本合作的指导意见》（发改投资〔2014〕2724 号）第 2 条第 4 款规定，“在平等协商、依法合规的基础上，按照权责明确、规范高效的原则订立项目合同”，第 5 条第 4 款明确，项目实施机构和社会资本依法签订项目合同，明确服务标准、价格管理、回报方式、风险分担、信息披露、违约处罚、政府接管以及评估论证等内容。各地可参考《政府和社会资本合作项目通用合同指南》，细化完善合同文本，确保合同内容全面、规范、有效。

财政部对此也作出了规定，《财政部关于规范政府和社会资本合作合同管理工作的通知》（财金〔2014〕156 号）第 2 条规定了 PPP 合同管理的“依法治理、平等合作、维护公益、诚实守信、公平效率和兼顾灵活”等六项核心原则。

在进行合同评审时，尤其要注意以下几点：“在 PPP 模式下，政府与社会资本是基于 PPP 项目合同的平等法律主体，双方法律地位平等、权利义

① 编者将 PPP 项目合同体系分为三类，第一类为 PPP 项目主合同体系，第二类为三方转移类合同，第三类合同为项目公司主导采购并签约的其他合同，根据以上三类合同的内涵不同，针对性地分别管理，非常高效。详见第四章“政府方监管要点：合同部分”。

务对等，应在充分协商、互利互惠的基础上订立合同，并依法平等地主张合同权利、履行合同义务”，“PPP 项目合同中除应规定社会资本方的绩效监测和质量控制等义务外，还应保证政府方合理的监督权和介入权，以加强对社会资本的履约管理。与此同时，政府还应依法严格履行行政管理职能，建立健全及时有效的项目信息公开和公众监督机制”，“政府和社会资本应在 PPP 项目合同中明确界定双方在项目融资、建设、运营、移交等全生命周期内的权利义务，并在合同管理的全过程中真实表达意思表示，认真恪守合同约定，妥善履行合同义务，依法承担违约责任”，“鉴于 PPP 项目的生命周期通常较长，在合同订立时既要充分考虑项目全生命周期内的实际需求，保证合同内容的完整性和相对稳定性，也要合理设置一些关于期限变更（展期和提前终止）、内容变更（产出标准调整、价格调整等）、主体变更（合同转让）的灵活调整机制，为未来可能长达20-30年的合同执行期预留调整和变更空间”。

本通知附件《PPP 项目合同指南（试行）》第 1 章第 2 节第 1 条明确，“PPP 项目合同是政府方与社会资本方依法就 PPP 项目合作所订立的合同。其目的是在政府方与社会资本方之间合理分配项目风险，明确双方权利义务关系，保障双方能够依据合同约定合理主张权利，妥善履行义务，确保项目全生命周期内的顺利实施。PPP 项目合同是其他合同产生的基础，也是整个 PPP 项目合同体系的核心。在项目初期阶段，项目公司尚未成立时，政府方会先与社会资本（即项目投资人）签订意向书、备忘录或者框架协议，以明确双方的合作意向，详细约定双方有关项目开发的关键权利义务。待项目公司成立后，由项目公司与政府方重新签署正式 PPP 项目合同，或者签署关于承继上述协议的补充合同。在 PPP 项目合同中通常也会对 PPP 项目合同生效后政府方与项目公司及其母公司之前就本项目所达成的协议是否会继续存续进行约定”。

国家发展改革委《关于切实做好传统基础设施领域政府和社会资本合作有关工作的通知》（发改投资〔2016〕1744 号）第 6 条要求，“依法签订规范的项目合同，明确服务标准、价格管理、回报方式、风险分担、履约监督、信息披露等内容，细化完善合同文本，确保合同内容全面、规范、有效”。

对于PPP项目合同的审核，财政部于2015年4月7日发布的《关于印发〈政府和社会资本合作项目财政承受能力论证指引〉的通知》（财金〔2015〕21号）（已失效）第29条规定，“在PPP项目正式签订合同时，财政部门（或PPP中心）应当对合同进行审核，确保合同内容与财政承受能力论证保持一致，防止因合同内容调整导致财政支出责任出现重大变化”。

2016年9月24日财政部《关于印发〈政府和社会资本合作项目财政管理暂行办法〉的通知》（财金〔2016〕92号）则对合同审核提出了更加具体和明确的要求。该通知第3章第17条规定，“PPP项目合同审核时，应当对照项目实施方案、物有所值评价报告、财政承受能力论证报告及采购文件，检查合同内容是否发生实质性变更，并重点审核合同是否满足以下要求：（一）合同应当根据实施方案中的风险分配方案，在政府与社会资本双方之间合理分配项目风险，并确保应由社会资本方承担的风险实现了有效转移；（二）合同应当约定项目具体产出标准和绩效考核指标，明确项目付费与绩效评价结果挂钩；（三）合同应当综合考虑项目全生命周期内的成本核算范围和成本变动因素，设定项目基准成本；（四）合同应当根据项目基准成本和项目资本金财务内部收益率，参照工程竣工决算合理测算确定项目的补贴或收费定价基准。项目收入基准以外的运营风险由项目公司承担；（五）合同应当合理约定项目补贴或收费定价的调整周期、条件和程序，作为项目合作期限内行业主管部门和财政部门执行补贴或收费定价调整的依据”。

国家发展改革委《关于印发〈传统基础设施领域实施政府和社会资本合作项目工作导则〉的通知》（发改投资〔2016〕2231号）第12条和第15条分别规定，“PPP项目实施机构依据审查批准的实施方案，组织起草PPP合同草案，包括PPP项目主合同和相关附属合同（如项目公司股东协议和章程、配套建设条件落实协议等）。PPP项目合同主要内容参考国家发展改革委发布的《政府和社会资本合作项目通用合同指南（2014年版）》”，“PPP项目实施机构应按相关规定做好公示期间异议的解释、澄清和回复等工作。公示期满无异议的，由项目实施机构会同当地投资主管部门将PPP项目合同报送当地政府审核。政府审核同意后，由项目实施机构与中选社会资本方正式签署 PPP 项目合同。需要设立项目公司的，待项目公司正式设立后，由实施机构与项目公司正式签署 PPP 项目合同，或签署关于承继 PPP 项目合同的补充合同”。

在国家发展改革委办公厅《关于印发〈政府和社会资本合作（PPP）项目专项债券发行指引〉的通知》（发改办财金〔2017〕730 号）中也有关于 PPP 项目合同的相关约定。该通知第 2 条第 4 项明确，“应建立以 PPP 项目合同为核心的合同体系，相关合同文件应合法、规范、有效，包含股东持股比例、项目运营收益来源和标准（包括但不限于项目运营收入、运营成本、财政补贴、税收优惠、提前终止补偿等）、项目风险分担模式等内容”。

合同审核时，应特别注意不得存在“构成违法违规举债担保”的情形。财政部《关于规范政府和社会资本合作（PPP）综合信息平台项目库管理的通知》（财办金〔2017〕92 号）第 3 条第 4 项明确规定，“包括由政府或政府指定机构回购社会资本投资本金或兜底本金损失的；政府向社会资本承诺固定收益回报的；政府及其部门为项目债务提供任何形式担保的；存在其他违法违规举债担保行为的”，“应予以清退”。

针对收费公路项目，交通运输部办公厅《关于印发〈收费公路政府和社会资本合作操作指南〉的通知》（交办财审〔2017〕173 号）第 20 条规定，“项目实施机构应当根据项目的特点和需要，依据批准的实施方案编制招标文件和 PPP 合同草案。招标文件和 PPP 合同草案中各项承诺和保障等相关交易条件不得超出已批准的实施方案规定的范围”，第 25 条规定，“谈判确定的合同文本及相关文件不能与实施方案、物有所值评价报告、财政承受能力论证报告及招标文件中已明确不得变动的核心条款发生实质性变更”。

该通知第 26 条规定，“收费公路 PPP 项目合同应当主要包括以下内容：（一）项目名称、内容；（二）合作范围和期限；（三）政府和项目公司的权利和义务；（四）融资方案，投融资期限和方式；（五）收费标准及其调整机制；（六）项目建设标准及相关要求；（七）养护管理和服务质量标准；（八）合理投资回报确定及调整机制；（九）履约保证金的有关要求；（十）合作期内风险分担与保障；（十一）建设运营服务监测和绩效评价；（十二）安全质量保证金制度及其责任；（十三）政府承诺和保障；（十四）应急预案和临时接管预案；（十五）合同期限届满后，项目移交方式、程序和要求等；（十六）合同变更、提前终止及补偿；（十七）监督检查；（十八）违约责任；（十九）争议解决方式；（二十）需要明确的其他事项”。

2017 年 11 月 28 日，国家发展改革委《关于鼓励民间资本参与政府和社会资本合作（PPP）项目的指导意见》（发改投资〔2017〕2059 号）第 6 条再次强调，“在与民营企业充分协商、利益共享、风险共担的基础上，客观合理、全面详尽地订立 PPP 项目合同。明确各方责权利和争议解决方式，合理确定价格调整机制，科学设定运营服务绩效标准，有效设置排他性条款，保障项目顺利实施。PPP 项目合同既要规范民营企业投资行为，确保项目持续稳定运行，也要保证当政府方不依法履约时，民营企业可以及时获得合理补偿乃至合法退出。要依据相关法律法规和合同约定，对 PPP 项目进行全生命周期监管。禁止政府和投资人签订承诺回购投资本金、承诺最低收益等条款，严禁利用 PPP 模式违法违规变相举债，严防地方政府隐性债务风险”。

财政部《关于进一步加强政府和社会资本合作（PPP）示范项目规范管理的通知》（财金〔2018〕54 号）第 2 条第 4 项也作出强调，“杜绝违法违规现象。坚守合同谈判底线，加强合同内容审查，落实项目风险分配方案，合同中不得约定由政府方或其指定主体回购社会资本投资本金，不得弱化或免除社会资本的投资建设运营责任，不得向社会资本承诺最低投资回报或提供收益差额补足，不得约定将项目运营责任返包给政府方出资代表承担或另行指定社会资本方以外的第三方承担”。

在财政部《关于推进政府和社会资本合作规范发展的实施意见》（财金〔2019〕10 号）第 3 条第 1 项中明确要求，不得出现“存在政府方或政府方出资代表向社会资本回购投资本金、承诺固定回报或保障最低收益的。通过签订阴阳合同，或由政府方或政府方出资代表为项目融资提供各种形式的担保、还款承诺等方式，由政府实际兜底项目投资建设运营风险的”行为，否则，“已入库项目应当予以清退，项目形成的财政支出责任，应当认定为地方政府隐性债务，依法依规提请有关部门对相关单位及个人予以严肃问责”，该意见对实践中突出存在的问题进行了明确的规定。

以上合同文件也是PPP项目信息必须公示的内容，依据为《关于印发〈政府和社会资本合作（PPP）综合信息平台信息公开管理暂行办法〉的通知》（财金〔2017〕1号），具体公示要求如表3-8所示：

表3-8 公开信息相关内容

项目所处阶段	公开内容	公开方式	公开的时点	信息提供方
项目采购	已签署的PPP项目合同	适时公开	进入项目执行阶段后6个月内	实施机构
	PPP项目合同核心条款，应包括主要产出说明、绩效指标回报机制、调价机制	即时公开	项目合同经人民政府审核通过后10个工作日内	实施机构 项目公司

综上所述，PPP项目合同文件是否按照规定起草，相应的合同评审是否完整清晰，就成了必须的监管要点，政府方应重点关注和落实。监管程序与办法建议如下：

实务中，我们建议编制《PPP项目实施方案》的咨询机构起草《PPP项目合同》，编制团队必须有律师参与及把关审核。政府方也可以委托律师事务所进行编制。

合同起草完成后，应通过律师正式评审，并出具《评审法律意见书》，政府方也可以委托法制办进行审核，确认之后再提交政府审批。

要求成果清单

序号	要点内容（参考）
1	《PPP项目合同》文稿
2	《评审法律意见书》或其他评审文件
3	历次合同评审会议纪要或完整记录
4	政府批准文件及批准的《PPP项目合同》文本
5	其他相关文件等

关联政策及规定

- 监管要点11
  - 2014年
    - 2014年12月2日，国家发展改革委《关于开展政府和社会资本合作的指导意见》（发改投资〔2014〕2724号）
    - 2014年12月30日，财政部《关于规范政府和社会资本合作合同管理工作的通知》（财金〔2014〕156号）
  - 2015年
    - 2015年4月7日，财政部《关于印发〈政府和社会资本合作项目财政承受能力论证指引〉的通知》（财金〔2015〕21号）（已失效）
  - 2016年
    - 2016年8月10日，国家发展改革委《关于切实做好传统基础设施领域政府和社会资本合作有关工作的通知》（发改投资〔2016〕1744号）
    - 2016年9月24日，财政部《关于印发〈政府和社会资本合作项目财政管理暂行办法〉的通知》（财金〔2016〕92号）
    - 2016年10月24日，国家发展改革委《关于印发〈传统基础设施领域实施政府和社会资本合作项目工作导则〉的通知》（发改投资〔2016〕2231号）
  - 2017年
    - 2017年1月23日，财政部《关于印发〈政府和社会资本合作（PPP）综合信息平台信息公开管理暂行办法〉的通知》（财金〔2017〕1号）
    - 2017年4月25日，国家发展改革委办公厅《关于印发〈政府和社会资本合作（PPP）项目专项债券发行指引〉的通知》（发改办财金〔2017〕730号）
    - 2017年11月10日，财政部《关于规范政府和社会资本合作（PPP）综合信息平台项目库管理的通知》（财办金〔2017〕92号）
    - 2017年11月22日，交通运输部办公厅《关于印发〈收费公路政府和社会资本合作操作指南〉的通知》(交办财审〔2017〕173号)
    - 2017年11月28日，国家发展改革委《关于鼓励民间资本参与政府和社会资本合作（PPP）项目的指导意见》（发改投资〔2017〕2059号）
  - 2018年
    - 2018年4月24日，财政部《进一步加强政府和社会资本合作（PPP）示范项目规范管理的通知》（财金〔2018〕54号）
  - 2019年
    - 2019年3月7日，财政部《关于推进政府和社会资本合作规范发展的实施意见》（财金〔2019〕10号）

监管要点 12：合同谈判备忘录是否记录清晰？

政策依据与解析

关于合同谈判备忘录的政策要求不多，但这是采购过程中必然涉及的内容，政府方应注意做好历次谈判记录，作为正式合同签订的来源性文件之一，非常重要。

财政部《关于印发政府和社会资本合作模式操作指南（试行）的通知》（财金〔2014〕113 号）（已失效）第 20 条、第 21 条规定，“项目实施机构应成立专门的采购结果确认谈判工作组。按照候选社会资本的排名，依次与候选社会资本及与其合作的金融机构就合同中可变的细节问题进行合同签署前的确认谈判，率先达成一致的即为中选者。确认谈判不得涉及合同中不可谈判的核心条款，不得与排序在前但已终止谈判的社会资本进行再次谈判”，“确认谈判完成后，项目实施机构应与中选社会资本签署确认谈判备忘录，并将采购结果和根据采购文件、响应文件、补遗文件和确认谈判备忘录拟定的合同文本进行公示，公示期不得少于 5 个工作日”。

财政部《关于印发〈政府和社会资本合作项目政府采购管理办法〉的通知》（财库〔2014〕215 号）第 17 条规定，“项目实施机构应当在预中标、成交社会资本确定后 10 个工作日内，与预中标、成交社会资本签署确认谈判备忘录，并将预中标、成交结果和根据采购文件、响应文件及有关补遗文件和确认谈判备忘录拟定的项目合同文本在省级以上人民政府财政部门指定的政府采购信息发布媒体上进行公示，公示期不得少于 5 个工作日。项目合同文本应当将预中标、成交社会资本响应文件中的重要承诺和技术文件等作为附件。项目合同文本涉及国家秘密、商业秘密的内容可以不公示”。

国家发展改革委对此也有规定。2016 年 10 月 24 日发布的《关于印发〈传统基础设施领域实施政府和社会资本合作项目工作导则〉的通知》（发改投资〔2016〕2231 号）第 14 条规定，“PPP 项目实施机构根据需要组织项目谈判小组，必要时邀请第三方专业机构提供专业支持。谈判小组按照候选社会资本方的排名，依次与候选社会资本方进行合同确认谈判，率先达成一致的即为中选社会资本方。项目实施机构应与中选社会资本方签署确认谈判备忘录，并根据信息公开相关规定，公示合同文本及相关文件”。

针对收费公路项目，交通运输部办公厅《关于印发〈收费公路政府和社会资本合作操作指南〉的通知》（交办财审〔2017〕173号）第24条规定，“公示结束后，项目实施机构可根据需要组织项目谈判小组，必要时邀请第三方提供专业支持。谈判小组按照候选社会资本方的排名，依次与候选社会资本方进行合同确认谈判，率先达成一致的即为中选社会资本方。项目实施机构应与中选社会资本方签署确认谈判备忘录，并根据信息公开相关规定，公示相关信息”。

谈判备忘录是招标采购过程中的必要动作，也是下一步协议内容微调的来源依据，所以也是政府方监管要点之一，应予重视。

要求成果清单

序号	要点内容（参考）
1	双方谈判时的正式会议纪要
2	双方签署的正式《谈判备忘录》文件
3	其他相关文件等

关联政策及规定

监管要点 13：确认采购信息是否及时、适当公开？

政策依据与解析

项目采购完成后，实施机构还应及时地、适当地按照规定公开相关采购过程信息，公示期满后，方可签订相应的合同。

财政部《关于印发政府和社会资本合作模式操作指南（试行）的通知》（财金〔2014〕113 号）（已失效）第 21 条要求，“确认谈判完成后，项目实施机构应与中选社会资本签署确认谈判备忘录，并将采购结果和根据采购文件、响应文件、补遗文件和确认谈判备忘录拟定的合同文本进行公示，公示期不得少于 5 个工作日。合同文本应将中选社会资本响应文件中的重要承诺和技术文件等作为附件。合同文本中涉及国家秘密、商业秘密的内容可以不公示……项目实施机构应在项目合同签订之日起 2 个工作日内，将项目合同在省级以上人民政府财政部门指定的媒体上公告，但合同中涉及国家秘密、商业秘密的内容除外”。

财政部《关于印发〈政府和社会资本合作项目政府采购管理办法〉的通知》（财库〔2014〕215 号）（已失效）第 18 条规定，“项目实施机构应当在公示期满无异议后 2 个工作日内，将中标、成交结果在省级以上人民政府财政部门指定的政府采购信息发布媒体上进行公告，同时发出中标、成交通知书。中标、成交结果公告内容应当包括：项目实施机构和采购代理机构的名称、地址和联系方式；项目名称和项目编号；中标或者成交社会资本的名称、地址、法人代表；中标或者成交标的名称、主要中标或者成交条件（包括但不限于合作期限、服务要求、项目概算、回报机制）等；评审小组和采购结果确认谈判工作组成员名单”。

具体信息公开工作按照财政部《关于做好政府采购信息公开工作的通知》（财库〔2015〕135 号）执行，该通知要求，“依法公开政府采购项目信息，并按照财政预决算公开的要求，公布本单位政府采购预算安排及执行的总体情况，实现从采购预算到采购过程及采购结果的全过程信息公开”，“确保政府采购信息发布的及时、完整、准确，实现政府采购信息的全流程公开透明”。该通知对公开的内容做了十项要求，包括“1. 公开招标公告、资格预审公告；2. 竞争性谈判公告、竞争性磋商公告和询价公告；3. 采购项目预算金额；4. 中标、成交结果；5. 采购文件；6. 更正事项；7. 采购合同；8. 单一来源公示；9. 终止公告；10. 政府购买公共服务项目”等，实施机构应遵照执行。

2017 年 1 月 23 日，财政部针对 PPP 项目的信息公示发布了《关于印发〈政府和社会资本合作（PPP）综合信息平台信息公开管理暂行办法〉的通知》（财金〔2017〕1 号），进行了明确的要求。该通知第 2 章第 7 条规定，“项目采购阶段的信息公开应遵照政府采购等相关规定执行，应当公开的 PPP 项目信息包括：（一）项目资格预审公告（含资格预审申请文件）及补充公告（如有）；（二）项目采购文件，包括竞争者须知、PPP 项目合同草案、评审办法（含评审小组组成、评审专家人数及产生方式、评审细则等）；（三）补遗文件（如有）；（四）资格预审评审及响应文件评审结论性意见；（五）资格预审专家、评审专家名单、确认谈判工作组成员名单；（六）预中标、成交结果公告；（七）中标、成交结果公告及中标通知书；（八）项目采购阶段更新、调整的政府方授权文件（如有），包括对实施机构、PPP 项目合同的政府方签约主体、政府方出资代表（如有）等的授权；（九）同级人民政府同意签署 PPP 项目合同的批复文件，以及已签署的 PPP 项目合同，并列示主要产出说明及绩效指标、回报机制、调价机制等核心条款”，具体要求如表 3-9 所示：

表 3-9　公开信息相关内容

项目所处阶段	公开内容	公开方式	公开的时点	信息提供方
项目采购	项目资格预审公告（含资格预审申请文件）	即时公开	资格预审公告发布后 10 个工作日内	实施机构
	项目采购文件、补遗文件（如有）	适时公开	进入项目执行阶段后 6 个月内	实施机构

续表

项目所处阶段	公开内容	公开方式	公开的时点	信息提供方
	资格预审评审报告及响应文件评审报告中专家组评审结论性意见，附资格预审专家和评审专家名单	适时公开	进入项目执行阶段后 6 个月内	采购监管机构
	确认谈判工作组成员名单	适时公开	进入项目执行阶段后 6 个月内	实施机构
	预中标及成交结果公告；中标、成交结果公告及中标通知书	即时公开	依法律规定及采购文件约定	实施机构采购监管机构
	已签署的 PPP 项目合同	适时公开	进入项目执行阶段后 6 个月内	实施机构
	PPP 项目合同核心条款，应包括主要产出说明、绩效指标回报机制、调价机制	即时公开	项目合同经人民政府审核通过后 10 个工作日内	实施机构项目公司
	本项目政府支出责任确认文件或更新调整文件（如适用），以及同级人大（或人大常委会）将本项目财政支出责任纳入跨年度预算的批复文件（如适用）	适时公开	进入项目执行阶段后 6 个月内	实施机构
	项目采购阶段调整、更新的政府方授权文件（如有）	即时公开	项目合同经人民政府审核通过后 10 个工作日内的附件依据法律规定公开	实施机构

针对收费公路项目，交通运输部办公厅《关于印发〈收费公路政府和社会资本合作操作指南〉的通知》（交办财审〔2017〕173 号）第 23 条、第 24 条分别规定，“采用公开招标方式的，项目实施机构应当在省级交通运输主管部门政府网站或者其他政府网站上公示前三名中标候选社会资本方名单及排名，公示期不得少于 3 个工作日”，“公示结束后，项目实施机构可根据需要组织项目谈判小组，必要时邀请第三方提供专业支持。谈判小组按照候选社会资本方的排名，依次与候选社会资本方进行合同确认谈判，率先达成一致的即为中选社会资本方。项目实施机构应与中选社会资本方签署确认谈判备忘录，并根据信息公开相关规定，公示相关信息”。

2019 年 11 月 27 日《政府采购信息发布管理办法》（财政部令第 101 号）第 3 条规定，“本办法所称政府采购信息，是指依照政府采购有关法律制度规定应予公开的公开招标公告、资格预审公告、单一来源采购公示、中标（成交）结果公告、政府采购合同公告等政府采购项目信息，以及投诉处理结果、监督检查处理结果、集中采购机构考核结果等政府采购监管信息”，第 9 条要求，“财政部门、采购人和其委托的采购代理机构（以下统称发布主体）应当对其提供的政府采购信息的真实性、准确性、合法性负责。中国政府采购网及其省级分网和省级以上财政部门指定的其他媒体（以下统称指定媒体）应当对其收到的政府采购信息发布的及时性、完整性负责”。若未能按照规定及时予以信息公示的，根据该办法第 16 条的规定，“采购人或者其委托的采购代理机构未依法在指定媒体上发布政府采购项目信息的，依照政府采购法实施条例第六十八条追究法律责任。采购人或者其委托的采购代理机构存在其他违反本办法规定行为的，由县级以上财政部门依法责令限期改正，给予警告，对直接负责的主管人员和其他直接责任人员，建议其行政主管部门或者有关机关依法依规处理，并予通报”。

因此，必须严格按照规定及时、适当的公开采购信息，实施机构应当对此予以确认，所以，这也是监管要点之一。

要求成果清单

序号	要点内容（参考）
1	财政部 PPP 项目管理库信息公示，已可查询
2	其他相关文件等

关联政策及规定

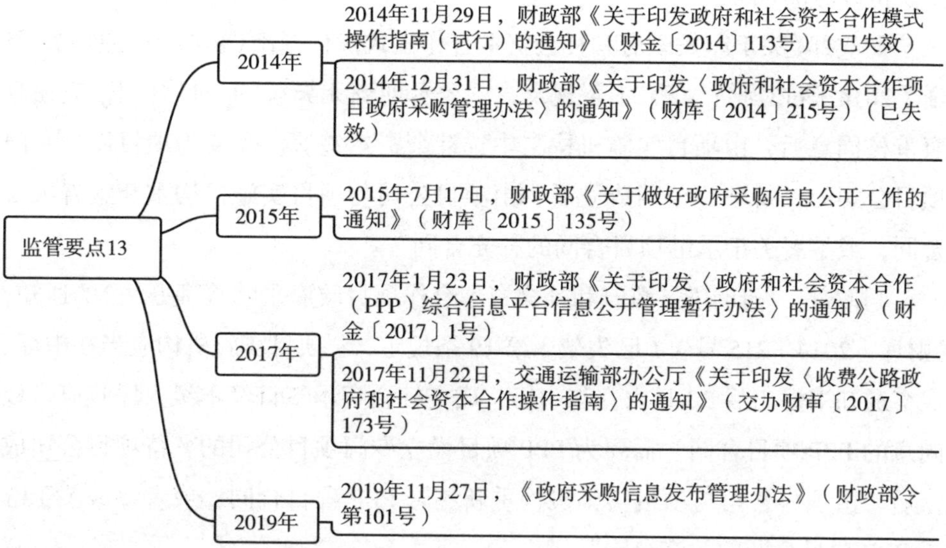

监管要点 14：PPP 项目合同终稿签订前是否获得了合适的正式审批？

政策依据与解析

按照监管要点 11 所述，完整的 PPP 项目主合同体系应包括六份协议，实施机构采购社会资本方后签订的《PPP 项目投资协议》，各个股东之间签订的《股东协议》和《公司章程》，实施机构和项目公司签订的《PPP 项目合同》，项目公司和金融机构签订的《融资协议》，项目公司和施工总承包单位签订的《施工总承包合同》，项目公司和被委托运营单位签订的《委托运营合同》。

当实施机构最终选定中标社会资本方后，首先要签订的就是《PPP 项目投资协议》，该协议可能被称为《PPP 项目投资协议》，也可能是《PPP 项目合同》或者《PPP 项目特许经营协议》，名称没有统一规定，但签约主体是实施机构和中标社会资本方，这是区别于实施机构和项目公司签订的《PPP 项目合同》的，所以我们特别取名叫《PPP 项目投资协议》，该协议同样需要获得政府的批准。

财政部《关于印发政府和社会资本合作模式操作指南（试行）的通知》（财金〔2014〕113 号）[①] 第 21 条规定，"公示期满无异议的项目合同，应在政府审核同意后，由项目实施机构与中选社会资本签署。需要为项目设立专门项目公司的，待项目公司成立后，由项目公司与项目实施机构重新签署项目合同，或签署关于承继项目合同的补充合同"。

财政部《关于印发〈政府和社会资本合作项目政府采购管理办法〉的通知》（财库〔2014〕215 号）（已失效）第 19 条规定，"项目实施机构应当在中标、成交通知书发出后 30 日内，与中标、成交社会资本签订经本级人民政府审核同意的 PPP 项目合同。需要为 PPP 项目设立专门项目公司的，待项目公司成立后，由项目公司与项目实施机构重新签署 PPP 项目合同，或者签署关于继承 PPP 项目合同的补充合同"。

2016 年 9 月 24 日，财政部发布的《关于印发〈政府和社会资本合作项目财政管理暂行办法〉的通知》（财金〔2016〕92 号）第 3 章第 16 条规定，"采

---

① 已失效。征求意见中的新《政府和社会资本合作模式操作指南（修订稿）》（财办金〔2019〕94 号）第 18 条规定，"项目采购文件和 PPP 项目合同草案及其他法律文本，应予经政府审核同意的实施方案相关实质性内容保持一致。PPP 项目合同草案向社会资本正式发布前应获得政府审核同意"，第 22 条规定，"采购结果公示结束后，项目实施机构应将根据采购文件（含有关补遗文件）、社会资本响应文件（含有关补遗文件）和确认谈判备忘录拟定的 PPP 项目合同报本级政府审核同意后，与依法选定的社会资本签订 PPP 项目合同。需要设立项目公司的，待项目公司成立后，由项目公司与实施机构签署关于 PPP 项目合同的承继合同"。

购结果公示结束后、PPP 项目合同正式签订前，项目实施机构应将 PPP 项目合同提交行业主管部门、财政部门、法制部门等相关职能部门审核后，报本级人民政府批准”。

国家发展改革委也作出了明确的规定，《关于印发〈传统基础设施领域实施政府和社会资本合作项目工作导则〉的通知》（发改投资〔2016〕2231 号）第 15 条规定，“PPP 项目实施机构应按相关规定做好公示期间异议的解释、澄清和回复等工作。公示期满无异议的，由项目实施机构会同当地投资主管部门将 PPP 项目合同报送当地政府审核。政府审核同意后，由项目实施机构与中选社会资本方正式签署 PPP 项目合同。需要设立项目公司的，待项目公司正式设立后，由实施机构与项目公司正式签署 PPP 项目合同，或签署关于承继 PPP 项目合同的补充合同”。

以上也是信息公示的要求，《关于印发〈政府和社会资本合作（PPP）综合信息平台信息公开管理暂行办法〉的通知》（财金〔2017〕1 号）第 2 章第 7 条规定，“项目采购阶段的信息公开应遵照政府采购等相关规定执行，应当公开的 PPP 项目信息包括：（一）项目资格预审公告（含资格预审申请文件）及补充公告（如有）；（二）项目采购文件，包括竞争者须知、PPP 项目合同草案、评审办法（含评审小组组成、评审专家人数及产生方式、评审细则等）；（三）补遗文件（如有）；（四）资格预审评审及响应文件评审结论性意见；（五）资格预审专家、评审专家名单、确认谈判工作组成员名单；（六）预中标、成交结果公告；（七）中标、成交结果公告及中标通知书；（八）项目采购阶段更新、调整的政府方授权文件（如有），包括对实施机构、PPP 项目合同的政府方签约主体、政府方出资代表（如有）等的授权；（九）同级人民政府同意签署 PPP 项目合同的批复文件，以及已签署的 PPP 项目合同，并列示主要产出说明及绩效指标、回报机制、调价机制等核心条款”，详细要求监管要点 16 已经罗列，不再赘述。

收费公路项目，根据交通运输部办公厅《关于印发〈收费公路政府和社会资本合作操作指南〉的通知》（交办财审〔2017〕173 号）第 26 条第 1 款、第 2 款规定，“公示期满无异议的，由项目实施机构或交通运输主管部门会同投资主管部门将 PPP 项目合同提交本级人民政府批准。经批准通过后，根据本级人民政府的授权由相关单位或项目实施机构与依法选定的社会资本方签订投资协议，约定其在规定期限内注册成立项目公司（项目法人），并与项目公司签订收费公路 PPP 项目合同”。

在政府的审批过程中，有一个盲点还需要特别关注，即签约主体。政府方签约主体可以是政府、职能部门、事业单位，但不能是国有企业或平台公司，这一点问题在实践中还有少数的项目存在。财政部关于《进一步加强政府和社会资本合作（PPP）示范项目规范管理的通知》（财金〔2018〕54 号）第 2 条第 3 款要求，“严格审查签约主体。坚持政企分开原则，加强 PPP 项目合同签约主体合规性审查，国有企业或地方政府融资平台公司不得代表政府方签署 PPP 项目合同，地方政府融资平台公司不得作为社会资本方”，其他还有相关的规定，在监管要点 4 中已经论述。

所以，实施机构和中标社会资本方签订的《PPP 项目投资协议》同样需要获得政府的书面批准，请实施机构予以重视并确认。

要求成果清单

序号	要点内容（参考）
1	实施机构书面审核意见
2	法律审核意见书或法制办正式审批意见
3	政府书面批准文件
4	批准的《PPP 项目投资协议》
5	其他相关文件等

关联政策及规定

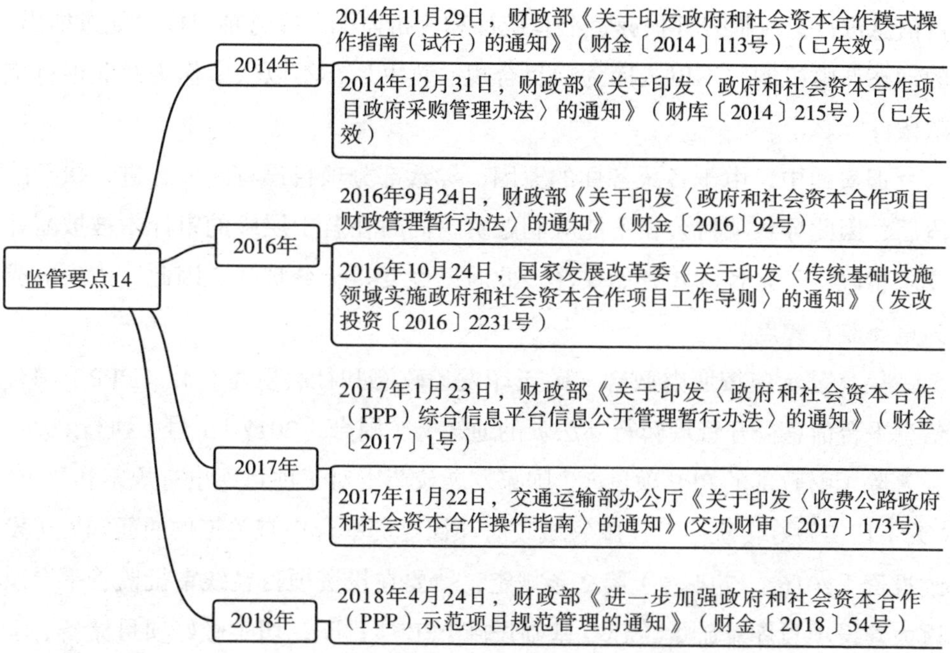

监管要点 15：确认项目是否入库？若没有入库，是否排查原因并消除后予以入库？

政策依据与解析

根据财政部《关于推进政府和社会资本合作规范发展的实施意见》（财金〔2019〕10 号）精神，规范的 PPP 项目条件之一就是“按规定纳入全国 PPP 综合信息平台项目库，及时充分披露项目信息，主动接受社会监督”，不得出现“未按规定及时充分披露项目信息或披露虚假项目信息，严重影响行使公众知情权和社会监督权的”情形，否则“应在限期内进行整改。无法整改或逾期整改不到位的，已入库项目应当予以清退，涉及增加地方政府隐性债务的，依法依规提请有关部门予以问责和妥善处理”，同时该意见第4条第5款还强调，“加强信息披露。依托全国PPP综合信息平台，对PPP项目信息进行全流程公开披露、汇总统计和分析监测，完善项目库‘能进能出’的动态调整机制，不以入库为项目合规‘背书’，不以入库作为商业银行贷款条件”。

但实践中，由于各式各样的原因，导致部分项目没有入库，进入执行阶段后，因此导致项目公司不能顺利融资，同时在若干层级的审计中被披露并要求整改，于是各方才开始关注，此时已经变得十分被动，因此，该项应成为重要监管要点。

信息公示应按照财政部《关于印发〈政府和社会资本合作（PPP）综合信息平台信息公开管理暂行办法〉的通知》（财金〔2017〕1号）执行。

除了财政部的PPP项目库，国家发展改革委对于项目库也有规定和要求。《关于切实做好传统基础设施领域政府和社会资本合作有关工作的通知》（发改投资〔2016〕1744号）第2条规定，“要在投资项目在线审批监管平台及重大建设项目库基础上，建立基础设施PPP项目库，切实做好项目储备、动态管理、实施监测等各项工作”。

《关于印发〈传统基础设施领域实施政府和社会资本合作项目工作导则〉的通知》（发改投资〔2016〕2231号）第6条规定，“各级发展改革部门要会同有关行业主管部门，在投资项目在线审批监管平台（重大建设项目库）基础上，建立各地区各行业传统基础设施PPP项目库，并统一纳入国家发展改革委传统基础设施PPP项目库，建立贯通各地区各部门的传统基础设施PPP项目信息平台。入库情况将作为安排政府投资、确定与调整价格、发行企业债券及享受政府和社会资本合作专项政策的重要依据”。

对于“各行业部门、事业单位、各类企业主体等在投资项目在线审批监管平台中填报并拟采用PPP模式实施的项目”，应遵循“统一建设、分级管理、资源共享、规范使用”的原则，统一进入“传统基础设施领域政府和社会资本合作（PPP）项目库”进行管理，具体要求，按照2016年12月21日国家发展改革委办公厅《印发〈传统基础设施领域政府和社会资本合作（PPP）项目库管理办法（试行）〉》执行。该办法第 6 条规定，“各行业部门、事业单位、各类企业主体等是 PPP 项目的填报单位，填报单位进行项目填报前，需要在重大建设项目库（http：//kpp.ndrc.gov.cn）填写有关基本信息进行用户注册。填报单位必须是法人机构，注册时需提供组织机构代码证。其中，填报单位应根据归口情况选择本级发展改革部门作为审核单位。填报单位在各项信息填写齐备后完成注册，并通过注册邮箱进行身份验证，完成账户激活。未激活账户的单位可以开展信息填报工作，但不能上报信息”。

2017 年 4 月 25 日，国家发展改革委办公厅发布的《关于印发〈政府和社会资本合作（PPP）项目专项债券发行指引〉的通知》（发改办财金〔2017〕730 号）第 2 条第 6 款也明确规定，“传统基础设施领域的 PPP 项目应纳入传统基础设施领域政府和社会资本合作（PPP）项目库”。

财政部于 2015 年 12 月 18 日发布的《关于规范政府和社会资本合作（PPP）综合信息平台运行的通知》（财金〔2015〕166 号）第 7 条规定，“项目库是 PPP 综合信息平台的核心组成部分，包含储备库、执行库和示范库三个子库。由各级财政部门会同相关部门评估、筛选的 PPP 项目，基本信息均应录入 PPP 综合信息平台。经省级财政部门审核满足上报要求的，列为储备项目。编制项目实施方案，通过物有所值评价、财政承受能力论证，并经本级政府审核同意的，列为执行项目。通过中央或省级财政部门评审并列为中央或省级示范项目的，列为示范项目”，“**所有 PPP 项目必须列入项目库**。省、市、县级财政部门应与相关部门密切沟通，保证符合条件的项目及时、准确、规范、完整列入项目库”，第 19 条强制规定，“**未纳入 PPP 综合信息平台项目库的项目，不得列入各地 PPP 项目目录，原则上不得通过预算安排支出责任**”，因此，入库就是强制性行为，不得出现游离于项目库之外的 PPP 项目。

对于入库的要求，财政部办公厅《关于规范政府和社会资本合作（PPP）

综合信息平台项目库管理的通知》第 1 条第 2 款明确，“各级财政部门应按项目所处阶段将项目库分为项目储备清单和项目管理库，将处于识别阶段的项目，纳入项目储备清单，重点进行项目孵化和推介；将处于准备、采购、执行、移交阶段的项目，纳入项目管理库，按照 PPP 相关法律法规和制度要求，实施全生命周期管理，确保规范运作”，第 3 款进一步要求，“各级财政部门应严格项目管理库入库标准和管理要求，建立健全专人负责、持续跟踪、动态调整的常态化管理机制，及时将条件不符合、操作不规范、信息不完善的项目清理出库，不断提高项目管理库信息质量和管理水平”。

该通知第 2 条要求，“严格新项目入库标准”，“存在下列情形之一的项目，不得入库：（一）不适宜采用 PPP 模式实施。包括不属于公共服务领域，政府不负有提供义务的，如商业地产开发、招商引资项目等；因涉及国家安全或重大公共利益等，不适宜由社会资本承担的；仅涉及工程建设，无运营内容的；其他不适宜采用 PPP 模式实施的情形。（二）前期准备工作不到位。包括新建、改扩建项目未按规定履行相关立项审批手续的；涉及国有资产权益转移的存量项目未按规定履行相关国有资产审批、评估手续的；未通过物有所值评价和财政承受能力论证的。（三）未建立按效付费机制。包括通过政府付费或可行性缺口补助方式获得回报，但未建立与项目产出绩效相挂钩的付费机制的；政府付费或可行性缺口补助在项目合作期内未连续、平滑支付，导致某一时期内财政支出压力激增的；项目建设成本不参与绩效考核，或实际与绩效考核结果挂钩部分占比不足 30%，固化政府支出责任的”。

另外，国资委对于国企投资 PPP 项目也作出了明确要求。国资委《关于加强中央企业 PPP 业务风险管控的通知》（国资发财管〔2017〕192 号）第 2 条规定，“在通过财政承受能力论证的项目中，优先选择发展改革、财政等部门入库项目，不得参与付费来源缺乏保障的项目”，这一条在国资委 2018 年 9 月开始的对 39 家央企的专项检查中就得到了明确的体现，根据物资为财务监管局《关于开展中央企业 PPP 业务专项检查的通知》（财管函〔2018〕104 号）附件 3《专项检查所需资料清单》第 2 条第 2 款第 5 项要求，被检查国企必须按照 PPP 项目逐份提交该项目的“国家发改委和财政部的立项批复及入库证明”。

2017 年 11 月 28 日，国家发展改革委《关于鼓励民间资本参与政府和社会资本合作（PPP）项目的指导意见》（发改投资〔2017〕2059 号）第 4 条再次提到，“依托全国投资项目在线审批监管平台建立的 PPP 项目库，对入库项目定期进行梳理，规范有序开展推介工作，适时选择回报机制明确、运营收益潜力大、前期工作成熟的 PPP 项目，向民营企业推介”。

2019 年 2 月 12 日，国家发展改革委、工业和信息化部等十五部委联合发布了《关于印发全国投资项目在线审批监管平台投资审批管理事项统一名称和申请材料清单的通知》（发改投资〔2019〕268 号），对全国投资项目在线审批监管平台（以下简称在线平台）投资审批管理事项统一名称和申请材料清单进行了详细的规定和明确。

2019 年 6 月 21 日，国家发展改革委发布了《关于依法依规加强 PPP 项目投资和建设管理的通知》（发改投资规〔2019〕1098 号），对拟实施 PPP 的项目入库管理作出了进一步的要求。该通知第 5 条第 11 项规定，“严格执行《政府投资条例》、《企业投资项目核准和备案管理条例》，除涉密项目外，所有 PPP 项目须使用全国投资项目在线审批监管平台（以下简称‘在线平台’）生成的项目代码分别办理各项审批手续。不得以其他任何形式规避、替代 PPP 项目纳入在线平台统一管理”。

可见，PPP 项目入库是必须的、强制的管理要点，因此，该项也是实施机构监管要点之一。若项目此前没有入库，或“带病”[①]入库，实施机构应予重点筛查，并及时整改，确保安全在库，这是 PPP 项目安全实施、行稳致远的条件之一。

① 指不符合规范 PPP 项目的要求。

要求成果清单

序号	要点内容（参考）
1	发改委在线审批清单和公示（如有）
2	财政部PPP项目管理库信息公示
3	其他相关文件等

关联政策及规定

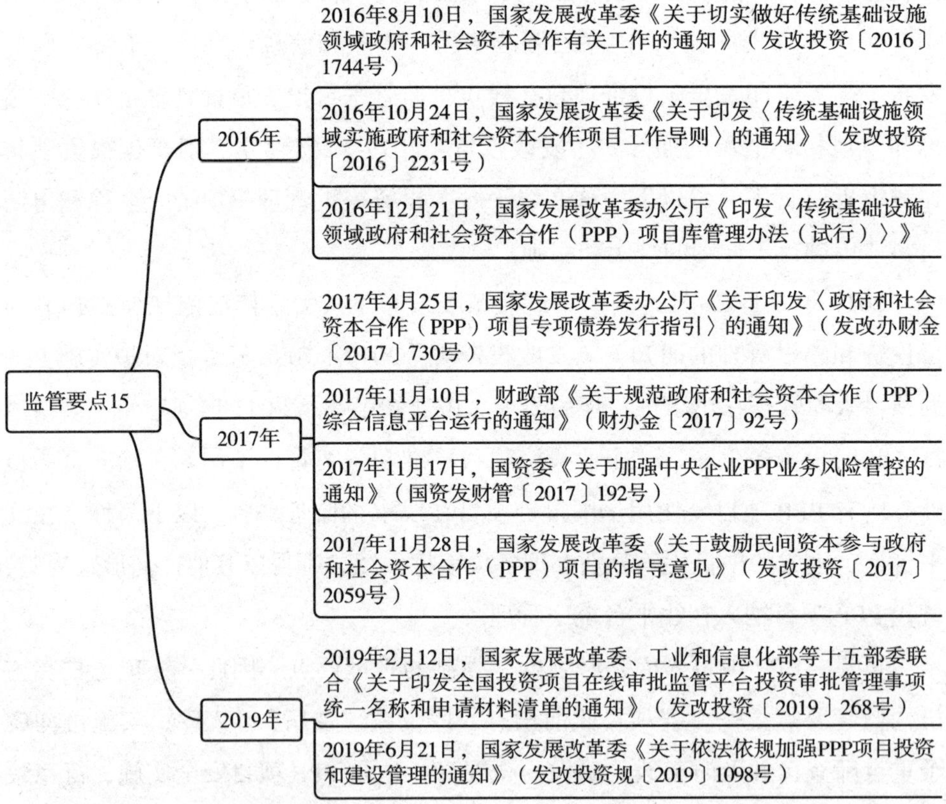

监管要点 16：实际管理代表是否已经获得相应书面授权？

政策依据与解析

项目实践中，虽然政府对实施机构进行了授权，由实施机构代表政府进行 PPP 项目的全过程实施，但部分项目在采购阶段之后，实施机构由于人手不够或其他原因，他们并不实际管理，而是要求地方国资公司或政府平台公司代为实际管理，另一种情况则是可能由地方政府及各个部门共同成立 ××× 指挥部、××× 重点工程管理办公室来进行实际管理。

例如，案例项目则是 ×× 市交通运输委员会委托 ×× 市高速公路管理处代为实际管理，那么该种情形下，实际管理机构应获得实施机构的书面授权，明确授权管理范围和授权管理期限。

国家发展改革委《政府和社会资本合作项目通用合同指南（2014 年版）》第 3 条规定，“1. 合作项目已纳入当地相关发展规划，并按规定报经地方人民政府或行业主管部门批准实施。**2. 合同签署主体应具有合法和充分的授权，满足合同管理和履约需要**。3. 在项目招标或招商之前，政府应参考《合同指南》组织编制合同文本，并将其作为招标或招商文件的组成部分。4. 社会资本确定之后，政府和社会资本可就相关条款和事项进行谈判，最终确定并签署合同文本。5. 充分发挥专业中介机构作用，完善项目合同具体条款，提高项目合同编制质量。6. 参考《合同指南》设置章节顺序和条款。如有不能覆盖的事项，可在相关章节或‘其他约定’中增加相关内容”。

财政部《关于推进政府和社会资本合作规范发展的实施意见》（财金〔2019〕10 号）第 2 条第 5 款规定，“政府方签约主体应为县级及县级以上人民政府或其授权的机关或事业单位”。

除了以上两条，还有其他众多政策对 PPP 项目的政府方主体作出了明确规定，详见监管要点 4。

但实际执行中，授权实施机构再委托实际管理机构，根据《中华人民共和国民法通则》（2009 年修正）第 63 条规定，“代理人在代理权限内，以被代理人的名义实施民事法律行为。被代理人对代理人的代理行为，承担民事责任”，第 64 条规定，“代理包括委托代理、法定代理和指定代理”，本案中应属委托代理，因此，实施机构应向项目公司提供书面授权委托书，以示确认被委托人的正式管理身份。

这实际上是一个法律问题，从合规性和安全性角度来说，应予重视，因此，这应归为政府监管要点之一。

要求成果清单

序号	要点内容（参考）
1	实际管理代表的正式书面授权文件，范例如图 3-7 所示
2	其他相关文件等

[redacted]市交通运输委员会

授权委托书

本人[redacted]系[redacted]市交通运输委员会法定代表人，现委托[redacted]作为[redacted]市交通运输委员会的代理人。代理人根据授权以[redacted]市交通运输委员会的名义签署[redacted]高速公路[redacted]西段 PPP 项目投资协议和特许经营协议法律文件，其法律后果由我委承担。

特此授权委托，代理人无转委托权。

图 3-6 授权委托书

关联政策及规定

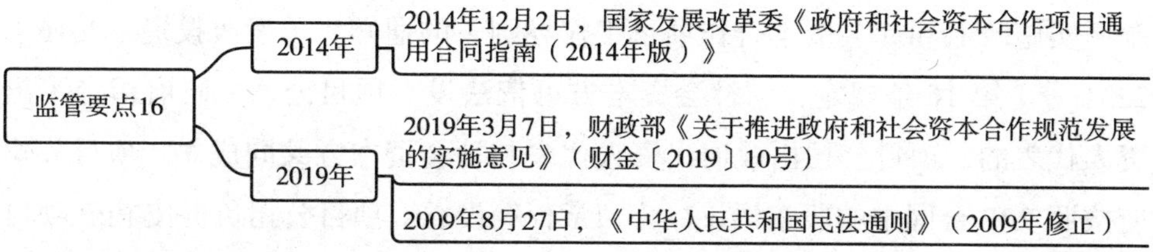

监管要点 17：项目公司是否已经按照约定设立？

政策依据与解析

项目公司是 PPP 项目的第一法律责任主体，[①] 按照约定设立则是 PPP 项目推进的正式开始，因此一般《PPP 项目投资协议》和《股东协议》、《公司章程》中一般都会有相应约定，实施机构应监督中标社会资本方按照约定及时落实相应承诺，积极推进项目。

财政部《关于印发政府和社会资本合作模式操作指南（试行）的通知》（财金〔2014〕113 号）（已失效）第 23 条规定，“社会资本可依法设立项目公司。政府可指定相关机构依法参股项目公司。项目实施机构和财政部门（政府和社会资本合作中心）应监督社会资本按照采购文件和项目合同约定，按时足额出资设立项目公司”。

财政部《关于规范政府和社会资本合作合同管理工作的通知》（财金〔2014〕156 号）其附件《PPP 项目合同指南（试行）》第 1 章第 1 节第 2 条规定，“项目公司可以由社会资本（可以是一家企业，也可以是多家企业组成的联合体）出资设立，也可以由政府和社会资本共同出资设立。但政府

① 极少数 PPP 项目由社会资本方直接实施，不单独设立项目公司，此处仅讨论大部分情况。

在项目公司中的持股比例应当低于50%[①]，且不具有实际控制力及管理权”。

2016年10月24日，国家发展改革委发布了《关于印发〈传统基础设施领域实施政府和社会资本合作项目工作导则〉的通知》（发改投资〔2016〕2231号）第16条规定，“社会资本方可依法设立项目公司。政府指定了出资人代表的，项目公司由政府出资人代表与社会资本方共同成立。项目公司应按照PPP合同中的股东协议、公司章程等设立。项目公司负责按PPP项目合同承担设计、融资、建设、运营等责任，自主经营，自负盈亏。除PPP项目合同另有约定外，项目公司的股权及经营权未经政府同意不得变更”。

针对收费公路项目，交通运输部办公厅《关于印发〈收费公路政府和社会资本合作操作指南〉的通知》（交办财审〔2017〕173号）第26条规定，“公示期满无异议的，由项目实施机构或交通运输主管部门会同投资主管部门将PPP项目合同提交本级人民政府批准。经批准通过后，根据本级人民政府的授权由相关单位或项目实施机构与依法选定的社会资本方签订投资协议，约定其在规定期限内注册成立项目公司（项目法人），并与项目公司签订收费公路PPP项目合同。项目公司可以由社会资本方单独设立，也可以由政府指定出资人代表采取出资入股或设立特殊股份的方式与社会资本方共同设立”。

项目公司的设立也是PPP项目信息公示要求的内容，根据财政部《关于印发〈政府和社会资本合作（PPP）综合信息平台信息公开管理暂行办法〉的通知》（财金〔2017〕1号）附件《政府和社会资本合作（PPP）综合信息平台信息公开管理暂行办法》第8条第1款规定，“项目执行阶段应当公开的PPP项目信息包括”“项目公司（如有）设立登记、股东认缴资本金及资本金实缴到位情况、增减资情况（如有）、项目公司资质情况（如有）……”详细如表3-10所示：

① 征求意见中的新《政府和社会资本合作模式操作指南（修订稿）》（财办金〔2019〕94号）第26条也规定，“……政府方出资代表在项目公司中的股权出资比例应低于50%，且不具有项目公司的实际控制权”，原则一致。

表 3-10 公开信息相关内容

项目所处阶段	公开内容	公开方式	公开的时点	信息提供方
项目执行	项目公司设立登记、股东认缴及实缴资本金情况、增减资（如适用）	即时公开	设立时及资本金到位后 10 个工作日内	项目公司

因此，项目公司按照约定及时设立并开展工作，也是实施机构的监管要点之一，应予重视。

需要提醒的是，部分 PPP 项目的运营需要资质，项目公司在办理营业执照的同时，还要考虑相应的经营范围和资质要求，同时考虑资质办理等情况。

要求成果清单

序号	要点内容（参考）
1	项目公司营业执照
2	资质文件（或有）
3	其他相关文件等

关联政策及规定

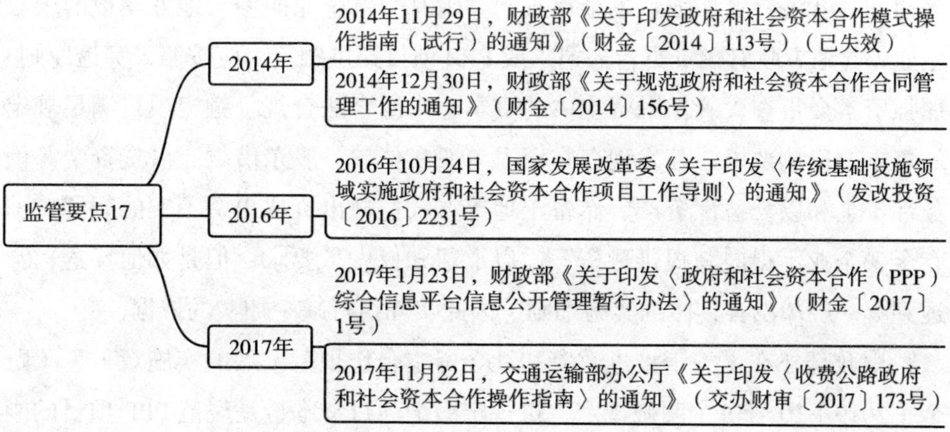

监管要点 18：项目资本金是否已经及时、足额注资到位？项目资本金来源是否合规？

政策依据与解析

兵马未动粮草先行，项目伊始，项目资金必须及时足额到位才能按照计划推动项目进展，因此，这一点必须是重要监管要点。

项目公司的资金来源主要包括两部分，一是 20%~30% 的项目资本金，二是 70%~80% 的金融贷款，其他还包括或有的专项资金、奖补资金等，但是首先要确认的是项目资本金应按照规定及时、足额注资到位，其次才是融资贷款部分。

根据国务院《关于固定资产投资项目试行资本金制度的通知》（国发〔1996〕35 号）第 2 节中对项目资本金的定义，“投资项目资本金，是指在投资项目总投资中，由投资者认缴的出资额，对投资项目来说是非债务性资金，项目法人不承担这部分资金的任何利息和债务；投资者可按其出资的比例依法享有所有者权益，也可转让其出资，但不得以任何方式抽回”，因此项目资本金必须是各股东的自有资金，不得是债务性资金。

对此，财政部在《关于规范金融企业对地方政府和国有企业投融资行为有关问题的通知》（财金〔2018〕23 号）中强调要对项目资本金穿透式管理，该通知第 2 条要求加强资本金审查，“国有金融企业向参与地方建设的国有企业（含地方政府融资平台公司）或 PPP 项目提供融资，应按照‘穿透原则’加强资本金审查，确保融资主体的资本金来源合法合规，融资项目满足规定的资本金比例要求。若发现存在以‘名股实债’、股东借款、借贷资金等债务性资金和以公益性资产、储备土地等方式违规出资或出资不实的问题，国有金融企业不得向其提供融资”。以上通知仅做了要求，但是如何穿透，穿透到哪一层却没有具体的实施细则，因此实际执行缺少翔实的依据。

财政部还在《关于推进政府和社会资本合作规范发展的实施意见》（财金〔2019〕10 号）中明确规定，按规定缴纳项目资本金是规范 PPP 项目的刚性条件之一。该意见第 2 条第 1 款第 4 项规定，“规范的 PPP 项目应当符合以下条件”，“项目资本金符合国家规定比例，项目公司股东以自有资金按时足额缴纳资本金”，不得出现“以债务性资金充当项目资本金，虚假出资或出资不实的”行为，否则，“应在限期内进行整改。无法整改或逾期整改不到位的，已入库项目应当予以清退，涉及增加地方政府隐性债务的，依法依规提请有关部门予以问责和妥善处置”。

因此，各方股东应严格注意按照规定，按照合同约定及时履约，实施机构也应予以监管。

除此之外，财政部还先后发布了众多政策对资本金进行了翔实的规定和要求。

《关于印发政府和社会资本合作模式操作指南（试行）的通知》（财金〔2014〕113 号）（已失效）第 23 条规定，“项目实施机构和财政部门（政府和社会资本合作中心）应监督社会资本按照采购文件和项目合同约定，按时足额出资设立项目公司”。

《关于规范政府和社会资本合作（PPP）综合信息平台项目库管理的通知》（财办金〔2017〕92 号）第 3 条第 3 款明确要求，“未按合同约定落实项目债权融资的；违反相关法律和政策规定，未按时足额缴纳项目资本金、以债务性资金充当资本金或由第三方代持社会资本方股份的”，属于“不符合规范运作要求”，“应予以清退”。

《进一步加强政府和社会资本合作（PPP）示范项目规范管理的通知》（财金〔2018〕54 号）第 2 条第 5 款要求，“强化项目履约监管。夯实社会资本融资义务，密切跟踪项目公司设立和融资到位情况。不得以债务性资金充当项目资本金，政府不得为社会资本或项目公司融资提供任何形式的担保。落实中长期财政规划和年度预算安排，加强项目绩效考核，落实按效付费机制，强化激励约束效果，确保公共服务安全、稳定、高效供给”。

项目资本金的缴纳情况也要求信息公示。《关于印发〈政府和社会资本合作（PPP）综合信息平台信息公开管理暂行办法〉的通知》（财金

〔2017〕1号）第2章第8条第1款、第2款规定，“项目执行阶段应当公开的PPP项目信息包括”“项目公司（如有）设立登记、股东认缴资本金及资本金实缴到位情况、增减资情况（如有）、项目公司资质情况（如有）”“项目融资机构名称、项目融资金额、融资结构及融资交割情况”，详细要求如表3-11所示：

表3-11　公开信息相关内容

项目所处阶段	公开内容	公开方式	公开的时点	信息提供方
项目执行	项目公司设立登记、股东认缴及实缴资本金情况、增减资（如适用）	即时公开	设立时及资本金到位后10个工作日内	项目公司
	融资额度、融资主要条件及融资交割情况	适时公开	对应事项确定或完成后次年的4月30日前	项目公司

根据PPP项目的责任分配机制，融资责任由社会资本方承担，实践中，部分社会资本方仅到账部分项目公司注册资本金，项目公司注册资本金[①]和项目资本金之间的差额则采用《股东借款》的形式到账，并且还对此借款约定了利息，这是明确违规的。

因此，以上各项工作应由中标社会资本方负责落实（政府方出资代表则应根据《股东协议》和《公司章程》的约定同步履约），而实施机构应予监管，确认合同各方履约到位，否则应根据《PPP项目合同》的约定启动追责机制。

① 项目公司注册资本金根据《公司法》为认缴制，不要求实缴，和项目资本金为两个概念，详细解析，可参见崔德高：《PPP项目执行阶段操作指南：100个实务问题深度解析》问题21，“对于已完成政府采购的PPP项目，但项目要求的最低项目资本金未达到，社会资本方是否能以股东借款的形式注资到项目公司以达到债权融资要求？项目公司向其股东借款要履行什么手续？”，法律出版社2018年版。

要求成果清单

序号	要点内容（参考）
1	项目资本金到账流水清单
2	项目公司给各个股东签发的《注资证明》
3	项目公司向股东发出的催缴函（或有）
4	其他相关文件等

关联政策及规定

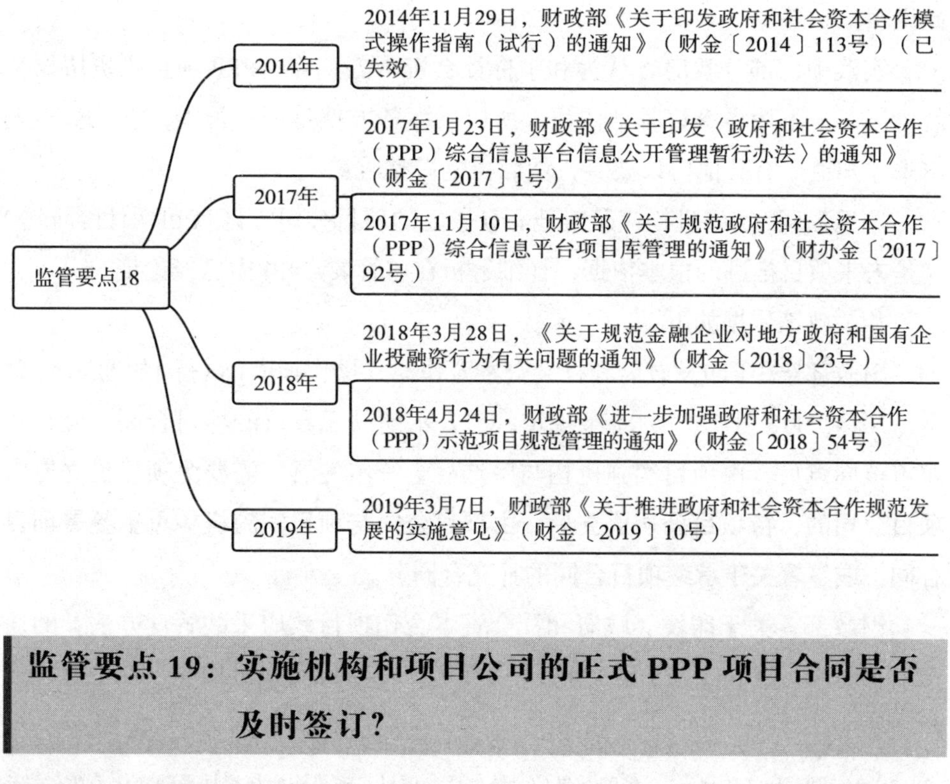

监管要点 19：实施机构和项目公司的正式 PPP 项目合同是否及时签订？

政策依据与解析

按照监管要点 11 所述，完整的 PPP 项目主合同体系应包括六份协议，实施机构采购社会资本方后签订的《PPP 项目投资协议》，各个股东之间签订的《股东协议》和《公司章程》，实施机构和项目公司签订的《PPP 项目合同》，项目公司和金融机构签订的《融资协议》，项目公司和施工总承包单位签订的《施工总承包合同》，项目公司和被委托运营单位签订的《委托运营合同》。

当实施机构最终选定中标社会资本方后，首先要签订的就是《PPP 项目投资协议》，项目公司成立之后，实施机构应和新成立的项目公司签订《PPP 项目合同》，该合同可能被称为《PPP 项目合同》，也可能是《承继协议》，名称没有统一规定，但签约主体是实施机构和项目公司，这点必须清晰，特此说明。

实践中，部分政府方认为和中标社会资本方签完《PPP 项目投资协议》就可以了，不用再签订其他协议，所以后面各方就是埋头苦干，直到被检查出来才知道还有其他协议要签，然后再慢慢整改。

这里强调，实施机构应及时地和新成立的项目公司签订《PPP 项目合同》，这是未来项目推进的根本依据，详细解析在监管要点 14 中已经论证。

相关政策依据如下：

财政部《关于印发政府和社会资本合作模式操作指南（试行）的通知》（财金〔2014〕113 号）[①] 第 21 条规定，“公示期满无异议的项目合同，应在政府审核同意后，由项目实施机构与中选社会资本签署。**需要为项目设立专门项目公司的，待项目公司成立后，由项目公司与项目实施机构重新签署项目合同，或签署关于承继项目合同的补充合同**”。

财政部《关于印发〈政府和社会资本合作项目政府采购管理办法〉的通知》（财库〔2014〕215 号）第 19 条规定，“项目实施机构应当在中标、成

---

① 本文件已失效，征求意见中的新《政府和社会资本合作模式操作指南（修订稿）》（财办金〔2019〕94 号）第 22 条规定，“采购结果公示结束后，项目实施机构应将根据采购文件（含有关补遗文件）、社会资本响应文件（含有关补遗文件）和确认谈判备忘录拟定的 PPP 项目合同报本级政府审核同意后，与依法选定的社会资本签订 PPP 项目合同。需要设立项目公司的，待项目公司成立后，由项目公司与实施机构签署关于 PPP 项目合同的承继合同”，与原规定一致。

交通知书发出后 30 日内，与中标、成交社会资本签订经本级人民政府审核同意的 PPP 项目合同。**需要为 PPP 项目设立专门项目公司的，待项目公司成立后，由项目公司与项目实施机构重新签署 PPP 项目合同，或者签署关于继承 PPP 项目合同的补充合同**”。

国家发展改革委也作了明确的规定，《关于印发〈传统基础设施领域实施政府和社会资本合作项目工作导则〉的通知》（发改投资〔2016〕2231 号）附件《传统基础设施领域实施政府和社会资本合作项目工作导则》第 15 条明确，“PPP 项目实施机构应按相关规定做好公示期间异议的解释、澄清和回复等工作。公示期满无异议的，由项目实施机构会同当地投资主管部门将 PPP 项目合同报送当地政府审核。政府审核同意后，由项目实施机构与中选社会资本方正式签署 PPP 项目合同。**需要设立项目公司的，待项目公司正式设立后，由实施机构与项目公司正式签署 PPP 项目合同，或签署关于承继 PPP 项目合同的补充合同**”。

针对收费公路项目，根据交通运输部办公厅《关于印发〈收费公路政府和社会资本合作操作指南〉的通知》（交办财审〔2017〕173 号）第 26 条规定，“公示期满无异议的，由项目实施机构或交通运输主管部门会同投资主管部门将 PPP 项目合同提交本级人民政府批准。经批准通过后，**根据本级人民政府的授权由相关单位或项目实施机构与依法选定的社会资本方签订投资协议，约定其在规定期限内注册成立项目公司（项目法人），并与项目公司签订收费公路 PPP 项目合同**”。

该合同也是信息公示的内容，根据《关于印发〈政府和社会资本合作（PPP）综合信息平台信息公开管理暂行办法〉的通知》（财金〔2017〕1 号）执行，监管要点 11 已经论述，此处不再赘述。

因此，实施机构应在项目公司成立后，及时和项目公司签订《PPP 项目合同》，使未来项目顺利推进时有据可依。再次提醒，《PPP 项目合同》是 PPP 项目的“宪法”，是最根本的依据，因此要慎重对待，认真起草和审核，最终获得政府的批准后方可双方签订，然后及时公示相应信息。

也因此，及时签订该协议，也是实施机构的监管要点之一。

要求成果清单

序号	要点内容（参考）
1	政府对《PPP 项目合同》的书面批准意见
2	实施机构和项目公司签订的正式《PPP 项目合同》
3	财政部 PPP 项目信息管理库信息公示
4	其他相关文件等

关联政策及规定

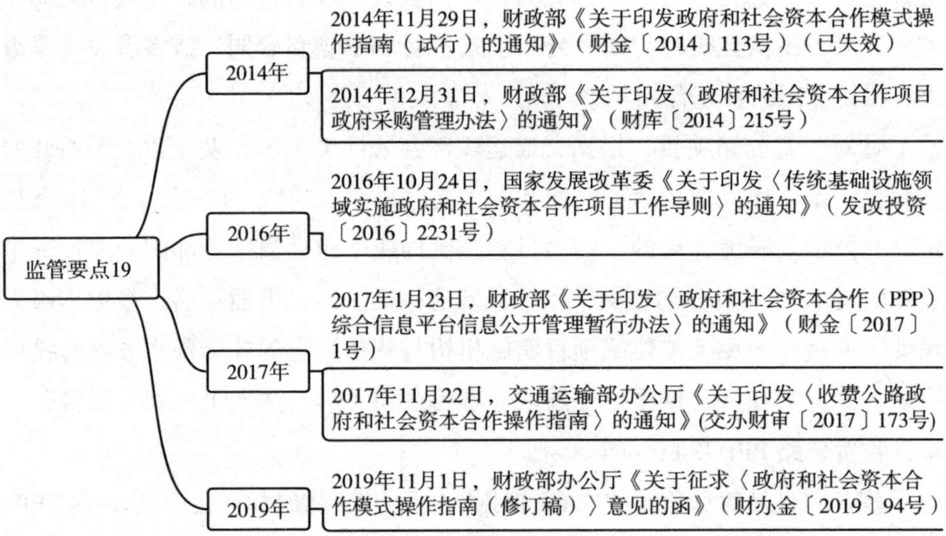

监管要点 20：确认项目融资是否按约及时到位？

政策依据与解析

PPP 项目和传统项目的关键区别之一就是全生命周期包含建设期和运

营期，建设期较短，但耗资集中且金额最大，运营期最长，但运营成本较低，且进入运营期后，政府方根据绩效考核结果已经开始付费，形成良性运转。所以重点在于建设期中，相应的资金能否及时、足额地到位。此时的资金包括项目资本金、融资贷款，以及或有的专项资金、奖补资金等，项目资本金已在监管要点 18 中论述，此处关注的是 70%~80% 总投资的金融贷款。

PPP 项目的融资责任由中标社会资本方 / 项目公司承担，[①] 事关 PPP 项目的预期目标能否实现，因此，实施机构应予重点关注，重点监管。

财政部《关于印发政府和社会资本合作模式操作指南（试行）的通知》（财金〔2014〕113 号）（已失效）第 24 条规定，“项目融资由社会资本或项目公司负责。社会资本或项目公司应及时开展融资方案设计、机构接洽、合同签订和融资交割等工作。财政部门（政府和社会资本合作中心）和项目实施机构应做好监督管理工作，防止企业债务向政府转移。社会资本或项目公司未按照项目合同约定完成融资的，政府可提取履约保函直至终止项目合同；遇系统性金融风险或不可抗力的，政府、社会资本或项目公司可根据项目合同约定协商修订合同中相关融资条款。当项目出现重大经营或财务风险，威胁或侵害债权人利益时，债权人可依据与政府、社会资本或项目公司签订的直接介入协议或条款，要求社会资本或项目公司改善管理等。在直接介入协议或条款约定期限内，重大风险已解除的，债权人应停止介入”。

根据财政部《关于公布废止和失效的财政规章和规范性文件目录（第十三批）的决定》（财政部令第 103 号）的规定，财金〔2014〕113 号文已经失效，替代性操作指南文件尚处于征求意见阶段，但征求意见稿对此的约定并未发生变化。

财政部办公厅《关于征求〈政府和社会资本合作模式操作指南（修订稿）〉意见的函》（财办金〔2019〕94 号）附件第 27 条规定，“项目融资

① 融资不能时，由中标社会资本方根据和实施机构签订的《PPP 项目投资协议》承担违约责任。融资落地时，由项目公司和金融机构签订《融资协议》，并承担还本付息的责任。

由项目公司（未设立项目公司时为社会资本，下同）负责。项目公司（社会资本）应及时开展融资方案设计、机构接洽、合同签订和融资交割等工作。项目实施机构和财政部门应做好角度管理工作，防止企业债务向政府转移。项目公司（社会资本）未按照项目合同约定完成融资的，实施机构可提取履约保函直至终止项目合同；发生系统性金融风险或不可抗力的，实施机构、项目公司（社会资本）可根据 PPP 项目合同约定协商修订合同中相关融资条款。项目出现重大经营或财务风险，威胁或侵害债权人利益的，债权人可依据与项目公司（社会资本）签订的直接介入条款，要求项目公司（社会资本）改善管理。在直接介入条款约定期限内，重大风险已解除的，债权人应停止介入。债权人行使介入权之前，需向实施机构提交介入方案并获得政府书面同意”。

可见，对于融资及时到位的责任没有发生变化，对于融资的各项要求也未发生变化。

在项目融资到位过程中，实施机构应做好协助、配合和监管工作，比如及时提供项目的合规性手续，及时提供银行需求的相关文件等，但不得发出任何承诺函、兜底函等，也不得担保。

财政部《关于推进政府和社会资本合作规范发展的实施意见》（财金〔2019〕10 号）第 3 条第 1 款第 1 项要求，不得出现“存在政府方或政府方出资代表向社会资本回购投资本金、承诺固定回报或保障最低收益的。通过签订阴阳合同，或由政府方或政府方出资代表为项目融资提供各种形式的担保、还款承诺等方式，由政府实际兜底项目投资建设运营风险的”行为，否则，“已入库项目应当予以清退，项目形成的财政支出责任，应当认定为地方政府隐性债务，依法依规提请有关部门对相关单位及个人予以严肃问责”。

国家发展改革委《关于依法依规加强 PPP 项目投资和建设管理的通知》（发改投资规〔2019〕1098 号）对拟实施 PPP 的项目作出了进一步的要求，

该通知第 4 条“严格执行国务院关于固定资产投资项目资本金制度的各项规定”第 10 项要求，“PPP 项目的融资方式和资金来源应符合防范化解地方政府隐性债务风险的相关规定。不得通过约定回购投资本金、承诺保底收益等方式违法违规变相增加地方政府隐性债务，严防地方政府债务风险”。

以上，需要实施机构熟知底线，不能突破原则。

对于融资，国家发展改革委还提出了具体的解决和建议措施。2016 年 8 月 10 日发布的《关于切实做好传统基础设施领域政府和社会资本合作有关工作的通知》（发改投资〔2016〕1744 号）第 8 条明确，“各地发展改革部门要会同有关部门，与金融机构加强合作对接，完善保险资金等参与 PPP 项目的投资机制，鼓励金融机构通过债权、股权、资产支持计划等多种方式，支持基础设施 PPP 项目建设。发挥各类金融机构专业优势，鼓励金融机构向政府提供规划咨询、融资顾问、财务顾问等服务，提前介入并帮助各地做好 PPP 项目策划、融资方案设计、融资风险控制、社会资本引荐等工作，切实提高 PPP 项目融资效率”。

同年 12 月 24 日发布的《关于印发〈传统基础设施领域实施政府和社会资本合作项目工作导则〉的通知》（发改投资〔2016〕2231 号）则提出了融资责任承担的明确规定，和财政部门原则一致。该通知第 18 条第 1 款规定，“PPP 项目融资责任由项目公司或社会资本方承担，当地政府及其相关部门不应为项目公司或社会资本方的融资提供担保。项目公司或社会资本方未按照 PPP 项目合同约定完成融资的，政府方可依法提出履约要求，必要时可提出终止 PPP 项目合同”。

当然，融资信息也是信息公示的重要内容之一，《关于印发〈政府和社会资本合作（PPP）综合信息平台信息公开管理暂行办法〉的通知》（财金〔2017〕1 号）第 2 章第 8 条第 2 款规定，“项目执行阶段应当公开的 PPP 项目信息包括”“项目融资机构名称、项目融资金额、融资结构及融资交割情况”，详细如表 3-12 所示：

表 3-12 公开信息相关内容

项目所处阶段	公开内容	公开方式	公开的时点	信息提供方
项目执行	融资额度、融资主要条件及融资交割情况	适时公开	对应事项确定或完成后次年的4月30日前	项目公司
	重大违约及履约担保的提取情况，对公众投诉的处理情况	即时公开	发生之日起10个工作日内	实施机构

另外，财政部、住房城乡建设部、农业部、环境保护部《关于政府参与的污水、垃圾处理项目全面实施 PPP 模式的通知》（财建〔2017〕455 号）也规定，“政府以货币、实物、权益等各类资产参与，或以公共部门身份通过其他形式介入项目风险分担或利益分配机制，且财政可承受能力论证及物有所值评价通过的各类污水、垃圾处理领域项目，全面实施 PPP 模式”，其实施内容必须“符合全面实施 PPP 模式条件的各类污水、垃圾处理项目，政府参与的途径限于 PPP 模式。政府与社会资本间应签署 PPP 协议，明确权益分配和风险分担机制，并通过成立具有独立法人资格的 PPP 项目公司实现项目商业风险隔离。政府可以在符合 PPP 相关政策规定的前提下对项目给予必要的支持，但不得为项目融资提供担保，不得对项目商业风险承担无限责任，不得以任何方式承诺回购社会资本方的投资本金，不得以任何方式承担社会资本方的投资本金损失，不得以任何方式向社会资本方承诺最低收益”。

交通运输部办公厅《关于印发〈收费公路政府和社会资本合作操作指南〉的通知》（交办财审〔2017〕173 号）第 32 条同样规定，“项目公司正式成立后，应尽快开展项目融资。项目实施机构应会同本级财政部门敦促和监督社会资本方或项目公司做好项目融资工作。各级交通运输主管部门不得为项目公司或社会资本方的融资提供担保。项目公司或社会资本方未按照收费公路 PPP 项目合同约定完成融资的，项目实施机构可依法提出履约要求，必要时提出终止收费公路 PPP 项目合同的要求”。

可见，关于融资及时到位的原则仅四条：

1. 融资责任由项目公司（社会资本）承担，实施机构提供必要的支持。

2. 实施机构不得提供任何承诺、抵押、担保，哪怕安慰函。

3. 项目公司（社会资本）不能及时融资到位的，实施机构可以按约提取履约保函，直至合同终止。

4. 发生不可抗力的，按约双方协商修订合同条款。

因此，实施机构应予重点监管，重点落实。

要求成果清单

序号	要点内容（参考）
1	项目公司（社会资本）的融资方案
2	项目公司提交的融资交割清单及证明文件
3	融资到账证明（银行流水）
4	实施机构要求项目公司（社会资本）按约融资到位的函或相关会议纪要等（或有）
5	实施机构提取履约保函的通知（或有）
6	实施机构按约终止合同的通知或相关会议纪要等（或有）
7	项目公司（社会资本）请求合同变更的函（或有）
8	实施机构提请政府批准补充协议的报告，政府批准的文件（或有）
9	双方签订生效的《补充协议》（或有）
10	其他相关文件等

关联政策及规定

- 监管要点20
  - 2014年
    - 2014年11月29日，财政部《关于印发政府和社会资本合作模式操作指南（试行）的通知》（财金〔2014〕113号）（已失效）
  - 2016年
    - 2016年8月10日，国家发展改革委《关于切实做好传统基础设施领域政府和社会资本合作有关工作的通知》（发改投资〔2016〕1744号）
    - 2016年12月24日，国家发展改革委《关于印发〈传统基础设施领域实施政府和社会资本合作项目工作导则〉的通知》（发改投资〔2016〕2231号）
  - 2017年
    - 2017年1月23日，财政部《关于印发〈政府和社会资本合作（PPP）综合信息平台信息公开管理暂行办法〉的通知》（财金〔2017〕1号）
    - 2017年7月1日，财政部、住房城乡建设部、农业部、环境保护部《关于政府参与的污水、垃圾处理项目全面实施PPP模式的通知》（财建〔2017〕455号）
    - 2017年11月22日，交通运输部办公厅《关于印发〈收费公路政府和社会资本合作操作指南〉的通知》(交办财审〔2017〕173号)
  - 2019年
    - 2019年3月7日，财政部《关于推进政府和社会资本合作规范发展的实施意见》（财金〔2019〕10号）
    - 2019年6月21日，国家发展改革委《关于依法依规加强PPP项目投资和建设管理的通知》（发改投资规〔2019〕1098号）
    - 2019年11月1日，财政部办公厅《关于征求〈政府和社会资本合作模式操作指南（修订稿）〉意见的函》（财办金〔2019〕94号）
  - 2020年
    - 2020年1月23日，财政部《关于公布废止和失效的财政规章和规范性文件目录（第十三批）的决定》（财政部令第103号）

监管要点 21：确认项目公司是否采取资产证券化等方式进行融资？若有，确认应予相应支持。

政策依据与解析

这是一项或有的监管要点。

由于 PPP 项目的融资形式多样，不仅仅局限于银行项目融资，资产证券化、专项债券、不动产投资信托基金等也是融资渠道，因此，一些条件合适的 PPP 项目可能会采取该种融资方式。当采用该种融资方式时，实施机构应予支持，提供相关的必要协助，但相应的支持原则不变。

2016 年 12 月 21 日，国家发展改革委、中国证监会发布的《关于推进传统基础设施领域政府和社会资本合作（PPP）项目资产证券化相关工作的通知》（发改投资〔2016〕2698 号）第 2 款明确，“重点推动符合下列条件的 PPP 项目在上海证券交易所、深圳证券交易所开展资产证券化融资：一是项目已严格履行审批、核准、备案手续和实施方案审查审批程序，并签订规范有效的 PPP 项目合同，政府、社会资本及项目各参与方合作顺畅；二是项目工程建设质量符合相关标准，能持续安全稳定运营，项目履约能力较强；三是项目已建成并正常运营 2 年以上，已建立合理的投资回报机制，并已产生持续、稳定的现金流；四是原始权益人信用稳健，内部控制制度健全，具有持续经营能力，最近三年未发生重大违约或虚假信息披露，无不良信用记录”。

2017 年 6 月 7 日，财政部、人民银行、证监会联合发布的《关于规范开展政府和社会资本合作项目资产证券化有关事宜的通知》（财金〔2017〕55 号）第 1 条第 1 项明确，“鼓励项目公司开展资产证券化优化融资安排。在项目运营阶段，项目公司作为发起人（原始权益人），可以按照使用者付费、政府付费、可行性缺口补助等不同类型，以能够给项目带来现金流的收益权、合同债权作为基础资产，发行资产证券化产品”，第 3 条第 8 项规定，“申请材料包括但不限于 PPP 项目实施方案、PPP 合同、物有所值评价报告和财政承受能力论证报告、项目运营年报，以及项目资产证券化方案说明书、交易结构图、法律意见书等”，且根据第 4 条第 14 项要求，“建立多元化、可持续的资金保障机制，推动不动产投资信托基金（REITs）发展，鼓励各类市场资金投资 PPP 项目资产证券化产品”。

可见，国家鼓励各种融资渠道的发展，因此，若项目公司拟采取资产证券化的方式进行融资，实施机构应予必要的支持和协助。同时提醒实施机构，应在项目启动起就以合规、规范的要求实施和监管。

对于专项债的融资形式，2017年4月25日，国家发展改革委办公厅专门发布了《关于印发〈政府和社会资本合作（PPP）项目专项债券发行指引〉的通知》（发改办财金〔2017〕730号）进行规定，该通知明确，“创新融资机制，拓宽政府和社会资本合作（PPP）项目融资渠道，引导社会资本投资于PPP项目建设，扩大公共产品和服务供给，积极发挥企业债券融资对PPP项目建设的支持作用”，对该种融资方式予以可肯定。其附件第1条说明，“现阶段支持重点为：能源、交通运输、水利、环境保护、农业、林业、科技、保障性安居工程、医疗、卫生、养老、教育、文化等传统基础设施和公共服务领域的项目”，和实施机构有关的发行条件包括四条：（1）PPP项目运作应规范、透明，已履行审批、核准、备案手续和实施方案审查程序。（2）应建立以PPP项目合同为核心的合同体系，相关合同文件应合法、规范、有效，包含股东持股比例、项目运营收益来源和标准（包括但不限于项目运营收入、运营成本、财政补贴、税收优惠、提前终止补偿等）、项目风险分担模式等内容。（3）PPP项目应能够产生持续稳定的收入和现金流，项目收益优先用于偿还债券本息。源于政府付费和财政补贴的项目收益应按规定纳入中期财政规划和年度财政预算。（4）传统基础设施领域的PPP项目应纳入传统基础设施领域政府和社会资本合作（PPP）项目库。

因此，若项目公司采用发行PPP项目专项债券的融资方式，实施机构也应提供相应的支持。

国家发展改革委《关于加快运用PPP模式盘活基础设施存量资产有关工作的通知》（发改投资〔2017〕1266号）第4条再次强调，“对采用PPP模式盘活存量资产的基础设施项目，支持通过资产证券化、发行PPP项目专项债券等方式开展市场化融资，提高资产流动性，拓宽资金来源，吸引更多社会资本以不同方式参与”。

同年，深圳证券交易所《关于发布〈深圳证券交易所政府和社会资本合作（PPP）项目资产支持证券挂牌条件确认指南〉、〈深圳证券交易所政府和社会资本合作（PPP）项目资产支持证券信息披露指南〉的通知》（深证会〔2017〕340号）中，《深圳证券交易所政府和社会资本合作（PPP）项目资产支持证券挂牌条件确认指南》第4条明确，社会资本方（项目公司）以PPP项目收益权作为基础资产开展证券化，除满足基础资产合格标准的一般要求外，还需要符合以下特别要求："1.PPP项目已按规定完成PPP项目实施方案评审以及必要的审批、核准或备案等相关手续，社会资本方（项目公司）与政府方已签订有效的PPP项目合同；在能源、交通运输、水利、环境保护、市政工程等特定领域需要政府实施特许经营的，已按规定完成特许经营项目实施方案审定，特许经营者与政府已签订有效的特许经营协议。2.PPP项目涉及新建或存量项目改建、依据项目合同约定在项目建成并开始运营后才获得相关付费的，社会资本方（项目公司）应完成项目建设或改建，按相关规定或合同约定经验收或政府方认可，并开始运营，有权按照规定或约定获得收益。3.PPP项目合同、融资合同未对社会资本方（项目公司）转让项目收益权作出限制性约定，或社会资本方（项目公司）已满足解除限制性约定的条件。4.PPP项目收益权相关的项目付费或收益情况在PPP合同及相关协议中有明确、清晰的约定。政府付费模式下，政府付费应纳入本级或本级以上政府财政预算、政府财政规划。可行性缺口补助模式下，可行性缺口补助涉及使用财政资金、政府投资资金的，应纳入本级或本级以上政府财政预算、政府财政规划。5.PPP项目资产或收益权未设定抵押、质押等权利负担。已经设有抵押、质押等权利负担的，通过专项计划安排能够予以解除，如偿还相关融资、取得相关融资方解除抵押、质押的同意等。6.社会资本方（项目公司）与政府方不存在因PPP项目合同的重大违约、不可抗力因素影响项目持续建设运营，或导致付费机制重大调整等情形；也不存在因PPP项目合同或相关合同及其他重大纠纷而影响项目持续建设运营，或可能导致付费机制重大调整的协商、调解、仲裁或诉讼等情形。7.PPP项目不得存在政府方违规提供担保，或政府方采用固定回报、回购安排、明股实债等方式进行变相债务融资情形。8.PPP项目合同到期日应不早于资产支持证券的最晚到期日。9. 相关主管部门以及本所确定的其他标准。”另外，《上海证券交易所政府和社会资本合作（PPP）项目资产支持证券挂牌条件确认指南》对此也作出了类似的要求。

以上要求的内容，离不开实施机构的支持和帮助，因此，本项也必然成为监管要点之一，当然，属于或有监管要点。

要求成果清单

序号	要点内容（参考）
1	项目公司（社会资本）的资产证券化融资方案
2	券商、银行要求的其他文件
3	其他相关文件等

关联政策及规定

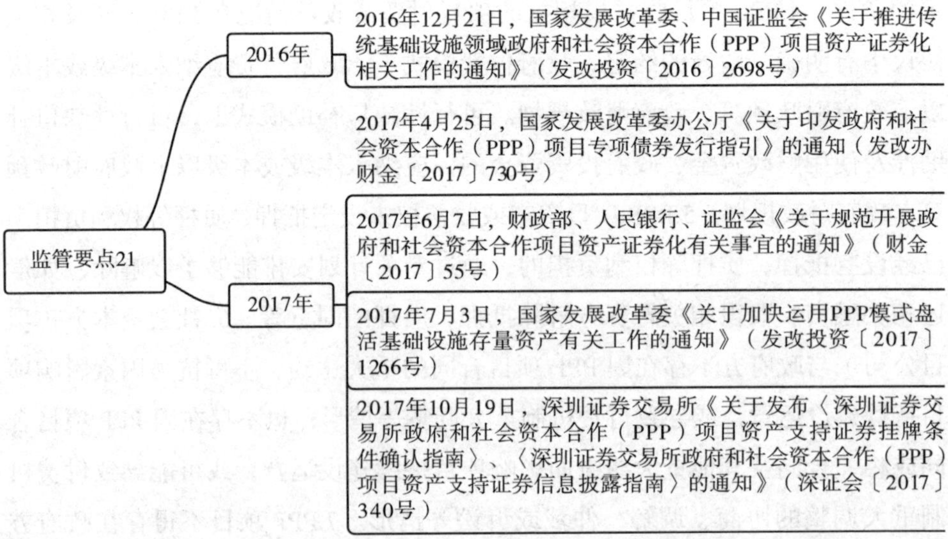

监管要点 22：实施机构或政府方出资代表应及时办理法人变更手续，是否已及时完成？

政策依据与解析

该项监管要点是一个正常的内容，但项目实务中，一些实施机构不熟悉、不理解或不明白相关的政策规定，担心担责，因此拒绝在项目公司成立后办理法人变更手续，造成了项目不能良性推进的后果。实际上，这是现行政策的明确规定，法律责任主体清晰，才能对应落实项目推进过程中所要逐一获得的行政规定合法手续。原理很简单，一个项目不可能有两个法人主体！

因此，实施机构应充分知悉，当项目公司成立后，应及时地按照规定办理法人变更手续，这是推进项目顺利前行的工作内容之一。

国家发展改革委《关于印发传统基础设施领域实施政府和社会资本合作项目工作导则的通知》（发改投资〔2016〕2231 号）第 10 条和第 17 条就明确规定，“纳入 PPP 项目库的投资项目，应在批复可行性研究报告或核准项目申请报告时，明确规定可以根据社会资本方选择结果依法变更项目法人”，“项目法人变更。PPP 项目法人选择确定后，如与审批、核准、备案时的项目法人不一致，应按照有关规定依法办理项目法人变更手续”。

随后，国家发展改革委办公厅和交通运输部办公厅共同发布的《关于进一步做好收费公路政府和社会资本合作项目前期工作的通知》（发改办基础〔2016〕2851 号）第 2 条第 4 项再次强调，“项目法人选择确定后，如与审批、核准时的项目法人不一致，应按照有关规定办理项目法人变更手续”。

然后，针对收费公路项目，2017 年 11 月 22 日，交通运输部办公厅又单独发布了《关于印发〈收费公路政府和社会资本合作操作指南〉的通知》（交办财审〔2017〕173 号）第 27 条继续规定，“收费公路 PPP 项目法人确定后，如与审批或核准时的项目法人不一致，由项目实施机构或交通运输主管部门组织协调按照有关规定依法办理项目法人变更手续”。

可见，随着法人主体的转移，相关的法人变更手续应予办理变更，更详细的内容，建议延伸阅读《PPP 项目执行阶段操作指南：100 个实务问题深度解析》（第二册）问题 34。[1] 事关 PPP 项目合规与否，自然，该项也是实施机构的重要监管要点之一。

要求成果清单

序号	要点内容（参考）
1	相关政府批文（或有），范例如图 3-8 所示
2	法人变更为项目公司的相关证照
3	其他相关文件等

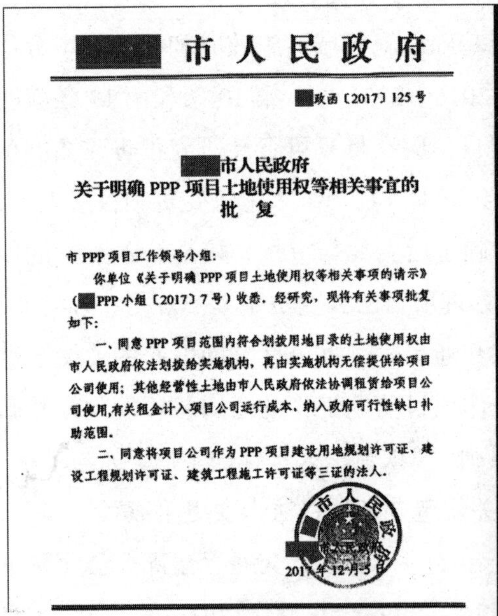

[redacted]市人民政府

[redacted]政函〔2017〕125 号

[redacted]市人民政府
关于明确 PPP 项目土地使用权等相关事宜的
批　复

市 PPP 项目工作领导小组：

你单位《关于明确 PPP 项目土地使用权等相关事项的请示》（[redacted]PPP 小组〔2017〕7 号）收悉。经研究，现将有关事项批复如下：

一、同意 PPP 项目范围内符合划拨用地目录的土地使用权由市人民政府依法划拨给实施机构，再由实施机构无偿提供给项目公司使用；其他经营性土地由市人民政府依法协调租赁给项目公司使用，有关租金计入项目公司运行成本，纳入政府可行性缺口补助范围。

二、同意将项目公司作为 PPP 项目建设用地规划许可证、建设工程规划许可证、建筑工程施工许可证等三证的法人。

[redacted]市人民政府

2017 年 12 月 5 日

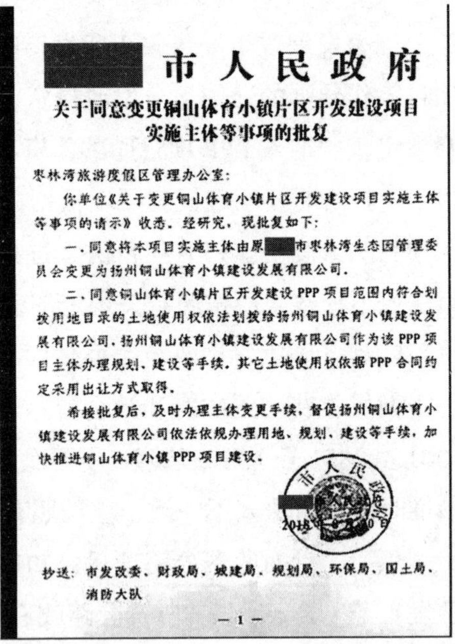

[redacted]市人民政府

关于同意变更铜山体育小镇片区开发建设项目
实施主体等事项的批复

枣林湾旅游度假区管理办公室：

你单位《关于变更铜山体育小镇片区开发建设项目实施主体等事项的请示》收悉。经研究，现批复如下：

一、同意将本项目实施主体由原[redacted]市枣林湾生态园管理委员会变更为扬州铜山体育小镇建设发展有限公司。

二、同意铜山体育小镇片区开发建设 PPP 项目范围内符合划拨用地目录的土地使用权依法划拨给扬州铜山体育小镇建设发展有限公司，扬州铜山体育小镇建设发展有限公司作为该 PPP 项目主体办理规划、建设等手续。其它土地使用权依据 PPP 合同约定采用出让方式取得。

希接批复后，及时办理主体变更手续，督促扬州铜山体育小镇建设发展有限公司依法依规办理用地、规划、建设等手续，加快推进铜山体育小镇 PPP 项目建设。

[redacted]

抄送：市发改委、财政局、城建局、规划局、环保局、国土局、消防大队

— 1 —

图 3-7　相关政府批文

① 崔德高：《PPP 项目执行阶段操作指南：100 个实务问题深度解析》（第二册），法律出版社 2020 年版，问题 34：实施机构不配合项目公司进行法人主体变更，应如何协调和解决。

关联政策及规定

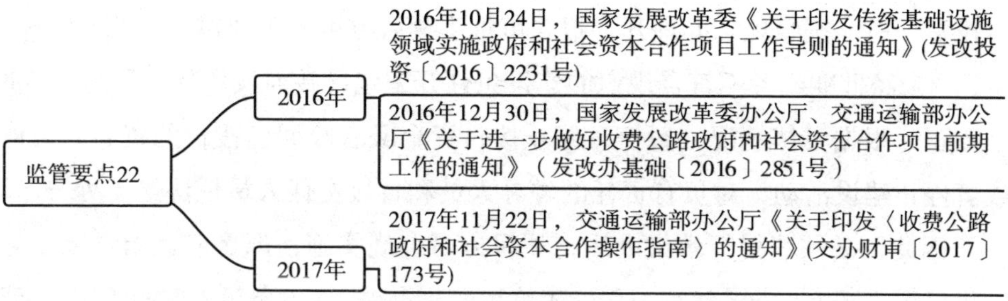

监管要点 23：确认项目公司是否已经获得了建设用地规划许可证、建设工程规划许可证、土地许可证、施工许可证等项目建设所必需的合规性手续？

政策依据与解析

项目的合规性是刚性要求，实施前应获得行政批准，这一点没有例外。

《建筑法》(2019 年修正)第 7 条和第 8 条分别规定，“建筑工程开工前，建设单位应当按照国家有关规定向工程所在地县级以上人民政府建设行政主管部门申请领取施工许可证”，“申请领取施工许可证，应当具备下列条件：（一）已经办理该建筑工程用地批准手续；（二）依法应当办理建设工程规划许可证的，已经取得建设工程规划许可证；（三）需要拆迁的，其拆迁进度符合施工要求；（四）已经确定建筑施工企业；（五）有满足施工需要的资金安排、施工图纸及技术资料；（六）有保证工程质量和安全的具体措施。建设行政主管部门应当自收到申请之日起七日内，对符合条件的申请颁发施工许可证”，第 64 条法律责任则规定，“违反本法规定，未取得施工许可证或者开工报告未经批准擅自施工的，责令改正，对不符合开工条件的责令停止施工，可以处以罚款”。

《政府投资条例》（国务院令第 712 号）第 20 条规定，“政府投资项目开工建设，应当符合本条例和有关法律、行政法规规定的建设条件；不符合规定的建设条件的，不得开工建设。国务院规定应当审批开工报告的重大政府投资项目，按照规定办理开工报告审批手续后方可开工建设”。第 34 条规定，“未经批准或者不符合规定的建设条件开工建设政府投资项目”的，“责令改正，根据具体情况，暂停、停止拨付资金或者收回已拨付的资金，暂停或者停止建设活动，对负有责任的领导人员和直接责任人员依法给予处分”。

因此，必须获得行政批准后，项目方可合规实施，那么应该由谁来主导办理该手续呢？根据《建筑工程施工许可管理办法》第 6 条第 1 款的规定，“建设单位申请领取施工许可证的工程名称、地点、规模，应当符合依法签订的施工承包合同”，PPP 项目《施工总承包合同》签约主体为项目公司，按照监管要点 22 论述，实施机构也已经向项目公司办理了法人变更手续，因此，施工许可证的办理主体明确就是项目公司。

办理施工许可证之前还应获得建设用地规划许可证、土地许可证、建设工程规划许可证，完成之后才能进一步办理施工许可证，因此，我们常说办理四证，就是这四个证。

应如何办理？根据国家发展改革委、工业和信息化部、国家安全部等《关于印发全国投资项目在线审批监管平台投资审批管理事项统一名称和申请材料清单的通知》（发改投资〔2019〕268 号）执行。

该通知附件 1 列明了《全国投资项目在线审批监管平台投资审批管理事项统一名称清单》，附件 2 列明了《全国投资项目在线审批监管平台投资审批管理事项申请材料清单》，通知第 2 条和第 4 条还要求，“为防止审批工作中的自由裁量权，各级审批部门不得要求项目单位提供本通知之外的申请材料”，且“为切实减轻项目单位负担，项目单位在线提交的申请材料和部门的批准文件，作为后续审批事项申请材料的，应通过在线平台共享获得，不得要求项目单位重复提交”。其中附件 2 中明确，部分申请材料清单仍需由实施机构配合提供，因此，实施机构应予自我检查并配合项目公司落实到位。重点行政许可的办理清单简列如表 3-13 所示：

表 3-13 审批事项

审批事项名称	材料序号	申请材料清单	提供单位	适用情形
建设用地（含临时用地）规划许可证核发	1	项目可研审批、核准或备案文件	项目审批部门	
	2	建设用地规划许可申请表	项目单位	
	3	国有土地使用权出让合同	项目单位	涉及出让用地的建设项目
	4	国有土地适用批准文件或书面意见	地方自然资源主管部门	涉及划拨用地的建设项目
建设工程规划类许可证核发	1	建设工程规划许可证申请报告和申请表	项目单位	
	2	土地权属证明文件（国有土地使用权证、用地批准书或不动产权证书）	自然资源主管部门	
	3	项目可研审批、核准或备案文件	项目审批部门	
	4	建设工程设计方案	项目单位	
	5	历史文化街区、名镇、名村核心保护范围内拆除历史建筑以外的建筑物、构筑物或其他设施的申请	项目单位	涉及历史文化街区、名镇、名村核心保护范围内拆除历史建筑以外的建筑物、构筑物或其他设施的
	6	历史建筑实施原址保护申请	项目单位	涉及历史建筑实施原址保护的
	7	历史建筑外部修缮装饰、添加设施以及改变历史建筑的结构或使用性质的申请	项目单位	涉及历史建筑外部修缮装饰、添加设施以及改变历史建筑的结构或使用性质的

续表

审批事项名称	材料序号	申请材料清单	提供单位	适用情形
建筑工程施工许可证核发	1	建筑工程施工许可证申请表	项目单位	
	2	建筑工程用地批准手续(国有土地使用证、国有土地使用权出让批准书、建设用地批准书或建设用地规划许可证等)	自然资源主管部门	
	3	建设工程规划许可证	主管部门	
	4	中标通知书（按照规定可直接发包的工程应直接发包备案表）	项目单位	
	5	施工合同	项目单位	
	6	施工图设计文件审查合格书	施工图审查机构	
	7	建筑工程质量监督登记表	项目单位	
	8	建筑工程安全监督登记表	项目单位	
	9	建设资金已经落实承诺书	项目单位或相关部门	
公路建设项目施工许可	1	施工图设计文件批复	交通运输主管部门	
	2	建设资金落实情况的审计意见	交通运输主管部门	
	3	征地的批复或控制性用地的批复	自然资源主管部门	

续表

审批事项名称	材料序号	申请材料清单	提供单位	适用情形
公路建设项目施工许可	4	建设项目各合同段的施工单位和监理单位名称、合同价情况	项目单位	
	5	应当报备的资格预审报告、招标文件和评标情况	项目单位	
	6	已办理的质量监督手续材料	项目单位	
	7	保证工程质量和安全措施的材料	项目单位	

具体办理，以项目公司为主落实，实施机构予以配合，具体、详细办理程序和办法，以项目当地行政服务中心公布的为准。

以上也是PPP项目信息公示的内容，《关于印发〈政府和社会资本合作（PPP）综合信息平台信息公开管理暂行办法〉的通知》（财金〔2017〕1号）第2章第8条第3款规定，“项目执行阶段应当公开的PPP项目信息包括”“项目施工许可证、建设进度、质量及造价等与PPP项目合同有关约定的对照审查情况”，详细如表3-14所示：

表3-14　公开信息相关内容

项目所处阶段	公开内容	公开方式	公开的时点	信息提供方
项目执行	项目施工许可证、建设进度、质量及造价等与PPP项目合同的符合性审查情况	即时公开	依据PPP项目合同约定；如PPP项目合同未约定时，则在对应活动结束后次年的4月30日前予以公开	实施机构项目公司

综上所述，确认项目公司是否及时获得了建设所必须的四证，是实施机构必须的监管内容，必要时，还应予以充分和必要的协助。

要求成果清单

序号	要点内容（参考）
1	建设用地规划许可证
2	建设工程规划许可证
3	土地许可证
4	建设工程施工许可证
5	其他相关文件等

关联政策及规定

监管要点 24：确认项目公司是否建立了完整的财务管理制度并遵照执行？

政策依据与解析

本质上来说，项目公司花费的成本计入总投资，然后以此为计算基数，从经营获得的收入不能满足预期收益时，要从政府财政获得相应的差额，而大部分 PPP 项目，这部分差额占了绝大部分。

财政部《关于推进政府和社会资本合作规范发展的实施意见》（财金〔2019〕10 号）第 2 条第 2 项明确，“对于规避上述限制条件，将新上政府付费项目打捆、包装为少量使用者付费项目，项目内容无实质关联、使用者付费比例低于 10% 的，不予入库”，可见，目前绝大部分项目还是以政府财政支出为主。

因此，项目公司在执行过程中规范的财务管理就尤为必要，这是确认财务收支有序的根本前提，也是未来政府财政支出有序的基础。

对此详细信息，财政部要求进行信息公示。《关于印发〈政府和社会资本合作（PPP）综合信息平台信息公开管理暂行办法〉的通知》（财金〔2017〕1 号）第 2 章第 8 条第 6 项、第 7 项、第 8 项分别规定，“项目执行阶段应当公开的 PPP 项目信息包括”，“项目公司财务报告，包括项目收费情况，项目获得的政府补贴情况，项目公司资产负债情况等内容”，“项目公司成本监审、PPP 项目合同的变更或补充协议签订情况”，“重大违约及履约担保的提取情况，对公众投诉的处理情况等”，详细如表 3-15 所示：

表 3-15　公开信息相关内容

项目所处阶段	公开内容	公开方式	公开的时点	信息提供方
项目执行	项目公司成本监审、所有的 PPP 合同修订协议或补充协议	适时公开	对应活动结束后次年的 4 月 30 日前	实施机构项目公司
	项目公司财务报告相关内容，包括项目收费情况，项目获得的政府补贴情况，项目公司资产负债情况等	适时公开	对应活动结束后次年的 4 月 30 日前	项目公司
	重大违约及履约担保的提取情况，对公众投诉的处理情况	即时公开	发生之日起 10 个工作日内	实施机构

本项要求和征求意见稿中的《政府和社会资本合作模式操作指南（修订稿）》（财办金〔2019〕94 号）规定一致。

该指南第 39 条规定，“政府、项目公司（社会资本）在项目执行阶段的资本金到位情况、融资合同及执行情况、项目公司财务报表及审计报告、绩效评价报告、按效付费执行情况等履约记录、中期评估及移交后评价相关信息与报告应及时上传综合信息平台”。

执行过程中的监管，除了双方签订的《PPP 项目合同》以外，还应依据项目经过三会决议通过，正式发布的财务管理制度执行，有据可依，有据可查，才是监管的根本原则。因此，实施机构应予确认，项目公司是否制定了相应的政策，履行了合适的批准手续，并正式发布后遵照执行？

具体实施时，项目公司可以参照财政部《基本建设财务规则》（财政部令第 81 号）执行，根据该规则第 7 条的规定，“项目建设单位应当做好以下基本建设财务管理的基础工作：（一）建立、健全本单位基本建设财务管理制度和内部控制制度；（二）按项目单独核算，按照规定将核算情况纳入单位账簿和财务报表；（三）按照规定编制项目资金预算，根据批准的项目概（预）算做好核算管理，及时掌握建设进度，定期进行财产物资清查，做好核算资料档案管理；（四）按照规定向财政部门、项目主管部门报送基本建设财务报表和资料；（五）及时办理工程价款结算，编报项目竣工财务决算，办理资产交付使用手续；（六）财政部门和项目主管部门要求的其他工作”，以及第 56 条规定，“项目建设单位应当建立、健全内部控制和项目财务信息报告制度，依法接受财政部门和项目主管部门等的财务监督管理”。

根据《基本建设财务规则》第 57 条和第 58 条的规定，“财政部门和项目主管部门应当加强项目的监督管理，采取事前、事中、事后相结合，日常监督与专项监督相结合的方式，对项目财务行为实施全过程监督管理”，“财政部门应当加强对基本建设财政资金形成的资产的管理，按照规定对项目资产开展登记、核算、评估、处置、统计、报告等资产管理基础工作”，实施机构应当遵照加强监督管理工作，确保项目公司的财务管理合规。

对于项目建设成本的处理，应根据财政部《关于印发〈基本建设项目建设成本管理规定〉的通知》（财建〔2016〕504号）执行，而这其中，经常会有对建设单位管理费的疑惑和争论，根据该通知第5条规定，项目建设管理费是指项目建设单位从项目筹建之日起至办理竣工财务决算之日止发生的管理性质的支出。包括：不在原单位发工资的工作人员工资及相关费用、办公费、办公场地租用费、差旅交通费、劳动保护费、工具用具使用费、固定资产使用费、招募生产工人费、技术图书资料费（含软件）、业务招待费、施工现场津贴、竣工验收费和其他管理性质开支，详细计算根据附件2《项目建设管理费总额控制数费率表》累进式计取”，详细如表3-16所示：

表3-16 工程总概算

工程总概算（万元）	费率（%）	算例	
		工程总概算（万元）	项目建设管理费（万元）
1000以下	2	1000	1000×2%=20
1001~5000	1.5	5000	20+（5000-1000）×1.5%=80
5001~10,000	1.2	10,000	80+（10,000-5000）×1.2%=140
10,001~50,000	1	50,000	140+（50,000-10,000）×1%=540
50,001~100,000	0.8	100,000	540+（100,000-50,000）×0.8%=940
100,001以上	0.4	200,000	940+（200,000-100,000）×0.4%=1340

对于项目资产的确认，应根据财政部《关于印发〈政府会计准则第10号——政府和社会资本合作项目合同〉的通知》（财会〔2019〕23号）执行，不再赘述。

本要点关联监管要点27，“是否已经落实了跟踪审计单位，以确保投资控制的及时落实？”其中，审计署2019年3月15日发布的《中华人民共和国审计法（修订草案征求意见稿）》第36条规定，“审计机关进行审计时，有权检查被审计单位的财务、会计资料以及与其履行职责有关的业务、管理等资料，有权检查被审计单位的资产和信息系统。被审计单位不得拒绝”，可见，财务部分属于未来被行政审计的重点，因此，必须落实。

因此属于重要监管要点之一。

要求成果清单

序号	要点内容（参考）
1	经三会批准的财务管理制度（附相关三会整套文件）
2	遵照执行的检查或审计记录
3	检查或审计问题的整改和回复，形成闭关的记录文件
4	其他相关文件等

关联政策及规定

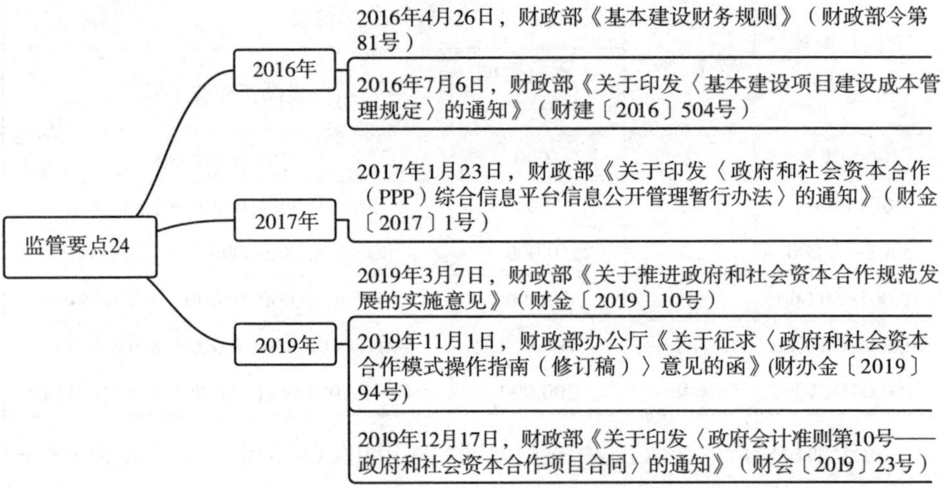

监管要点 25：确认项目公司是否获得了必要的三通一平？是否与水电气等公用事业单位接洽顺利？征地拆迁工作是否顺利？

政策依据与解析

实践中，很多项目因为三通一平、征地拆迁、历史遗留、水电气处理等问题没有协调落实好而影响项目的顺利推进，导致项目公司、施工项目部产生窝工，然后双方引起索赔纠纷，均不胜其烦。

部分项目合同中约定由项目公司自行处理，但实践中，针对征地拆迁、历史遗漏以及水电气等垄断企业的问题，项目公司几乎没有推动能力，所以最终还是要回归到政府方处理，大大降低了实施效率。

这方面的工作应属于政府方的工作范围，因此实施机构应予重点监管，及时、充分地完成该类前置工作。

2017 年 11 月 28 日，国家发展改革委发布的《关于鼓励民间资本参与政府和社会资本合作（PPP）项目的指导意见》（发改投资〔2017〕2059 号）第 3 条就特别强调，“避免项目规划选址、征地拆迁等比较复杂的前期工作由民营企业承担”，对此，我们应客观应对，避免将该类工作交由项目公司承担。

对于收费公路项目，交通运输部办公厅《关于印发〈收费公路政府和社会资本合作操作指南〉的通知》（交办财审〔2017〕173 号）第 11 条规定，“……在实施方案编制过程中，各级交通运输主管部门应积极依托本级人民政府建立的 PPP 项目部门联动协调机制，统筹考虑开展 PPP 项目政府可赋予的政策措施，包括征地拆迁、项目沿线土地开发使用、建设期投资补助或者运营补贴等，并在实施方案和社会资本方选择招标文件中予以明示”，同样明确了该类工作由实施机构负责统筹考虑。

不仅于此，政策也对供水、供电、供气、供热等事业单位也作出了明确要求。《优化营商环境条例》（国务院令第 722 号）第 28 条规定，“供水、供电、供气、供热等公用企事业单位应当向社会公开服务标准、资费标准等信息，为市场主体提供安全、便捷、稳定和价格合理的服务，不得强迫市场主体接受不合理的服务条件，不得以任何名义收取不合理费用。各地区应当优化报装流程，在国家规定的报装办理时限内确定并公开具体办理时间。政府有关部门应当加强对公用企事业单位运营的监督管理”，如果违反相关规定的，该条例第 70 条规定，“公用企事业单位有下列情形之一的，由有关部门责令改正，依法追究法律责任：（一）不向社会公开服务标准、资费标准、办理时限等信息；（二）强迫市场主体接受不合理的服务条件；（三）向市场主体收取不合理费用”。

因此，实施机构应将该项内容纳入监管要点，主动、积极推进相关工作，为 PPP 项目的顺利开展打好扎实基础。

要求成果清单

序号	要点内容（参考）
1	相关工作联系单、专项报告、会议纪要、政府批文、收费依据（或有）
2	其他相关文件等

关联政策及规定

监管要点 26：确认项目公司是否加强了项目成本控制，明确了投资控制目标以确保项目不超概算，否则，确认是否及时获得了相应的批准手续？

政策依据与解析

PPP 项目实践中，投资控制是个高频率、大概率，且消极后果一旦发生非常严重，整改起来又无比复杂，几乎不可能解决的一个难题！因此，特别重点提示，该项工作应作为实施机构的重要监管要点内容！

投资控制以发改部门批准的设计概算为标准。

项目实践中，实施机构或地方政府经常随意指示项目公司减少项目内容、增加项目范围、提高项目标准，从而导致投资失控。这一点上，强烈要求实施机构在获得各项批复、批准后，按照合同、按照图纸、按照批复的概算执行即可，轻易不要发出改变项目内容的指示，确需发生变化的，应事先向主管部门、政府提出请示，获得正式批复和批准后再行实施，以避免未来承担相应后果和责任。

2014 年 5 月 14 日，国家发展改革委发布的《政府核准投资项目管理办法》（国家发展和改革委员会令第 11 号）（已失效）第 26 条规定，“取得项目核准文件的项目，有下列情形之一的，项目单位应当及时以书面形式向原项目核准机关提出调整申请。原项目核准机关应当根据项目具体情况，出具书面确认意见或者要求其重新办理核准手续。（一）建设地点发生变更的；（二）建设规模、建设内容发生较大变化的；（三）项目变更可能对经济、社会、环境等产生重大不利影响的；（四）需要对项目核准文件所规定的内容进行调整的其他情形”。

2015 年 3 月 15 日，国家发展改革委《关于印发〈中央预算内直接投资项目概算管理暂行办法〉的通知》（发改投资〔2015〕482 号）第 8 条规定，“项目单位在其主管部门领导和监督下对概算管理负主要责任，按照核定概算严格执行”。第 13 条规定，“项目初步设计及概算批复核定后，应当严格执行，不得擅自增加建设内容、扩大建设规模、提高建设标准或改变设计方案。确需调整且将会突破投资概算的，必须事前向国家发展改革委正式申报；未经批准的，不得擅自调整实施”。第 17 条规定，“申请调整概算的项目，如有未经国家发展改革委批准擅自增加建设内容、扩大建设规模、提高建设标准、改变设计方案等原因造成超概算的，除按照第十五条提交调整概算的申报材料外，必须同时界定违规超概算的责任主体，并提出自行筹措违规超概算投资的意见，以及对相关责任单位及责任人的处理意见。国家发展改革委委托评审，待相关责任单位和责任人处理意见落实后核定调整概算，违规超概算投资原则上不安排中央预算内投资解决”。相关的法律责任，根据第 21 条和第 22 条的规定，包括“因主管部门未履行概算管理和监督责任，授意或同意增加建设内容、扩大建设规模、提高建设标准、改变设计方案导致超概算的，主管部门应当对本部门直接负责的主管人员和其他责任人员进行诫勉谈话、通报批评或者给予党纪政纪处分。国家发展改革委相应调减安排该部门的投资额度”，“因项目单位擅自增加建设内容、扩大建设规模、提高建设标准、改变设计方案，管理不善、故意漏项、报小建大等造成超概算的，主管部门应当依照职责权限对项目单位主要负责人和直接负责的主管人员以及其他责任人员进行诫勉谈话、通报批评或者给予党纪政纪处分；两年内暂停申报该单位其他项目。国家发展改革委将其不良信用记录纳入国家统一的信用信息共享交换平台；情节严重的，给予通报批评，并视情况公开曝光”。

可见，违规的后果非常严重，因此，实施机构应予重视，并重点监管！

不仅如此，《政府投资条例》（国务院令第 712 号）也对此作出了明确规定。该条例第 21 条规定，“政府投资项目应当按照投资主管部门或者其他有关部门批准的建设地点、建设规模和建设内容实施；拟变更建设地点或者拟对建设规模、建设内容等作较大变更的，应当按照规定的程序报原审批部门审批”。第 23 条还规定，“政府投资项目建设投资原则上不得超过经核定的投资概算。因国家政策调整、价格上涨、地质条件发生重大变化等原因确需增加投资概算的，项目单位应当提出调整方案及资金来源，按照规定的程序报原初步设计审批部门或者投资概算核定部门核定；涉及预算调整或者调剂的，依照有关预算的法律、行政法规和国家有关规定办理”，如果违反前述规定，“未经批准变更政府投资项目的建设地点或者对建设规模、建设内容等作较大变更”“擅自增加投资概算”，其法律责任根据该条例第 34 条规定，“责令改正，根据具体情况，暂停、停止拨付资金或者收回已拨付的资金，暂停或者停止建设活动，对负有责任的领导人员和直接责任人员依法给予处分”，如果构成犯罪的，则“依法追究刑事责任”。

国家发展改革委《关于依法依规加强 PPP 项目投资和建设管理的通知》（发改投资规〔2019〕1098 号）第 2 条第 6 款规定，“实施方案、招投标文件、合同的主要内容应与经批准的可行性研究报告、核准文件、备案信息保持一致。实施方案、招投标文件、合同或建设中出现以下情形的，应当报请原审批、核准、备案机关重新履行项目审、核、备程序：（1）项目建设地点发生变化；（2）项目建设规模和主要建设内容发生较大变化；（3）项目建设标准发生较大变化；（4）项目投资规模超过批复投资的 10%”。

除了上述规定以外，一般地方政府都发布了相应的政府投资项目管理办法，以浙江某地为例，该市发布了《×× 市人民政府关于印发政府投资项目管理办法的通知》，该通知规定项目内容的变更和造价调整实行分类管理，分别为：

1. 简易程序：单项工程变更金额 10 万元以下（含），且累计变更金额在 100 万元以下（含）的，**由项目建设单位主管部门审核把关**。

2. 备案程序：单项工程变更金额 50 万元以下（含），且累计变更金额在 300 万元以下（含）或合同价 5% 以内（含）的，由**项目主管部门审核，在工程变更施工前报市发改、财政、监察部门备案**。适用于简易程序的项目变更除外。

3. 会签程序：单项工程变更金额 100 万元以下（含），且累计变更金额在 500 万元以下（含）或合同价 10% 以内（含）的，须在工程变更施工前**由建设单位提出申请，市发展改革部门接到申请后牵头组织财政、审计、公共资源交管办及相关单位到项目现场进行踏勘，当场会签确认，经会签确认的变更申请单作为工程变更的依据**。适用于简易程序、备案程序的项目变更除外。

4. 会审程序：单项工程变更金额 300 万元以下（含），且累计变更金额在 2000 万元以下（含），须在工程变更施工前由建设单位提出申请，**市发展改革部门在接到申请后牵头组织财政、审计、公共资源交管办及相关单位，并视项目具体情况邀请专家进行现场踏勘、会审论证，经会签形成会议纪要，**

作为工程变更依据。适用于简易程序、备案程序、会签程序的项目变更除外。

5. 审批程序：单项工程变更金额 300 万元以上，或情形复杂的工程变更，经会审后报市政府审批。总投资 1000 万元以上的政府投资项目投资增减额 50%（不含）以上，或增减额在 2000 万元（不含）以上的，**须报请市人大常委会作出决议、决定**。

所以，实施机构在监管过程中，除了要确认满足国家的相关政策规定，还要满足地方政府发布的行政管理办法，当然，也要满足《PPP 项目合同》的约定，这是未来审计的重点，因此，也是实施机构的重要监管要点。

对于投资概算问题的分析、处理，建议延伸阅读《PPP 项目执行阶段操作指南：100 个实务问题深度解析》第一册和第二册，[①] 均有详细论述。

要求成果清单

序号	要点内容（参考）
1	关于项目范围、项目内容、项目标准变化的专项请示报告（或有）
2	政府正式书面批准文件
3	发改部门正式批准批文
4	财政部门书面批准文件
5	和项目公司签订的补充协议（附政府书面批准文件）
6	财政部 PPP 项目管理库项目信息公示
7	《项目公司经营管理月报》（含投资控制管理内容）
8	审计报告（或有）
9	其他相关文件等

① 崔德高：《PPP 项目执行阶段操作指南：100 个实务问题深度解析》，法律出版社 2018 年版；《PPP 项目执行阶段操作指南：100 个实务问题深度解析》（第二册），法律出版社 2020 年版。

关联政策及规定

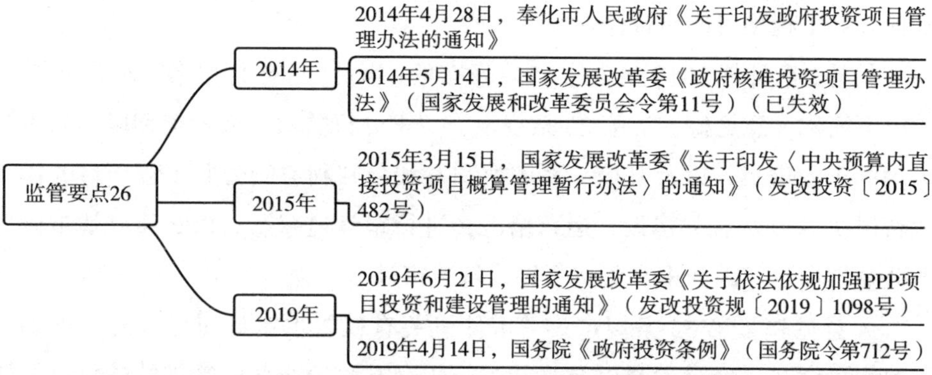

监管要点 27：是否已经落实了跟踪审计单位，以确保投资控制的及时落实？

政策依据与解析

委托第三方全程跟踪审计是项目公司投资控制和规范经营管理的有效方法，也是实施机构有效管理的高效途径，充分利用第三方的专业性，这本身也是 PPP 模式的内涵之一。实践中委托第三方审计有两种模式：一是实施机构或项目公司委托社会审计，二是实施机构直接请审计局介入。①

审计署《关于印发政府投资项目审计规定的通知》（审投发〔2010〕173 号）第 5 条规定，“审计机关对政府重点投资项目以及涉及公共利益和民生的城市基础设施、保障性住房、学校、医院等工程，应当有重点地对其建设和管理情况实施跟踪审计”。

2015 年 3 月，国务院办公厅印发《关于创新投资管理方式建立协同监管

① 关联阅读崔德高：《PPP 项目执行阶段操作指南：100 个实务问题深度解析》（第二册），法律出版社 2020 年版，问题 62，审计局对 PPP 项目进行全程审计，但是不对 PPP 项目的量、价进行核定，项目公司应如何处理？

机制的若干意见》（国办发〔2015〕12 号）则明确要求，“审计部门要加强对政府投资项目、国有企业投资项目以及政府和社会资本合作等方式建设的其他公共工程项目的审计监督”。

另外，审计署 2019 年 3 月 15 日发布的《审计法（修订草案征求意见稿）》（以下简称《意见稿》）第 25 条规定，“审计机关对政府投资和以政府投资为主的工程项目，以及其他关系国家利益和公共利益的公共工程项目的预算执行、决算以及有关建设、运营情况，进行审计监督”，PPP 项目就是典型的公益性项目，因此未来必然要经过行政审计。

《意见稿》第 35 条规定，“审计机关有权要求审计对象及时、准确、完整提供财务、会计资料以及与其履行职责有关的业务、管理等资料，包括管理、储存、处理和应用的电子数据和有关文档。审计对象不得拒绝、拖延、谎报，不得制定限制向审计机关提供资料的规定。单位负责人对本单位提供资料的及时性、真实性和完整性负责”，实践中，项目公司大概率没有被审计意识，所以第三方跟踪审计的全程介入，有助于项目公司及时完善地准备好各项过程文件，为未来的行政审计做好扎实基础。

《意见稿》第 36 条还规定，“审计机关进行审计时，有权检查被审计单位的财务、会计资料以及与其履行职责有关的业务、管理等资料，有权检查被审计单位的资产和信息系统。被审计单位不得拒绝”，本条规定与监管要点 24，“确认项目公司是否建立了完整的财务管理制度并遵照执行？”关联，这也是未来被审计的重点，因此，必须落实。

《意见稿》第 56 条明确，“审计机关应当注重发挥社会审计的积极作用。社会审计机构审计的单位依法属于审计机关审计对象的，审计机关有权对该社会审计机构出具的相关审计报告进行核查”，可见，社会审计是协助、帮助实施机构、项目公司规范工作，最终还是行政审计拍板定论，因此，各方应以可以通过最终行政审计的标准来要求各项工作的落实，为佳。

对于跟踪审计，财政部《关于推进政府和社会资本合作规范发展的实施意见》（财金〔2019〕10 号）第 2 条第 2 款第 3 项明确要求，“严格控制项目投资、建设、运营成本，加强跟踪审计”，该意见第5条第2项进一步要求，“强化跟踪监测。加强对项目全生命周期的跟踪指导和监督检查，建立健全政策落实和项目实施督查机制。加大信息公开力度，主动接受审计监督和社会监督，推动项目规范有序实施”，因此，各方已经越来越重视过程审计工作。

2015年5月4日，交通运输部发布的《关于深化交通运输基础设施投融资改革的指导意见》（交财审发〔2015〕67号）对审计要求就非常明确，该意见第5条第2款明确规定，“各级交通运输部门要进一步完善制度设计，夯实制度基础，结合内部业务管理流程，加快构建覆盖资金筹集、预算编制、预算执行、资产管理、审计监督等各环节的内部控制制度体系。推行重点建设项目跟踪审计，重点加强对征地拆迁、工程招投标、设计变更、计量支付、竣工决算等关键环节的审计，防范管理漏洞，纠正建设浪费，促进资金安全和高效使用”。

对于收费公路项目，交通运输部办公厅《关于印发〈收费公路政府和社会资本合作操作指南〉的通知》（交办财审〔2017〕173号）第34条明确，“项目实施机构可以采取聘请设计审查单位、对项目监理单位或者中心试验室试验检测服务进行直接招标等措施，对设计及工程质量进行监控；也可以聘请第三方中介机构对项目进行成本审计或者承担其他评估工作”，也对此作出肯定。

因此，从投资控制、规范管理和行政审计等角度考虑，应落实跟踪审计单位，并全程实质性服务，以保证各项工作的规范、合理，所以，该项也应成为监管要点之一。

要求成果清单

序号	要点内容（参考）
1	《全过程跟踪审计合同》
2	定期审计报告及其整改报告
3	专项审计报告及其整改报告
4	其他相关文件等

关联政策及规定

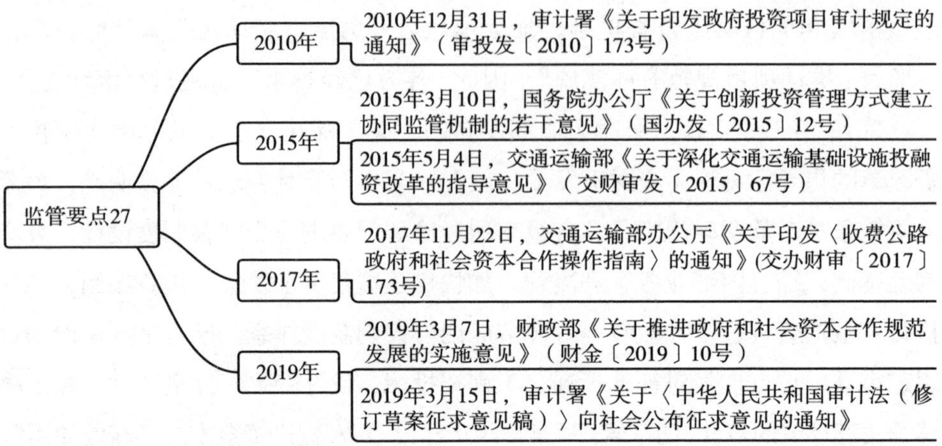

监管要点 28：确认项目公司是否根据合同履约？并及时更新和上报相关信息？

政策依据与解析

PPP 项目合同是项目实施的“宪法”，是实施机构和项目公司所必须遵循的基本规则。但是项目在实施过程中，总会碰到各种意外情形，当碰到这种意外情况时，项目公司应按照 PPP 项目合同的约定执行，不得擅自调整或变化，没有例外。

早在 2012 年 6 月 8 日，住房和城乡建设部发布的《关于印发进一步鼓励和引导民间资本进入市政公用事业领域的实施意见的通知》（建城〔2012〕89 号）第 3 条第 11 款就明确规定，“健全市政公用产品、服务质量和工程验收等标准规范，组织有关部门定期对市政公用产品和服务质量进行检验、检测和检查。严格按照有关产品和服务质量标准的要求，对企业提供的产品和服务质量实施定点、定时监测。监测结果要按有关规定报上级主管部门，必要时应通过适当的途径向社会公布”，“要严格按照特许经营制度的要求，规范市场准入，完善退出机制，认真签订和执行特许经营项目协议，加强项目实施和运行情况监管，确保项目运行质量和服务水平”，“加强对市政公用产品和服务的价格、成本监管，通过产品和服务成本定期监审制度，及时掌握企业经营成本状况，为政府定价提供基础依据，形成科学合理的价格形成机制，防止成本和价格不合理上涨”，要求各方按照合同约定实施并监管。

财政部《关于政府和社会资本合作示范项目实施有关问题的通知》（财金〔2014〕112号）第3条第5项则直接明确，“严格按照合同办事，切实履行政府合同责任，保障PPP项目顺利实施”。

2014年11月29日，财政部《关于印发政府和社会资本合作模式操作指南（试行）的通知》（财金〔2014〕113号）（已失效）第26条规定，“项目实施机构应根据项目合同约定，监督社会资本或项目公司履行合同义务，定期监测项目产出绩效指标，编制季报和年报，并报财政部门（政府和社会资本合作中心）备案”，第28条第2款规定，“项目实施机构、社会资本或项目公司未履行项目合同约定义务的，应承担相应违约责任，包括停止侵害、消除影响、支付违约金、赔偿损失以及解除项目合同等”，第30条规定，“政府相关职能部门应根据国家相关法律法规对项目履行行政监管职责，重点关注公共产品和服务质量、价格和收费机制、安全生产、环境保护和劳动者权益等。社会资本或项目公司对政府职能部门的行政监管处理决定不服的，可依法申请行政复议或提起行政诉讼”。

财金〔2014〕113号文失效后，新的《政府和社会资本合作模式操作指南（修订稿）》（财金〔2019〕94号）第44条规定，“项目实施机构应严格履行合同约定，切实保障社会资本和项目公司的合法权益。**项目公司（社会资本）应严格按照合同约定做好项目投资、建设、运营、维护、移交等工作的日常管理和信息记录，自觉接受行政监管和公众监督，确保项目持续稳健运营**”。

国家发展改革委对此也提出明确要求，《关于开展政府和社会资本合作的指导意见》（发改投资〔2014〕2724号）第5条第5款明确，“**项目实施过程中，加强工程质量、运营标准的全程监督，确保公共产品和服务的质量、效率和延续性**。鼓励推进第三方评价，对公共产品和服务的数量、质量以及资金使用效率等方面进行综合评价，评价结果向社会公示，作为价费标准、财政补贴以及合作期限等调整的参考依据。项目实施结束后，可对项目的成本效益、公众满意度、可持续性等进行后评价，评价结果作为完善PPP模式制度体系的参考依据”，要求实施机构进行全过程监督。

财政部《关于印发〈政府和社会资本合作项目财政管理暂行办法〉的通知》（财金〔2016〕92号）第26条则规定，“社会资本方违反PPP项目合同约定，导致项目运行状况恶化，危及国家安全和重大公共利益，或严重影响公共产品和服务持续稳定供给的，本级人民政府有权指定项目实施机构或其他机构临时接管项目，直至项目恢复正常经营或提前终止。临时接管项目所产生的一切费用，根据合作协议约定，由违约方单独承担或由各责任方分担”。

2016年12月24日，国家发展改革委《关于印发〈传统基础设施领域实施政府和社会资本合作项目工作导则〉的通知》（发改投资〔2016〕2231号）附件《传统基础设施领域实施政府和社会资本合作项目工作导则》第18条规定，“PPP项目建设应符合工程建设管理的相关规定。工程建设成本、质量、进度等风险应由项目公司或社会资本方承担。政府方及政府相关部门应根据PPP项目合同及有关规定，对项目公司或社会资本方履行PPP项目建设责任进行监督”。

针对收费公路项目，2017年11月22日交通运输部办公厅《关于印发〈收费公路政府和社会资本合作操作指南〉的通知》（交办财审〔2017〕173号）第35条明确，“各级交通运输主管部门应根据收费公路PPP项目合同及有关规定，对项目公司或社会资本方履行PPP项目建设责任进行监督”，第36条规定，“项目建成后至试运营通车前，项目实施机构应当对项目的建设规模、建设内容等合同约定和涉及公众服务的内容进行验收，并向交通运输主管部门出具验收意见，作为试运营通车收费的前置条件”。

2017年11月28日，国家发展改革委《关于鼓励民间资本参与政府和社会资本合作（PPP）项目的指导意见》（发改投资〔2017〕2059号）第10条规定，“建立健全PPP项目守信践诺机制，准确记录并客观评价政府方和民营企业在PPP项目实施过程中的履约情况。政府方要严格履行各项约定义务，做出履约守信表率，坚决杜绝‘新官不理旧账’现象。**民营企业也要认真履**

行合同，持续稳定提供高质量且成本合理的公共产品和服务。将 PPP 项目各方信用记录，纳入全国信用信息共享平台供各部门、各地区共享，并依法通过‘信用中国’网站公示。将严重失信责任主体纳入黑名单，并开展联合惩戒”，对项目公司的按约履行提出了明确的要求以及后果责任。

财政部《关于进一步加强政府和社会资本合作（PPP）示范项目规范管理的通知》（财金〔2018〕54 号）第 3 条第 2 项要求，“加强运行情况监测。及时更新 PPP 项目开发目录、财政支出责任、项目采购、项目公司设立、融资到位、建设进度、绩效产出、预算执行等信息，实时监测项目运行情况、合同履行情况和项目公司财务状况，强化风险预警与早期防控”。

2019 年 6 月 21 日，国家发展改革委《关于依法依规加强 PPP 项目投资和建设管理的通知》（发改投资规〔2019〕1098 号）对 PPP 项目规范实施作出了进一步要求。该通知第 2 条第 6 款规定，“实施方案、招投标文件、合同的主要内容应与经批准的可行性研究报告、核准文件、备案信息保持一致。实施方案、招投标文件、合同或建设中出现以下情形的，应当报请原审批、核准、备案机关重新履行项目审核备程序：（1）项目建设地点发生变化；（2）项目建设规模和主要建设内容发生较大变化；（3）项目建设标准发生较大变化；（4）项目投资规模超过批复投资的 10%”。该通知第 6 条第 15 款还规定，“依照《政府投资条例》、《企业投资项目核准和备案管理条例》和本通知有关规定，加强 PPP 项目监管。政府应依法依规履行承诺，不得擅自变更合同约定的政府方责任和义务。根据 PPP 项目合同约定，加强对社会资本方履约能力全过程动态监管，防止因社会资本方超出自身能力过度投资、过度举债，或因公司股权、管理结构发生重大变化等导致项目无法实施。依照规定将存在严重失信行为的地方政府、社会资本，通过‘信用中国’网站等平台向社会公示，由相关部门依法依规对其实施联合惩戒”。

该通知要求在实施过程中，“实施方案、招投标文件、合同的主要内容应与经批准的可行性研究报告、核准文件、备案信息保持一致”，否则“应当报请原审批、核准、备案机关重新履行项目审核备程序”，对于确实违规的行为，将“通过‘信用中国’网站等平台向社会公示”及“依法依规联合惩戒”，可见一斑。

2019年7月1日，国务院《政府投资条例》（国务院令第712号）第21条规定，“政府投资项目应当按照投资主管部门或者其他有关部门批准的建设地点、建设规模和建设内容实施；拟变更建设地点或者拟对建设规模、建设内容等作较大变更的，应当按照规定的程序报原审批部门审批”，该条例第24条还对实践中大概率、高频率会发生的擅自调整项目进度问题作出了明确要求，“政府投资项目应当按照国家有关规定合理确定并严格执行建设工期，任何单位和个人不得非法干预”。

该条例第27条规定，“投资主管部门和依法对政府投资项目负有监督管理职责的其他部门应当采取在线监测、现场核查等方式，加强对政府投资项目实施情况的监督检查。项目单位应当通过在线平台如实报送政府投资项目开工建设、建设进度、竣工的基本信息”，第29条规定，“项目单位应当按照国家有关规定加强政府投资项目档案管理，将项目审批和实施过程中的有关文件、资料存档备查”。“无正当理由不实施或者不按照建设工期实施已批准的政府投资项目”的，根据该条例第34条规定，“责令改正，根据具体情况，暂停、停止拨付资金或者收回已拨付的资金，暂停或者停止建设活动，对负有责任的领导人员和直接责任人员依法给予处分”。

以上，无一不是强调要按合同实施，因此，实施机构和项目公司应严格按约履行，不能任意、擅自作出调整。

以上也是信息公示的重点内容，财政部于2017年1月23日发布的《关于印发〈政府和社会资本合作（PPP）综合信息平台信息公开管理暂行办法〉的通知》（财金〔2017〕1号）第2章第8条第5款和第7款分别规定，“项目执行阶段应当公开的PPP项目信息包括”“（五）项目公司绩效监测报告、中期评估报告、**项目重大变更或终止情况、项目定价及历次调价情况**”“（七）项目公司成本监审、**PPP项目合同的变更或补充协议签订情况**”，详细要求如表3-17所示：

表 3-17　公开信息相关内容

项目所处阶段	公开内容	公开方式	公开的时点	信息提供方
项目执行	项目公司绩效监测报告、中期评估报告、项目重大变更或终止情况、项目定价及历次调价情况	适时公开	依据 PPP 项目合同约定；如 PPP 项目合同未约定时，则在对应活动结束后次年的 4 月 30 日前予以公开	实施机构
	项目公司成本监审、所有的 PPP 合同修订协议或补充协议	适时公开	对应活动结束后次年的 4 月 30 日前	实施机构 项目公司

确认项目公司是否按照合同履约是一个长期过程，可以通过跟踪审计进行确认，因此按照年度考核、专项考核的形式组织进行为佳，由于涉及法律问题，因此同样建议要有律师参加。该项为重要监管要点，实施机构应予重视。

确认是否按照合同履约还有一个简单的方法，项目实施初期，通过 WBS 深度解析，确认项目的合同目标，如进度目标、质量目标、安全目标、投资目标、成本目标等，实施机构和项目公司可以通过《项目公司经营管理大纲》的编制和审批进行确认，然后通过《项目公司经营管理月报》逐月进行 PDCA 管理，再加上跟踪审计和专项检查的加持，以及绩效考核的扎口，相信会比较高效、可控。

要求成果清单

序号	要点内容（参考）
1	相关工作联系单、会议纪要、专项报告、政府发文等
2	索赔报告及其批复
3	相关政府批文
4	双方签订的补充协议（附政府批准文件）
5	专项检查或审计报告
6	其他相关文件等

关联政策及规定

- 监管要点28
  - 2012年
    - 2012年6月8日，住房和城乡建设部《关于印发进一步鼓励和引导民间资本进入市政公用事业领域的实施意见的通知》（建城〔2012〕89号）
  - 2014年
    - 2014年11月29日，财政部《关于印发政府和社会资本合作模式操作指南（试行）的通知》（财金〔2014〕113号）（已失效）
    - 2014年11月30日，财政部《关于政府和社会资本合作示范项目实施有关问题的通知》（财金〔2014〕112号）
    - 2014年12月2日，国家发展改革委《关于开展政府和社会资本合作的指导意见》（发改投资〔2014〕2724号）
  - 2016年
    - 2016年9月24日，财政部《关于印发〈政府和社会资本合作项目财政管理暂行办法〉的通知》(财金〔2016〕92号)
    - 2016年12月24日，国家发展改革委《关于印发〈传统基础设施领域实施政府和社会资本合作项目工作导则〉的通知》（发改投资〔2016〕2231号）
  - 2017年
    - 2017年1月23日，财政部《关于印发〈政府和社会资本合作（PPP）综合信息平台信息公开管理暂行办法〉的通知》（财金〔2017〕1号）
    - 2017年11月22日，交通运输部办公厅《关于印发〈收费公路政府和社会资本合作操作指南〉的通知》（交办财审〔2017〕173号）
    - 2017年11月28日，国家发展改革委《关于鼓励民间资本参与政府和社会资本合作（PPP）项目的指导意见》（发改投资〔2017〕2059号）
  - 2018年
    - 2018年4月24日，财政部《关于进一步加强政府和社会资本合作（PPP）示范项目规范管理的通知》（财金〔2018〕54号）
  - 2019年
    - 2019年6月21日，国家发展改革委《关于依法依规加强PPP项目投资和建设管理的通知》（发改投资规〔2019〕1098号）
    - 2019年7月1日，国务院《政府投资条例》（国务院令第712号）
    - 2019年11月1日，财政部办公厅《关于征求〈政府和社会资本合作模式操作指南（修订稿）〉意见的函》（财金〔2019〕94号）

监管要点 29：项目实施过程中，确认项目公司是否按照规定进行招标采购工作？

政策依据与解析

采购是核心监管要点之一，并不会因为项目公司是独立法人就成为法外之地。

项目公司是独立法人，有规定的管理制度，管理制度中应包括采购管理制度，PPP 项目合同中对于项目公司的采购一般会有相关规定，通常包括常规采购和暂估价部分的采购，暂估价部分一般采用询价或认质认价。另外，如监管要点 27 所述，未来项目公司审计时，采购管理也应是审计的重要内容之一，因此，项目公司应按照合同约定和相关规定进行采购动作，那么项目公司有没有遵照执行则需要实施机构进行监管了，所以，这也是重要监管要点之一。

目前而言，还没有政策十分清晰地界定项目公司的采购是依据《政府采购法》，还是依据《招标投标法》，从实践来看，绝大部分的案例项目是按照《招标投标法》在实施，只有少数的项目根据政府的要求，依据《政府采购法》，通过政府采购平台在实施，但从实践效果来看，反响并不大。

结合实际情况，我们建议项目公司委托第三方招标采购平台完成相应采购工作，采购相关工作时，可以邀请实施机构派代表参与监督。

按照国务院办公厅《关于聚焦企业关切进一步推动优化营商环境政策落实的通知》（国办发〔2018〕104 号）的原则，该通知第 1 条第 1 款就明确，“进一步减少社会资本市场准入限制。……发展改革委要组织开展招投标领域专项整治，消除在招投标过程中对不同所有制企业设置的各类不合理限制和壁垒，严格落实《必须招标的工程项目规定》，赋予社会投资的房屋建筑工程建设单位发包自主权”，可见政策的导向，还是减小政府对微观事务的参与，将权利的权利转移至项目公司（社会资本），但项目公司（社会资本）必须遵守采购规则，即《必须招标的工程项目规定》。

《必须招标的工程项目规定》（国家发展和改革委员会令第16号）第5条规定，“（一）施工单项合同估算价在400万元人民币以上；（二）重要设备、材料等货物的采购，单项合同估算价在200万元人民币以上；（三）勘察、设计、监理等服务的采购，单项合同估算价在100万元人民币以上”的，以及“同一项目中可以合并进行的勘察、设计、施工、监理以及与工程建设有关的重要设备、材料等的采购，合同估算价合计达到前款规定标准的”，必须招标。

国务院《优化营商环境条例》（国务院令第722号）第13条规定，“招标投标和政府采购应当公开透明、公平公正，依法平等对待各类所有制和不同地区的市场主体，不得以不合理条件或者产品产地来源等进行限制或者排斥。**政府有关部门应当加强招标投标和政府采购监管，依法纠正和查处违法违规行为**”，因此，实施机构还是要加强对项目公司采购行为的监督管理，确保项目公司按规则执行。

涉及的暂估价一般是按照询价或认质认价处理，暂估价达到《必须招标的工程项目规定》标准的，必须招标。没有达到的，可以按照合同约定的程序和办法履行，合同中没有约定的，可以参考地方政府的规定，一般地方政府或财政评审中心对此会有发布。

以某地方政府为例，××县人民政府办公室《关于印发〈××县政府投资建设项目监督管理办法〉的通知》（×府办字〔2017〕220号）附件《××县政府投资建设项目监督管理办法》第34条就对暂定价作出了明确规定，“建设项目施工合同中的暂定价和无信息价争议较大部分的内容，包括材料和设备等物品，金额在公开招标限额（50万元）以下的实行询价。询价应当遵循下列程序：（一）施工企业在施工进度需提前10天将应询价的材料和设备等物品报项目建设单位。（二）成立询价小组。询价小组由项目建设单位、项目建设单位主管部门，县审计局、县财政局和有关专家共五人以上的单数组成，其中专家的人数不得少于成员总数的三分之二。询价小组应当对采购项目的价格构成和最终决算价格的标准等事项作出规定。（三）确定被询价的供应商名单。询价小组根据采购需求，从符合相应资格条件的供应商名单中确定不少于三家的供应商（其中施工企业提供的对象不多于采价对象总数的三分之一），并向其发出询价通知书让其报价。（四）询价方式分现场实地询价、信函询价和网上公开采购等方式。询价小组要求被询价的供应商一次报出不得更改的价格。（五）确定最终决算价格。询价小组根据符合采购需求、质量和服务同等且报价最低的原则确定最终决算价格。（六）询价小组应在7个工作日内完成询价工作，并在3个工作日内以清单的形式告知施工企业”。

另有某市的财政投资评审中心发布了《询价制度评审建议》，文件明确，“经与实施机构、市财政投资评审中心、市审计局共同确认，由项目公司委托第三方工程造价咨询机构进行市场询价（该工程造价咨询机构为财政评审中心认可），该咨询机构的询价结果，由实施机构、项目公司、监理单位、施工总承包单位共同确认后，提交市财政评审中心作为工程结算依据。由市场询价确认的结果，不再参与下浮”，更加简单直接。

总体来说，有法必依、有据可查，各方按照规则实施采购动作，总是正确的，因此，该项监管要点很重要，但是相对比较容易处理。以上工作，实施机构可以自行检查监管、可以参与采购同步监督，也可以委托第三方审计机构进行审计检查，建议使用参与采购或委托第三方审计的方式进行检查。

要求成果清单

序号	要点内容（参考）
1	项目公司采购计划及实施机构的批复
2	专项检查报告或审计报告
3	整改通知及整改完成报告
4	其他相关文件等

关联政策及规定

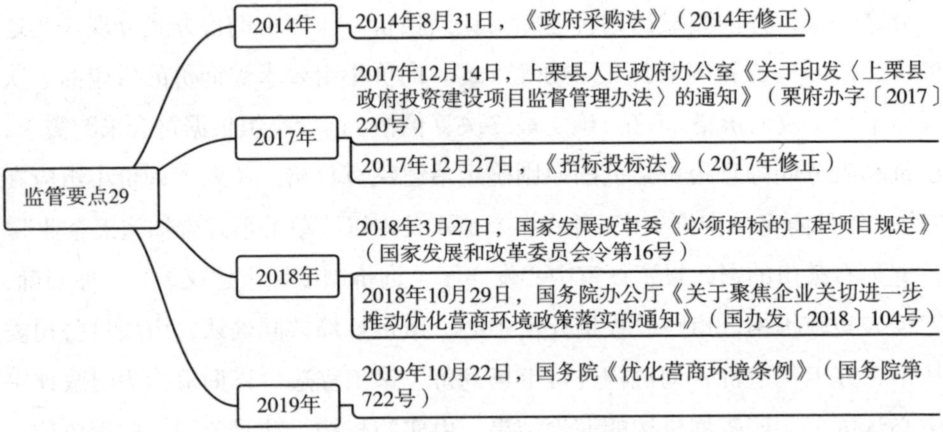

监管要点 30：确认项目公司是否定期提交了建设、运营情况报告？

政策依据与解析

作为 PPP 项目的甲方和行政职能主管方，项目公司应根据政策规定、合同约定及时、定期地向实施机构提交建设、运营情况报告，确保实施机构的知情权，并及时地公示相关信息，确保项目执行中保障公众知情权，因此，这也是实施机构的监管要点之一。

财政部于 2017 年 1 月 23 日发布的《关于印发〈政府和社会资本合作（PPP）综合信息平台信息公开管理暂行办法〉的通知》（财金〔2017〕1 号）第 2 章第 8 条第 3 项、第 4 项规定，“项目执行阶段应当公开的 PPP 项目信息包括”“项目施工许可证、建设进度、质量及造价等与 PPP 项目合同有关约定的对照审查情况”，“社会资本或项目公司的运营情况（特别是出现重大经营或财务风险，可能严重影响到社会资本或项目公司正常运营的情况）及运营绩效达标情况”，详情如表 3-18 所示：

表 3-18　公开信息相关内容

项目所处阶段	公开内容	公开方式	公开的时点	信息提供方
项目执行	项目施工许可证、建设进度、质量及造价等与 PPP 项目合同的符合性审查情况	即时公开	依据 PPP 项目合同约定；如 PPP 项目合同未约定时，则在对应活动结束后次年的 4 月 30 日前予以公开	实施机构项目公司

《政府和社会资本合作模式操作指南（修订稿）》（财办金〔2019〕94 号）第 44 条和第 45 条分别规定，“……项目公司（社会资本）应严格按照合同约定做好项目投资、建设、运营、维护、移交等工作的日常管理和信息记录，自觉接受行政监督和公众监督，确保项目持续稳健运营”，“项目各参与方应依托综合信息平台，依法依规披露项目全生命周期信息，保障公众知情权，接受社会监督。社会公众及项目利益相关方发现项目存在违法、违约情形或公共产品和服务不达标的，可向相关部门提请监督检查”。

另外，根据国务院办公厅转发财政部发展改革委人民银行《关于在公共服务领域推广政府和社会资本合作模式指导意见的通知》（国办发〔2015〕42 号）“……**政府作为监督者和合作者，减少对微观事务的直接参与，**加强发展战略制定、社会管理、市场监管、绩效考核等职责，有助于解决政府职能错位、越位和缺位的问题，深化投融资体制改革，推进国家治理体系和治理能力现代化”的原则，以及“融资、建设、运营等风险由项目公司（社会资本）承担”的原则，实施机构应尽量减少对项目公司（社会资本）微观事务、具体工作的插手，所以项目公司定期向实施机构提交建设、运营情况报告，是信息共享、工作透明的一个简单、高效途径。

实践中，我们正常会采用《项目公司经营管理月报》、季度报、半年报、年度报告、专项报告等形式。无论采用哪种形式，方式不重要，保持沟通，保持信息顺畅，保持项目健康推进才是核心。

因此，这是获取项目运转情况的直接途径，实施机构应予关注，并重点监管。

要求成果清单

序号	要点内容（参考）
1	《项目公司经营管理月报》、季度报、半年报、年度报告
2	专项报告及其批复
3	其他相关文件等

关联政策及规定

监管要点 31：确认自身是否根据合同履约？

政策依据与解析

实施机构是 PPP 项目的政府方授权主体，也是合同签约主体，所以在监管项目公司（社会资本）必须按约履行的同时，也要监管自身是否按约履行了相应的责任和义务。

根据《政府投资条例》（国务院令第 712 号）、《优化营商环境条例》（国务院令第 722 号）等政策文件精神，**“地方各级人民政府及其有关部门**

应当履行向市场主体依法作出的政策承诺以及依法订立的各类合同，不得以行政区划调整、政府换届、机构或者职能调整以及相关责任人更替等为由违约毁约。因国家利益、社会公共利益需要改变政策承诺、合同约定的，应当依照法定权限和程序进行，并依法对市场主体因此受到的损失予以补偿”，“国家机关、事业单位不得违约拖欠市场主体的货物、工程、服务等账款，大型企业不得利用优势地位拖欠中小企业账款。县级以上人民政府及其有关部门应当加大对国家机关、事业单位拖欠市场主体账款的清理力度，并通过加强预算管理、严格责任追究等措施，建立防范和治理国家机关、事业单位拖欠市场主体账款的长效机制”。

因此，实施机构应予特别关注，转换观念，积极履约。

早在2014年财政部就在《关于政府和社会资本合作示范项目实施有关问题的通知》（财金〔2014〕112号）第3条第5款中明确了原则，“严格按照合同办事，切实履行政府合同责任，保障PPP项目顺利实施”。

2014年11月29日，财政部《关于印发政府和社会资本合作模式操作指南（试行）的通知》（财金〔2014〕113号）第26条和第28条第2项进一步强调，“项目实施机构应根据项目合同约定，监督社会资本或项目公司履行合同义务，定期监测项目产出绩效指标，编制季报和年报，并报财政部门（政府和社会资本合作中心）备案。政府有支付义务的，项目实施机构应根据项目合同约定的产出说明，按照实际绩效直接或通知财政部门向社会资本或项目公司及时足额支付。设置超额收益分享机制的，社会资本或项目公司应根据项目合同约定向政府及时足额支付应享有的超额收益。项目实际绩效优于约定标准的，项目实施机构应执行项目合同约定的奖励条款，并可将其作为项目期满合同能否展期的依据；未达到约定标准的，项目实施机构应执行项目合同约定的惩处条款或救济措施”，“项目实施机构、社会资本或项目公司未履行项目合同约定义务的，应承担相应违约责任，包括停止侵害、消除影响、支付违约金、赔偿损失以及解除项目合同等”。

《关于印发政府和社会资本合作模式操作指南（试行）的通知》（财金

〔2014〕113 号）失效后，新的操作指南正在征求意见阶段，我们可以参考该征求意见稿，确认该原则是否发生变化？根据财政部办公厅《关于征求〈政府和社会资本合作模式操作指南（修订稿）〉意见的函》（财办金〔2019〕94 号）附件《政府和社会资本合作模式操作指南（修订稿）》第 44 条规定，“项目实施机构应严格履行合同约定，切实保障社会资本和项目公司的合法权益”，可见，该原则始终未变，实施机构应予关注，积极履约。

国家发展改革委的政策规定原则一致。

国家发展和改革委员会《关于开展政府和社会资本合作的指导意见》（发改投资〔2014〕2724 号）第 2 条第 4 款就明确了相关原则，“在平等协商、依法合规的基础上，按照权责明确、规范高效的原则订立项目合同。合同双方要牢固树立法律意识、契约意识和信用意识，项目合同一经签署必须严格执行，无故违约必须承担相应责任”。

该意见第 7 条第 2 款还规定，“按照诚信践诺的要求，加强全社会信用体系建设，保障政府和社会资本合作顺利推进。政府要科学决策，保持政策的连续性和稳定性；依法行政，防止不当干预和地方保护；认真履约，及时兑现各类承诺和合同约定。社会资本要守信自律，提高诚信经营意识”。

针对收费公路项目，交通运输部办公厅《关于印发〈收费公路政府和社会资本合作操作指南〉的通知》（交办财审〔2017〕173 号）第 38 条明确，“交通运输主管部门或项目实施机构应当按照收费公路 PPP 项目合同严格履行有关义务，为项目公司建设运营收费公路 PPP 项目提供便利和支持，提高公共服务水平”。

如果实施机构没有适当的原因，不能切实履行合同造成纠纷或后果的，最高人民法院也给出了案件处理的原则。最高人民法院《关于充分发挥审判职能作用切实加强产权司法保护的意见》（法发〔2016〕27 号）第 9 条明确，“依法公正审理行政协议案件，促进法治政府和政务诚信建设。对因招商引资、政府与社会资本合作等活动引发的纠纷，要认真审查协议不能履行的原因和违约责任，切实维护行政相对人的合法权益。对政府违反承诺，特别是仅因政府换届、领导人员更替等原因违约毁约的，要坚决依法支持行政相对人的合理诉求。对确因国家利益、公共利益或者其他法定事由改变政府承诺的，要依法判令补偿财产损失”。

因此，实施机构要严格履约，不能擅自撕毁协议，拒不履行。

在项目实施过程中，还有一个多发情况就是部分政府方人员会向项目公司强制或变相指定其他第三方服务，由此造成后果的案例也有不少，因此，国务院《优化营商环境条例》（国务院令第722号）第69条特别强调，“政府和有关部门及其工作人员有下列情形之一的，依法依规追究责任：……（九）为市场主体指定或者变相指定中介服务机构，或者违法强制市场主体接受中介服务”。

这一点，需要实施机构特别警惕和关注，不能触碰红线。

尊重合同，按约履行，是整个PPP项目全生命周期健康推进的基础和根基，各方应谨守底线、相敬如宾、各司其职、相互协同，最终才能实现物有所值的核心目标。因此，确认自身是否根据合同履约，必然就是重要的监管要点之一。

要求成果清单

序号	要点内容（参考）
1	工作联系单、联系函、会议纪要、专题报告、索赔报告及其批复
2	政府发文、政府批文
3	专项检查报告或审计报告
4	向政府请示的函及政府批复
5	《PPP项目合同补充协议》（或有）
6	其他相关文件等

关联政策及规定

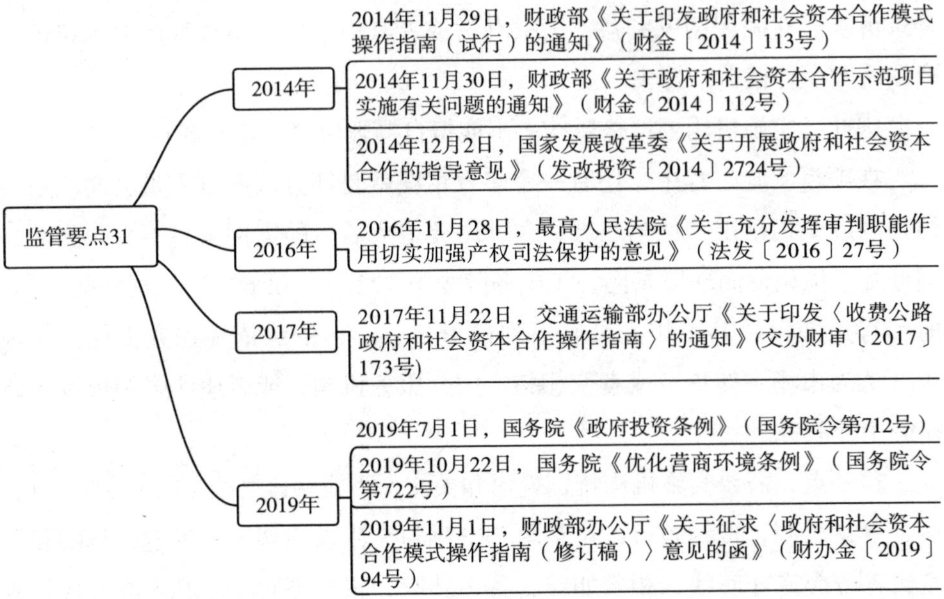

监管要点 32：确认项目公司是否存在股权变更情形？若有，应确认是否按规定和合同处理？

政策依据与解析

股权变更是项目实践中经常碰到的问题，事关 PPP 项目目标能否实现的根本，因此属于重要监管要点。

政策不允许随意的股权变更，并设定了股权锁定期，当事实情况确需调整时，必须履行严谨的审批手续后方可变更，因此，实施机构应熟知政策规定和合同约定，并严格遵照执行。

2014 年 12 月 30 日，财政部《关于规范政府和社会资本合作合同管理工作的通知》（财金〔2014〕156 号）附件《PPP 项目合同指南（试行）》第 10 节对股权的变更限制进行了详细的描述和规定。

该指南第10节第2条明确，股权变更的范围包括直接或间接转让股权；并购、增发等其他方式导致的股权变更；股份相关权益的变更和兜底规定。

第3条第1款第2项规定了锁定期期限，“锁定期的期限需要根据项目的具体情况进行设定，常见的锁定期是自合同生效日起，至项目开始运营日后的一定期限（例如2年，通常至少直至项目缺陷责任期届满）。这一规定的目的是确保在社会资本履行完其全部出资义务之前不得轻易退出项目”，第3款则客观地考虑了例外情形，“在锁定期内，如果发生以下特殊的情形，可以允许发生股权变更：（1）项目贷款人为履行本项目融资项下的担保而涉及的股权结构变更；（2）将项目公司及其母公司的股权转让给社会资本的关联公司；（3）如果政府参股了项目公司，则政府转让其在项目公司股权的不受上述股权变更限制”。

如果违反股权变更限制，其后果则根据第3条第3款规定，“一旦发生违反股权变更限制的情形，将直接认定为项目公司的违约行为，情节严重的，政府方将有权因该违约而提前终止项目合同”。

2016年9月24日，财政部《关于印发〈政府和社会资本合作项目财政管理暂行办法〉的通知》（财金〔2016〕92号）第35条规定，“各级财政部门应当会同行业主管部门加强对PPP项目的监督管理……政府与社会资本合资设立项目公司的，应按照《公司法》等法律规定以及PPP项目合同约定规范运作，不得在股东协议中约定由政府股东或政府指定的其他机构对社会资本方股东的股权进行回购安排”。

2016年10月24日国家发展改革委《关于印发〈传统基础设施领域实施政府和社会资本合作项目工作导则〉的通知》（发改投资〔2016〕2231号）第16条规定，“社会资本方可依法设立项目公司。政府指定了出资人代表的，项目公司由政府出资人代表与社会资本方共同成立。项目公司应按照PPP合同中的股东协议、公司章程等设立。项目公司负责按PPP项目合同承担设计、融资、建设、运营等责任，自主经营，自负盈亏。除PPP项目合同另有约定外，项目公司的股权及经营权未经政府同意不得变更”。

财政部《关于印发政府和社会资本合作模式操作指南（试行）的通知》（财金〔2014〕113 号）失效后，新的《政府和社会资本合作模式操作指南（修订稿）》（财办金〔2019〕94 号）第 32 条规定，“原则上，项目建设期内社会资本不得对外转让项目公司股权。确需转让的，社会资本应出具股权转让方案，说明转让理由、对项目建设进度及建设质量的影响、受让方履约能力及责任承担等情况，明确保障措施，经项目实施机构充分评估后，报本级政府审核决定。PPP 项目进入运营期后，社会资本可根据项目合同约定，在不影响项目正常运营的前提下，经政府书面同意，对外转让项目公司股权”。

2020 年 2 月 21 日，财政部办公厅《关于印发污水处理和垃圾处理领域 PPP 项目合同示范文本的通知》（财办金〔2020〕10 号）附件 2《PPP 项目合作协议》第 4 条则直接对股权变更作出了示范条款供各方参考。该协议第 4.3 条明确规定，“4.3.1 锁定期满后，在符合第 4.3.2 款约定的前提下，经**甲方事先书面同意，则任意一方股东可以依法转让其持有的项目公司股权。4.3.2 股权受让方应满足本项目采购文件规定或具备项目实施所必需的技术能力、财务实力、资格信用、运营经验等基本条件，并已经以书面形式明示，在其成为项目公司股东后，承继股权转让方（即本协议乙方）在本协议项下的义务（甲、乙双方另有约定的除外），同时督促并确保项目公司继续承担《PPP 项目合同》等合同文件项下的义务。否则，甲方对相应股权转让有权予以否决**”。

PPP 项目的合作是基于项目公司股权结构构成及权利分配，因此，项目公司股权变更涉及原 PPP 项目是否能够可持续地推进，实践中实施机构应重点关注以下几点：

1. 关注合同中关于项目公司股权变更限制相关约定，由于股权变更限制是保证政府方权益及监管主动权，防止不满足项目能力要求的第三方被引入的重要手段。

2. 应充分分析项目公司（社会资本）提出的股权变更诉求，针对因融资、退出等不同目的的股权变更诉求，依据政策、依据合同，从项目的健康推进出发，结合律师意见，采取不同的处置方案。

3. 区分不同变更形式的股权变更诉求，确定不同的应对方案。一旦涉及股权变更，可能会同时涉及 PPP 项目合同的修订，应充分兼顾政策规定和公平原则，建议在获得政府的批准后，完成补充协议工作。

因此，以上属于重要监管内容，但由于非必然发生，因此，通过年度监管即可。

要求成果清单

序号	要点内容（参考）
1	关于股权变更的请示报告
2	实施机构的书面意见
3	法制办或律师的书面意见
4	专题报告、会议纪要，以及政府批文
5	《PPP 项目合同补充协议》
6	更新后的《股东协议》和《公司章程》
7	其他相关文件等

关联政策及规定

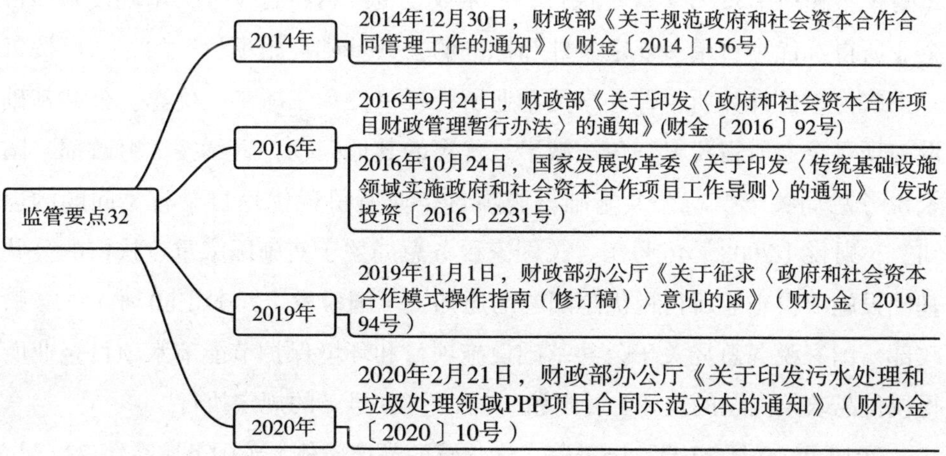

监管要点 33：确认是否协助项目公司获得了应有的相关税收优惠或减免？

政策依据与解析

在国家大幅减税降费的背景下，加上 PPP 项目的公益性，因此部分符合规定的项目可以享受税收优惠或减免，如“三免三减半”等，在此情况下，实施机构应协助项目公司获得该等条件。但并非所有的 PPP 项目都能享受该等优惠政策，因此，这属于实施机构的或有监管要点，实施机构应根据实际情况给予合适的协助。

对此，早在 2014 年 11 月 16 日国务院就通过《关于创新重点领域投融资机制鼓励社会投资的指导意见》（国发〔2014〕60 号）第 27 条明确了“完善落实社会事业建设运营税费优惠政策。进一步完善落实非营利性教育、医疗、养老、体育健身、文化机构税收优惠政策。对非营利性医疗、养老机构建设一律免征有关行政事业性收费，对营利性医疗、养老机构建设一律减半征收有关行政事业性收费”的原则。

对于具体的细则，则根据 2014 年 7 月 4 日财政部和国家税务总局联合发布的《关于公共基础设施项目享受企业所得税优惠政策问题的补充通知》（财税〔2014〕55 号）规定执行，“企业投资经营符合《公共基础设施项目企业所得税优惠目录》规定条件和标准的公共基础设施项目”的，“可按每一批次为单位计算所得，并享受企业所得税‘三免三减半’优惠。公共基础设施项目企业所得税‘三免三减半’优惠的其他问题，继续按《财政部　国家税务总局关于执行公共基础设施项目企业所得税优惠目录有关问题的通知》（财税〔2008〕46 号）、《国家税务总局关于实施国家重点扶持的公共基础设施项目企业所得税优惠问题的通知》（国税发〔2009〕80 号）、《财政部　国家税务总局关于公共基础设施项目和环境保护节能节水项目企业所得税优惠政策问题的通知》（财税〔2012〕10 号）的规定执行”。

2019 年 10 月 22 日，国务院《优化营商环境条例》（国务院令第 722 号）

第 24 条再次明确规定，**“政府及其有关部门应当严格落实国家各项减税降费政策，及时研究解决政策落实中的具体问题，确保减税降费政策全面、及时惠及市场主体”**，对于 PPP 来说，是一个明确的原则确认！

除此之外，还有部分地方制定了相关的税收优惠政策，各实施机构、项目公司应根据国家、地方的相关政策去积极主动申请相应的优惠或减免，以降低项目成本，提高项目运行效率。

要求成果清单

序号	要点内容（参考）
1	项目公司关于税收优惠、减免的申请报告（附相关政策）
2	专项报告、请示报告及政府批文
3	协调会议、专题会议会议纪要
4	税务部门书面通知、批文
5	其他相关文件等

关联政策及规定

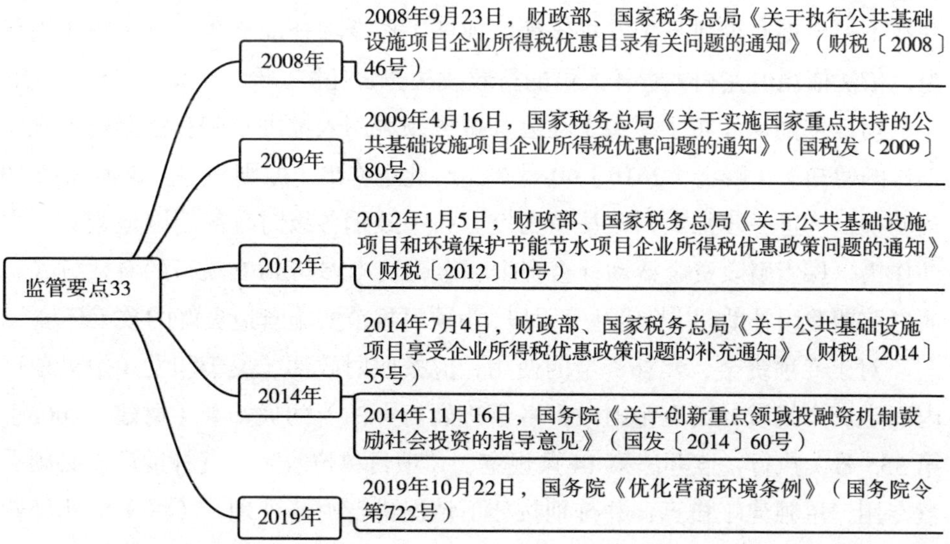

监管要点 34：确认各项补助资金、贴息资金、奖补资金等是否按照规定执行？是否履行了相关手续？项目公司是否按照规定专款专用？

政策依据与解析

PPP 项目有公益属性，受到国家不断鼓励和推广，并通过各种奖补政策对其进行支持。

国家发展改革委办公厅《关于印发政府和社会资本合作项目前期工作专项补助资金管理暂行办法的通知》(发改办投资〔2015〕2860 号)第 1 条就明确，“为积极推广政府和社会资本合作（PPP）模式，进一步鼓励和吸引社会投资，充分发挥投资在稳增长中的关键作用，国家发展改革委安排中央预算内投资对 PPP 项目前期工作给予专项补助”，并在该通知第 3 章中明确规定了资金的使用与管理，强调要“要严格执行有关财务管理规定，必须设立专门账户，专款专用，严禁截留、转移、侵占和挪用”，“有关部门、单位要严格按照基本建设财务会计制度对前期工作专项补助资金进行管理和核算”，对违反规定的，根据该通知第 18 条，“对不按规定使用或年度内多次核销前期工作专项补助资金的，经核实后，立即停止拨付尚未拨付的工作专项补助资金，并在下一年度减少或不予安排该地区前期工作专项补助资金。对违法违规行为，依法依规追究相关责任人员的行政或法律责任”。

财政部随后发布了《关于在公共服务领域深入推进政府和社会资本合作工作的通知》（财金〔2016〕90 号），对此也作出了原则规定。该通知第 10 条明确，“进一步加大财政扶持力度。……鼓励各级财政部门因地制宜、主动作为，探索财政资金撬动社会资金和金融资本参与 PPP 项目的有效方式，通过前期费用补助、以奖代补等手段，为项目规范实施营造良好的政策环境”。

对于专项资金、奖补资金的使用，应按照财政部《关于印发〈中央预算内固定资产投资补助资金财政财务管理暂行办法〉的通知》（财建〔2005〕第 355 号）执行，该办法第 14 条规定，“项目单位收到投资补助后，必须专款专用，单独建帐核算，并分别按如下情况进行财务处理：（一）对非经营性建设项目的投资补助按财政拨款有关规定执行。（二）对经营性建设项目的投资补助作为资本公积管理，项目单位同意增资扩股的情况下，可以作为国家资本金管理。中央对地方项目的投资补助，比照本办法执行；如地方政府有另行规定的，可从其规定”。

因此，各种投资补助、专项资金应单独建账专款专用，一律不得挪作他用，使用依据为本办法或地方政府专项管理规定。实践中，根据项目类型不同，专项资金的使用管理办法也有差别，所以实施机构、项目公司应根据地方政府规定遵照执行。

该类资金的使用应进行必须的监管。国家发展改革委、财政部《关于运用政府投资支持社会投资项目的通知》（发改投资〔2015〕823 号）第 8 条规定，“加强政府投资的监督管理。各部门、各地方要依据职能分工，对安排给社会投资项目的政府投资加强监管，督促社会投资主体认真执行政府投资资金管理的各项规定，确保政府投资资金使用的规范、安全、有效，防止违规使用资金、挪用套取资金或其他违法违规行为，保障投资项目按期完成。对政府投资支持的基金运行情况进行考核，基金使用方向不符合政府有关要求的要及时改正，情况严重的要收回政府投资并给予适当处罚”。

财政部《关于印发〈普惠金融发展专项资金管理办法〉的通知》（财金〔2016〕85 号）（已失效）第 46 条规定，“各级财政部门应当按照预算绩效管理的有关规定加强专项资金绩效管理，建立健全全过程预算绩效管理机制。按照《中央对地方专项转移支付绩效目标管理暂行办法》（财预〔2015〕163 号）等规定，设定专项资金绩效目标及相应的绩效指标，加强对绩效目标的审核，并将审核确认后的绩效目标予以下达。强化专项资金绩效目标执行监控，确保绩效目标如期实现。按要求开展绩效评价，将绩效评价结果作为完善政策和资金分配的参考依据，不断提高财政资金使用效益，更好地支持普惠金融发展”。

因此，项目各方在资金的使用和管理中应根据规定执行，不能擅自挪用。

对此，国务院《政府投资条例》（国务院令第 712 号）第 14 条规定，“采取投资补助、贷款贴息等方式安排政府投资资金的，项目单位应当按照国家有关规定办理手续”，第 34 条还规定，“弄虚作假骗取政府投资项目审批或者投资补助、贷款贴息等政府投资资金”的，“责令改正，根据具体情况，暂停、停止拨付资金或者收回已拨付的资金，暂停或者停止建设活动，对负有责任的领导人员和直接责任人员依法给予处分”。

财政部也在《关于做好 2019 年中央财政普惠金融发展专项资金管理工作的通知》（财金函〔2019〕8 号）中明确，“自 2019 年起中央财政不再安排政府和社会资本合作（PPP）项目以奖代补资金。2016~2018 年度已安排的 PPP 项目以奖代补资金，省级财政部门应加强跟踪管理，会同项目实施单位和有关部门，为项目规范实施创造良好环境，打造一批管理水平高、产出绩效优、示范效应强的样板项目。对于已获得以奖代补资金的项目，若发现不符合示范项目要求，应及时上报调出示范项目名单，由省级财政部门负责追回以奖代补资金并及时上缴中央财政”。

除了以上政策规定，各部委也对部分行业作出了明确的规定。

财政部、交通运输部《关于在收费公路领域推广运用政府和社会资本合作模式的实施意见》（财建〔2015〕111 号）第 10 条明确，“收费不足以满足社会资本或项目公司成本回收和合理回报的，在依法给予融资支持，项目沿线一定范围土地开发使用等支持措施仍不能完全覆盖成本的，可考虑给予合理的财政补贴。对符合《车辆购置税收入补助地方资金管理暂行办法》要求的项目，可按照交通运输重点项目资金申请和审核规定，申请投资补助”。

国家发展改革委办公厅和交通运输部办公厅联合发布的《关于进一步做好收费公路政府和社会资本合作项目前期工作的通知》（发改办基础〔2016〕2851 号）第 2 条第 3 项规定，“项目确定社会资本方并正式签署 PPP 项目合同后，由省级交通主管部门组织向交通运输部报送项目车购税资金申请函。对于所提材料通过交通运输部审查并且符合条件的项目，交通运输部将出具资金安排确认函，明确车购税资金具体安排数额”。

2017 年 7 月 1 日，财政部、住房城乡建设部、农业部、环境保护部等四部委联合发布了《关于政府参与的污水、垃圾处理项目全面实施 PPP 模式的通知》（财建〔2017〕455 号），该通知第 8 条规定，“优化财政政策。大力支持污水、垃圾处理领域全面实施 PPP 模式工作，未有效落实全面实施

PPP 模式政策的项目，原则上不予安排相关预算支出。各级地方财政要积极推进污水、垃圾处理领域财政资金转型，以运营补贴作为财政资金投入的主要方式，也可从财政资金中安排前期费用奖励予以支持，逐步减少资本金投入和投资补助。加大对各类财政资金的整合力度，涉农资金整合中充分统筹农村污水、垃圾处理相关支持资金，扩大规模经济和范围经济效应，形成资金政策合力，优先支持民营资本参与的项目”。

2017 年 11 月 22 日交通运输部办公厅《关于印发〈收费公路政府和社会资本合作操作指南〉的通知》（交办财审〔2017〕173 号）第 8 条规定，“收费不足以满足社会资本方或项目公司成本回收和合理回报的，且政府对项目依法给予支持政策仍不能完全覆盖成本、实现合理回报的，可考虑给予合理的财政支持。对符合公路交通发展规划和车辆购置税支持政策的项目，可按照交通运输重点项目资金申请和审核规定，申请车辆购置税资金支持。可以采取建设期投资补助、资本金注入、运营补贴、贷款贴息等一种或多种方式对收费公路 PPP 项目给予支持，其中建设期投资补助、运营补贴和贷款贴息等作为可行性缺口补助，不作为项目资本金”。

可见，国家对于 PPP 项目的支持是明确的，在获得相应的资金支持后，实施机构、项目公司应按照规定使用相关资金，不得擅自挪用，因此，该项也是实施机构的重要监管内容之一。

本项监管要点非高频率问题，因此建议年底监管一次即可。

要求成果清单

序号	要点内容（参考）
1	专项资金使用管理办法政策文件
2	转款账户
3	专项资金使用申请报告及批准
4	资金往来记录及其附件
5	专项检查或审计报告
6	其他相关文件等

关联政策及规定

- 监管要点34
  - 2005年
    - 2005年7月26日，财政部《关于印发〈中央预算内固定资产投资补助资金财政财务管理暂行办法〉的通知》（财建〔2005〕第355号）
  - 2015年
    - 2015年4月20日，财政部、交通运输部《关于在收费公路领域推广运用政府和社会资本合作模式的实施意见》（财建〔2015〕111号）
    - 2015年4月21日，国家发展改革委、财政部《关于运用政府投资支持社会投资项目的通知》（发改投资〔2015〕823号）
    - 2015年9月29日，财政部《中央对地方专项转移支付绩效目标管理暂行办法》（财预〔2015〕163号）
    - 2015年11月4日，国家发展改革委办公厅《关于印发政府和社会资本合作项目前期工作专项补助资金管理暂行办法的通知》（发改办投资〔2015〕2860号）
  - 2016年
    - 2016年9月24日，财政部《关于印发〈普惠金融发展专项资金管理办法〉的通知》（财金〔2016〕85号）（已失效）
    - 2016年10月11日，财政部《关于在公共服务领域深入推进政府和社会资本合作工作的通知》（财金〔2016〕90号）
    - 2016年12月30日，国家发展改革委办公厅、交通运输部办公厅《关于进一步做好收费公路政府和社会资本合作项目前期工作的通知》（发改办基础〔2016〕2851号）
  - 2017年
    - 2017年7月1日，财政部、住房城乡建设部、农业部、环境保护部《关于政府参与的污水、垃圾处理项目全面实施PPP模式的通知》（财建〔2017〕455号）
    - 2017年11月22日，交通运输部办公厅《关于印发〈收费公路政府和社会资本合作操作指南〉的通知》(交办财审〔2017〕173号)
  - 2019年
    - 2019年3月6日，财政部《关于做好2019年中央财政普惠金融发展专项资金管理工作的通知》（财金函〔2019〕8号）
    - 2019年7月1日，国务院《政府投资条例》（国务院令第712号）

知识点延伸 专项资金应如何使用？应重点关注哪些方面？[①]

财政部《关于印发〈中央预算内固定资产投资补助资金财政财务管理暂

① 崔德高：《PPP 项目执行阶段操作指南：100 个实务问题深度解析》（第二册），法律出版社 2020 年版。

行办法〉的通知》（财建〔2005〕第355号）**第14条**规定，“项目单位收到投资补助后，必须专款专用，单独建帐核算，并分别按如下情况进行财务处理：

（一）对非经营性建设项目的投资补助按财政拨款有关规定执行。

（二）对经营性建设项目的投资补助作为资本公积管理，项目单位同意增资扩股的情况下，可以作为国家资本金管理。

中央对地方项目的投资补助，比照本办法执行；如地方政府有另行规定的，可从其规定”。

明确规定各种投资补助、专项资金应单独建账专款专用，一律不得挪作他用，使用依据为本办法或地方政府专项管理规定。

实践中，根据项目类型不同，专项资金的使用管理办法也有差别，所以项目公司应根据地方政府规定遵照执行。

以湖南某医院PPP项目为例，该项目获批专项资金3500万元，详情如下：

一、专项资金来源依据文件

1.《关于印发〈中央预算内固定资产投资补助资金财政财务管理暂行办法〉的通知》（财建〔2005〕第355号）

2.《××市卫计委关于明确×××项目中央预算内资金使用办法的函》（×卫函〔2018〕125号）

3.《××市财政局关于下达2017年卫生领域中央预算内基建资金的通知》（×财建指〔2017〕36号）

4.《××市2017年卫生领域中央预算内基建资金明细表》

5.湖南省财政厅网站《湖南省财政厅关于下达2017年卫生领域中央预算内基建资金的通知》（湘财建指〔2017〕142号）

6.《××市财政局关于下达2017年卫生领域中央预算内基建资金的通知》

[redacted]省财政厅关于下达2017年卫生领域中央预算内基建资金的通知

有关市县财政局：

根据财政部《关于下达2017年卫生领域中央基建投资预算（拨款）的通知》（财建〔2017〕243号)和省发改委《关于转发下达卫生领域2017年中央预算内投资计划的通知》，现下达你市（县）2017年卫生领域中央预算内基建资金　万元。具体资金明细详见附件1．具体项目明细详见附件2．此款列2017年政府收支分类支出功能科目"2100499其他公共卫生支出"，经济科目"309基本建设支出"。

请严格按照有关管理规定履行好相关职能，督促行业主管部门对项目的真实性、合法性负责，切实加强项目审核。同时，要按照《中华人民共和国预算法》规定，严格项目资金使用监管，确保资金管理的安全性、规范性和有效性。

附件：1．2017年卫生领域中央预算内基建资金明细表

2．[redacted]省2017年卫生领域计划下达总表

图 3-8　专项资金来源依据文件

二、专项资金使用依据文件

根据《×× 市 ××× 医院 PPP 项目合同》第 5.1.2 条约定：上级专项补助资金（如有）：各级财政专项资金、债券及政策性补助、补贴，所属权归 ×× 市政府方，由 ×× 市政府方统筹安排用于本项目，具体使用范围包括：（1）作为政府方项目资本金投入；（2）作为政府方后续项目投入，用于项目建设，相应减少建设期所需融资金额；（3）运营期则可用于支付项目可用性服务费和运营维护服务费。具体使用方式由 ×× 市政府方统筹决定。

按照《×× 市卫计委关于明确 ××× 项目中央预算内资金使用办法的函》（× 卫函〔2018〕125 号）规定，"×× 市妇幼保健院作为政府方出资代表所获得的中央财政预算内项目投资补助资金，可作为政府方项目资本金，直接投入项目建设"，"××× 有限公司（项目公司）应设立中央财政预算内项目资金专账……在使用过程中单独开具增值税专用发票……按照规定用途专款专用，确保全面真实地反映中央财政预算内项目资金的使用情况，不得挪用或者侵占中央财政预算内建设资金"，"岳 ××× 有限公司（项目公司）使用中央财政预算内项目资金必须报实施机构批准"。

综上，该专项资金由 ×× 市财政局直接拨付至政府方实施机构，然后由实施机构专款专用，支付至项目公司，该笔专项资金的使用要求为“土建施工”。

项目公司为此专门在基本户下设立子账户，作为该专项资金专户。

三、专项资金支付流程

根据《施工总承包合同》和《资金使用计划》，当需要支付专项资金时，由项目公司向实施机构提交专项资金使用申请，实施机构向 ×× 市财政局提出拨付申请，财政局审核同意后拨付专项资金到实施机构账户，实施机构拨付相应资金到项目公司账户。

项目公司根据建设资金管理审批流程提交审批，审批通过后支付给相应单位，并将各过程文件妥善存档。

（该支付流程为本项目的流程，非固定程式，可以借鉴，但不是标准和必须。比如，另一个项目的支付程序为：由施工单位报送进度款申报表及预算文件，监理单位审核确认后，由项目公司进行初审，后报第三方审计最终审核确定，再经过实施机构审批流程通过后，即可提请财务进行支付。）

四、国家、地方政府对该专项资金的使用要求

1. 国家发展改革委办公厅《关于印发政府和社会资本合作项目前期工作专项补助资金管理暂行办法的通知》（发改办投资〔2015〕2860 号）

2.《×× 市市级财政专项资金管理暂行办法》（× 政办发〔2016〕26 号）

3.《×× 市卫计委关于明确 ××× 项目中央预算内资金使用办法的函》（× 卫函〔2018〕125 号）

因此，专项资金的使用，应根据国家、地方的现行规定，主管部门的要求，以及合同的约定执行，不能擅自挪作他用，否则将承担相应的责任和后果。根据财政部《关于印发〈中央预算内固定资产投资补助资金财政财务管理暂行办法〉的通知》（财建〔2005〕355 号）第 18 条规定，“凡违反规定，弄虚作假，骗取、截留、挪用投资补助或项目未按规定实施的，除将已拨付资金全额收缴国库外，各级财政部门要立即停止对项目单位所在主管部门或省、自治区、直辖市及计划单列市投资补助拨付，并进行全面核查，直至纠正。对有关人员根据《财政违法行为处罚处分条例》（国务院令第 427 号）及国家有关规定追究责任，触犯法律的要追究相应的法律责任”，其违规后果比较严重，各方应予避免。

项目公司可以将相关政策规定文件、《PPP 项目合同》相关约定搜集整理，系统梳理出专项资金的规范使用程序和办法，并有理有据提交实施机构，提请各方按照规定和约定执行，同时提醒，违规使用的后果和依据，将后果责任充分提醒给实施机构，争取获得支持。

监管要点 35：实施过程中，若实施的内容发生了变化，是否及时向原审批部门进行了申报并获得了批准？

政策依据与解析

PPP 项目按照行政批准的内容实施，但 PPP 项目全生命周期为 10~30 年，实施过程中大概率会有不可预见的情形发生，导致项目内容发生变化，这类变化有可能会引致投资金额发生调整，与行政审批的内容发生偏差。无论是项目公司，还是实施机构，均应对此变化有足够的关注度和敏感度，应按照既有的行政规定或政策要求及时予以申报，获得原批准单位的重新批准。

国务院《政府投资条例》（国务院令第 712 号）第 21 条规定，“政府投资项目应当按照投资主管部门或者其他有关部门批准的建设地点、建设规模和建设内容实施；拟变更建设地点或者拟对建设规模、建设内容等作较大变更的，应当按照规定的程序报原审批部门审批”，各项目单位应严格遵照执行。

国家发展改革委作为行政审批的主管部门，对此有翔实的规定和要求。《关于依法依规加强 PPP 项目投资和建设管理的通知》（发改投资规〔2019〕1098 号）第 2 条第 6 款规定，“实施方案、招投标文件、合同的主要内容应与经批准的可行性研究报告、核准文件、备案信息保持一致。实施方案、招投标文件、合同或建设中出现以下情形的，应当报请原审批、核准、备案机关重新履行项目审核备程序：（1）项目建设地点发生变化；（2）项目建设规模和主要建设内容发生较大变化；（3）项目建设标准发生较大变化；（4）项目投资规模超过批复投资的10%”。

对于其中“项目投资规模超过批复投资的10%”的情形，项目单位需要向发改部门申请调整概算。根据2015年3月15日国家发展改革委发布的《关于印发〈中央预算内直接投资项目概算管理暂行办法〉的通知》（发改投资〔2015〕482号）第13条规定，“项目初步设计及概算批复核定后，应当严格执行，不得擅自增加建设内容、扩大建设规模、提高建设标准或改变设计方案。确需调整且将会突破投资概算的，必须事前向国家发展改革委正式申报；未经批准的，不得擅自调整实施”，第17条规定，“申请调整概算的项目，如有未经国家发展改革委批准擅自增加建设内容、扩大建设规模、提高建设标准、改变设计方案等原因造成超概算的，除按照第十五条提交调整概算的申报材料外，必须同时界定违规超概算的责任主体，并提出自行筹措违规超概算投资的意见，以及对相关责任单位及责任人的处理意见。国家发展改革委委托评审，待相关责任单位和责任人处理意见落实后核定调整概算，违规超概算投资原则上不安排中央预算内投资解决”。另外，其法律后果也非常严重，根据该办法第22条规定，“因项目单位擅自增加建设内容、扩大建设规模、提高建设标准、改变设计方案，管理不善、故意漏项、报小建大等造成超概算的，主管部门应当依照职责权限对项目单位主要负责人和直接负责的主管人员以及其他责任人员进行诫勉谈话、通报批评或者给予党纪政纪处分；两年内暂停申报该单位其他项目。国家发展改革委将其不良信用记录纳入国家统一的信用信息共享交换平台；情节严重的，给予通报批评，并视情况公开曝光”。

因此，项目各方，尤其是实施机构应审慎应对，当确需发生项目内容变化时，应积极主动向原审批部门报批，获得批准后方可调整。

另外，国家发展改革委发布的《企业投资项目事中事后监管办法》（国家发展和改革委员会令第14号）也规定，“对企业在境内投资建设的固定资产项目核准和备案的事中事后”进行“监督管理”。该办法第6条规定，“核准机关对本机关已核准的项目，应当对以下方面进行监督管理：（一）是否通过全国投资项目在线审批监管平台（以下简称在线平台），如实、及时报送项目开工建设、建设进度、竣工等建设实施基本信息；（二）需要变更已核准建设地点或者对已核准建设规模、建设内容等作较大变更的，是否按规定办理变更手续；（三）需要延期开工建设的，是否按规定办理延期开工建设手续；（四）是否按照核准的建设地点、建设规模、建设内容等进行建设”。

因此，该项内容应属于实施机构的监管要点之一，应予以重点关注。

在项目实施过程中，实施机构应要求项目公司严格按照批准的图纸实施，不得擅自调整项目内容，否则应根据《PPP 项目合同》的约定承担违约责任和行政后果。当确需调整项目实施内容时，应事先向实施机构申报。实施机构接到调整申请报告的，应根据当地的现行管理规定，向相关行政部门申报，获得批准后，再向项目公司发出书面同意的通知。项目公司在接到实施机构正式确认的通知后，方可以调整。

以浙江省 ×× 市为例，根据当地《×× 市人民政府关于印发政府投资项目管理办法的通知》行政规定，对于工程变更应按照批准的概算、合同造价，实行分类管理，分别为：

1. **简易程序：**单项工程变更金额 10 万元以下（含），且累计变更金额在 100 万元以下（含）的，由项目建设单位主管部门审核把关。

2. **备案程序：**单项工程变更金额 50 万元以下（含），且累计变更金额在 300 万元以下（含）或合同价 5% 以内（含）的，由项目主管部门审核，在工程变更施工前报市发改、财政、监察部门备案。适用于简易程序的项目变更除外。

3. **会签程序：**单项工程变更金额 100 万元以下（含），且累计变更金额在 500 万元以下（含）或合同价 10% 以内（含）的，须在工程变更施工前由建设单位提出申请，市发展改革部门接到申请后牵头组织财政、审计、公共资源交管办及相关单位到项目现场进行踏勘，当场会签确认，经会签确认的变更申请单作为工程变更的依据。适用于简易程序、备案程序的项目变更除外。

4. **会审程序：**单项工程变更金额300万元以下（含），且累计变更金额在2000万元以下（含），须在工程变更施工前由建设单位提出申请，市发展改革部门在接到申请后牵头组织财政、审计、公共资源交管办及相关单位，并视项目具体情况邀请专家进行现场踏勘、会审论证，经会签形成会议纪要，作为工程变更依据。适用于简易程序、备案程序、会签程序的项目变更除外。

5. **审批程序：**单项工程变更金额300万元以上，或情形复杂的工程变更，经会审后报市政府审批。总投资1000万元以上的政府投资项目投资增减额50%（不含）以上，或增减额在2000万元（不含）以上的，须报请市人大常委会作出决议、决定。

此处的管理较国务院和国家发展改革委的要求更加细致，因此，应按照当地的行政管理规定执行，案例项目也应根据××市的现行行政管理规定执行。

当以上行政审批程序完成以后，实施机构和项目公司双方应就原合同变化的内容签订补充协议，以确保未来实施有据可依，且程序合规。

该项监管内容属于重要监管要点，但属于或有内容，只有发生该类情形时才应按照规定执行，因此，实施机构可以每年年底确认一次即可。

要求成果清单

序号	要点内容（参考）
1	相关集体决策会议纪要、专项报告、政府批文
2	项目公司关于内容变化导致工期和费用发生变化的工作联系函
3	发改委、财政部门相关行政批准手续
4	《PPP项目合同补充协议》（附政府书面批准文件）
5	财政部PPP项目管理库信息公示
6	其他相关文件等

关联政策及规定

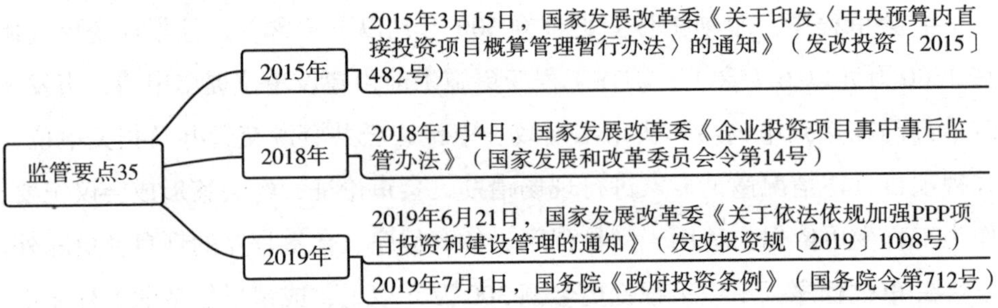

监管要点 36：项目实施过程中，若原合同确需变更的，确认是否及时签订了相关补充合同？

政策依据与解析

PPP 项目全生命周期 10~30 年，在项目执行过程中内容发生变化是正常的情况，因此财政部在《关于规范政府和社会资本合作合同管理工作的通知》（财金〔2014〕156 号）中明确了“兼顾灵活”的合同原则，通知明确，“鉴于 PPP 项目的生命周期通常较长，在合同订立时既要充分考虑项目全生命周期内的实际需求，保证合同内容的完整性和相对稳定性，也要合理设置一些关于期限变更（展期和提前终止）、内容变更（产出标准调整、价格调整等）、主体变更（合同转让）的灵活调整机制，为未来可能长达 20~30 年的合同执行期预留调整和变更空间”，因此，合同内容发生变化或调整是正常的，但是要按照规定及时签订补充协议进行闭环。

因为合同是 PPP 项目实施的基本依据，补充协议是合同的补充、完善或修正，和合同具有同等法律效力。

财政部《关于政府和社会资本合作示范项目实施有关问题的通知》（财金〔2014〕112 号）第 3 条第 5 项就规定，“严格按照合同办事，切实履行政府合同责任，保障 PPP 项目顺利实施”，应遵照执行。

补充协议也不是实施机构和项目公司之间任意的行为，应履行合适的审批手续，待政府批准后方可实施。2014 年 11 月 29 日财政部发布的《关于印发政府和社会资本合作模式操作指南（试行）的通知》（已失效）（财金〔2014〕113 号）第 28 条第 1 项规定，“按照项目合同约定的条件和程序，项目实施机构和社会资本或项目公司可根据社会经济环境、公共产品和服务的需求量及结构等条件的变化，提出修订项目合同申请，待政府审核同意后执行”。

财金〔2014〕113 号文失效后，财政部《政府和社会资本合作模式操作指南（修订稿）》（财办金〔2019〕94 号）第 30 条第 1 款规定，“合同条款原则上不得变更。因重大情势变更确需调整的，或者涉及非实质性条款的调整、补充或完善的，项目实施机构、项目公司（社会资本）应协商一致，按照项目合同约定的条件和程序进行修订，报政府审核同意后执行”，继续保持了该项要求，还是须获得政府的批准方可签订。

这也和原 PPP 项目主合同必须获得政府批准后方可签订的程序相一致。[①]

针对收费公路项目，交通运输部办公厅《关于印发〈收费公路政府和社会资本合作操作指南〉的通知》（交办财审〔2017〕173 号）第 42 条规定，“在收费公路 PPP 项目合同有效期内，合同内容确需变更的，协议当事人应当在协商一致的基础上签订补充合同，并报原审批机构审批”，和财政部原则一致。

补充协议也是 PPP 信息公示的内容之一，《关于印发〈政府和社会资本合作（PPP）综合信息平台信息公开管理暂行办法〉的通知》（财金〔2017〕1 号）第 2 章第 8 条第 7 项规定，“项目执行阶段应当公开的 PPP 项目信息包括”，“项目公司成本监审、PPP 项目合同的变更或补充协议签订情况”，详细如表 3-19 所示：

① 关联监管要点 14、监管要点 19。

表 3-19　公开信息相关内容

项目所处阶段	公开内容	公开方式	公开的时点	信息提供方
项目执行	项目公司成本监审、所有的 PPP 合同修订协议或补充协议	适时公开	对应活动结束后次年的 4 月 30 日前	实施机构 项目公司

合同是项目的根本，也是全生命周期的规则，因此具有首要地位，各方应对实施过程中与原合同约定发生偏差、发生变化、发生调整的内容及时地进行补充约定，形成合同约定、项目执行相统一的状态，不能货不对板，否则未来行政审计时，将会形成必然的后果。因此，实施机构应予重点监管，及时落实。

要求成果清单

序号	要点内容（参考）
1	《PPP 项目合同补充协议》及其支撑性文件，如会议纪要、实施机构书面通知、政府通知、红头文件等
2	实施机构书面意见
3	法制办或律师书面意见
4	政府书面批准意见
5	财政部 PPP 项目管理库信息公示
6	其他相关文件等

关联政策及规定

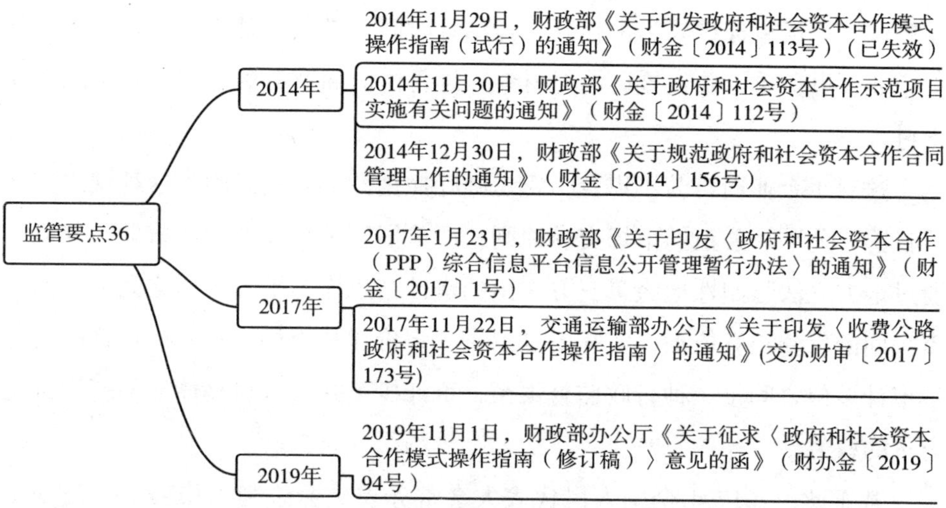

监管要点 37：确认项目公司是否及时、合适地进行了项目结算和决算？

政策依据与解析

PPP 项目建设完成后，应及时地进行竣工验收，并按照合同约定及时进入运营期，以顺利提供公共服务。

但实践中，部分地方政府考虑到进入运营期就要开始付费，由于财政或其他问题，往往迟迟不予竣工验收，或竣工验收后对结算和决算工作一再拖延，理由多为需要经过审计或在审计过程中，审计工作前后历经一年、两年确是常态。

因此，国家发布了众多政策对此进行限定，并明确了政府方的违规后果。

对于审计的规定，很多个地区先后出台了地方性审计条例或审计监督条例，规定政府投资和以政府投资为主的建设项目“以审计结果作为工程竣工结算依据”，规定“以审计结果作为建设工程竣工结算依据”的出发点是为了保护国有资产不流失、监督财政资金合理使用。而一些政府投资工程的建设单位以等候审计结果为由拖延工程结算时间，进而拖延支付工程款，使施工企业不堪负重，并直接影响对材料、设备供应商及劳务企业的款项结算和支付。

这对于企业而言苦不堪言，纷纷呼吁撤销此类规定。因为这种规定损害了自愿、公平、公正的市场交易原则，严重损害了企业的合法权益。并且，通过地方立法强制性地将第三方作出的审计结果作为平等主体之间签订的民事合同的价款结算依据，实际上是以行政定价代替市场定价。而审计机关和被审计单位之间是一种行政监督关系，审计机关并没有对具体交易行为进行定价的权力。

基于此，2017 年全国人民代表大会常务委员会法制工作委员会法规备案审查室《关于对地方性法规中以审计结果作为政府投资建设项目竣工结算依据有关规定提出的审查建议的复函》（法工备函〔2017〕22 号），该复函回复：经过充分调研和征求意见，认为地方性法规中直接以审计结果作为竣工结算依据和应当在招标文件中载明或者在合同中约定以审计结果作为竣工结算依据的规定，限制了民事权利，超越了地方立法权限，应当予以纠正。

因此，以审计为由拖延竣工验收、工程结算和决算的，一律不再获得支持。

国务院《政府投资条例》（国务院令第 712 号）第 22 条规定，“政府投资项目所需资金应当按照国家有关规定确保落实到位。政府投资项目不得由施工单位垫资建设”，第 25 条规定，“政府投资项目建成后，应当按照国家有关规定进行竣工验收，并在竣工验收合格后及时办理竣工财务决算。政府投资项目结余的财政资金，应当按照国家有关规定缴回国库”。若不遵照执行，则需根据第 34 条规定，“责令改正，根据具体情况，暂停、停止拨付资金或者收回已拨付的资金，暂停或者停止建设活动，对负有责任的领导人员和直接责任人员依法给予处分”承担法律后果。

2019 年 9 月 4 日，工业和信息化部发布的《及时支付中小企业款项管理办法（征求意见稿）》明确提出，“国家机关、事业单位和大型企业从中小企业采购货物、工程、服务的，应当在 30 日内付款；合同另有约定的，付款期限最长不得超过 60 日”。“不得以审计作为支付中小企业款项的条件，不得以审计结果作为结算依据”。

2020 年 2 月 26 日，住房和城乡建设部办公厅下发《关于加强新冠肺炎疫情防控有序推动企业开复工工作的通知》（建办市〔2020〕5 号）第 7 条明确要求：规范工程价款结算，政府和国有投资工程不得以审计机关的审计结论作为工程结算依据，建设单位不得以未完成决算审计为由，拒绝或拖延办理工程结算和工程款支付。

因此，PPP 项目建设完成，具备竣工验收条件后，应及时进行验收，并落实项目结算和决算工作，具体的决算审批根据财政部《基本建设财务规则》（财政部令第 81 号）、《基本建设项目竣工财务决算管理暂行办法》（财建〔2016〕503 号）、《关于印发〈中央基本建设项目竣工财务决算审核批复操作规程〉的通知》（财办建〔2018〕2 号）等文件执行。

部分地方政府也发布了相关的政策规定，如广西自治区住建厅就在 2018 年 9 月 30 日连发 5 份政策文件，包括：《进一步加强工程建设领域工人实名制管理工作的通知》《关于加强施工总承包企业对分包企业劳动用工和工资发放监督管理工作的通知》《关于加强建设单位及施工总承包企业在欠付工程款范围内先行垫付农民工工资工作的通知》《关于遏制工程建设领域违法发包、转包或分包造成欠薪行为的通知》《进一步推行房屋建筑和市政基础设施工程担保工作的通知》。

其中《关于加强建设单位及施工总承包企业在欠付工程款范围内先行垫付农民工工资工作的通知》第 5 条就明确规定，“各地要健全完善工程款支付、结算、协调、仲裁和清算约束机制。要按照桂政办发〔2018〕29 号文件要求推行施工过程结算，严格执行工程量清单计价和过程计量签认。建设单位应按合同约定的计量周期或工程进度进行结算并支付工程款。要明确竣工决算时限要求并在合同中予以约定。结（决）算文件经发包方、承包方双方签字确认后，未经双方同意，不得委托工程造价咨询机构重复审核。任何建设单位不得以未完成决算审计为由，拒绝或拖延与施工单位办理工程结算和工程款支付，否则，视为拖欠工程款。施工企业要根据建设工程施工合同保质保量完成工程项目建设，并按照合同条款及时上报进度付款申请单以及相应的支持性证明材料。工程完工后，施工企业应在合同约定期限内完成项目竣工结（决）算编制工作，并上报建设单位审核。未在规定期限内完成竣工结（决）算编制且无正当理由延期的，相关责任由施工企业承担。建设单位（或发包人）未在规定期限内（按照《基本建设财务规则》〔财政部令第 81 号〕执行）对结算报告及资料提出书面意见的，则视同认可，对工程质量存在异议的，应按合同约定申请仲裁或技术鉴定，不得以此为由拖延办理竣工结（决）算”。

因此，工程的竣工验收、结算和决算工作，除了要依据合同执行以外，还要熟悉、遵守地方政策规定。所以，具备条件及时竣工验收，并及时落实工程结算和财务决算，这也是实施机构的重要监管要点之一，应予重视。

要求成果清单

序号	要点内容（参考）
1	项目公司结算文件
2	审计单位审计报告
3	其他相关文件等

关联政策及规定

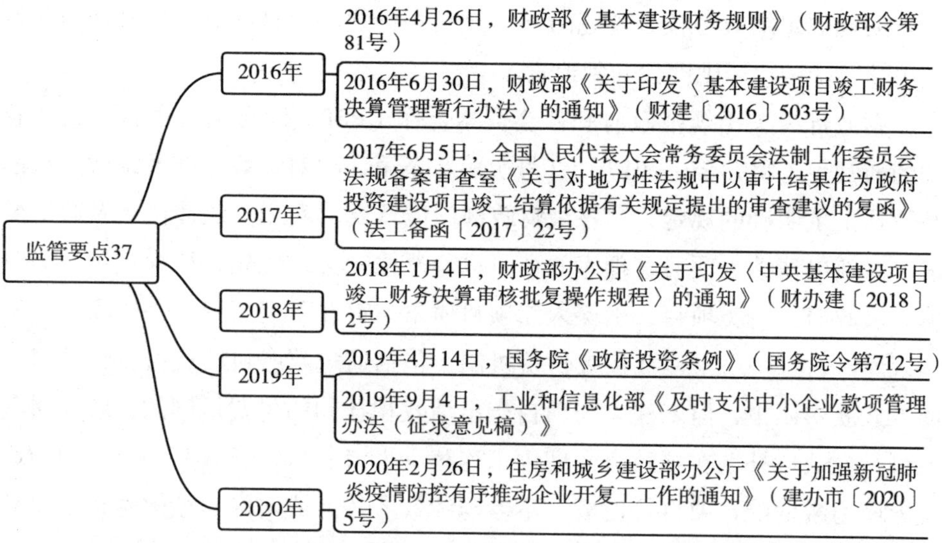

监管要点 38：确认是否按约及时进行绩效考核工作？

政策依据与解析

绩效考核是 PPP 项目里的一道亮丽风景线，所有 PPP 项目必须经过绩效考核；绩效考核也是关公一样的门神，不通过绩效考核，项目公司（社会资本）就无法获得政府付费，其属于刚性要求，项目必备，没有例外。

财政部《关于推进政府和社会资本合作规范发展的实施意见》（财金〔2019〕10 号）第 2 条第 1 款第 3 项规定，“规范的 PPP 项目应当符合以下条件”“……建立完全与项目产出绩效相挂钩的付费机制，不得通过降低考核标准等方式，提前锁定、固化政府支出责任”，第 3 条第 1 款第 2 项规定，“各级财政部门要将规范运作放在首位，严格按照要求实施规范的 PPP 项目，不得出现以下行为”“……社会资本方实际只承担项目建设、不承担项目运营责任，或政府支出事项与项目产出绩效脱钩的”，如果发生，则“应在限期内进行整改。无法整改或逾期整改不到位的，已入库项目应当予以清退，涉及增加地方政府隐性债务的，依法依规提请有关部门予以问责和妥善处置”。

明确规定绩效考核是规范的PPP项目条件之一，且政府支出必须与项目产出绩效挂钩，否则即会受到追责。

财政部《关于规范政府和社会资本合作（PPP）综合信息平台项目库管理的通知》（财办金〔2017〕92号）第2条第3项对绩效考核及绩效考核的基数作出了明确的规定，“各级财政部门应认真落实相关法律法规及政策要求，对新申请纳入项目管理库的项目进行严格把关，优先支持存量项目，审慎开展政府付费类项目，确保入库项目质量。存在下列情形之一的项目，不得入库”，“……未建立按效付费机制。包括通过政府付费或可行性缺口补助方式获得回报，但未建立与项目产出绩效相挂钩的付费机制的；政府付费或可行性缺口补助在项目合作期内未连续、平滑支付，导致某一时期内财政支出压力激增的；项目建设成本不参与绩效考核，或实际与绩效考核结果挂钩部分占比不足30%，固化政府支出责任的”。

实施机构应知悉，2017年11月10日之前签订PPP项目合同的，对于绩效考核的基数没有30%的量化要求，但是2017年11月10日之后签订的合同，则至少应为30%建设成本。

以上可知，PPP项目的绩效考核是必须的，绩效考核必须与政府方付费挂钩，绩效考核的基数至少是建设成本的30%，实施机构必须按照政策规定、合同约定开展绩效考核工作，并根据绩效考核的结果进行付费。

这也是实施机构的重要管理手段之一。

其实早在2014年9月23日，财政部《关于推广运用政府和社会资本合作模式有关问题的通知》（财金〔2014〕76号）就明确提出，“财政补贴要以项目运营绩效评价结果为依据，综合考虑产品或服务价格、建造成本、运营费用、实际收益率、财政中长期承受能力等因素合理确定”，要求“稳步开展项目绩效评价”，“省级财政部门要督促行业主管部门，加强对项目公共产品或服务质量和价格的监管，建立政府、服务使用者共同参与的综合性评价体系，对项目的绩效目标实现程度、运营管理、资金使用、公共服务质量、公众满意度等进行绩效评价。绩效评价结果应依法对外公开，接受社会监督。同时，要根据评价结果，依据合同约定对价格或补贴等进行调整，激励社会资本通过管理创新、技术创新提高公共服务质量”。

自此开始，国务院、财政部、国家发展改革委等多部门相继发文强调完善 PPP 项目的绩效考核制度，政策文件涉及市政工程、交通运输、医疗养老等多个领域。

随后，财政部《关于政府和社会资本合作示范项目实施有关问题的通知》（财金〔2014〕112 号）第 3 条第 4 项再次明确，“对 PPP 示范项目实施全生命周期监管，定期组织绩效评价，评价结果应作为定价调价的重要依据，保证公共利益最大化”。

2014 年 11 月 29 日，财政部又发布了《关于印发政府和社会资本合作模式操作指南（试行）的通知》（财金〔2014〕113 号）（已失效），该通知第 26 条规定，“项目实施机构应根据项目合同约定，监督社会资本或项目公司履行合同义务，定期监测项目产出绩效指标，编制季报和年报，并报财政部门（政府和社会资本合作中心）备案。政府有支付义务的，项目实施机构应根据项目合同约定的产出说明，按照实际绩效直接或通知财政部门向社会资本或项目公司及时足额支付。设置超额收益分享机制的，社会资本或项目公司应根据项目合同约定向政府及时足额支付应享有的超额收益。项目实际绩效优于约定标准的，项目实施机构应执行项目合同约定的奖励条款，并可将其作为项目期满合同能否展期的依据；未达到约定标准的，项目实施机构应执行项目合同约定的惩处条款或救济措施”。

财金〔2014〕113 号文失效后，征求意见中的新《政府和社会资本合作模式操作指南（修订稿）》（财办金〔2019〕94 号）延续了该项硬性要求，该指南第 29 条规定，“政府付费和可行性缺口补助项目，政府承担的年度运营补贴支出应与项目产出绩效完全挂钩，项目实施机构根据项目公司（社会资本）年度绩效评价结果，按照项目合同约定及时支付；使用者付费项目，实施机构应根据项目合同的约定对项目公司的履约情况进行绩效评价。项目实际绩效优于约定标准的，项目实施机构应执行项目合同约定的奖励条款；未达到约定标准的，项目实施机构应执行项目合同约定的惩罚条款或救济措施。项目公司（社会资本）的实际履约情况可作为项目期满合同是否展起的考量因素。设置超额收益分享机制的，项目公司（社会资本）应根据项目合同约定向实施机构及时足额支付政府应享有的超额收益，或抵减相应额度的政府支出责任”。

国家发展改革委对于绩效考核的意见和原则与财政部一致，并且明确鼓励委托第三方进行绩效评价的工作。2014 年 12 月 2 日发布的《关于开展政府和社会资本合作的指导意见》（发改投资〔2014〕2724 号）第 5 条第 5 款规定，“项目实施过程中，加强工程质量、运营标准的全程监督，确保公共产品和服务的质量、效率和延续性。鼓励推进第三方评价，对公共产品和服务的数量、质量以及资金使用效率等方面进行综合评价，评价结果向社会公示，作为价费标准、财政补贴以及合作期限等调整的参考依据。项目实施结束后，可对项目的成本效益、公众满意度、可持续性等进行后评价，评价结果作为完善 PPP 模式制度体系的参考依据”。

国务院办公厅《转发财政部发展改革委人民银行关于在公共服务领域推广政府和社会资本合作模式指导意见的通知》（国办发〔2015〕42 号）也确定了基本原则，“……**政府作为监督者和合作者，减少对微观事务的直接参与，加强发展战略制定、社会管理、市场监管、绩效考核等职责，有助于解决政府职能错位、越位和缺位的问题，深化投融资体制改革，推进国家治理体系和治理能力现代化**”，“建立政府、公众共同参与的综合性评价体系，建立事前设定绩效目标、事中进行绩效跟踪、事后进行绩效评价的全生命周期绩效管理机制，将政府付费、使用者付费与绩效评价挂钩，并将绩效评价结果作为调价的重要依据，确保实现公共利益最大化。依法充分披露项目实施相关信息，切实保障公众知情权，接受社会监督”。

随后，国务院又发布了《关于印发推进财政资金统筹使用方案的通知》（国发〔2015〕35 号），提出“加强项目库管理。发挥项目库的基础支撑作用，对没有进入项目库的项目一般不得安排预算；规范项目设置，做细做实项目库，全面反映项目的执行单位、历年预算安排、结转结余资金、绩效评价结果等情况；实施项目全周期滚动管理，逐步完善项目退出机制”。

2015年12月18日，财政部发布《关于印发〈PPP物有所值评价指引（试行）〉的通知》（财金〔2015〕167号）①，该通知第37条提出，“在PPP项目合作期内和期满后，项目本级财政部门（或PPP中心）应会同行业主管部门，将物有所值评价报告作为项目绩效评价的重要组成部分，对照进行统计和分析”，不仅对绩效考核提出了要求，还对绩效考核的组成进行了提示。

2016年5月28日，财政部和国家发展改革委共同发布了《关于进一步共同做好政府和社会资本合作（PPP）有关工作的通知》（财金〔2016〕32号），明确“要实现项目信息的及时发布与投资需求的有效对接，推动市场信息对称和充分公平竞争。要依法及时、充分披露项目实施方案、招标投标、采购文件、项目合同、工程进展、运营绩效等相关信息，切实保障公众知情权，主动接受社会监督，维护公共利益”，要求绩效的考核结果必须“依法及时、充分披露”，再次明确绩效考核是必须进行的动作。

2016年9月24日，财政部《关于印发〈政府和社会资本合作项目财政管理暂行办法〉的通知》（财金〔2016〕92号）第25条、第27条分别规定，“各级财政部门应当会同行业主管部门开展PPP项目绩效运行监控，对绩效目标运行情况进行跟踪管理和定期检查，确保阶段性目标与资金支付相匹配，开展中期绩效评估，最终促进实现项目绩效目标。监控中发现绩效运行与原定绩效目标偏离时，应及时采取措施予以纠正”，“各级财政部门应当会同行业主管部门在PPP项目全生命周期内，按照事先约定的绩效目标，对项目产出、实际效果、成本收益、可持续性等方面进行绩效评价，也可委托第三方专业机构提出评价意见”。

既对国家发展改革委委托第三方专业机构进行绩效评价的意见进行了肯定，也提出了中期评估要求，项目各方应遵照执行。

2016年9月28日，国家发展改革委和住房城乡建设部共同发布的《关于开展重大市政工程领域政府和社会资本合作（PPP）创新工作的通知》（发

① 根据财政部《关于公布废止和失效的财政规章和规范性文件目录（第十三批）的决定》（财政部令第103号），本文件已经失效。

改投资〔2016〕2068 号）重点从“政府通过合同管理、绩效考核、按效付费，实现全产业链和项目全生命周期的 PPP 合作”，“完善行业监管机制，重点对企业的绩效、运营成本、服务效率、产品质量进行监审”等方面作出了明确指示，作为市政行业示范项目的创新工作要求。

2016 年 10 月 11 日，财政部《关于在公共服务领域深入推进政府和社会资本合作工作的通知》（财金〔2016〕90 号）第 5 条强调，“着力规范推进项目实施……要加强项目全生命周期的合同履约管理，确保政府和社会资本双方权利义务对等，政府支出责任与公共服务绩效挂钩”。

2016 年 10 月 24 日，国家发展改革委《关于印发〈传统基础设施领域实施政府和社会资本合作项目工作导则〉的通知》（发改投资〔2016〕2231 号）第 19 条规定，“PPP 项目合同中应包含 PPP 项目运营服务绩效标准。项目实施机构应会同行业主管部门，根据 PPP 项目合同约定，定期对项目运营服务进行绩效评价，绩效评价结果应作为项目公司或社会资本方取得项目回报的依据。项目实施机构应会同行业主管部门，自行组织或委托第三方专业机构对项目进行中期评估，及时发现存在的问题，制订应对措施，推动项目绩效目标顺利完成”，再次对绩效考核的落实进行了强调和说明。

针对收费公路项目，交通运输部办公厅《关于印发〈收费公路政府和社会资本合作操作指南〉的通知》（交办财审〔2017〕173 号）第 39 条规定，“交通运输主管部门或项目实施机构应根据收费公路 PPP 项目合同中的运营服务绩效标准和考核办法，定期对项目运营服务进行绩效评价，绩效评价结果应作为项目公司或社会资本方取得项目回报的依据”，作出了同样的规定，并没有差异或变化。

绩效考核显然也是 PPP 项目信息公示的内容。

财政部《关于印发〈政府和社会资本合作（PPP）综合信息平台信息公开管理暂行办法〉的通知》（财金〔2017〕1 号）第 2 章第 8 条第 4 款、第 5 款分别规定，“项目执行阶段应当公开的 PPP 项目信息包括”“社会资本或项目公司的运营情况（特别是出现重大经营或财务风险，可能严重影响到社会资本或项目公司正常运营的情况）及运营绩效达标情况”，“项目公司绩效监测报告、中期评估报告、项目重大变更或终止情况、项目定价及历次调价情况”，详细要求如 3-20 所示：

表 3-20　公开信息相关内容

项目所处阶段	公开内容	公开方式	公开的时点	信息提供方
项目执行	社会资本或项目公司的年度运营情况及运营绩效达标情况	即时公开	依据 PPP 项目合同约定；如 PPP 项目合同未约定时，则在对应活动结束后次年的 4 月 30 日前予以公开	项目公司
	项目公司绩效监测报告、中期评估报告、项目重大变更或终止情况、项目定价及历次调价情况	适时公开	依据 PPP 项目合同约定；如 PPP 项目合同未约定时，则在对应活动结束后次年的 4 月 30 日前予以公开	实施机构

2018 年 4 月 24 日，财政部《关于进一步加强政府和社会资本合作（PPP）示范项目规范管理的通知》（财金〔2018〕54 号）再次提出明确要求，“落实中长期财政规划和年度预算安排，加强项目绩效考核，落实按效付费机制，强化激励约束效果，确保公共服务安全、稳定、高效供给”，“及时更新 PPP 项目开发目录、财政支出责任、项目采购、项目公司设立、融资到位、建设进度、绩效产出、预算执行等信息，实时监测项目运行情况、合同履行情况和项目公司财务状况，强化风险预警与早期防控”。

可见，各部委连续发文，对绩效考核均提出了明确的要求，且越来越趋向于细节和量化。

2019 年 4 月 26 日，财政部发布《关于征求对〈政府和社会资本合作（PPP）项目绩效管理操作指引（征求意见稿）〉意见的函》（财办金〔2019〕39 号），对绩效考核的具体管理操作征求意见，但截至目前还没有正式公布，且由于指引中的内容各方争议较大，因此可能会有重大调整，所以仅供参考，不作为权威实施的正式依据。

2020 年 3 月 16 日，财政部发出了正式的《政府和社会资本合作（PPP）项目绩效管理操作指引》（财金〔2020〕13 号），指引对绩效考核的具体操作明确了详细的规定，与征求意见稿有相对较大的调整，详细解读，请见知识点延伸：《在实践中一往无前——〈PPP 项目绩效管理操作指引〉简评》。

绩效考核不复杂，透过现象看本质，其核心是“事前设定绩效目标、事中进行绩效跟踪、事后进行绩效评价”，其本质是“规则前置、细则明确、动作完整、管理到位”。绩效考核本身不是目的，政府付费也不是最终目标，最终要达成的效果是保证 PPP 项目的健康、良性运转。

绩效考核分为定期考核、不定期考核、中期评估和项目后评价。

PPP 项目的绩效考核应在签约前，经过政府方和社会资本一致认可，同时作为附件进入 PPP 项目合同，作为项目执行过程中的考核依据。因为绩效考核的基础是 PPP 合同的输出标的，PPP 合同约定的项目输出内容及质量等级要求等对于绩效考核细则有决定性选择作用。可以说，产出说明是对 PPP 项目的范围和内容进行了约定，绩效考核则是对产出说明的量化考核。而 PPP 项目的总投资额又是建立在产出说明的基础之上的，所以根基确立，上层考核也才能取得稳定、长效的效用！如果事先不予以考核细则的约定，仅从原则性上进行说明，那么随着社会的发展进步，项目的考核标准一定是水涨船高，而社会资本方当初的报价是基于现有标准来执行的，所以考核细则，也理应建立在同等标准之上。如果现在仅约定原则，在后期实施中重新确立考核细则，势必会引起双方的矛盾，影响整体的项目推进和公共服务的供给。

所以最好的方式就是，按照现有产出说明、现有标准、现有报价，明确现有的绩效考核办法和细则。

结合绩效考核现行政策的规定，绩效考核要点可总结为以下几点：

1. 考核主体：政府方可以自行实施绩效考核、组织政府职能部门、专家和公众进行联合考核，也可以委托第三方评价机构进行。

2. 考核对象：项目公司。

3. 考核目标：包括产品质量、运营服务数量和质量、运营成本、资金使用效率、综合运营管理情况、项目设施状况、安全生产、综合治理、公众满意度、价格和收费机制、环境保护、劳动者权益、信息发布等。

4. 考核目标子目标设定要求：可测量、可监控、为实施本项目所必须。

5. 考核方式及频率：临时考核和定期考核；月、季度或年。

6. 考核的结果作用：与政府付费挂钩。实际绩效优于约定标准的，执行项目合同奖励条款，并可将其作为项目期满合同能否展期的依据；未达到约定标准的，执行惩处条款或救济措施。考核结果严重不合格或出现连续多次不合格的情况，则社会资本方应在限期内整改，逾期仍未完成整改的，则政府方有权启动提前终止程序。

7. 下步工作：及时评估已发现问题的风险，制定应对措施。

换言之，绩效考核办法和细则，应能满足以上七点。

据此，我们以案例高速公路 PPP 项目为例，可以通过月度考核、年终考核相结合的方式进行设计，设计考核子项包括：项目公司治理绩效考核、产出绩效考核、日常设施巡查绩效考核、日常维护及时率绩效考核、设施完好率绩效考核、社会责任承担绩效考核六个部分（项目公司的规范管理内容包括三部分：一是项目公司经营管理，二是建设项目管理，三是行业运营管理，绩效考核应能覆盖）。以上六个部分的设计考虑是基于：

1. 项目公司以法人治理，其是 PPP 项目实施的第一法律责任人，其经营的规范与否直接影响 PPP 项目的成败，故其重要性最高，是绩效考核的首要因素，权重比例在整个考核体系中占比 30%（年终一次考核）。

2. 产出绩效，则是考核社会资本方在投标时所考虑的支出成本与对应的服务产出，实际履行对比情况，是对投资控制的一个检验，故权重比例在整个考核体系中占比 20%（年终一次考核）。

3. 日常设施巡查，这部分重点是考核具体工作落实时人的因素，只有人落实到位了，下面的工作才有可能落得了地，才有可能达成预期目标，所以权重比例在整个考核体系中考虑占比 15%（月度考核）。

4. 日常维护及时率，人到位了，具体执行也非常重要，过程的考核属于事中考核，权重比例在整个考核体系中占比 15%（月度考核）。

5. 设施完好率，这是对结果的检验，是对以上各项考核工作的最终扎口，故权重比例在整个考核体系中占比 10%（年终一次考核）。

6. 社会责任承担，PPP 项目始终是公益型项目，项目公司也需要承担一定的社会责任（限定在一定的范围内），故针对该部分也需要进行考核，权重比例在整个考核体系中考虑占比 10%（年终一次考核）。

以上六个一级考核指标，基本可以覆盖政策规定的各考核要素，而考核程序、形式、办法，也从实践角度考虑，力求简单易行高效，尽量不牵扯各方更多的精力。在此基础上，根据设定项目的内容模拟，推演出二级考核指标及三级考核指标，以及初步设定相应的分值，从而设计出完整的《绩效考核细则手册》。

绩效考核的目的是“减少政府对微观事务的过度参与”，引导“政府通过合同管理、绩效考核、按效付费，实现全产业链和项目全生命周期的 PPP 合作”，实质上是要求政府方抓住重点工作，以结果为导向，“确保公共服务安全、稳定、高效供给”。所以在设计考核细则的时候，其考虑重点应是从引导项目公司进行规范管理出发，并从罚分上进行规则约束，实际应用来说，有如下几条建议：

1. 设置强制性指标。对于项目公司管理红线而言，可以挑选敏感易发情形，对此设置强制性考核条款，如不得私设小金库、不得无审批手续突破投资概算、不得发生有责质量安全事故等，发生一起，则当期对应考核子项均为零分，以此警示项目公司规范管理。

2. 设置加分项指标。全国调研发现，极少数项目设计加分指标，这是明显不合理的，并没有对政策完全响应，当项目公司管理良好时，理应加分，方显公平，项目公司才会有驱动力去努力管理，对公共服务提质增效。

3. 设置扣分规则。不建议一检查就直接扣分，建议给予合理的整改宽限期，整改宽限期内依然没有整改完成并回复闭环的，再予确认扣分。当项目公司确实没有规范管理时，相信短短的宽限期也很难整改到位，所以适当的宽限期反而显得更加人性化。

4. 设置豁免扣分情形。对实际发生的扣分情形，应追索其责任成因，若有证据能够确认其不属于项目公司的责任，那么只要实施机构能够对该等证据进行书面确认，可以豁免扣分，相对客观。

5. 设置深度不同的检查方式。绩效考核动作应以不影响项目公司日常工作和项目推进为前提，故考核动作应尽可能根据深度不同，设置不同的团队来进行。如月度考核，建议采用小团队、小范围的简易检查程序，由实施机构代表 1 名、第三方考核机构代表 1 名以及项目公司代表 1 名组成即可；年终考核，则建议相关单位均应参与，以保证各项工作的完整性和及时性，如实施机构代表、财政部门代表、第三方考核机构代表、项目公司代表等。

通过以上各项规则的设置，可以客观、公正地体现绩效考核的根本目的，也能使项目各方能够客观、公正地看待绩效考核的本质，对 PPP 项目的健康推进和良性发展是大有裨益的。

全面论述和实例示范，可以参见《PPP 执行阶段操作指南：绩效考核实例》①。

以上事关政府付费，PPP 项目绩效考核必然是监管重点，也是实施机构牵头落实的重点，因此实施机构应重点关注，按约落实，建议委托第三方专业机构进行。

要求成果清单

序号	要点内容（参考）
1	绩效考核方案
2	绩效考核通知、启动会议纪要、末次会议纪要
3	绩效考核报告（初稿，附过程文件）
4	项目公司的整改完成报告（包括过程文件，作为附件）
5	正式绩效评价报告
6	其他相关文件等

① 崔德高：《PPP 项目执行阶段操作指南：绩效考核实例》，法律出版社 2018 年版。

关联政策及规定

- 监管要点38
  - 2014年
    - 2014年9月23日，财政部《关于推广运用政府和社会资本合作模式有关问题的通知》（财金〔2014〕76号）
    - 2014年11月29日，财政部《关于印发政府和社会资本合作模式操作指南（试行）的通知》（财金〔2014〕113号）（已失效）
    - 2014年11月30日，财政部《关于政府和社会资本合作示范项目实施有关问题的通知》（财金〔2014〕112号）
    - 2014年12月2日，国家发展改革委《关于开展政府和社会资本合作的指导意见》（发改投资〔2014〕2724号）
  - 2015年
    - 2015年5月19日，国务院办公厅转发财政部发展改革委人民银行《关于在公共服务领域推广政府和社会资本合作模式指导意见的通知》（国办发〔2015〕42号）
    - 2015年6月16日，国务院《关于印发推进财政资金统筹使用方案的通知》（国发〔2015〕35号）
    - 2015年12月18日，财政部《关于印发〈PPP物有所值评价指引（试行）〉的通知》（财金〔2015〕167号）
  - 2016年
    - 2016年5月28日，财政部、国家发展改革委《关于进一步共同做好政府和社会资本合作（PPP）有关工作的通知》（财金〔2016〕32号）
    - 2016年9月24日，财政部《关于印发〈政府和社会资本合作项目财政管理暂行办法〉的通知》（财金〔2016〕92号）
    - 2016年9月28日，国家发展改革委、住房城乡建设部《关于开展重大市政工程领域政府和社会资本合作（PPP）创新工作的通知》（发改投资〔2016〕2068号）
    - 2016年10月11日，财政部《关于在公共服务领域深入推进政府和社会资本合作工作的通知》（财金〔2016〕90号）
    - 2016年10月24日，国家发展改革委《关于印发〈传统基础设施领域实施政府和社会资本合作项目工作导则〉的通知》（发改投资〔2016〕2231号）
  - 2017年
    - 2017年1月23日，财政部《关于印发<政府和社会资本合作（PPP）综合信息平台信息公开管理暂行办法>的通知》（财金〔2017〕1号）
    - 2017年11月10日，财政部《关于规范政府和社会资本合作（PPP）综合信息平台项目库管理的通知》（财办金〔2017〕92号）
    - 2017年11月22日，交通运输部办公厅《关于印发〈收费公路政府和社会资本合作操作指南〉的通知》（交办财审〔2017〕173号）
  - 2018年
    - 2018年4月24日，财政部《关于进一步加强政府和社会资本合作（PPP）示范项目规范管理的通知》（财金〔2018〕54号）
  - 2019年
    - 2019年3月7日，财政部《关于推进政府和社会资本合作规范发展的实施意见》（财金〔2019〕10号）
    - 2019年4月26日，财政部《关于征求对〈政府和社会资本合作（PPP）项目绩效管理操作指引（征求意见稿）〉意见的函》（财办金〔2019〕39号）
    - 2019年11月1日，财政部办公厅《关于征求〈政府和社会资本合作模式操作指南（修订稿）〉意见的函》（财办金〔2019〕94号）

知识点延伸

在实践中一往无前[①]

——《PPP项目绩效管理操作指引》简评

绩效考核不复杂，其核心是“**事前设定绩效目标、事中进行绩效跟踪、事后进行绩效评价**”，其本质是“**规则前置、细则明确、动作完整、管理到位**”，以此形成全生命周期的系统PDCA循环，保持项目受控，推动项目健康发展。在《PPP项目绩效管理操作指引》（财金〔2020〕13号，以下简称操作指引）之前，与绩效考核相关的政策共计46份，操作指引与之前的政策并无冲突，应属于进一步的补充、完善和细化，对于实务中的执行提出了更加明确的、清晰的指导意见，核心内容提炼如下：

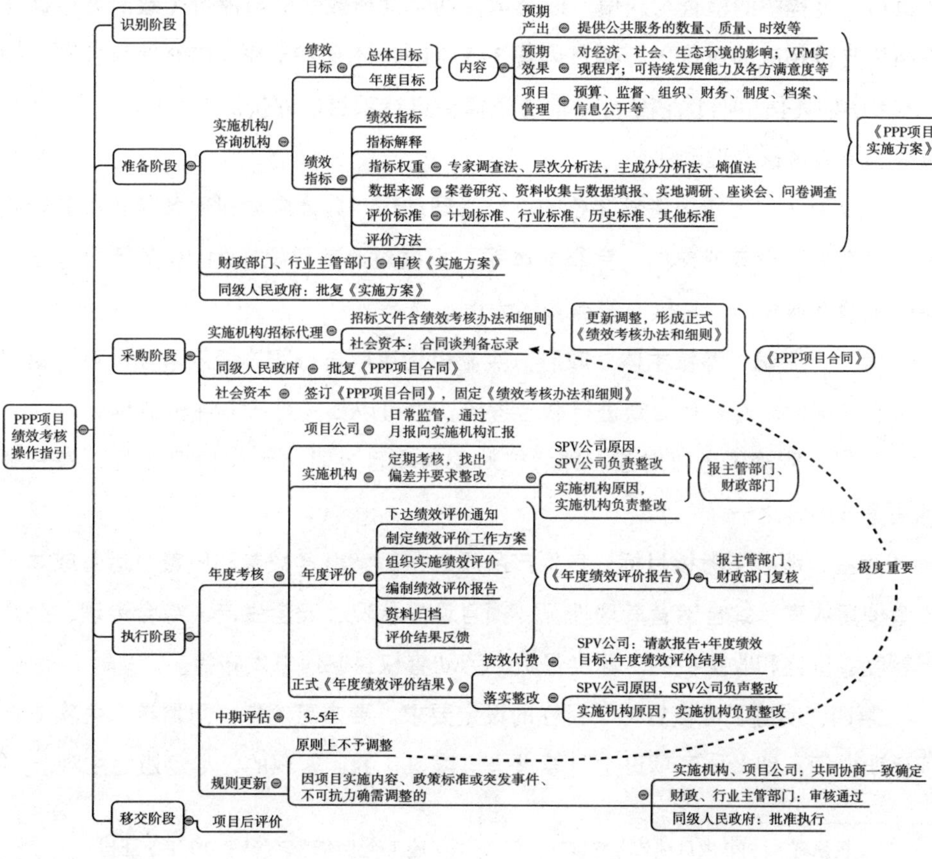

① 崔德高，本文同步发表于《施工企业管理杂志》2020年6月刊。

一、操作指引的积极意义

“绩效考核本身不是目的，政府付费也不是最终目标，最终要达成的效果是保证 PPP 项目的健康、良性运转”①，持续提供稳定、高效的社会公共服务。**操作指引明确了项目落地前后各阶段、各方应如何具体实施绩效考核相关工作，是对前述 46 份政策的系统梳理与完善。**

绩效考核不是一个割裂的单独事件，是一个完整的系统动作，其应包括**准备阶段《实施方案》中的产出说明、绩效考核办法与原则；采购阶段合同谈判期间的备忘录（与绩效考核相关的内容），合同签订期间经过双方确定的绩效考核办法与细则（需同级人民政府批准后方可签订）；执行阶段根据绩效考核要求履约的执行，过程中的检查与纠偏，以及运营期年度绩效考核与评价（政府方根据评价结果支付相应的对价）。项目运营 3~5 年时，还有基于原《PPP 项目合同》的 PDCA 中期评估。项目结束后，政府方还需要进行项目后评价。**以上构成了完整的、系统的绩效考核管理动作。

但是对于以上绩效考核完整的系统管理动作，具体应如何逐条落实？各项政策尚没有能够形成成熟的、完整的体系。根据对此前已发布的 46 条绩效考核相关政策的系统梳理，其核心要点凝练为以下 7 条②：

第一，明确了考核主体。政府方实施机构可以自行实施绩效考核、可以组织政府职能部门、专家和公众进行联合考核，也可以委托第三方评价机构。

第二，明确了考核对象。即考核对象为项目公司，而非 PPP 项目，PPP 项目是考核内容之一。

第三，明确了考核目标。包括产品质量、运营服务数量和质量、运营成本、资金使用效率、综合运营管理情况、项目设施状况、安全生产、综合治理、公众满意度、价格和收费机制、环境保护、劳动者权益、信息发布等。

第四，明确了考核目标子目标的设定要求。要求可测量、可监控、为实施本项目所必须，即考核子项设定时要求是可以量化的、客观的，尽量避免主观。

---

① 崔德高：《PPP 项目绩效考核设计实例》，载《施工企业管理杂志》2019 年 5 月刊。

② 崔德高：《PPP 项目绩效考核设计实例》，载《施工企业管理杂志》2019 年 5 月刊。

第五，明确了考核方式及频率。政策规定，可以是临时考核和定期考核，可以是月度、季度或年度考核，频率并未限定死，可以根据项目实际情况，由双方协商确定。

第六，明确了考核结果的作用。与政府付费挂钩。实际绩效优于约定标准的，执行项目合同奖励条款，并可将其作为项目期满合同能否展期的依据；未达到约定标准的，执行惩处条款或救济措施。考核结果严重不合格或出现连续多次不合格的情况，则社会资本方应在限期内整改，逾期仍未完成整改的，则政府方有权启动提前终止程序。

第七，明确了下步工作：及时评估已发现问题的风险，制定应对措施。

以上是已有政策的系统梳理和总结，与之对比，我们可以明确，操作指引的积极意义，重点在于以下三部分：

1. 明确了准备阶段实施机构及其他相关部门各自的工作职责和实施办法。对应前述“准备阶段《实施方案》中的产出说明、绩效考核办法与原则”工作，操作指引进行了细致的分工。其中，绩效目标分为总体目标和年度目标是首次清晰分类，绩效指标则是多次提及，所以该部分内容应可更好的指导实施机构的工作（该部分属于《PPP 项目实施方案》内容，因此，实施机构负责，咨询机构编制，财政部门、行业主管部门进行审核，最终同级人民政府书面批复）。

2. 明确了采购阶段实施机构及其他相关部门各自的工作程序和实施办法。对应前述“采购阶段合同谈判期间的备忘录（与绩效考核相关的内容），合同签订期间经过双方确定的绩效考核办法与细则（需同级人民政府批准后方可签订）”，操作指引进行了清晰的描述和要求。实践中，采购阶段社会资本与实施机构的谈判多为商务谈判和合同核心内容的谈判，少有对绩效考核办法和细则进行深入交流的，大概率是沿用《PPP 项目实施方案》中的版本。由于实施方案编制时，缺少更加详细的项目实施背景信息，所以多为原则性的，概要性的办法和细则，不能精准指导执行，从而导致执行阶段的矛盾。操作指引对此进行了明确的规定，可以有效指导社会资本重点关注，事先对招标文件中的绩效考核办法和细则进行研读，然后在合同谈判期间通过备忘录进行完善、细化和更新，最终双方通过《PPP

项目合同》达成一致共识，这对于未来项目执行阶段的健康实施，以及未来的绩效考核，进一步降低了争议纠纷的可能。动作虽小，意义非常大！该项对社会资本非常友好，就是希望可以引起社会资本的重视！

3. 明确了执行阶段年度考核具体应如何开展，程序更加清晰，实施机构和项目公司的职责更加明确。操作指引首次提出由项目公司自行进行日常监管，实务中，项目公司可以通过将绩效考核办法和细则 WBS 分解至各对应岗位责任人员，以此作为工作自评的基准依据，并通过《项目公司经营管理月报》的形式定期向实施机构提交日常监控报告，以此保证信息畅通，更加有助于工作的协同。另外，操作指引要求实施机构具体落实 PDCA 中 C 的偏差识别工作，并负责问题的关闭，责任更加清晰。

而对于年度绩效评价的开展和正式《年度绩效评价结果》的应用，则是把程序进行了捋顺和完善，并没有特殊安排。从下达绩效评价通知、指定绩效评价工作方案、组织实施绩效评价、编制绩效评价报告、资料归档、评价结果反馈，到报主管部门、财政部门复核，形成正式的评价结果，然后向项目公司按效付费，以及督促整改落实，都是常规动作，编者在《PPP 项目执行阶段操作指南：绩效考核实例》[①] 中也有相应描述，大同小异。该项内容对于一线绩效考核的开展比较有利，执行依据更加充分。

操作指引还对中期评估和绩效考核的规则更新作了原则性约定，根据约定，“原则上不予调整”，所以更加要求社会资本要重视合同谈判期间的窗口期，必须要在《谈判备忘录》中明确好绩效考核的详细内容，为佳，然后在《PPP 项目合同》中进行固定，对于后期的实施来说，才能事半功倍。否则，按照实务中相关各方的惯性思维，先签署合同，未来通过《补充协议》再行明确，根据操作指引的规定，“因项目实施内容、政策标准或突发事件、不可抗力确需调整的”，必须要实施机构、项目公司共同协商一致，然后财政部门、行业主管部门审核通过，最终报同级人民政府批准后执行，可见其程序相当复杂和冗长，必然效率不高，强烈不建议采用此种方式。

---

① 崔德高：《PPP 项目执行阶段操作指南绩效考核实例》，法律出版社 2018 年版。

二、操作指引的缺憾和待完善

通过以上交叉比对我们会清晰地发现，三项明确的积极部分内容，对应了前述 46 项政策总结其中的考**核主体、考核对象、考核目标子目标设定要求、考核方式及频率、考核的结果作用和下步工作**等 6 项内容，但是对于**考核目标**部分，却未能详细深入，仅在附件中列示了参考使用的“PPP 项目建设期绩效评价共性指标框架”“PPP 项目运营期绩效评价共性指标框架”，实际指导作用有限。实际上，实施机构、咨询机构和社会资本最为苦恼的就是“考核目标”的各项细化，这也是急需设定上层规则的部分。

如前所述，考核目标包括产品质量、运营服务数量和质量、运营成本、资金使用效率、综合运营管理情况、项目设施状况、安全生产、综合治理、公众满意度、价格和收费机制、环境保护、劳动者权益、信息发布等，但是鉴于项目类型不同、项目内容不同、合同约定不同等因素综合后，如何科学合理地设置相关联的、相对应的一级指标、二级指标和三级指标，就需要完整地、系统地思考和设计，才能从根本上体现绩效考核的核心意义，推动项目的健康实施。

少了该部分最急需、最核心、最繁杂的内容，导致本操作指引的含金量就大大缩减，因此，我们继续期盼该部分内容的权威发布。

三、应对意见和建议

除了翘首以盼上层规则尽快完善出台以外，我们也要积极探索，主动出击，不能仅仅被动地等待，项目不等人！以某市政道桥 PPP 项目为例，我们根据项目特性，通过**月度考核、年终考核相结合**的方式进行绩效考核设计。根据项目公司的规范经营管理三部分内容去深入思考（一是项目公司经营管理，二是建设项目管理，三是行业运营管理），然后设计一级考核目标包括：**项目公司治理绩效考核、产出绩效考核、日常设施巡查绩效考核、日常维护及时率绩效考核、设施完好率绩效考核、社会责任承担绩效考核**六个部分，应能完整覆盖绩效考核相关政策要求。

以上六个部分的设计考虑是基于：

1. 项目公司以法人治理，其是 PPP 项目实施的第一法律责任人，其经营的规范与否直接影响 PPP 项目的成败，故其重要性最高，是绩效考核的首要因素，权重比例在整个考核体系中占比 30%（年终一次考核）。

2. 产出绩效，则是考核社会资本方在投标时所考虑的支出成本与对应的服务产出，实际履行对比情况，是对投资控制的一个检验，故权重比例在整个考核体系中占比 20%（年终一次考核）。

3. 日常设施巡查，这部分重点是考核具体工作落实时人的因素，只有人落实到位了，下面的工作才有可能落得了地，才有可能达成预期目标，所以权重比例在整个考核体系中考虑占比 15%（月度考核）。

4. 日常维护及时率，人到位了，具体执行也非常重要，过程的考核属于事中考核，权重比例在整个考核体系中占比 15%（月度考核）。

5. 设施完好率，这是对结果的检验，是对以上各项考核工作的最终扎口，故权重比例在整个考核体系中占比 10%（年终一次考核）。

6. 社会责任承担，PPP 项目始终是公益型项目，项目公司也需要承担一定的社会责任（限定在一定的范围内），故针对该部分也需要进行考核，权重比例在整个考核体系中考虑占比 10%（年终一次考核）。

以上六个一级考核指标，基本可以覆盖政策规定的各考核要素，而**考核程序、形式、办法，也从实践角度考虑，力求简单易行高效，尽量不牵扯各方更多的精力**。在此基础上，根据设定项目的内容模拟，推演出二级考核指标及三级考核指标，以及初步设定相应的分值，从而设计出完整的《绩效考核细则手册》。该示例为某 PPP 项目的考核实例，源于作者此前在国外实施的 MIC 通讯 Turnkey 项目交付考核办法，因此实用性较高，供各位读者参考。①

同时，对社会资本（项目公司）提出以下建议：

1. 采购阶段中，合同谈判期间，应对招标文件中的绩效考核办法和细则足够重视，倾注足够精力，并在《谈判备忘录》中明确双方谈判一致的绩效考核相关内容，落笔为安。

2. 合同签订期间，对《PPP 项目合同》中的绩效考核办法和细则应足够重视，

① 崔德高：《PPP 项目执行阶段操作指南绩效考核实例》，法律出版社 2018 年版。

倾注足够精力，依据《谈判备忘录》进行细化和完善，务求清晰明确，尽量不采用补充协议的形式待未来再去完善。

3. 对于已经落地，但没有约定清晰的项目，建议社会资本（项目公司）主动研究项目特性和已有的绩效考核办法、原则，主动对方案提出修正或完善，主动与实施机构沟通和商讨，争取形成一致意见，以期对项目的健康推进打好基础。这一点，操作指引也予以了肯定，“本指引施行前已发布中标通知书的项目，沿用采购文件或项目合同中约定的绩效评价指标及结果应用等条款，按照本指引开展绩效监控、绩效评价相关工作，绩效目标与绩效指标体系不完善的，可参照本指引进行补充完善”，社会资本（项目公司）可以据此开展，不要被动等待。过程中，可以邀请咨询机构或专家予以外援。

4. 绩效考核办法和细则形成一致意见确定后，项目公司可以将最末考核指标（一般为三级指标）逐条分配给相关责任人，作为各管理责任人日常工作自我检查的考评标准，将考核的目标和日常工作紧密关联，并形成系统工作机制，更加高效。

以上仅从项目的微观角度去建议各方解决燃眉之急，但是对于长期来说，我们建议各方依据各自项目，主动系统思考，基于各自的案例提炼不同类型的考核要点，对考核目标的细则部分建言建策，不断地聚沙成塔，全国范围下的头脑风暴可以迅速积累起基于一线的最基础的绩效考核和评价的观点，更具有实用性和适用性。项目样本越多，政策的起草与推动越清晰、越迅速，其内容对于项目相关方来说，也更加友好。这一点，需要咨询机构、社会资本和政府方共同努力去推动，方可实现。

监管要点 39：确认是否按约履行，及时付费？

政策依据与解析

按约付费是实施机构的义务，也是项目公司（社会资本）的权利，在经过必须的绩效考核程序后，实施机构应按照《PPP 项目合同》的约定及时付费，否则应承担相应的后果。

针对部分政府方不按约履行付费义务的情形，国务院及各部委专门发出了相关规定。

2014 年 11 月 29 日，财政部发布的《关于印发政府和社会资本合作模式操作指南（试行）的通知》（财金〔2014〕113 号）（已失效）第 26 条规定，“政府有支付义务的，项目实施机构应根据项目合同约定的产出说明，按照实际绩效直接或通知财政部门向社会资本或项目公司及时足额支付。设置超额收益分享机制的，社会资本或项目公司应根据项目合同约定向政府及时足额支付应享有的超额收益。项目实际绩效优于约定标准的，项目实施机构应执行项目合同约定的奖励条款，并可将其作为项目期满合同能否展期的依据；未达到约定标准的，项目实施机构应执行项目合同约定的惩处条款或救济措施”。

财金〔2014〕113 号文失效后，征求意见中的《政府和社会资本合作模式操作指南（修订稿）》（财办金〔2019〕94 号）第 44 条强调，“项目实施机构应严格履行合同约定，切实保障社会资本和项目公司的合法权益”，并在第 29 条将 113 号文第 26 条规定进行了肯定和延续。

2015 年 4 月 7 日财政部《关于印发〈政府和社会资本合作项目财政承受能力论证指引〉的通知》（财金〔2015〕21 号）[①] 第 29 条规定，“……财政部门要严格按照合同执行，及时办理支付手续，切实维护地方政府信用，保障公共服务有效供给”。

随后财政部《关于进一步做好政府和社会资本合作项目示范工作的通知》（财金〔2015〕57 号）明确，“省级财政部门要统计监测所有 PPP 项目的政府支付责任并报财政部备案，加强示范项目管理，督促下级财政部门严格履行合同约定，保护社会资本的合法权益，切实维护政府信用”。

---

① 根据财政部《关于公布废止和失效的财政规章和规范性文件目录（第十三批）的决定》（财政部令第 103 号），本文已失效。

2016年9月24日，财政部在《关于印发〈政府和社会资本合作项目财政管理暂行办法〉的通知》（财金〔2016〕92号）第28条再次规定，“各级财政部门应依据绩效评价结果合理安排财政预算资金。对于绩效评价达标的项目，财政部门应当按照合同约定，向项目公司或社会资本方及时足额安排相关支出。对于绩效评价不达标的项目，财政部门应当按照合同约定扣减相应费用或补贴支出”。

2016年11月4日，中共中央国务院《关于完善产权保护制度依法保护产权的意见》（中发〔2016〕28号）第7条强调，“大力推进法治政府和政务诚信建设，地方各级政府及有关部门要严格兑现向社会及行政相对人依法作出的政策承诺，认真履行在招商引资、政府与社会资本合作等活动中与投资主体依法签订的各类合同，不得以政府换届、领导人员更替等理由违约毁约，因违约毁约侵犯合法权益的，要承担法律和经济责任。因国家利益、公共利益或者其他法定事由需要改变政府承诺和合同约定的，要严格依照法定权限和程序进行，并对企业和投资人因此而受到的财产损失依法予以补偿。对因政府违约等导致企业和公民财产权受到损害等情形，进一步完善赔偿、投诉和救济机制，畅通投诉和救济渠道。将政务履约和守诺服务纳入政府绩效评价体系，建立政务失信记录，建立健全政府失信责任追究制度及责任倒查机制，加大对政务失信行为惩戒力度”。

2019年3月7日，财政部发布的《关于推进政府和社会资本合作规范发展的实施意见》（财金〔2019〕10号）第1条第4项要求，“**诚信履约。**加强地方政府诚信建设，增强契约理念，充分体现平等合作原则，保障社会资本合法权益。**依法依规将符合条件的PPP项目财政支出责任纳入预算管理，按照合同约定及时履约，增强社会资本长期投资信心**”，第4条第4项要求，“保障合理支出。符合条件的PPP项目形成的政府支出事项，以公众享受符合约定条件的公共服务为支付依据，是政府为公众享受公共服务提供运营补贴形成的经常性支出。各地要依法依规将规范的PPP项目财政支出纳入预算管理，重诺守约，稳定市场预期”。

国务院则在《政府投资条例》（国务院令第 712 号）第 19 条规定，“财政部门应当根据经批准的预算，按照法律、行政法规和国库管理的有关规定，及时、足额办理政府投资资金拨付”，第 22 条规定，“政府投资项目所需资金应当按照国家有关规定确保落实到位。政府投资项目不得由施工单位垫资建设”。

对于违反规定的行为，该条例第 33 条和第 34 条分别规定，“未按照规定及时、足额办理政府投资资金拨付”的，“依照有关预算的法律、行政法规和国家有关规定追究法律责任”，“要求施工单位对政府投资项目垫资建设”的，“责令改正，根据具体情况，暂停、停止拨付资金或者收回已拨付的资金，暂停或者停止建设活动，对负有责任的领导人员和直接责任人员依法给予处分”。

《优化营商环境条例》（国务院令第 722 号）第 31 条再次规定，“地方各级人民政府及其有关部门应当履行向市场主体依法作出的政策承诺以及依法订立的各类合同，不得以行政区划调整、政府换届、机构或者职能调整以及相关责任人更替等为由违约毁约。因国家利益、社会公共利益需要改变政策承诺、合同约定的，应当依照法定权限和程序进行，并依法对市场主体因此受到的损失予以补偿”，第 32 条规定，“国家机关、事业单位不得违约拖欠市场主体的货物、工程、服务等账款，大型企业不得利用优势地位拖欠中小企业账款。县级以上人民政府及其有关部门应当加大对国家机关、事业单位拖欠市场主体账款的清理力度，并通过加强预算管理、严格责任追究等措施，建立防范和治理国家机关、事业单位拖欠市场主体账款的长效机制”，第 69 条第 7 款还规定，政府和有关部门及其工作人员“不履行向市场主体依法作出的政策承诺以及依法订立的各类合同，或者违约拖欠市场主体的货物、工程、服务等账款”的，“依法依规追究责任”。

2020 年 2 月 26 日，住房和城乡建设部办公厅《关于加强新冠肺炎疫情防控有序推动企业开复工工作的通知》（建办市〔2020〕5 号）第 2 条第 7 款也强调，“切实减轻企业资金负担。加快清理政府部门和国有企业拖欠民营企业账款，建立和完善防范拖欠长效机制，严禁政府和国有投资工程以各种方式要求企业带资承包，建设单位要按照合同约定按时足额支付工程款，避免形成新的拖欠。规范工程价款结算，政府和国有投资工程不得以审计机关的审计结论作为工程结算依据，建设单位不得以未完成决算审计为由，拒绝或拖延办理工程结算和工程款支付。严格执行工程建设领域保证金相关规定，保证金到期应当及时予以返还，未按规定或合同约定返还保证金的，保证金收取方应向企业支付逾期返还违约金。优化农民工工资保证金管理，疫情防控期间新开工的工程项目，可暂不收取农民工工资保证金”。

另外，工信部在《及时支付中小企业款项管理办法（征求意见稿）》中进行了详细的规定，该办法第 3 条明确了及时支付义务，“国家机关、事业单位和大型企业应当依照法律规定和合同约定及时、足额地向中小企业支付货物、工程、服务款项”，第 9 条规定了付款期限，“国家机关、事业单位和大型企业从中小企业采购货物、工程、服务的，应当在 30 日内付款；合同另有约定的，付款期限最长不得超过 60 日。合同约定将检验或者验收作为付款条件的，上述期限最长可以延长 30 日。基于合同性质确实需要更长时间以及法律、行政法规另有规定的除外。前款规定的付款期限自货物、工程、服务交付之日起算。合同约定以中小企业出具账单、发票或者其他单据作为付款条件的，付款期限自该付款单据送达之日起算”，第 11 条强调了不得以审计为付款条件，“国家机关、事业单位不得以审计作为支付中小企业款项的条件，不得以审计结果作为结算依据。法律、行政法规另有规定的除外”，第 16 条则明确规定了延迟支付责任，“国家机关、事业单位和大型企业迟延支付中小企业款项的，应当支付逾期利息。双方对逾期利息的利率有约定的，从其约定，但不得低于中国人民银行同期同类贷款基准利率；未作约定的，按照中国人民银行同期同类贷款基准利率的 1.5 倍支付利息。迟延支付给中小企业造成的实际损失大于逾期利息的，中小企业有权要求国家机关、事业单位和大型企业赔偿实际损失”。

该办法虽然不是精准针对 PPP 项目，但内容可以参考，明确可以识别国家对拖欠付款的态度。

政府及时付费也是信息公示的内容。根据财政部《关于印发〈政府和社会资本合作（PPP）综合信息平台信息公开管理暂行办法〉的通知》（财金〔2017〕1 号）第 8 条第 6 款规定，“项目执行阶段应当公开的 PPP 项目信息包括”“项目公司财务报告，包括项目收费情况，项目获得的政府补贴情况，项目公司资产负债情况等内容”，详细要求如表 3-21 所示：

表 3-21　公开内容相关信息

项目所处阶段	公开内容	公开方式	公开的时点	信息提供方
项目执行	项目公司财务报告相关内容，包括项目收费情况，项目获得的政府补贴情况，项目公司资产负债情况等	适时公开	对应活动结束后次年的 4 月 30 日前	项目公司

因此，按约履行及时付费属于实施机构的重要合同义务，也是重要监管要点，监管频率和每年的政府付费一致即可，即每年一次。

要求成果清单

序号	要点内容（参考）
1	项目公司请款报告及其依据等附件
2	正式绩效考核报告，及绩效考核遗留问题整改完成报告
3	实施机构同意付费报告（根据合同约定和绩效考核结果明确付费金额）
4	项目公司开具的等额增值税专用发票
5	财政部门付费记录（银行流水账单）
6	财政部 PPP 项目管理库公示信息
7	其他相关文件等

关联政策及规定

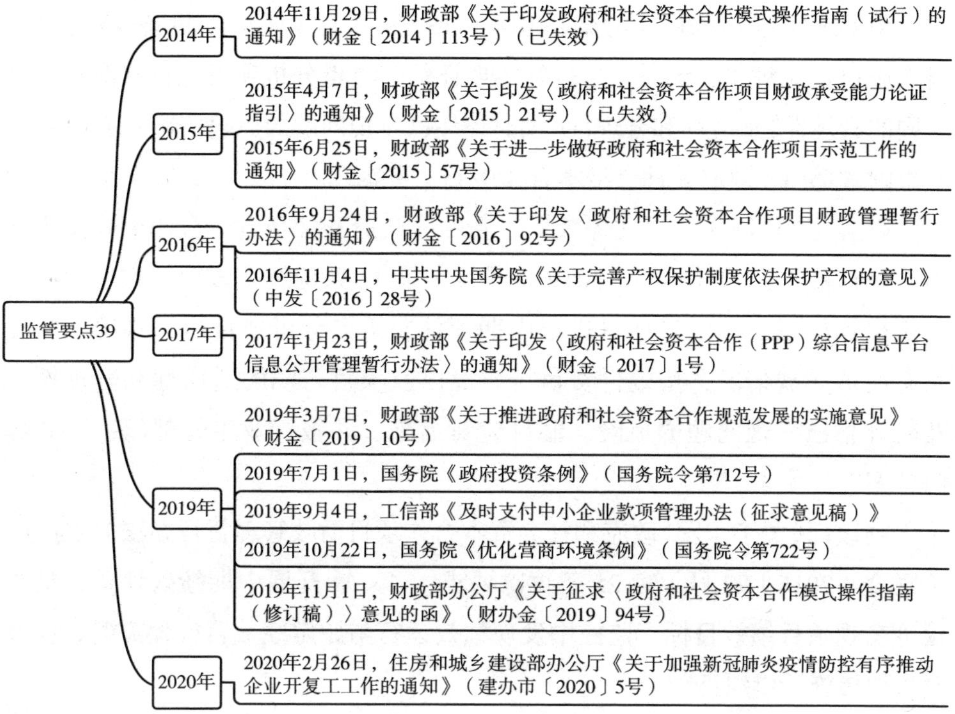

监管要点40：确认是否及时进行中期评估工作？

政策依据与解析

中期评估是PPP项目10~30年超长生命周期中不可或缺的调和机制，和施工合同中人工费、主要材料的调差机制类似，是固定的，对PPP项目执行情况进行审查、确认是否与计划匹配，是否与现状匹配的一个过程调整动作，类似于项目管理中的PDCA过程，事先计划（plan），然后执行（do），执行过程中进行检查（check），根据检查结果进行纠偏后再执行（action），以此形成良性管理循环，中期评估就是“检查”（check）这个动作，通过这个动作，使项目适应最新形势，实现推进条件更加客观，运行更加健康。

2014年11月29日财政部发布的《关于印发政府和社会资本合作模式操作指南（试行）的通知》（财金〔2014〕113号）（已失效）第29条规定，“项目实施机构应每3~5年对项目进行中期评估，重点分析项目运行状况和项目合同的合规性、适应性和合理性；及时评估已发现问题的风险，制订应对措施，并报财政部门（政府和社会资本合作中心）备案”。

财金〔2014〕113号文失效后，新的《政府和社会资本合作模式操作指南（修订稿）》（财办金〔2019〕94号）第31条延续了该项动作，“项目实施机构应每3~5年对项目进行中期评估，重点分析项目运行状况，验证物有所值实现情况，按效付费执行情况以及项目合同的适应性和合理性，及时评估已发现问题的风险，制订应对措施，并报行业主管部门、财政部门备案”。

财政部《关于印发〈政府和社会资本合作项目财政管理暂行办法〉的通知》（财金〔2016〕92号）第25条再次要求，“……开展中期绩效评估，最终促进实现项目绩效目标。监控中发现绩效运行与原定绩效目标偏离时，应及时采取措施予以纠正”。

2016年10月24日，财政部还发布了《关于征求〈政府和社会资本合作物有所值评价指引（修订版征求意见稿）〉意见的函》（财办金〔2016〕118号），该指引第7条规定，“中期物有所值评价在项目开始运营后3年到5年内开展，考察物有所值实现程度，作为项目中期评估的组成部分。2016年1月1日之后发起的PPP项目均应开展中期物有所值评价。中期物有所值评价可以不包括定性评价”。

国家发展改革委对中期评估也有明确规定，《关于印发〈传统基础设施领域实施政府和社会资本合作项目工作导则〉的通知》（发改投资〔2016〕2231号）第19条规定，“……项目实施机构应会同行业主管部门，自行组织或委托第三方专业机构对项目进行中期评估，及时发现存在的问题，制订应对措施，推动项目绩效目标顺利完成”。

针对收费公路项目，交通运输部办公厅也发布了《关于印发〈收费公路政府和社会资本合作操作指南〉的通知》（交办财审〔2017〕173号）第40条规定，“交通运输主管部门或项目实施机构应每3~5年对项目进行中期评估，重点分析项目运行状况和项目合同的合规性、适应性和合理性；及时评估已发现问题的风险，制订应对措施，并报交通运输主管部门或者本级人民政府备案”，和财政部原则一致。

中期评估也是PPP项目信息公示的内容之一。根据财政部《政府和社会资本合作（PPP）综合信息平台信息公开管理暂行办法》（财金〔2017〕1号）第8条第5项规定，项目执行阶段应当公开的PPP项目信息包括“项目公司绩效监测报告、中期评估报告、项目重大变更或终止情况、项目定价及历次调价情况”，详细如表3-22所示：

表3-22　公开信息相关内容

项目所处阶段	公开内容	公开方式	公开的时点	信息提供方
项目执行	项目公司绩效监测报告、中期评估报告、项目重大变更或终止情况、项目定价及历次调价情况	适时公开	依据PPP项目合同约定；如PPP项目合同未约定时，则在对应活动结束后次年的4月30日前予以公开	实施机构

据此，实施机构应按照规定进行中期评估，**那么应如何具体开展中期评估工作呢？**政策中暂时还没有细则进行指导，但鉴于项目的迫切需求和客观执行的需要，编者建议如下执行程序[①]：

一、中期评估的组织

根据政策规定，中期评估应由实施机构负责落实，可以由实施机构自行实施，可以由实施机构会同行业主管部门实施，也可以由实施机构委托

① 完整内容，请参见本书监管要点91，知识点延伸：《PPP项目健康全生命周期的调整窗口——中期评估研究》。

第三方实施。我们建议由实施机构委托第三方进行中期评估，且由原 PPP 咨询机构进行评估，但在该项工作进行过程中，应加入律师和行业专家，原因如下：

1. 原 PPP 咨询机构对于 PPP 项目的实施方案、物有所值分析报告、财政承受能力论证最为熟悉，对于现下 PPP 项目的实现程度有明确思考和比较，实施效率最高。

2. 中期评估的过程，也是对咨询机构前期咨询成果的验证过程。根据财政部《关于推进政府和社会资本合作规范发展的实施意见》（财金〔2019〕10 号）第 4 条第 7 项规定，“咨询机构和专家要发挥专业作用，遵守职业操守，依法合规提供 PPP 项目咨询服务。对于包装不规范 PPP 项目增加隐性债务风险、出具咨询意见违反相关政策规定、收费标准偏离市场合理水平、对 PPP 项目实施造成消极影响和严重后果的咨询机构和专家，要按照规定严肃追究责任”，此时咨询机构若验证原方案对项目产生不可避免后果的，更有动力亡羊补牢，为项目的健康推进提供最佳解决方案，否则将承担相应后果。

3. 由于中期评估是对合同、方案、论证和现状的开放性思考，不可避免会识别出跨行业问题，对于措施和方案的提出应十分严谨，否则可能会导致无法实施或不合规的严重后果，建议律师和行业专家加入。

综上所述，实施机构继续委托原 PPP 咨询机构开展中期评估工作，评估小组中的律师和行业专家可以从专家库中选取，也可以外部委托，实施机构派员全程参与并监督各项工作的开展，比较妥当。

二、中期评估的开展

评估小组组建完成后，实施机构应及时书面通知被评估项目公司，要求项目公司给予充分和必要的支持。

1. 实施机构书面通知项目公司开展中期评估工作，并附评估单位的授权文件。

2. 授权评估单位编制中期评估计划、中期评估方案，经实施机构审核批准后，书面发送至项目公司，要求项目公司按照评估计划和评估方案做好准备工作。

3. 实施机构、授权评估单位、项目公司按照评估计划安排，逐一落实评估工作，形成初步评估成果。

4. 进一步论证形成最终“中期评估报告”，报政府批准后，抄送行业主管部门、财政部门备案。

5. 实施机构、项目公司，按照政府批准的“中期评估报告”作出纠偏、整改工作，并妥善记录、存档在案。

6. 中期评估工作关闭。

三、中期评估的报告与应用

中期评估的正式报告，内容应包括：中期评估的结论性意见；发现的问题、分析的原因、处理的建议及依据，以及对实施机构、项目公司的下一步工作建议。当正式评估报告提交政府审核后，还应获得最终政府的批准结论。

以上报告与批复作为实施机构和项目公司的纠偏动作依据，同时也是未来行政审计的重要依据，因此非常重要，不能缺失。

纠偏动作可以概括分为三类：第一类是常规管理或技术的纠偏，在项目公司层面可以完成，实施机构予以监督即可，也可以授权评估机构进行监督，直至关闭；第二类是需要实施机构和项目公司共同需要完成，比如双方对部分非涉及原合同核心条件的条款进行完善、补充或量化的，如对跟踪审计的约定、对认质认价的约定、对绩效考核细则的约定、对中期评估的约定、对调价的约定等，在双方形成一致意见，形成补充协议的文本后，还应获得政府的批准，之后签订《PPP 项目合同补充协议》进行关闭；第三类则是双方无法形成共识，或项目明显已经不再物有所值，不值得再实施下去的情形，则是双方须按照《PPP 项目合同》约定的程序进行终止或其他处理。

因此，评估报告对项目的推进具有至关重要的作用，必须严肃、认真对待，不能形式主义，草草了事。

四、对实施机构的建议

中期评估是一项行之有效的工具，用之得当，则可以使项目健康前行；用之不当，则劳民伤财，因此，建议实施机构应审慎对待，认真建立中期评估制度，将规则事先设定好，做好详细、清晰的筹划，然后稳稳地执行，客观地纠偏，并将历次记录妥善保存，作为下次考评的依据，相信会有静水潜流的作用。

中期评估是 PPP 项目客观前行的必要窗口，也是实施机构和项目公司就着一个共同目标一起战斗的桥梁，更是调整项目各方预期目标的工具，因此，项目各方应妥善应用该窗口期，积极、稳妥地落实相关工作。

当然，这就成为实施机构的重要监管要点之一，其监管频率和中期评估工作同频，也是 3~5 年，在评估当年进行检查确认各项评估工作是否开展及闭环。

要求成果清单

序号	要点内容（参考）
1	中期评估方案
2	中期评估通知、首次会议纪要、末次会议纪要
3	评估报告（初稿，附相关过程文件）
4	项目公司整改报告
5	实施机构书面意见、财政部门书面意见、法制办或律师书面意见
6	《PPP 项目合同补充协议》（附政府批准文件，或有）
7	财政部 PPP 项目管理库公示信息
8	其他相关文件等

关联政策及规定

- 监管要点40
  - 2014年
    - 2014年11月29日，财政部《关于印发政府和社会资本合作模式操作指南（试行）的通知》（财金〔2014〕113号）（已失效）
  - 2016年
    - 2016年9月24日，财政部《关于印发〈政府和社会资本合作项目财政管理暂行办法〉的通知》（财金〔2016〕92号）
    - 2016年10月24日，财政部《关于征求〈政府和社会资本合作物有所值评价指引（修订版征求意见稿）〉意见的函》（财办金〔2016〕118号）
    - 2016年10月24日，国家发展改革委《关于印发〈传统基础设施领域实施政府和社会资本合作项目工作导则〉的通知》（发改投资〔2016〕2231号）
  - 2017年
    - 2017年1月23日，财政部《政府和社会资本合作（PPP）综合信息平台信息公开管理暂行办法》（财金〔2017〕1号）
    - 2017年11月22日，交通运输部办公厅《关于印发〈收费公路政府和社会资本合作操作指南〉的通知》（交办财审〔2017〕173号）
  - 2019年
    - 2019年3月7日，财政部《关于推进政府和社会资本合作规范发展的实施意见》（财金〔2019〕10号）
    - 2019年11月1日，财政部办公厅《关于征求〈政府和社会资本合作模式操作指南（修订稿）〉意见的函》（财办金〔2019〕94号）

监管要点 41：确认是否存在中断或临时终止服务的情形，是否按约执行？

政策依据与解析

本项属于或有监管要点，非必然发生，但至关重要！

早在 2012 年 6 月 8 日，住房和城乡建设部《关于印发进一步鼓励和引导民间资本进入市政公用事业领域的实施意见的通知》（建城〔2012〕89 号）第 3 条第 12 项就明确，要建立预警和应急机制，“要建立健全安全预警和应急救援工作机制，提高应对突发事件的应急反应能力，妥善应对重大安全和突发事件，防范和及时化解运营风险。要制定特殊情况下临时接管的应急预案。实施临时接管的，必须报当地政府批准，并向上一级主管部门报告。必要时，上一级主管部门可跨区域组织技术力量，为临时接管提供支持和保障，确保市政公用事业生产、供应和服务的连续性、稳定性”。

2014 年 11 月 29 日，财政部发布的《关于印发政府和社会资本合作模式操作指南（试行）的通知》（财金〔2014〕113 号）（已失效）第 27 条规定，“社会资本或项目公司违反项目合同约定，威胁公共产品和服务持续稳定安全供给，或危及国家安全和重大公共利益的，政府有权临时接管项目，直至启动项目提前终止程序。政府可指定合格机构实施临时接管。临时接管项目所产生的一切费用，将根据项目合同约定，由违约方单独承担或由各责任方分担。社会资本或项目公司应承担的临时接管费用，可以从其应获终止补偿中扣减”。

财金〔2014〕113 号文失效后，新的《政府和社会资本合作模式操作指南（修订稿）》（财办金〔2019〕94 号）第 33 条对该项规定没有作出任何变动，延续了同样的要求。

该指南第 34 条还规定，“有下列情形之一的，可以提前终止项目合同：（一）出现项目合同约定的提前终止合作情形；（二）因不可抗力导致项目合同无法继续履行；（三）因政府、项目公司（社会资本）严重违约，危害公共利益；（四）项目财产依法被征收；（五）法律、行政法规规定的其他情形。项目合同提前终止的，除前款第三项项目公司（社会资本）严重违约情形外，应当按照国家有关规定或合同约定，给予项目公司（社会资本）合理补偿。项目合同提前终止的，政府应当采取有效措施，保证相关公共服务的正常提供”。

2015 年 5 月 4 日《市政公用事业特许经营管理办法》（住房和城乡建设部令第 24 号）第 10 条第 6 项规定，主管部门应当履行“在危及或者可能危及公共利益、公共安全等紧急情况下，临时接管特许经营项目”的责任。第 18 条规定，“获得特许经营权的企业在特许经营期间有下列行为之一的，主管部门应当依法终止特许经营协议，取消其特许经营权，并可以实施临时接管：（一）擅自转让、出租特许经营权的；（二）擅自将所经营的财产进行处置或者抵押的；（三）因管理不善，发生重大质量、生产安全事故的；（四）擅自停业、歇业，严重影响到社会公共利益和安全的；（五）法律、法规禁止的其他行为”。第25条还要求，“**主管部门应当建立特许经营项目的临时接管应急预案。对获得特许经营权的企业取消特许经营权并实施临时接管的，必须按照有关法律、法规的规定进行，并召开听证会**”。

2016年9月24日，财政部《关于印发〈政府和社会资本合作项目财政管理暂行办法〉的通知》（财金〔2016〕92号）第26条规定，“社会资本方违反PPP项目合同约定，导致项目运行状况恶化，危及国家安全和重大公共利益，或严重影响公共产品和服务持续稳定供给的，本级人民政府有权指定项目实施机构或其他机构临时接管项目，直至项目恢复正常经营或提前终止。临时接管项目所产生的一切费用，根据合作协议约定，由违约方单独承担或由各责任方分担”。

2016年10月24日，国家发展改革委《关于印发〈传统基础设施领域实施政府和社会资本合作项目工作导则〉的通知》（发改投资〔2016〕2231号）第20条规定，“在PPP项目合作期限内，如出现重大违约或者不可抗力导致项目运营持续恶化，危及公共安全或重大公共利益时，政府要及时采取应对措施，必要时可指定项目实施机构等临时接管项目，切实保障公共安全和重大公共利益，直至项目恢复正常运营。不能恢复正常运营的，要提前终止，并按PPP合同约定妥善做好后续工作”。

如果确实发生以上情形，应及时进行信息公示，财政部《关于印发〈政府和社会资本合作（PPP）综合信息平台信息公开管理暂行办法〉的通知》（财金〔2017〕1号）第8条第8项、第9项、第10项分别规定，“项目执行阶段应当公开的PPP项目信息包括”“重大违约及履约担保的提取情况，对公众投诉的处理情况等”，“本级政府或其职能部门作出的对项目可能产生重大影响的规定、决定等”，“项目或项目直接相关方（主要是PPP项目合同的签约各方）重大纠纷、诉讼或仲裁事项，但根据相关司法程序要求不得公开的除外”，详细要求如表3-23所示：

表 3-23　公开信息相关内容

项目所处阶段	公开内容	公开方式	公开的时点	信息提供方
项目执行	重大违约及履约担保的提取情况，对公众投诉的处理情况等	即时公开	发生之日起 10 个工作日内	实施机构
	本级政府或其职能部门作出的对项目可能产生重大影响的规定、决定等	即时公开	规定及决定下发后 10 个工作日	实施机构
	项目或项目直接相关方重大纠纷、涉诉或涉仲情况	即时公开	除本办法另有规定外，发生后 10 个工作日内	项目公司

该项属于或有监管要点，我们期望不要发生，但只要发生，则就是重要且复杂的事，因此该项监管要点属于重要的监管要点之一，建议实施机构在日常监管过程中，委托律师加入为佳。

对此，江苏省财政厅还特地发文建立了 PPP 项目全生命周期法律顾问制度①，要求各财政部门在管理 PPP 项目过程中必须配备律师，充分发挥第三方的专业力量，建议实施机构参照。

要求成果清单

序号	要点内容（参考）
1	临时接管应急预案
2	书面通知及项目公司出现中断或临时终止服务的证据文件
3	相关处罚措施文件
4	专项报告及政府批准文件
5	其他相关文件等

① 2018 年 12 月 3 日，江苏省财政厅《关于建立全省政府和社会资本合作（PPP）项目全生命周期法律顾问制度的意见》（苏财规〔2018〕19 号）。

关联政策及规定

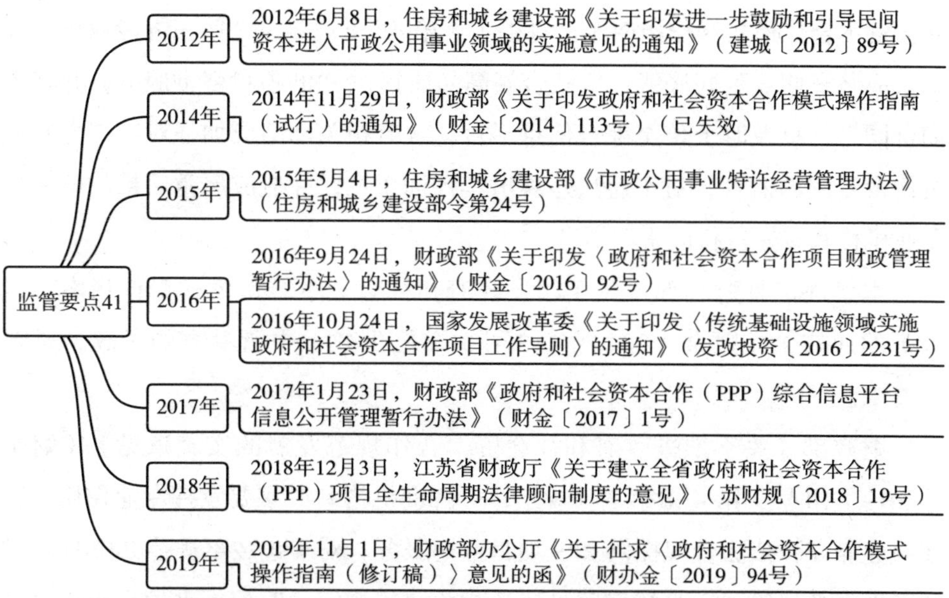

监管要点 42：PPP 项目实施方案后期是否存在重大问题？若有重大瑕疵导致不当后果的，应向咨询机构和 / 或相关专家严肃追责。

政策依据与解析

从项目实践中来看，由于部分咨询机构服务不严谨，出具的成果较为随意，导致一些项目“出师未捷身先死”，还没有开始实施就已经确认无法顺利推进，勉强推进实施的，也会造成后续众多的问题，因此，实施机构有必要在实施过程中对第三方专业机构的成果进行验证和监管，确认不存在违法违规或重大问题。

2019年11月1日，财政部办公厅《关于征求〈政府和社会资本合作模式操作指南（修订稿）〉意见的函》（财办金〔2019〕94号）附件《政府和社会资本合作模式操作指南（修订稿）》第46条规定，“第三方专业机构和专家应坚守职业到底底线，依法合规高品质提供PPP项目咨询服务，并将咨询合同等信息及时上传至综合信息平台。政府相关部门应加强对第三方专业机构及专家的监管，对于违法违规出具咨询意见，并造成严重后果的第三方专业机构和专家进行问责”。

本条规定是财政部《关于印发政府和社会资本合作模式操作指南（试行）的通知》（财金〔2014〕113号）（已失效）中所没有的条款，是新增要求。

财政部《关于推进政府和社会资本合作规范发展的实施意见》（财金〔2019〕10号）第4条第7项规定，“咨询机构和专家要发挥专业作用，遵守职业操守，依法合规提供PPP项目咨询服务。对于包装不规范PPP项目增加隐性债务风险、出具咨询意见违反相关政策规定、收费标准偏离市场合理水平、对PPP项目实施造成消极影响和严重后果的咨询机构和专家，要按照规定严肃追究责任”，与财办金〔2019〕94号文规定一致。

另外，财政部于2018年4月24日发布的《关于进一步加强政府和社会资本合作（PPP）示范项目规范管理的通知》（财金〔2018〕54号）第3条第3项就已经开始明确，“全面披露参与示范项目论证、采购、谈判等全过程咨询服务的专家和咨询机构信息，主动接受社会监督。建立健全咨询服务绩效考核和投诉问责机制，将未妥善履行咨询服务职责或提供违法违规咨询意见的专家或咨询机构，及时清退出PPP专家库或咨询机构库”。

具体对于咨询机构和专家的管理，根据财政部2017年3月22日发布的《关于印发〈政府和社会资本合作（PPP）咨询机构库管理暂行办法〉的通知》（财金〔2017〕8号），以及2016年12月30日发布的《关于印发〈财政部政府和社会资本合作（PPP）专家库管理办法〉的通知》（财金〔2016〕144号）

执行。

《政府和社会资本合作（PPP）咨询机构库管理暂行办法》第15条和第17条分别规定，“……纳入机构库的咨询机构有下列行为之一的，一经查实，PPP中心将予以清退出机构库：（一）通过捏造事实、隐瞒真相、提供虚假信息等不正当方式，骗取入库资格的；（二）未经授权，擅自以财政部或者PPP中心名义开展虚假宣传，招揽、承接业务的；（三）泄露国家秘密、商业秘密，以及未正式发布的法律法规规章草案、政策信息或研究成果的；（四）连续12个月未在PPP综合信息平台更新PPP咨询服务业务开展情况的；（五）同一项目中同时为政府和社会资本双方提供咨询服务的；（六）为政府方提供咨询服务期间与潜在社会资本串通的；（七）无相应能力承揽业务或未尽职履行造成重大失误、项目失败或搁置的；（八）项目进入运营期后，由于咨询服务原因给公共服务供给带来不利影响的；（九）拒绝接受PPP中心对机构库进行监督管理、对入库机构信息进行检查、质询的；（十）其他违反法律、法规、规章和国家PPP政策，扰乱PPP咨询服务市场秩序的行为”，“已纳入机构库的咨询机构有本办法第十五条规定行为，且情节严重、影响恶劣或被追究法律责任的，PPP中心应将其列入黑名单并予以公告，公告之日起五年内不得进入机构库”。

《财政部政府和社会资本合作（PPP）专家库管理办法》（财金〔2016〕144号）第12条和第13条分别规定，“入库专家有下列情形之一的，经PPP中心核实，将从专家库中清退，并在PPP中心官网予以公示：（一）不能廉洁自律，私下接触所参与工作的利益相关方，收取有关业务单位或个人财物，或谋取其他好处的；（二）徇私舞弊、弄虚作假，不能客观公正履行专家职责的；（三）违反有关保密规定，泄露参与相关工作所获得的任何信息的；（四）违反本办法第十五条关于回避的规定的；（五）按照本办法第十六条规定，未能通过绩效考核的；（六）以入库专家名义从事有损财政部或PPP中心形象的其他活动的；（七）在其他活动中从事违法行为而受到行政处罚或被追究刑事责任的”，“按照本办法第十二条规定，专家被清退出库的，三年内不得重新申请进入专家库”。

2015 年 12 月 18 日，财政部《关于印发〈PPP 物有所值评价指引（试行）〉的通知》（财金〔2015〕167 号）（已失效）附件《PPP 物有所值评价指引（试行）》第 39 条也规定，“各级财政部门（或 PPP 中心）应会同行业主管部门，加强对物有所值评价第三方专业机构和专家的监督管理，通过 PPP 综合信息平台进行信用记录、跟踪、报告和信息公布。省级财政部门应加强对全省（市、区）物有所值评价工作的监督管理”。

综上所述，实施机构应对第三方专业机构及专家的咨询成果进行全程监管，确认是否存在违法违规或重大瑕疵的情况，若因此导致项目失败或产生损失的，可以追究第三方专业机构或专家的违规、违约责任。

该项监管要点可以按月度，可以按年度，也可以按照重大事项来检查，建议按照重大事项来检查，当确有该项问题时，建议律师参与。

要求成果清单

序号	要点内容（参考）
1	专项检查报告或审计报告
2	问题及其后果的原因分析报告
3	法制办或律师的书面意见、财政部门书面意见
4	实施机构对咨询机构或专家发出的正式书面通知
5	财政部 PPP 项目管理库、专家库信息公示
6	其他相关文件等

关联政策及规定

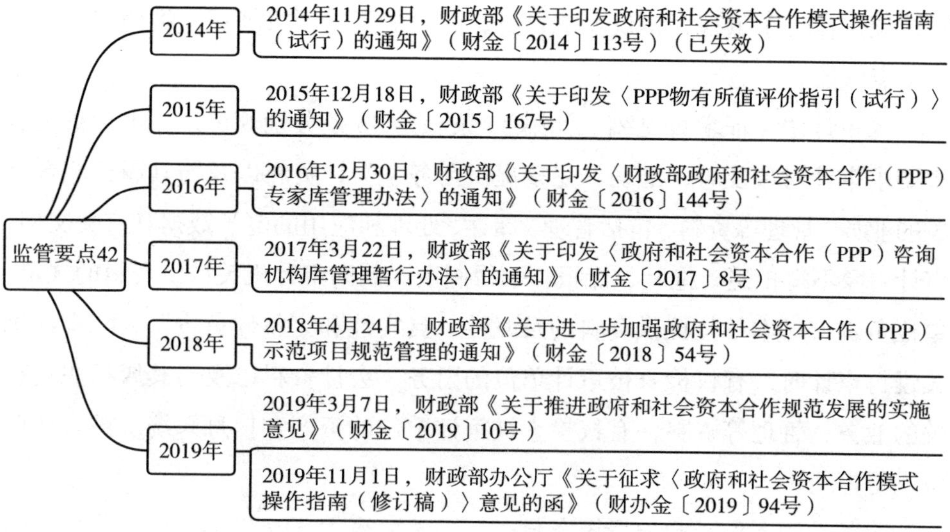

监管要点 43：确认实施机构、项目公司是否按照要求妥善将全部管理资料建档保存？

政策依据与解析

关联监管要点27的论述，根据国家审计署于2019年3月15日发布的《中华人民共和国审计法（修订草案征求意见稿）》[①] 第25条规定，“审计机关对政府投资和以政府投资为主的工程项目，以及其他关系国家利益和公共利益的公共工程项目的预算执行、决算以及有关建设、运营情况，进行审计监督”，且“社会审计机构审计的单位依法属于审计机关审计对象的，审计机关有权对该社会审计机构出具的相关审计报告进行核查”，PPP项目由于其公益属性，属于“关系国家利益和公共利益的公共工程项目”，因此应接受行政审计。站在实施机构的角度，我们应审慎管理，就从行政审计的角度去

① 虽然属于征求意见稿，但从审慎管理角度考虑，管理可以参考。

考虑各项工作的开展，并以行政审计的标准来要求各项工作。

无论行政审计还是社会审计，其审计的内容就是各项档案、资料，因此，对该项工作应予重视，不仅要求自身，同时应要求项目公司，将档案管理工作重点管控。

《审计法（征求意见稿）》第 35 条和第 36 条分别规定，“审计机关有权要求审计对象及时、准确、完整提供财务、会计资料以及与其履行职责有关的业务、管理等资料，包括管理、储存、处理和应用的电子数据和有关文档。审计对象不得拒绝、拖延、谎报，不得制定限制向审计机关提供资料的规定。单位负责人对本单位提供资料的及时性、真实性和完整性负责”，“审计机关进行审计时，有权检查被审计单位的财务、会计资料以及与其履行职责有关的业务、管理等资料，有权检查被审计单位的资产和信息系统。被审计单位不得拒绝”。

另外，国务院《政府投资条例》（国务院令第 712 号）对此也作出了明确的规定和要求。

该条例第 29 条规定，“项目单位应当按照国家有关规定加强政府投资项目档案管理，将项目审批和实施过程中的有关文件、资料存档备查”，如果存在“项目单位未按照规定将政府投资项目审批和实施过程中的有关文件、资料存档备查，或者转移、隐匿、篡改、毁弃项目有关文件、资料的”，根据第 35 条规定，“责令改正，对负有责任的领导人员和直接责任人员依法给予处分”。

因此，该项工作也属于重要监管要点，该项监管要点建议按月检查。

该项工作实施时，实施机构和项目公司可以分别设定档案管理体系，并根据体系规定的档案管理内容和办法执行，将重要文件逐一及时归档。

归档内容可以参照政策文件设计，其中，《政府和社会资本合作（PPP）综合信息平台信息公开管理暂行办法》（财金〔2017〕1 号）是重要参考内容，其附件要求的公示内容，应全部包含。

另外，编者也根据五年来项目实施经验及被审计的案例，设计编制了《项目公司档案管理清单》，详细内容可以参见《PPP 项目操作指南：100 个实务问题深度解析》（第二册）[1] 问题 50，“项目公司的档案管理应如何开展？有没有合适的档案清单可以参照使用？”

要求成果清单

序号	要点内容（参考）
1	档案管理清单
2	对应档案文件
3	专项检查或审计报告
4	整改完成情况汇报及相应文件对应归档
5	其他相关文件等

关联政策及规定

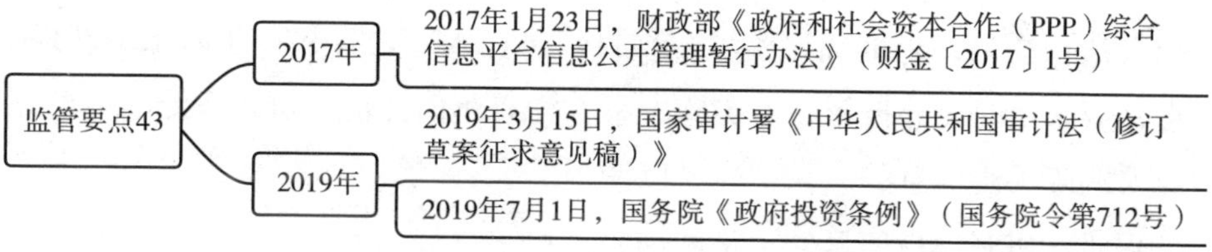

监管要点 44：确认 PPP 项目信息是否按照规定及时公开？

政策依据与解析

公开、及时、透明，是信息公示的总体要求，信息公示与否也是 PPP 项目规范与否的刚性要求，所以应严格按照规定执行。

① 崔德高：《PPP 项目操作指南：100 个实务问题深度解析》（第二册），法律出版社 2020 年版。

财政部《关于推进政府和社会资本合作规范发展的实施意见》（财金〔2019〕10 号）规定，“规范的 PPP 项目应当符合以下条件”，“按规定纳入全国 PPP 综合信息平台项目库，及时充分披露项目信息，主动接受社会监督”，不得出现“未按规定及时充分披露项目信息或披露虚假项目信息，严重影响行使公众知情权和社会监督权的”行为，否则，“应在限期内进行整改。无法整改或逾期整改不到位的，已入库项目应当予以清退，涉及增加地方政府隐性债务的，依法依规提请有关部门予以问责和妥善处置”。该意见进一步要求，“加强信息披露。依托全国 PPP 综合信息平台，对 PPP 项目信息进行全流程公开披露、汇总统计和分析监测，完善项目库‘能进能出’的动态调整机制，不以入库为项目合规‘背书’，不以入库作为商业银行贷款条件”。

在此之前的财政部办公厅《关于规范政府和社会资本合作（PPP）综合信息平台项目库管理的通知》（财办金〔2017〕92 号）第 3 条第 5 项也规定，“未按规定进行信息公开。包括违反国家有关法律法规，所公开信息与党的路线方针政策不一致或涉及国家秘密、商业秘密、个人隐私和知识产权，可能危及国家安全、公共安全、经济安全和社会稳定或损害公民、法人或其他组织合法权益的；未准确完整填写项目信息，入库之日起一年内未更新任何信息，或未及时充分披露项目实施方案、物有所值评价、财政承受能力论证、政府采购等关键信息的”，“应予以清退”。

可见，PPP 项目信息公示是硬性要求！

信息公示不是新出的要求，这是从 PPP 模式开始推行之初就明确的要求。

早在 2012 年 6 月 8 日，住房和城乡建设部发布的《关于印发进一步鼓励和引导民间资本进入市政公用事业领域的实施意见的通知》（建城〔2012〕89 号）第 3 条第 13 项就提出，“健全公众参与和社会监督制度。按照政务公开的要求，鼓励公众参与监督，完善公众咨询、投诉和处理机制，建立及时畅通的信息渠道，尊重公众的知情权。有关主管部门和企业要将特许经营协议执行情况、产品和服务的质量信息、企业经营状况等关系公众利益的重要信息，以适当的方式予以公开，自觉接受公众的监督。推进信用体系建设，建立诚信管理体系和诚信信息发布平台，建立黑名单制度和失信惩戒机制，引导民间投资健康发展”。

2014 年 11 月 29 日，财政部发布的《关于印发政府和社会资本合作模式操作指南（试行）的通知》（财金〔2014〕113 号）（已失效）第 31 条规定，“政府、社会资本或项目公司应依法公开披露项目相关信息，保障公众知情权，接受社会监督。社会资本或项目公司应披露项目产出的数量和质量、项目经营状况等信息。政府应公开不涉及国家秘密、商业秘密的政府和社会资本合作项目合同条款、绩效监测报告、中期评估报告和项目重大变更或终止情况等。社会公众及项目利益相关方发现项目存在违法、违约情形或公共产品和服务不达标准的，可向政府职能部门提请监督检查”。

财金〔2014〕113 号文失效后，新的《政府和社会资本合作模式操作指南（修订稿）》（财办金〔2019〕94 号）第 24 条要求，“项目实施机构和财政部门应根据采购结果更新物有所值评价报告和财政承受能力论证报告相关内容，将更新后的报告、相关采购文件和签署的合同等及时上传综合信息平台，并更新相关信息”，第 39 条规定，“政府、项目公司（社会资本）在项目执行阶段的资本金到位情况、融资合同及执行情况、项目公司财务报表及审计报告、绩效评价报告、按效付费执行情况等履约记录、中期评估及移交后评价相关信息与报告应及时上传综合信息平台”。

该指南第 40 条和第 45 条还规定，“各级政府应加强对本地区 PPP 工作的组织领导，建立 PPP 工作机制，明确相关部门的工作内容和监督管理职责；按照政府信息公开有关规定，推动本地区相关部门做好信息公开工作”，“项目各参与方应依托综合信息平台，依法依规披露项目全生命周期信息，保障公众知情权，接受社会监督。社会公众及项目利益相关方发现项目存在违法、违约情形或公共产品和服务不达标的，可向相关部门提请监督检查”。

2014 年 11 月 30 日，财政部《关于政府和社会资本合作示范项目实施有关问题的通知》（财金〔2014〕112 号）第 3 条第 6 款要求，“依法公开充分披露项目实施的相关信息，保障公众知情权，接受社会监督”。

2014 年 12 月 2 日，国家发展改革委《关于开展政府和社会资本合作的指导意见》（发改投资〔2014〕2724 号）第 7 条第 3 款明确，“充分利用并切实发挥好信息平台的桥梁纽带作用。可以利用现代信息技术，搭建信息服务平台，公开 PPP 项目的工作流程、评审标准、项目信息、实施情况、咨询服务等相关信息，保障信息发布准确及时、审批过程公正透明、建设运营全程监管”。

2014 年 12 月 31 日，财政部《关于印发〈政府和社会资本合作项目政府采购管理办法〉的通知》（财库〔2014〕215 号）第 20 条规定，“项目实施机构应当在 PPP 项目合同签订之日起 2 个工作日内，将 PPP 项目合同在省级以上人民政府财政部门指定的政府采购信息发布媒体上公告，但 PPP 项目合同中涉及国家秘密、商业秘密的内容除外”。

2015 年 4 月 3 日，财政部《关于印发〈政府和社会资本合作项目财政承受能力论证指引〉的通知》（财金〔2015〕21 号）[①] 对于项目的信息公示也作出了明确要求，“省级财政部门应当汇总区域内的项目目录，及时向财政部报告，财政部通过统一信息平台（PPP 中心网站）发布”，“各级财政部门（或 PPP 中心）应当通过官方网站及报刊媒体，每年定期披露当地 PPP 项目目录、项目信息及财政支出责任情况。应披露的财政支出责任信息包括：PPP 项目的财政支出责任数额及年度预算安排情况、财政承受能力论证考虑的主要因素和指标等”，“项目实施后，各级财政部门（或 PPP 中心）应跟踪了解项目运营情况，包括项目使用量、成本费用、考核指标等信息，定期对外发布”。

针对收费公路项目，2015 年 4 月 20 日财政部、交通运输部《关于在收

① 根据财政部《关于公布废止和失效的财政规章和规范性文件目录（第十三批）的决定》（财政部令第 103 号）规定，本文已失效。

费公路领域推广运用政府和社会资本合作模式的实施意见》（财建〔2015〕111号）第4条要求，“PPP项目推广工作应坚持‘规范、公开、透明’的原则。在项目论证、选择合作伙伴、制定和履行各类合同、组织绩效评价等各个环节做到依法依规，并严格按照要求进行信息公开，接受各方监督；严格按照特许经营合同，规范运作，防止政府失信违约、合作伙伴获取不正当利益”。

2015年5月4日，交通运输部《关于深化交通运输基础设施投融资改革的指导意见》（交财审发〔2015〕67号）第5条第5项规定，“推进信息公开。除涉密信息外，适时向社会公开交通基础设施建设项目和投融资政策信息，特别是推行政府和社会资本合作模式项目的工作流程、评审标准、实施情况等相关信息。引导各级交通运输部门扩大部门预决算公开范围，细化部门预决算公开内容，逐步将部门预决算公开到基本支出和项目支出，自觉接受社会监督”。

2015年5月19日，国务院办公厅《转发财政部发展改革委人民银行关于在公共服务领域推广政府和社会资本合作模式指导意见的通知》（国办发〔2015〕42号）第5条明确，“公开透明。实行阳光化运作，依法充分披露政府和社会资本合作项目重要信息，保障公众知情权，对参与各方形成有效监督和约束”，第25条要求，“地方各级人民政府要切实履行规划指导、识别评估、咨询服务、宣传培训、绩效评价、信息统计、专家库和项目库建设等职责，建立统一信息发布平台，及时向社会公开项目实施情况等相关信息，确保项目实施公开透明、有序推进”。

2015年6月25日，财政部《关于进一步做好政府和社会资本合作项目示范工作的通知》（财金〔2015〕57号）第4条规定，“及时上报示范项目实施信息。对于示范项目的实施方案、合作伙伴选择、物有所值评估、财政承受能力论证等，项目所在地财政部门要将有关情况报送省级财政部门备案，并通过财政部PPP综合信息平台及时填报相关信息。在示范项目建设和运营阶段，财政部将不定期组织对示范项目实施情况进行督导，督促项目实施单位依法充分披露相关信息”。

对于采购信息的公开，还有专门的政策规定。

在项目采购完成后，实施机构应及时的、适当的按照规定公开相关采购过程信息，具体按照财政部《关于做好政府采购信息公开工作的通知》（财库〔2015〕135 号）执行，该通知要求，“依法公开政府采购项目信息，并按照财政预决算公开的要求，公布本单位政府采购预算安排及执行的总体情况，实现从采购预算到采购过程及采购结果的全过程信息公开”，“确保政府采购信息发布的及时、完整、准确，实现政府采购信息的全流程公开透明”。

该通知对“1. 公开招标公告、资格预审公告；2. 竞争性谈判公告、竞争性磋商公告和询价公告；3. 采购项目预算金额；4. 中标、成交结果；5. 采购文件；6. 更正事项；7. 采购合同；8. 单一来源公示；9. 终止公告；10. 政府购买公共服务项目”等 10 项内容做了详细要求，实施机构应遵照执行。

2015 年 12 月 18 日，根据财政部《关于印发〈PPP 物有所值评价指引（试行）〉的通知》（财金〔2015〕167 号）[①] 第 34 条规定，“项目本级财政部门（或 PPP 中心）会同行业主管部门，在物有所值评价结论形成后，完成物有所值评价报告编制工作，报省级财政部门备案，并将报告电子版上传 PPP 综合信息平台”，第 36 条还规定，“项目本级财政部门（或 PPP 中心）应在物有所值评价报告编制完成之日起 5 个工作日内，将报告的主要信息通过 PPP 综合信息平台等渠道向社会公开披露，但涉及国家秘密和商业秘密的信息除外”。

同日，财政部还发布了《关于规范政府和社会资本合作（PPP）综合信息平台运行的通知》（财金〔2015〕166 号），根据附件《政府和社会资本合作（PPP）综合信息平台运行规程》第 7 条规定，“项目库是 PPP 综合信

① 根据财政部《关于公布废止和失效的财政规章和规范性文件目录（第十三批）的决定》（财政部令第 103 号）规定，本文已失效。

息平台的核心组成部分，包含储备库、执行库和示范库三个子库。由各级财政部门会同相关部门评估、筛选的 PPP 项目，基本信息均应录入 PPP 综合信息平台。经省级财政部门审核满足上报要求的，列为储备项目。编制项目实施方案，通过物有所值评价、财政承受能力论证，并经本级政府审核同意的，列为执行项目。通过中央或省级财政部门评审并列为中央或省级示范项目的，列为示范项目”，“所有 PPP 项目必须列入项目库。省、市、县级财政部门应与相关部门密切沟通，保证符合条件的项目及时、准确、规范、完整列入项目库”，第 11 条要求，“中央、省、市、县级财政部门、行业主管部门、实施机构、社会资本、咨询服务机构、金融机构、专家、公众等用户，可通过互联网在线访问、查询公开信息”。

2016 年 5 月 28 日，财政部、国家发展改革委《关于进一步共同做好政府和社会资本合作（PPP）有关工作的通知》（财金〔2016〕32 号）第 7 条规定，“加强 PPP 项目信息公开 要实现项目信息的及时发布与投资需求的有效对接，推动市场信息对称和充分公平竞争。要依法及时、充分披露项目实施方案、招标投标、采购文件、项目合同、工程进展、运营绩效等相关信息，切实保障公众知情权，主动接受社会监督，维护公共利益”。

2016 年 9 月 24 日，财政部《关于印发〈政府和社会资本合作项目财政管理暂行办法〉的通知》（财金〔2016〕92 号）第 3 章第 15 条规定，“各级财政部门应当加强对 PPP 项目采购活动的支持服务和监督管理，依托政府采购平台和 PPP 综合信息平台，及时充分向社会公开 PPP 项目采购信息，包括资格预审文件及结果、采购文件、响应文件提交情况及评审结果等，确保采购过程和结果公开、透明”，第 24 条明确，“行业主管部门应当会同各级财政部门做好项目全生命周期成本监测工作。每年一季度前，项目公司（或社会资本方）应向行业主管部门和财政部门报送上一年度经第三方审计的财务报告及项目建设运营成本说明材料。项目成本信息要通过 PPP 综合信息平台对外公示，接受社会监督”，第 36 条进一步要求，“各级财政部门应依托 PPP 综合信息平台，建立 PPP 项目库，做好 PPP 项目全生命周期信息公开工作，保障公众知情权，接受社会监督。项目准备、采购和建设阶段信息公开内容包括 PPP 项目的基础信息和项目采购信息，采购文件，采购成交结果，不涉及国家秘密、商业秘密的项目合同文本，开工及竣工投运日期，政府移交日期等。项目运营阶段信息公开内容包括 PPP 项目的成本监测和绩效评价结果等。财政部门信息公开内容包括本级 PPP 项目目录、本级人大批准的政府对 PPP 项目的财政预算、执行及决算情况等”。

2016 年 10 月 11 日，财政部《关于在公共服务领域深入推进政府和社会资本合作工作的通知》（财金〔2016〕90 号）第 11 条强调，“充分发挥 PPP 综合信息平台作用。各级财政部门要通过 PPP 综合信息平台加快项目库、专家库建设，增强监管能力和服务水平。要督促项目实施单位，依托 PPP 综合信息平台，及时向社会公开项目实施方案、合同、实施情况等信息。要加强信息共享，促进项目对接，确保项目实施公开透明、有序推进，保证项目实施质量”。

2016 年 10 月 24 日，国家发展改革委《关于印发〈传统基础设施领域实施政府和社会资本合作项目工作导则〉的通知》（发改投资〔2016〕2231 号）第 23 条规定，“各地要建立 PPP 项目信息公开机制，依法及时、充分披露 PPP 项目基本信息、招标投标、采购文件、项目合同、工程进展、运营绩效等，切实保障公众知情权。涉及国家秘密的有关内容不得公开；涉及商业秘密的有关内容经申请可以不公开。建立社会监督机制，鼓励公众对 PPP 项目实施情况进行监督，切实维护公共利益”。

对于专家信息的公开，也有专门的政策规定。

根据财政部《关于印发〈财政部政府和社会资本合作（PPP）专家库管理办法〉的通知》（财金〔2016〕144 号）第 18 条规定，“专家库专家相关信息由 PPP 中心向社会公开。未经 PPP 中心许可，任何机构或个人不得泄露 PPP 专家库中非公开的信息”。

2017 年 1 月 23 日，财政部发布了《关于印发〈政府和社会资本合作（PPP）综合信息平台信息公开管理暂行办法〉的通知》（财金〔2017〕1 号），对

PPP 项目所必须公示的信息和内容进行了翔实的规定，实施机构、项目公司等相关方应严格遵照执行。

该通知第 4 条规定，“地方各级财政部门（以下简称‘财政部门’）会同同级政府有关部门推进、指导、协调、监督本行政区域范围内的 PPP 项目信息公开工作，结合当地实际具体开展以下工作：（一）收集、整理 PPP 项目信息；（二）在 PPP 综合信息平台录入、维护和更新 PPP 项目信息；（三）组织编制本级政府 PPP 项目信息公开年度工作报告；（四）根据法律法规规定和实际需要，在其他渠道同时公开 PPP 项目信息；（五）与 PPP 项目信息公开有关的其他工作”。第 15 条还明确，“政府有关部门、项目实施机构、社会资本或 PPP 项目公司等 PPP 项目信息提供方应当对其所提供信息的真实性、完整性、准确性、及时性负责。一经发现所提供信息不真实、不完整、不准确、不及时的，PPP 项目信息提供方应主动及时予以修正、补充或采取其他有效补救措施。如经财政部门或利益相关方提供相关材料证实 PPP 项目信息提供方未按照规定提供信息或存在其他不当情形的，财政部门可以责令其限期改正；无正当理由拒不改正的，财政部门可将该项目从项目库中清退。被清退的项目自清退之日起一年内不得重新纳入 PPP 综合信息平台”。

对于必须公示的信息内容和要求，详见该通知附件 4。

对于收费公路项目，2017 年 11 月 22 日，交通运输部办公厅《关于印发〈收费公路政府和社会资本合作操作指南〉的通知》（交办财审〔2017〕173 号）第 41 条规定，“交通运输主管部门或项目实施机构、项目公司应依照《收费公路管理条例》的要求，公开披露项目相关信息，保障公众知情权，接受社会监督”。

2017 年 12 月 4 日，国务院办公厅《关于推进重大建设项目批准和实施领域政府信息公开的意见》（国办发〔2017〕94 号）明确要求，重大建设项目信息“以公开为常态、不公开为例外”，“重点公开批准服务信息、批准结果信息、招标投标信息、征收土地信息、重大设计变更信息、施工有关信息、质量安全监督信息、竣工有关信息等 8 类信息”。

主要内容包括：“1. 批准服务信息：申报要求、申报材料清单、批准流程、办理时限、受理机构联系方式、监督举报方式等。2. 批准结果信息：项目建议书审批结果、可行性研究报告审批结果、初步设计文件审批结果、项目核准结果、节能审查意见、建设项目选址意见审批结果、建设项目用地（用海）预审结果、环境影响评价审批文件、建设用地规划许可审批结果、建设工程规划类许可审批结果、施工许可（开工报告）审批结果、招标事项审批核准结果，取水许可、水土保持方案、洪水影响评价等涉水事项审批结果等。3. 招标投标信息：资格预审公告、招标公告、中标候选人公示、中标结果公示、合同订立及履行情况、招标投标违法处罚信息等。4. 征收土地信息：征地告知书以及履行征地报批前程序的相关证明材料、建设项目用地呈报说明书、农用地转用方案、补充耕地方案、征收土地方案、供地方案、征地批后实施中征地公告、征地补偿安置方案公告等。5. 重大设计变更信息：项目设计变更原因、主要变更内容、变更依据、批准单位、变更结果等。6. 施工有关信息：项目法人单位及其主要负责人信息，设计、施工、监理单位及其主要负责人、项目负责人信息、资质情况，施工单位项目管理机构设置、工作职责、主要管理制度，施工期环境保护措施落实情况等。7. 质量安全监督信息：质量安全监督机构及其联系方式、质量安全行政处罚情况等。8. 竣工有关信息：竣工验收时间、工程质量验收结果，竣工验收备案时间、备案编号、备案部门、交付使用时间，竣工决算审计单位、审计结论、财务决算金额等”。

实施机构、项目公司同样应遵照执行。

2018 年 4 月 24 日，财政部《关于进一步加强政府和社会资本合作（PPP）示范项目规范管理的通知》（财金〔2018〕54 号）第 3 条第 1 款要求，“提升信息公开质量。通过 PPP 综合信息平台及时、准确、完整、充分披露示范项目关键信息，及时上传项目实施方案、物有所值评价报告、财政承受能力论证报告、采购文件等重要附件及相关批复文件，保障项目信息前后连贯、口径一致、账实相符”，第3款还要求，“强化咨询服务监督。全面披露参与示范项目论证、采购、谈判等全过程咨询服务的专家和咨询机构信息，主动接受社会监督。建立健全咨询服务绩效考核和投诉问责机制，将未妥善履行咨询服务职责或提供违法违规咨询意见的专家或咨询机构，及时清退出PPP专家库或咨询机构库”。对于示范项目，该通知第4条第2款进一步要求如下，“强化示范项目动态管理。地方各级财政部门要会同有关部门加强示范项目动态管理，确保项目执行不走样。对于项目名称、实施机构等非核心条件发生变更的，应及时向财政部PPP中心备案；对于项目合作内容、总投资、运作方式、合作期限等核心边界条件与入选示范项目时相比发生重大变化的，应及时向财政部PPP中心申请调出示范项目名单，并对项目实施方案，物有所值评价报告、财政承受能力论证报告、采购文件、项目合同等进行相应调整、变更。因项目规划调整、资金落实不到位等原因，不再继续采用PPP模式实施的，应及时向财政部PPP中心申请调出示范项目名单并退出项目库”。

2019年3月7日，财政部进一步强化了规范管理，发布了《关于推进政府和社会资本合作规范发展的实施意见》（财金〔2019〕10号），意见要求“用好全国PPP综合信息平台，充分披露PPP项目全生命周期信息，保障公众知情权，对参与各方形成有效监督和约束”，且“规范的PPP项目应当按规定纳入全国PPP综合信息平台项目库，及时充分披露项目信息，主动接受社会监督”。

2019年6月21日，国家发展改革委《关于依法依规加强PPP项目投资和建设管理的通知》（发改投资规〔2019〕1098号）也作出了进一步的要求，该通知第5条第12款和第14款分别要求，“依托在线平台建立全国PPP项目信息监测服务平台，加强PPP项目管理和信息监测。对于通过项目审批、核准或备案，以及可行性论证、实施方案审查的PPP项目，要通过平台公开项目信息，实现全国PPP项目信息定期发布、动态监测、实时查询等功能，便于社会资本、金融机构等有关方面更好参与PPP项目”，“落实《政府信息公开条例》（国务院令第 711 号）、国务院办公厅《关于推进重大建设项目批准和实施领域政府信息公开的意见》（国办发〔2017〕94 号）等要求，依托在线平台，重点公开 PPP 项目的批准服务信息、批准结果信息、招标投标信息，以及施工、竣工等有关信息”。

2019 年 7 月 1 日，国务院《政府投资条例》（国务院令第 712 号）第 27 条则规定，“项目单位应当通过在线平台如实报送政府投资项目开工建设、建设进度、竣工的基本信息”。

由上可见，国务院、财政部、国家发展改革委等各个层面，从始至今始终强调和要求信息公示，可见该项工作的重要性，因此，项目各方应予完整、及时地落实，当然，这就必然成为实施机构的重要监管要点。

建议该项工作作为每个月的工作检查要点，按月为频次进行检查和落实。实施机构可以自行监管，也可以委托第三方跟踪审计进行监管。

要求成果清单

序号	要点内容（参考）
1	财政部 PPP 项目管理库信息公示
2	专项检查报告或审计报告
3	整改完成报告
4	其他相关文件等

关联政策及规定

- 监管要点44
  - 2012年
    - 2012年6月8日，住房和城乡建设部《关于印发进一步鼓励和引导民间资本进入市政公用事业领域的实施意见的通知》（建城〔2012〕89号）
  - 2014年
    - 2014年11月29日，财政部《关于印发政府和社会资本合作模式操作指南（试行）的通知》（财金〔2014〕113号）（已失效）
    - 2014年11月30日，财政部《关于政府和社会资本合作示范项目实施有关问题的通知》（财金〔2014〕112号）
    - 2014年12月2日，国家发展改革委《关于开展政府和社会资本合作的指导意见》（发改投资〔2014〕2724号）
    - 2014年12月31日，财政部《关于印发〈政府和社会资本合作项目政府采购管理办法〉的通知》（财库〔2014〕215号）
  - 2015年
    - 2015年4月3日，财政部《关于印发〈政府和社会资本合作项目财政承受能力论证指引〉的通知》（财金〔2015〕21号）（已失效）
    - 2015年4月20日，财政部、交通运输部《关于在收费公路领域推广运用政府和社会资本合作模式的实施意见》（财建〔2015〕111号）
    - 2015年5月4日，交通运输部《关于深化交通运输基础设施投融资改革的指导意见》（交财审发〔2015〕67号）
    - 2015年5月19日，国务院办公厅《转发财政部发展改革委人民银行关于在公共服务领域推广政府和社会资本合作模式指导意见的通知》（国办发〔2015〕42号）
    - 2015年6月25日，财政部《关于进一步做好政府和社会资本合作项目示范工作的通知》（财金〔2015〕57号）
    - 2015年7月17日，财政部《关于做好政府采购信息公开工作的通知》（财库〔2015〕135号）
    - 2015年12月18日，财政部《关于印发〈PPP物有所值评价指引（试行）〉的通知》（财金〔2015〕167号）
    - 2015年12月18日，财政部《关于规范政府和社会资本合作（PPP）综合信息平台运行的通知》（财金〔2015〕166号）
  - 2016年
    - 2016年5月28日，财政部、国家发展改革委《关于进一步共同做好政府和社会资本合作（PPP）有关工作的通知》（财金〔2016〕32号）
    - 2016年9月24日，财政部《关于印发〈政府和社会资本合作项目财政管理暂行办法〉的通知》（财金〔2016〕92号）
    - 2016年10月11日，财政部《关于在公共服务领域深入推进政府和社会资本合作工作的通知》（财金〔2016〕90号）
    - 2016年10月24日，国家发展改革委《关于印发〈传统基础设施领域实施政府和社会资本合作项目工作导则〉的通知》（发改投资〔2016〕2231号）
    - 2016年12月30日，财政部《关于印发〈财政部政府和社会资本合作（PPP）专家库管理办法〉的通知》（财金〔2016〕144号）
  - 2017年
    - 2017年1月23日，财政部《关于印发〈政府和社会资本合作（PPP）综合信息平台信息公开管理暂行办法〉的通知》（财金〔2017〕1号）
    - 2017年11月10日，《关于规范政府和社会资本合作（PPP）综合信息平台项目库管理的通知》（财办金〔2017〕92号）
    - 2017年11月22日，交通运输部办公厅《关于印发〈收费公路政府和社会资本合作操作指南〉的通知》（交办财审〔2017〕173号）
    - 2017年12月4日，国务院办公厅《关于推进重大建设项目批准和实施领域政府信息公开的意见》（国办发〔2017〕94号）
  - 2018年
    - 2018年4月24日，财政部《关于进一步加强政府和社会资本合作（PPP）示范项目规范管理的通知》（财金〔2018〕54号）
  - 2019年
    - 2019年3月7日，财政部《关于推进政府和社会资本合作规范发展的实施意见》（财金〔2019〕10号）
    - 2019年6月21日，国家发展改革委《关于依法依规加强PPP项目投资和建设管理的通知》（发改投资规〔2019〕1098号）
    - 2019年7月1日，国务院《政府投资条例》（国务院令第712号）
    - 2019年11月1日，财政部办公厅《关于征求〈政府和社会资本合作模式操作指南（修订稿）〉意见的函》（财办金〔2019〕94号）

监管要点 45：确认项目移交是否按约执行？

政策依据与解析

移交是 PPP 项目全生命周期的终点，是项目公司将项目完整转移给政府方的一个约定动作，相关程序和办法应当在合同中有明确约定。最终移交时，只要按约履行即可，实施机构应监管是否按照合同约定执行了移交工作。

移交分为正常移交和非正常移交，相关政策规定如下：

2014 年 11 月 29 日，财政部发布的《关于印发政府和社会资本合作模式操作指南（试行）的通知》（财金〔2014〕113 号（已失效）第 32 条规定，“项目移交时，项目实施机构或政府指定的其他机构代表政府收回项目合同约定的项目资产。项目合同中应明确约定移交形式、补偿方式、移交内容和移交标准。移交形式包括期满终止移交和提前终止移交；补偿方式包括无偿移交和有偿移交；移交内容包括项目资产、人员、文档和知识产权等；移交标准包括设备完好率和最短可使用年限等指标。采用有偿移交的，项目合同中应明确约定补偿方案；没有约定或约定不明的，项目实施机构应按照‘恢复相同经济地位’原则拟定补偿方案，报政府审核同意后实施”。

该指南第 33 条规定，“项目实施机构或政府指定的其他机构应组建项目移交工作组，根据项目合同约定与社会资本或项目公司确认移交情形和补偿方式，制定资产评估和性能测试方案。项目移交工作组应委托具有相关资质的资产评估机构，按照项目合同约定的评估方式，对移交资产进行资产评估，作为确定补偿金额的依据。项目移交工作组应严格按照性能测试方案和移交标准对移交资产进行性能测试。性能测试结果不达标的，移交工作组应要求社会资本或项目公司进行恢复性修理、更新重置或提取移交维修保函”。

该指南第 34 条还规定，“社会资本或项目公司应将满足性能测试要求的项目资产、知识产权和技术法律文件，连同资产清单移交项目实施机构或政府指定的其他机构，办妥法律过户和管理权移交手续。社会资本或项目公司应配合做好项目运营平稳过渡相关工作”。

财金〔2014〕113号文失效后，征求意见中的《政府和社会资本合作模式操作指南（修订稿）》（财办金〔2019〕94号）对移交的规定并无差异。该指南第35条明确，“项目移交时，项目实施机构或政府指定的其他机构（以下简称移交接受机构）代表政府收回项目合同约定的项目资产或权益。项目合同中应明确约定移交形式、补偿方式、移交内容和移交标准。移交内容包括项目资产、人员、文档和知识产权等；移交标准包括设备完好率和最短可使用年限等指标。采用有偿移交的，项目合同中应明确约定补偿方案。没有约定或约定不明的，项目实施机构和项目公司（社会资本）可就补偿方案协商一致并报政府审核同意后实施。无法达成一致的，按照合同约定的争议解决机制处理”。

该指南第36条规定，“政府方应与项目公司（社会资本）共同组建项目移交工作组。项目移交工作组的政府方成员应至少包括来自实施机构、行业主管部门、移交接收机构和国有资产管理部门的人员。若项目期满有偿移交或因提前终止而移交时，财政部门应参与项目移交工作。项目移交工作组应根据项目的移交情形、移交方式、移交内容和移交标准，制定移交清单，以及最后恢复性大修（如适用）、性能测试和员工安置方案。项目移交工作组应严格按照性能测试方案和移交标准对移交资产进行性能测试。性能测试结果不达标的，项目公司（社会资本）应采取恢复性修理、更新重置等补救措施或赔偿损失”。

该指南第38条规定，“项目公司（社会资本）应将满足性能测试要求的项目资产、权益和技术法律文件、由政府方接收的人员，连同资产清单移交给移交接受机构，依法办理转让、变更程序以及管理权移交手续。项目公司（社会资本）应配合做好项目运营平稳过渡相关工作”。

2014年12月2日，国家发展改革委《关于开展政府和社会资本合作的指导意见》（发改投资〔2014〕2724号）第5条第6款明确，“政府和社会资本合作过程中，如遇不可抗力或违约事件导致项目提前终止时，项目实施机构要及时做好接管，保障项目设施持续运行，保证公共利益不受侵害。政府和社会资本合作期满后，要按照合同约定的移交形式、移交内容和移交标准，及时组织开展项目验收、资产交割等工作，妥善做好项目移交。依托各类产权、股权交易市场，为社会资本提供多元化、规范化、市场化的退出渠道”。

2016 年 8 月 10 日，国家发展改革委《关于切实做好传统基础设施领域政府和社会资本合作有关工作的通知》（发改投资〔2016〕1744 号）第 6 条要求，“项目实施期间社会投资人出现重大违约，或发生重大不可抗力等事项，需要政府提前回购的，要合理划分各方责任，妥善做好项目移交”。

该通知第 7 条要求，“政府和社会资本合作期满后，按照合同约定的移交形式、移交内容和移交标准，及时组织开展项目验收、资产交割等工作。推动 PPP 项目与资本市场深化发展相结合，依托各类产权、股权交易市场，通过股权转让、资产证券化等方式，丰富 PPP 项目投资退出渠道。提高 PPP 项目收费权等未来收益变现能力，为社会资本提供多元化、规范化、市场化的退出机制，增强 PPP 项目的流动性，提升项目价值，吸引更多社会资本参与”。

2016 年 9 月 24 日，财政部在《关于印发〈政府和社会资本合作项目财政管理暂行办法〉的通知》（财金〔2016〕92 号）第 33 条规定，“各级财政部门应当会同行业主管部门做好项目资产移交工作。项目合作期满移交的，政府和社会资本双方应按合同约定共同做好移交工作，确保移交过渡期内公共服务的持续稳定供给。项目合同期满前，项目实施机构或政府指定的其他机构应组建项目移交工作组，对移交资产进行性能测试、资产评估和登记入账，项目资产不符合合同约定移交标准的，社会资本应采取补救措施或赔偿损失。项目因故提前终止的，除履行上述移交工作外，如因政府原因或不可抗力原因导致提前终止的，应当依据合同约定给予社会资本相应补偿，并妥善处置项目公司存续债务，保障债权人合法权益；如因社会资本原因导致提前终止的，应当依据合同约定要求社会资本承担相应赔偿责任”，第 34 条还规定，“各级财政部门应当会同行业主管部门加强对 PPP 项目债务的监控。PPP 项目执行过程中形成的负债，属于项目公司的债务，由项目公司独立承担偿付义务。项目期满移交时，项目公司的债务不得移交给政府”。

2016 年 10 月 24 日，国家发展改革委《关于印发〈传统基础设施领域实施政府和社会资本合作项目工作导则〉的通知》（发改投资〔2016〕2231 号）附件《传统基础设施领域实施政府和社会资本合作项目工作导则》第 20 条规定，“在 PPP 项目合作期限内，如出现重大违约或者不可抗力导致项目运营持续恶化，危及公共安全或重大公共利益时，政府要及时采取应对措施，必要时可指定项目实施机构等临时接管项目，切实保障公共安全和重大公共利益，直至项目恢复正常运营。不能恢复正常运营的，要提前终止，并按 PPP 合同约定妥善做好后续工作”。

该导则第 21 条规定，“对于 PPP 项目合同约定期满移交的项目，政府应与项目公司或社会资本方在合作期结束前一段时间（过渡期）共同组织成立移交工作组，启动移交准备工作。移交工作组按照 PPP 项目合同约定的移交标准，组织进行资产评估和性能测试，保证项目处于良好运营和维护状态。项目公司应按 PPP 项目合同要求及有关规定完成移交工作并办理移交手续”。

根据财政部于 2017 年 1 月 23 日发布的《关于印发〈政府和社会资本合作（PPP）综合信息平台信息公开管理暂行办法〉的通知》（财金〔2017〕1 号）附件《政府和社会资本合作（PPP）综合信息平台信息公开管理暂行办法》第 9 条规定，“项目移交阶段应当公开的 PPP 项目信息包括”“（一）移交工作组的组成、移交程序、移交标准等移交方案；（二）移交资产或设施或权益清单、移交资产或权益评估报告（如适用）、性能测试方案，以及移交项目资产或设施上各类担保或权益限制的解除情况；（三）项目设施移交标准达标检测结果；（四）项目后评价报告（含对项目产出、成本效益、监管成效、可持续性、PPP 模式应用等进行绩效评价），以及项目后续运作方式”，详细要求如表 3-24 所示：

表 3-24　公开信息相关内容

项目所处阶段	公开内容	公开方式	公开的时点	信息提供方
项目移交	移交工作组的组成、移交程序、移交标准等移交方案	即时公开	移交方案确定后 10 个工作日内	实施机构
	移交资产或设施或权益清单、移交资产或权益评估报告（如适用）、性能测试方案	即时公开	清单或报告定稿或测试完成后 10 个工作日内	实施机构
	移交项目资产或设施上各类担保或权益限制的解除情况（如适用）	即时公开	对应解除完成后 10 个工作日内	实施机构 项目公司
	项目设施移交标准达标检测结果	即时公开	达标检测结果出具后 10 个工作日内	实施机构
	项目后评价报告，以及项目后续运作方式	即时公开	后评估报告定稿或项目后续运作方式确定后 10 个工作日内	实施机构

针对收费公路项目，2017 年 11 月 22 日交通运输部办公厅《关于印发〈收费公路政府和社会资本合作操作指南〉的通知》（交办财审〔2017〕173 号）第 43 条规定，“在项目合作期内，因收费公路 PPP 项目合同一方严重违约或不可抗力等原因，导致社会资本方或项目公司无法继续履行合同约定义务，或者出现合同约定的提前终止合同情形的，在与债权人协商一致后，经原审批机构审批，可以提前终止合同。收费公路 PPP 项目合同提前终止的，项目实施机构或交通运输主管部门指定的其他机构可以提前收回特许经营权，并根据实际情况和合同约定给予合理补偿或惩罚”。

该指南第 44 条明确，“在 PPP 合同期满后，社会资本方或项目公司应当以良好的运营和养护状态将收费公路 PPP 项目合同约定的项目及其附属设施、相关资料等无偿移交给政府有关部门或项目实施机构。收费公路 PPP 项目合同中应当明确约定项目移交的过渡期、移交内容和标准、移交程序、质量保证及违约责任等”，第 45 条明确，“项目移交应设置过渡期。过渡期宜为 PPP 合作期限届满前 1 年或 2 年，政府有关部门或项目实施机构和社会资本方或项目公司应当联合组建项目移交委员会，研究制定项目移交方案，共同做好项目移交过渡期的相关工作。项目移交方案应当包括移交的资产、资料明细，双方委派的移交人员及移交程序等内容”，第 46 条还规定，“PPP 合同期满前 6 个月，原审批机构应当对收费公路进行鉴定和验收。经鉴定和验收，公路符合取得收费公路权益时核定的技术等级和标准的，社会资本方或项目公司方可按照国家有关规定向交通运输主管部门办理公路移交手续；不符合取得收费公路权益时核定的技术等级和标准的，社会资本方或项目公司应当在交通运输主管部门确定的期限内进行维修养护，达到要求后，方可按照规定办理公路移交手续”。

事关项目的最终转移，也事关公共服务在转移后能否持续、稳定的供给，因此，该项工作必然就是核心监管要点。

实施机构可以组建移交接收小组共同落实、共同监管，建议接受小组中安排律师加入为佳。

正常移交程序如下：

1. 移交接收小组成立；
2. 项目移交程序、办法、标准、要求梳理（合同、政策、项目现状等）；
3. 项目移交方案确定，并正式通知项目公司；
4. 项目公司移交前准备；
5. 根据移交方案实施移交，逐一核查并接收；
6. 移交完成，项目公司退出，实施机构落实后评价。

要求成果清单

序号	要点内容（参考）
1	项目移交方案
2	移交启动通知、首次会议和末次会议的会议纪要
3	移交过程资料
4	移交完成交接清单
5	实施机构批准意见、财政部门批准意见、政府批准文件
6	移交完成证书
7	项目后评价
8	其他相关文件等

关联政策及规定

- 监管要点45
  - 2014年
    - 2014年11月29日，财政部《关于印发政府和社会资本合作模式操作指南（试行）的通知》（财金〔2014〕113号）（已失效）
    - 2014年12月2日，国家发展改革委《关于开展政府和社会资本合作的指导意见》（发改投资〔2014〕2724号）
  - 2016 年
    - 2016年8月10日，国家发展改革委《关于切实做好传统基础设施领域政府和社会资本合作有关工作的通知》（发改投资〔2016〕1744号）
    - 2016年9月24日，财政部《关于印发〈政府和社会资本合作项目财政管理暂行办法〉的通知》（财金〔2016〕92号）
    - 2016年10月24日，国家发展改革委《关于印发〈传统基础设施领域实施政府和社会资本合作项目工作导则〉的通知》（发改投资〔2016〕2231号）
  - 2017年
    - 2017年1月23日，财政部《关于印发〈政府和社会资本合作（PPP）综合信息平台信息公开管理暂行办法〉的通知》（财金〔2017〕1号）
    - 2017年11月22日，交通运输部办公厅《关于印发〈收费公路政府和社会资本合作操作指南〉的通知》（交办财审〔2017〕173号）
  - 2019年
    - 2019年11月1日，财政部办公厅《关于征求〈政府和社会资本合作模式操作指南（修订稿）〉意见的函》（财办金〔2019〕94号）

监管要点 46：确认是否及时进行项目后评价工作？

政策依据与解析

项目后评价是对 PPP 项目实施初衷的检验，原来预期的物有所值目标是否实现？通过后评价进行查漏补缺，经验积累，为未来的项目实施积攒经验教训，属于一个项目的最终闭环环节。

2014 年 11 月 29 日，财政部《关于印发政府和社会资本合作模式操作指南（试行）的通知》（财金〔2014〕113 号）（已失效）第 35 条规定，“项目移交完成后，财政部门（政府和社会资本合作中心）应组织有关部门对项目产出、成本效益、监管成效、可持续性、政府和社会资本合作模式应用等进行绩效评价，并按相关规定公开评价结果。评价结果作为政府开展政府和社会资本合作管理工作决策参考依据”。

财金〔2014〕113 号文失效后，新的《政府和社会资本合作模式操作指南（修订稿）》（财办金〔2019〕94 号）第 37 条规定，“项目移交完成后，财政部门应会同行业主管部门、项目实施机构等有关部门对项目产出、物有所值实现情况、按效付费执行情况及对本地区财政承受能力的影响、监管成效、可持续性、PPP 模式应用等进行后评价，并按相关规定公开评价结果。评价结果作为政府开展 PPP 管理工作决策参考依据”，要求几乎没有变化。

2014 年 12 月 2 日，国家发展改革委《关于开展政府和社会资本合作的指导意见》（发改投资〔2014〕2724 号）第 5 条第 5 款规定，“项目实施过程中，加强工程质量、运营标准的全程监督，确保公共产品和服务的质量、效率和延续性。鼓励推进第三方评价，对公共产品和服务的数量、质量以及资金使用效率等方面进行综合评价，评价结果向社会公示，作为价费标准、财政补贴以及合作期限等调整的参考依据。**项目实施结束后，可对项目的成本效益、公众满意度、可持续性等进行后评价，评价结果作为完善 PPP 模式制度体系的参考依据**”。

2016 年 8 月 10 日，国家发展改革委《关于切实做好传统基础设施领域政府和社会资本合作有关工作的通知》（发改投资〔2016〕1744 号）第 6 条要求，“项目结束后，适时对项目效率、效果、影响和可持续性等进行后评价，科学评价项目绩效，不断完善PPP模式制度体系”。

2016年12月24日，国家发展改革委《关于印发〈传统基础设施领域实施政府和社会资本合作项目工作导则〉的通知》（发改投资〔2016〕2231号）第22条规定，“项目移交完成后，地方政府有关部门可组织开展PPP项目后评价，对PPP项目全生命周期的效率、效果、影响和可持续性等进行评价。评价结果应及时反馈给项目利益相关方，并按有关规定公开”。

对于收费公路项目，2017年11月22日，交通运输部办公厅《关于印发〈收费公路政府和社会资本合作操作指南〉的通知》（交办财审〔2017〕173号）第47条也规定，“项目移交完成后，交通运输主管部门应会同政府有关部门对项目运行养护状况、成本效益、监管成效等进行评估”，该项规定与财政部和国家发展改革委的要求一致。

项目后评价的内容也是PPP项目信息公示的内容。财政部《关于印发〈政府和社会资本合作（PPP）综合信息平台信息公开管理暂行办法〉的通知》（财金〔2017〕1号）第9条第4款规定，“PPP项目移交阶段应当公开的PPP项目信息包括”“项目后评价报告（含对项目产出、成本效益、监管成效、可持续性、PPP模式应用等进行绩效评价），以及项目后续运作方式”，详细要求如表3-25所示：

表3-25　公开信息相关内容

项目所处阶段	公开内容	公开方式	公开的时点	信息提供方
项目移交	项目后评价报告，以及项目后续运作方式	即时公开	后评估报告定稿或项目后续运作方式确定后10个工作日内	实施机构

除以上政策外，其他包括国家发展改革委、财政部、水利部《关于鼓励和引导社会资本参与重大水利工程建设运营的实施意见》（发改农经〔2015〕488号），《关于推进水污染防治领域政府和社会资本合作的实施意见》（财建〔2015〕90号）（已失效），国家发展改革委、财政部、土资源部等《关于进一步鼓励和扩大社会资本投资建设铁路的实施意见》（发改基础

〔2015〕1610 号），国家发展改革委、农业部《关于推进农业领域政府和社会资本合作的指导意见》（发改农经〔2016〕2574 号）等，对于项目后评价均有要求，其原则基本一致。

因此，以上也为实施机构的重要监管内容之一。

实际开展相关工作时，实施机构可以委托第三方咨询机构落实，也建议委托第三方落实。

要求成果清单

序号	要点内容（参考）
1	项目后评价报告
2	其他相关文件等

关联政策及规定

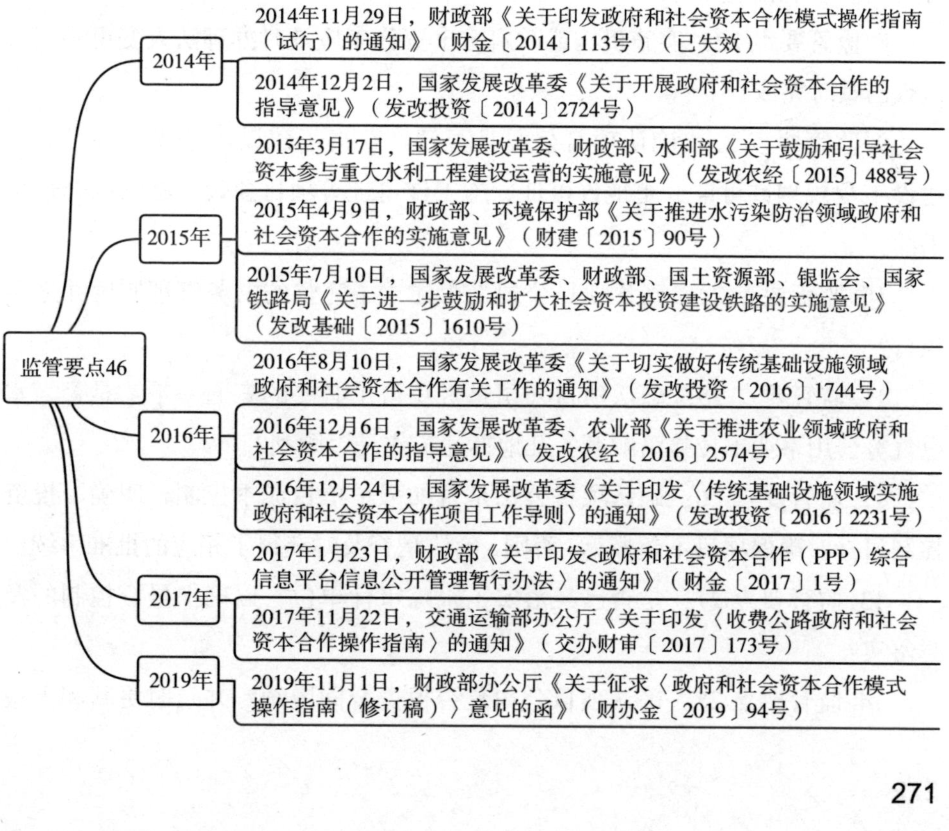

以上 46 项监管要点，为识别阶段、准备阶段、采购阶段、执行阶段和移交阶段政策类监管要点，**其中，与建设阶段相关联的共有 25 项，分别为：**

1. 监管要点 15：确认项目是否入库？若没有入库，是否排查原因并消除后予以入库？

2. 监管要点 16：实际管理代表是否已经获得相应书面授权？

3. 监管要点 17：项目公司是否已经按照约定设立？

4. 监管要点 18：项目资本金是否已经及时、足额注资到位？项目资本金来源是否合规？

5. 监管要点 19：实施机构和项目公司的正式 PPP 项目合同是否及时签订？

6. 监管要点 20：确认项目融资是否按约及时到位？

7. 监管要点 21：确认项目公司是否采取资产证券化等方式进行融资？若有，确认应予相应支持。

8. 监管要点 22：实施机构或政府方出资代表应及时办理法人变更手续，是否已及时完成？

9. 监管要点 23：确认项目公司是否已经获得了建设用地规划许可证、建设工程规划许可证、土地许可证、施工许可证等项目建设所必需的合规性手续？

10. 监管要点 24：确认项目公司是否建立了完整的财务管理制度并遵照执行？

11. 监管要点 25：确认项目公司是否获得了必要的三通一平？是否与水电气等公用事业单位接洽顺利？征地拆迁工作是否顺利？

12. 监管要点 26：确认项目公司是否加强了项目成本控制，明确了投资控制目标？确保项目不超概算，否则，确认是否及时获得了相应的批准手续？

13. 监管要点 27：是否已经落实了跟踪审计单位，以确保投资控制的及时落实？

14. 监管要点 28：确认项目公司是否根据合同履约？并及时更新和上报

相关信息？

15. 监管要点 29：项目实施过程中，确认项目公司是否按照规定进行招标采购工作？

16. 监管要点 30：确认项目公司是否定期提交了建设、运营情况报告？

17. 监管要点 31：确认自身是否根据合同履约？

18. 监管要点 32：确认项目公司是否存在股权变更情形？若有，应确认是否按规定和合同处理？

19. 监管要点 33：确认是否协助项目公司获得了应有的相关税收优惠或减免？

20. 监管要点 34：确认各项补助资金、贴息资金、奖补资金等是否按照规定执行？是否履行了相关手续？项目公司是否按照规定专款专用？

21. 监管要点 35：实施过程中，若实施的内容发生了变化，是否及时向原审批部门进行了申报并获得了批准？

22. 监管要点 36：项目实施过程中，若原合同确需变更的，确认是否及时签订了相关补充合同？

23. 监管要点 37：确认项目公司是否及时、合适地进行了项目结算和决算？

24. 监管要点 38：确认是否按约及时进行绩效考核工作？

25. 监管要点 44：确认 PPP 项目信息是否按照规定及时公开？

注：“要求成果清单”为提示性建议，非权威最终成果要求，需实施机构根据各地政府相关政策规定和管理要求，灵活调整、灵活增减，故仅供参考。

第四章

政府方监管要点：行政职能部分

案例项目的实施机构为 ×× 市交通运输委员会，但 ×× 市交通运输委员会委托 ×× 市高速公路管理处代为管理，故高速公路管理处为实际管理人。

×× 市高速公路管理处依照《公路法》和高速公路管理的相关法规、政策，代表市政府和市交通运输委员会行使高速公路管理职能。其主要职能为：

1. 负责起草全市高速公路养护及路政管理的有关标准和规定；

2. 参与高速公路规划工作，负责组织高速公路前期工作；

3. 负责全市高速公路建设和联网收费管理；

4. 组织全市高速公路建设项目的后评估；

5. 负责全市高速公路运行情况的监控、信息采集与发布及应急处理；

6. 负责全市高速公路路政管理，维护高速公路路产路权；

7. 负责高速公路日常养护管理的指导、监督和检查考核，对高速公路大中型项目及专项工程实施监管。

根据《×× 市高速公路管理处关于调整内设机构及职能的通知》（× 高速处办〔2017〕227 号）文件精神，经《×× 市交通运输委员会关于同意 ×× 市高速公路管理处内设机构调整的批复》批准，管理处内设管理部门 11 个，分别为：养护管理科、路政法制科、建设管理科、规划前期科、运营资产科、财务（审计）科、人力资源科、工会、监察室、党委综合办公室、行政办公室。下属单位 11 个，分别为：第一路政管理大队、第二路政管理大队、第三路政管理大队、第四路政管理大队、第五路政管理大队、第六路政管理大队、第七路政管理大队、第八路政管理大队、路政督查管理大队、×× 市高速公路联网管理服务中心、×× 市高速公路路网信息服务中心。部门职能如下：

养护管理科：以保证设施安全运行为核心，贯彻落实交通运输部、×× 市和市交通运输委高速公路养护管理相关工作要求，负责对高速公路经营公司养护维修工程和养护行为的监督，组织、协调高速公路设施应急处置工作；指导处属各路政管理大队开展养护监管工作；负责牵头组织我处大气污染综合治理和反恐工作。

路政法制科：负责监督和指导各高速公路路政基层执法单位宣传贯彻路政管理法律法规、保护路产路权等路政、法制管理工作，负责对各高速公路经营企业救援服务工作实施行业指导和监督；负责高速公路管理处行政审批工作。

建设管理科：负责编报年度高速公路建设计划及建设补助资金的申报工作，并组织推动高速公路项目建设；承担高速公路建设市场日常管理工作；承担高速公路建设及涉路工程的行业监管工作。

规划前期科：参与高速公路规划工作，负责组织高速公路建设前期及初步设计、施工图设计变更等审查工作，开展相关课题研究；负责组织我市高速公路建设项目的后评估；负责组织高速公路涉路工程方案的审查工作；负责高速公路行业科技及标准化管理；负责我市高速公路交通量数据采集、统计、分析工作。

运营资产科：负责监督收费站、服务区认真贯彻落实国家及本市相关政策；负责制定行业运营服务标准及规章制度；负责定期对收费站、服务区进行监督、检查、考核、评比；负责收费数据的统计、分析、上报。

财务（审计）科：贯彻执行《会计法》等国家财经法纪、法规，建立健全财务规章制度和内部控制制度；负责货币资金收支预算管理、财产物资的账目管理；负责成本费用支出控制，提高资金使用效率；负责我处会计核算和会计监督工作；负责我处内部审计工作。

人力资源科：负责贯彻执行有关人事、劳资、机构编制等方面的方针政策法规；负责建立健全我处人力资源管理的规章制度；负责全处劳动人事管理工作；负责我处劳务派遣使用管理工作。

工会：代表和组织职工参与国家和社会事务管理，参与单位民主管理，实施民主监督。代表职工权益，维护职工合法权益。引导广大职工群众参加建设和改革，努力完成经济和社会发展任务，积极推动社会经济效益和生产力的提高。对职工群众进行思想政治教育和文化技术教育。

监察室：对处党委和领导班子落实全面从严治党的情况履行监督责任；负责对我处违反党纪案件进行执纪问责；负责受理检举、控告和申诉工作。

党委综合办公室：主要负责落实党委主体责任日常组织协调工作，承担党务工作的协调与督查；负责党的组织建设、党员队伍建设、党的组织制度建设以及党委巡察日常工作；负责干部队伍管理及党的统战工作；负责理论学习、意识形态、政工职评等工作。

行政办公室：围绕全处整体部署和中心工作，负责部门的沟通协调、领导班子决策的督促检查工作，做好行政后勤和内保安全的服务和管理工作。

下属单位职能如下：

各路政管理大队：宣传贯彻执行国家有关公路的法律、法规；负责辖区内高速公路各项路政管理、执法的具体实施工作；负责辖区内高速公路救援服务和设施巡查的监管工作；负责辖区内高速公路设施以及养护维修工程的监管工作；负责辖区内涉路施工的监管工作；负责辖区内收费站和服务区的日常监管工作。

路政督查管理大队：对处属各路政管理大队从严落实劳动纪律、全面落实管理职能情况，履行监督检查责任。

××市高速公路路网信息服务中心：负责拟定全市高速公路路网管理的标准及规范；负责全市高速公路路网运营监测，组织各运营单位开展路况信息填报、发布等相关工作；负责路网运行数据的挖掘分析工作，定期编写研判报告；负责高速公路公众服务信息的搜集、发布工作。

××市高速公路联网管理服务中心：负责监督指导全市高速公路通行费清分结算工作；负责监督指导全市高速公路 ETC 客户发行工作；负责监督、指导全市联网高速公路收费系统、干线接入网维护管理工作；负责监督指导全市联网高速公路逃漏费稽查管理工作。

以上职能中与案例 PPP 项目建设期相关的行政职能包括：**负责全市高速公路建设和联网收费管理，组织全市高速公路建设项目的后评估两项。具体到各部门中，经过系统分析、提炼和整理，管理处涉及 PPP 项目建设期管理的行政职能监管要点包括 7 项**[①]，如图 4-1 所示。

① 由于在本书编著期间，高速公路管理处被行政合并，故此处按照课题要求，仅分析建设期，未延展其他阶段。另外，由于高速公路管理处已被合并，具体的管理办法已经重新调整，故本章节不再细述具体的管理办法和成果要求。

下面，我们将逐条论述，确认该监管要点应如何实施。

政府方监管要点：行政职能部分

- 监管要点47：监督、检查建设期间是否存在大气污染情形，确认安全文明施工措施是否到位？
- 监管要点48：确认案例PPP项目施工期间所需行政审批手续是否及时批出，项目行政许可是否已经全部获得？
- 监管要点49：确认案例PPP项目是否存在建设补助资金申报情况，如果存在，是否及时推进落实？
- 监管要点50：定期与项目公司沟通、会议，确认是否存在阻碍项目建设的情形，如有，确认是否及时推动协调解决？
- 监管要点51：对案例PPP项目进行定期监督、检查、管理，确保项目建设合法合规、顺利有序推进。
- 监管要点52：确认案例PPP项目的图纸设计、变更审查、工程方案审查等工作是否及时落实到位？
- 监管要点53：确认是否及时开展、落实项目建设后评估工作？

图 4-1　政府方监管要点：行政职能部分

监管要点 47：监督、检查建设期间是否存在大气污染情形，确认安全文明施工措施是否到位？

依据：负责牵头组织我处大气污染综合治理和反恐工作（养护管理科）。

管理办法和成果要求：按照高速公路管理处现行管理办法执行，此处不再赘述。

监管要点 48：确认案例 PPP 项目施工期间所需行政审批手续是否及时批出，项目行政许可是否已经全部获得？

依据：负责高速公路管理处行政审批工作（路政法制科）。

管理办法和成果要求：按照高速公路管理处现行管理办法执行，此处不再赘述。

监管要点 49：确认案例PPP项目是否存在建设补助资金申报情况，如果存在，是否及时推进落实？

依据：编报年度高速公路建设计划及建设补助资金的申报工作，并组织推动高速公路项目建设（建设管理科）。

管理办法和成果要求：按照高速公路管理处现行管理办法执行，此处不再赘述。

监管要点 50：定期与项目公司沟通、会议，确认是否存在阻碍项目建设的情形，如有，确认是否及时推动协调解决？

依据：承担高速公路建设市场日常管理工作；承担高速公路建设及涉路工程的行业监管工作（建设管理科）。

管理办法和成果要求：按照高速公路管理处现行管理办法执行，此处不再赘述。

监管要点 51：对案例 PPP 项目进行定期监督、检查、管理，确保项目建设合法合规、顺利有序推进。

依据 1：承担高速公路建设市场日常管理工作；承担高速公路建设及涉路工程的行业监管工作（建设管理科）。

依据 2：宣传贯彻执行国家有关公路的法律、法规；负责辖区内高速公路各项路政管理、执法的具体实施工作；负责辖区内高速公路救援服务和设施巡查的监管工作；负责辖区内高速公路设施以及养护维修工程的监管工作；负责辖区内涉路施工的监管工作（各路政管理大队）。

管理办法和成果要求：按照高速公路管理处现行管理办法执行，此处不再赘述。

监管要点 52：确认案例 PPP 项目的图纸设计、变更审查、工程方案审查等工作是否及时落实到位?

依据：负责与高速公路规划工作，负责组织高速公路建设前期及初步设计、施工图设计变更等审查工作，开展相关课题研究；负责组织高速公路涉路工程方案的审查工作；负责高速公路行业科技及标准化管理（规划前期科）。

管理办法和成果要求：按照高速公路管理处现行管理办法执行，此处不再赘述。

监管要点 53：确认是否及时开展、落实项目建设后评估工作?

依据：负责组织我市高速公路建设项目的后评估；负责高速公路行业科技及标准化管理（规划前期科）。

管理办法和成果要求：按照高速公路管理处现行管理办法执行，此处不再赘述。

关于行政职能的分配和监管要点的提炼，会随着部门的不同而不同，由于本项目案例实施机构行政职能的调整，原行政职能已经发生重大变化，故已经不再具备参考性，此处不再详细论述，仅从建设阶段的监管要点着手简单论述。

对于具体的管理办法，以及管理成果的要求，按照实施机构已有的规定执行，不再另行研讨。

第五章

政府方监管要点：合同部分

财政部《PPP 项目合同指南（试行）》明确，“PPP 从行为性质上属于政府向社会资本采购公共服务的民事法律行为，构成民事主体之间的民事法律关系”，“作为公共产品或服务的购买者（或者购买者的代理人），政府基于 PPP 项目合同形成与项目公司（或社会资本）之间的平等民事主体关系，按照 PPP 项目合同的约定行使权利、履行义务”。

因此，合同中约定的双方责任、权利和义务属于民事行为，实施机构一是要监督确认项目公司（社会资本）按约履行到位，二是要监督确认自身按约履行到位，否则双方均有权向对方主张合同约定的违约责任，因此，该部分监管要点属于相对的关系。

根据财政部《关于规范政府和社会资本合作合同管理工作的通知》（财金〔2014〕156 号）文件精神，编者将 PPP 项目合同分为三种类型。第一类为 PPP 项目主合同体系，这是 PPP 项目全生命周期的核心合同、关键合同、主要合同，是所有合同中最主要的组成。第二类为三方转移类合同，即政府方前期采购形成的合同，待项目公司成立后，相应的费用转由项目公司承担而必须重新签订形成的三方协议。第三类为项目执行阶段，项目公司负责采购签订形成的相关合同。

这三类合同政府方均要监管，但监管力度与方式不一，本章我们将详细剖析与分析。

其中，第一类 PPP 项目主合同体系由以下合同组成：

1. 实施机构通过公开招标 / 邀请招标 / 竞争性磋商 / 竞争性谈判 / 单一来源采购等竞争性采购方式选定社会资本方后，与中标社会资本方签订的**《PPP 项目投资协议》**，该协议**甲方：实施机构，乙方：中标社会资本方**。

2. 社会资本方中标后，应与政府方出资代表共同成立项目公司，此时双方应签订**《股东协议和公司章程》**，该协议和章程的**甲方、乙方，或丙方、丁方：各股东方**。

3. 项目公司成立后，应签订正式的《PPP 项目合同》，作为本 PPP 项目执行实施的法律依据，该合同**甲方：实施机构，乙方：新成立的项目公司**。

4. 项目公司的资金来源，除了 20%~30% 的项目资本金，剩余 70%~80% 需要融资借款获得，因此需要签订《融资协议》，**甲方：项目公司，乙方：**

金融机构。

5. 项目公司进入建设期，必须签订《施工总承包合同》，**甲方：项目公司，乙方：施工总承包单位**（很有可能就是中标社会资本方，涉及关联交议，因此需要经过股东会决议，方可不经过采购程序直接签订合同）。

6.PPP 项目包含建设期和运营期，运营期需要签订《委托运营合同》，**甲方：项目公司，乙方：被委托运营单位。**

以上六份合同组成了完整的 PPP 项目主合同体系，六份合同由不同法律责任主体共同对一个目标进行匹配赋能，因此其法律关系相对传统模式更为复杂。根据合同相对性，政府方监管要点主要集中在《PPP 项目投资协议》和《PPP 项目主合同》，其中，《PPP 项目投资协议》内的商务条件和权利义务，已经全部承继至《PPP 项目合同》，因此，本章节只聚焦《PPP 项目合同》[①]中政府方实施机构的责任和义务。

第一类合同的监管重点应为合同双方是否按约执行，包括政府方是否按照合同约定完成了甲方的责任和义务，项目公司是否按照合同约定完成了乙方的责任和义务。如果乙方未能按约履行，则要行使甲方的权利，按约追索相应的责任。

第二类合同的监管重点应包括以下三点：项目公司是否按约履行，及时付费？第三方是否按约履行，及时提供合同约定的成果，未对项目产生影响？合同中约定的实施机构责任和义务是否及时履行到位？

第三类合同的监管重点应为项目公司的采购程序是否适当？合同签约程序是否适当？合同约定的内容是否遵循主合同的原则，没有超出主合同的商务条件？

根据以上原则，我们经过系统分析、提炼和整理，合同约定的监管要点包括 42 项，如图 5-1 所示。

下面，我们将逐条论述，确认该监管要点的来源及如何实施监管。

---

① 自 2020 年 1 月 1 日起生效的最高人民法院《关于审理行政协议案件若干问题的规定》（法释〔2019〕17 号）文件规定，PPP 项目合同属于行政协议，相关的诉讼依据《中华人民共和国行政诉讼法》执行，因此，PPP 项目合同的质量对政府方和项目公司就 PPP 项目的健康推进至关重要，需要引起各方的高度重视！对此，我们正在进行《PPP 项目合同体系示范文本和履约指南》的研究，将尽快推出。

- 政府方监管要点：合同部分
  - 建设阶段
    - 监管要点54:确认是否已经获得了土地批准手续，相应的费用乙方是否及时、完全支付？并监管确认乙方是否按照协议约定的内容使用该土地？
      - 与监管要点1重叠
    - 监管要点55：确认是否已经获得政府对PPP项目的批文和对实施机构的书面授权？
      - 与监管要点3、监管要点7、监管要点8重叠
    - 监管要点56：本案中，请高速公路管理站确认是否已经获得天津市交通运输委员会的书面授权？
      - 与监管要点16重叠
    - 监管要点57：确认项目公司注册资本金、项目资本金是否已经足额、及时出资缴纳到位？融资贷款的条件是否按照协议约定达成？融资贷款是否及时到账，且未影响项目的正常推进？（应确认已经协助乙方提供了项目融资所必需的政府文件，且获得了乙方正式书面的融资交割文件？确认项目公司是否专款专用？）
      - 与监管要点18、监管要点20重叠
    - 监管要点58：确认乙方履约保函是否已经及时足额提交？且该提交的履约保函是否“见索即付”？若提取了保函，是否履行了合适的程序，且确认乙方是否及时予以补足？
    - 监管要点59：确认项目公司是否有完整的组织架构，各岗位人员均已实际到位履职？确认项目公司是否有经过董事会正式批准的管理制度和管理体系,并遵照执行？
    - 监管要点60：是否及时批准了《施工总承包合同》等重大协议的签订？保留相应审核记录、招采记录，签订后应保留一份合同原件备案。
    - 监管要点61：确认乙方是否已经签订保修证书，并遵照执行？
    - 监管要点62：确认项目公司是否按照约定购买相应保险？
    - 监管要点63：确认项目公司是否已经按照规定履行并获得了施工许可证及其他项目实施应必须具备的合法合规性手续？若涉及前期手续法人不一致的，确认是否已及时配合乙方办理法人转移手续？
      - 与监管要点22、监管要点23重叠
    - 监管要点64：确认对项目公司的财务监管是否到位？
      - 与监管要点24重叠
    - 监管要点65：确认前期征地拆迁工作是否及时完成，是否符合项目推进进度要求？
      - 与监管要点25重叠
    - 监管要点66：确认项目公司是否已经获得项目所需的公用设施条件？必要时，可以给予充分和必要的协助。
      - 与监管要点25重叠
    - 监管要点67：确认项目公司是否按合同约定支付项目前期费用？若发生违约情形，是否按照合同约定提取履约保函？
    - 监管要点68：确认项目材料、设备检测是否全部合格？（监理必须跟踪取样，并确认各程序合规）若不合格，要求项目公司整改完成并报备确认，各项工作应完整关闭。
    - 监管要点69：确认乙方是否按照合同约定支付各类款项，是否及时支付农民工工资？
    - 监管要点70：确认PPP项目建设期是否按照合同约定履约？若有工期变化，是否按照约定履行了批准手续？确认是否存在实施机构原因导致的建设期延误，若有，应批准乙方的顺延建设期要求。
      - 与监管要点26重叠
    - 监管要点71：常态化监管投资是否超出批复概算？投资控制上限31.65亿元，若要超出，必须履行完成相应正式批准手续，以避免行政后果。

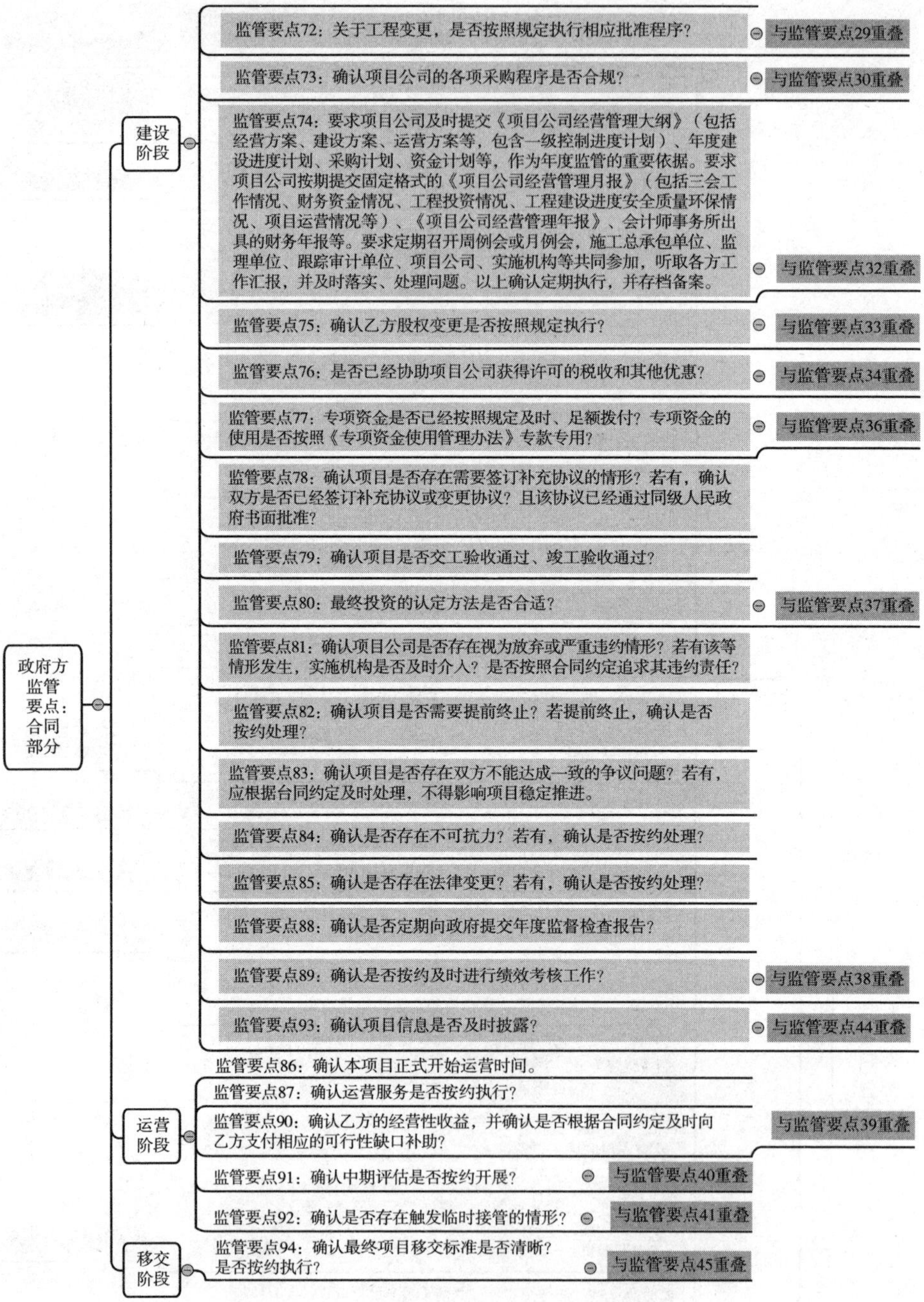

图 5-1　政府方监管要点：合同部分

监管要点 54：确认是否已经获得了土地批准手续，相应的费用乙方是否及时、完全支付？并监管确认乙方是否按照协议约定的内容使用该土地？

合同依据与解析

本要点与监管要点 1 关联，相关政策明确了前期手续应如何开展，合同约定了费用的支出，以及土地的使用，具有前后连贯性和一致性，实施机构应全程予以适当监管。

合同第 8.2.1 条、第 8.2.4 条约定，“本项目建设用地的性质为交通运输用地，以划拨方式提供给乙方。乙方使用项目用地的期限与本协议规定的特许经营期一致”，“乙方承担本项目的征地拆迁费用，及特许经营期内获得及存续本项目用地使用权的一切费用”。

合同第 8.2.2 条、第 8.2.3 条约定，“项目用地为本项目专用，未事先得到甲方的批准同意，乙方不得将场地另作他用。乙方根据项目建设的需要对本项目建设用地进行规划，不得改变该建设用地的用途”，“在特许经营期内，乙方不得对项目范围内的土地使用权利进行任何形式的转让或出租”。

实施机构应对土地的划拨，以及乙方土地使用进行监督管理，确保各项约定执行，同时还要督促乙方按照合同约定及时支付相应土地费用。

要求成果清单

序号	要点内容（参考）
1	划拨土地许可证书（出让或划拨，根据性质不同，文件不同）
2	乙方支付土地相关费用的付费记录
3	乙方对于土地使用的监管报告（监理或跟踪审计出具即可）
4	其他相关文件等

关联政策及规定

本要点关联第二章《政府方监管要点：政策部分》监管要点1：项目前期规划、土地预审、环境评价等前期工作是否按规定完成？

表5-1 监管要点及政策

<table>
<tr><td colspan="2">确认是否已经获得了土地批准手续，相应的费用乙方是否及时、完全支付？并监管确认乙方是否按照协议约定的内容使用该土地</td></tr>
<tr><td>国务院办公厅《转发财政部发展改革委人民银行关于在公共服务领域推广政府和社会资本合作模式指导意见的通知》（国办发〔2015〕42号）</td><td>实行多样化土地供应，保障项目建设用地。对符合划拨用地目录的项目，可按划拨方式供地，划拨土地不得改变土地用途。建成的项目经依法批准可以抵押，土地使用权性质不变，待合同经营期满后，连同公共设施一并移交政府；实现抵押权后改变项目性质应该以有偿方式取得土地使用权的，应依法办理土地有偿使用手续。不符合划拨用地目录的项目，以租赁方式取得土地使用权的，租金收入参照土地出让收入纳入政府性基金预算管理。以作价出资或者入股方式取得土地使用权的，应当以市、县人民政府作为出资人，制定作价出资或者入股方案，经市、县人民政府批准后实施</td></tr>
<tr><td>国家发展改革委等《关于印发全国投资项目在线审批监管平台投资审批管理事项统一名称和申请材料清单的通知》（发改投资〔2019〕268号）</td><td>附件1：《全国投资项目在线审批监管平台投资审批管理事项统一名称清单》，附件2：《全国投资项目在线审批监管平台投资审批管理事项申请材料清单》</td></tr>
<tr><td>国家自然资源部还发布了《关于以“多规合一”为基础推进规划用地“多审合一、多证合一”改革的通知》（自然资规〔2019〕2号）</td><td>合并规划选址和用地预审。将建设项目选址意见书、建设项目用地预审意见合并，自然资源主管部门统一核发建设项目用地预审与选址意见书，不再单独核发建设项目选址意见书、建设项目用地预审意见。……合并建设用地规划许可和用地批准。将建设用地规划许可证、建设用地批准书合并，自然资源主管部门统一核发新的建设用地规划许可证，不再单独核发建设用地批准书。以划拨方式取得国有土地使用权的，建设单位向所在地的市、县自然资源主管部门提出建设用地规划许可申请，经有建设用地批准权的人民政府批准后，市、县自然资源主管部门向建设单位同步核发建设用地规划许可证、国有土地划拨决定书</td></tr>
</table>

监管要点 55：确认是否已经获得政府对 PPP 项目的批文和对实施机构的书面授权？

合同依据与解析

本要点与监管要点 3、监管要点 7 和监管要点 8 关联，各政策中对此已经进行了详实的规定，合同中对此再次进行了明确，事关 PPP 项目的合规性和具体管理人员的法律授权，因此属于重要监管要点，实施机构应及时获得。

合同第 3.1 条第 1 点、第 2 点和第 6 点分别明确，“本项目已经获得 ×× 市人民政府的审定和许可；甲方有权签署本协议，并有能力履行本协议项下的义务”，“为确保本协议和其他协议的实施，而应由甲方取得的审批文件和授权，甲方应积极申请取得”。

实务中，PPP 项目的批文是合规性的要件之一，实施机构的书面授权是必要文件之一。因为在长达 10~30 年的全生命周期中，可能存在实施机构调整、变更或合并等可能，明确的书面授权有助于厘清合同法律责任主体，对项目的健康推进有积极作用。

要求成果清单

序号	要点内容（参考）
1	×× 市人民政府对本 PPP 项目的批准文件
2	×× 市人民政府对实施机构的书面授权文件
3	案例项目中，实施机构 ×× 市交通委对实际管理机构 ×× 市高速公路管理处的书面授权文件
4	其他相关文件等

关联政策及规定

本要点关联第二章《政府方监管要点：政策部分》监管要点 3：确认实

施机构、政府方出资代表是否为适格的主体？是否已获得了政府书面授权？以及监管要点 7：确认《PPP 项目实施方案》是否按照规定编制？并获得了政府的批准？延伸关联监管要点 8：确认政府方支出责任是否已经获得了财政确认，并获得了人大决议？

表 5-2　监管要点及政策

确认是否已经获得政府对 PPP 项目的批文和对实施机构的书面授权？	
政策名称	条款内容
财政部《关于印发政府和社会资本合作模式操作指南（试行）的通知》（财金〔2014〕113 号）（已失效）	政府或其指定的有关职能部门或事业单位可作为项目实施机构，负责项目准备、采购、监管和移交等工作
国家发展改革委《关于开展政府和社会资本合作的指导意见》（发改投资〔2014〕2724 号）	按照地方政府的相关要求，明确相应的行业管理部门、事业单位、行业运营公司或其他相关机构，作为政府授权的项目实施机构，在授权范围内负责 PPP 项目的前期评估论证、实施方案编制、合作伙伴选择、项目合同签订、项目组织实施以及合作期满移交等工作
国家发展改革委《关于印发〈传统基础设施领域实施政府和社会资本合作项目工作导则〉的通知》（发改投资〔2016〕2231 号）	对于列入年度实施计划的 PPP 项目，应根据项目性质和行业特点，由当地政府行业主管部门或其委托的相关单位作为 PPP 项目实施机构，负责项目准备及实施等工作
财政部《关于印发〈政府和社会资本合作（PPP）综合信息平台信息公开管理暂行办法〉的通知》（财金〔2017〕1 号）	项目准备阶段应当公开的 PPP 项目信息包括政府方授权文件，包括对实施机构、PPP 项目合同的政府方签约主体、政府方出资代表（如有）等的授权。项目采购阶段的信息公开应遵照政府采购等相关规定执行，应当公开的 PPP 项目信息包括（八）项目采购阶段更新、调整的政府方授权文件（如有），包括对实施机构、PPP 项目合同的政府方签约主体、政府方出资代表（如有）等的授权

续表

确认是否已经获得政府对 PPP 项目的批文和对实施机构的书面授权？	
政策名称	条款内容
交通运输部办公厅《关于印发〈收费公路政府和社会资本合作操作指南〉的通知》（交办财审〔2017〕173 号）	经过本级人民政府授权，各级交通运输主管部门可作为项目实施机构或者指定有关单位作为项目实施机构，负责项目识别和准备、社会资本方选择、执行和移交等 PPP 模式全生命周期的管理工作
确认是否已经获得政府对 PPP 项目的批文	
财政部《关于印发政府和社会资本合作模式操作指南（试行）的通知》（财金〔2014〕113 号）	财政部门（政府和社会资本合作中心）应对项目实施方案进行物有所值和财政承受能力验证，通过验证的，由项目实施机构报政府审核；未通过验证的，可在实施方案调整后重新验证；经重新验证仍不能通过的，不再采用政府和社会资本合作模式
国家发展改革委《关于印发〈传统基础设施领域实施政府和社会资本合作项目工作导则〉的通知》（发改投资〔2016〕2231 号）	通过实施方案审查的 PPP 项目，可以开展下一步工作；按规定需报当地政府批准的，应报当地政府批准同意后开展下一步工作。未通过审查的，可在调整实施方案后重新审查；经重新审查仍不能通过的，不再采用 PPP 模式
财政部《关于印发〈政府和社会资本合作（PPP）综合信息平台信息公开管理暂行办法〉的通知》（财金〔2017〕1 号）	项目准备阶段应当公开的 PPP 项目信息包括经审核通过的项目实施方案（含同级人民政府对实施方案的批复文件），包含：项目基本情况（含项目合作范围、合作期限、项目产出说明和绩效标准等基本信息），风险分配框架，运作方式，交易结构（含投融资结构、回报机制、相关配套安排），合同体系及核心边界条件；监管架构；采购方式选择
交通运输部办公厅《关于印发〈收费公路政府和社会资本合作操作指南〉的通知》（交办财审〔2017〕173 号）	项目实施机构向本级人民政府上报项目实施方案申请联合评审。通过实施方案联合评审并经本级人民政府批准后，由项目实施机构按照相关规定组织开展社会资本方选择工作

监管要点 56：本案中，请高速公路管理站确认是否已经获得 ×× 市交通运输委员会的书面授权？

合同依据与解析

本要点与监管要点 16 关联，政府的授权代表和实际的管理代表不一致时，会造成法律效力不足的事实，因此，实际管理代表也应获得适当的授权，方可合法合规地开展相关工作。

合同第 6.1 条约定，“甲方：×× 市交通运输委员会”，但本项目的实际管理代表为 ×× 市高速公路管理站，×× 市高速公路管理站作为 ×× 市交通运输委员会下属机构，实际代替 ×× 市交通运输委员会履行本协议中甲方的责任、权利和义务，故应获得相应书面授权，以确定实际管理人的合法地位。

详细论述，关联监管要点 3 和监管要点 16，请关联阅读。

要求成果清单

序号	要点内容（参考）
1	书面授权委托书，范例如图 5-2 所示
2	其他相关文件等

[redacted]市交通运输委员会

授权委托书

本人[redacted]系[redacted]市交通运输委员会法定代表人，现委托[redacted]作为[redacted]市交通运输委员会的代理人。代理人根据授权以[redacted]市交通运输委员会的名义签署[redacted]高速公路天津西段 PPP 项目投资协议和特许经营协议法律文件，其法律后果由我委承担。

特此授权委托，代理人无转委托权。

图 5-1　书面授权委托书

关联政策及规定

本要点关联第二章《政府方监管要点：政策部分》监管要点 3：确认实施机构、政府方出资代表是否为适格的主体？是否已获得了政府书面授权？监管要点 16：实际管理代表是否已经获得相应书面授权？

表 5-3 监管要点及政策

请高速公路管理站确认是否已经获得 ×× 市交通运输委员会的书面授权？	
国家发展改革委《政府和社会资本合作项目通用合同指南（2014 年版）》（发改投资〔2014〕2724 号）	（1）合作项目已纳入当地相关发展规划，并按规定报经地方人民政府或行业主管部门批准实施。（2）合同签署主体应具有合法和充分的授权，满足合同管理和履约需要。（3）在项目招标或招商之前，政府应参考《合同指南》组织编制合同文本，并将其作为招标或招商文件的组成部分。（4）社会资本确定之后，政府和社会资本可就相关条款和事项进行谈判，最终确定并签署合同文本。（5）充分发挥专业中介机构作用，完善项目合同具体条款，提高项目合同编制质量。（6）参考《合同指南》设置章节顺序和条款。如有不能覆盖的事项，可在相关章节或”其他约定”中增加相关内容
财政部《关于推进政府和社会资本合作规范发展的实施意见》（财金〔2019〕10 号）	政府方签约主体应为县级及县级以上人民政府或其授权的机关或事业单位
《中华人民共和国民法通则》（2009 年修正）	代理人在代理权限内，以被代理人名义实施民事法律行为。被代理人对代理人的代理行为，承担民事责任。代理包括委托代理、法定代理和指定代理

监管要点 57：确认项目公司注册资本金、项目资本金是否已经足额、及时出资缴纳到位？融资贷款的条件是否按照协议约定达成？融资贷款是否及时到账，且未影响项目的正常推进？（应确认已经协助乙方提供了项目融资所必需的政府文件，且获得了乙方正式书面的融资交割文件？确认项目公司是否专款专用？）

合同依据与解析

本要点和监管要点 18、监管要点 20、监管要点 21 以及监管要点 24 关联，由于资金是项目能否健康安全推进的生命线，因此必须审慎落实。不仅止于政策规定，还包括合同里对具体实施的要求，实施机构应严格监管。

合同第 3.2 条第 5 点明确，“乙方具有足够的资金支持本项目或以满足本协议、融资文件项下融资交割的所有先决条件（只能在本协议生效日或之后方能满足的条件除外）；而每一项尚未满足的条件，能够在本协议生效后或项目建设开工日前得到满足”。该项工作可以委托跟踪审计予以落实，可以在《委托跟踪审计协议》内确认服务内容，也可以委托会计师事务所予以落实。

合同第 6.2.6 条也约定，“甲方在建设期内有对项目公司的建设施工情况进行监督检查的权利，包括在建设期内甲方可以聘任中介机构对建设项目进行专项审计，审计范围主要包括对乙方的注册资本到位情况、资金使用情况、项目进度情况、项目实施与合同执行情况等方面进行审计，项目公司有义务对审计工作给予充分合作，提供必要的完整的审计过程中所需查看的各种文件资料，并对提供资料的真实性负责”。

合同第 7.1 条约定，“乙方的法人治理结构设置详见《股东协议》”，《股东协议》第 13 条规定，“在服从第 14 条的前提下，甲方（× × 高速公路集团有限公司）和乙方（中交一公局集团有限公司）应在项目公司成立时按比例全部认缴，并在项目建设期，即项目开工日起 2 年内，全部到位，其中第一笔出资为认缴金额的 50%，须在项目公司取得营业执照后 10 日内缴纳；第二笔出资为认缴金额的 20%，须在 2019 年 12 月 31 日前根据项目建设资金需求缴纳；第三笔出资为认缴金额的 30%，须在 2020 年 12 月 31 日前根据项目建设资金需求缴纳，并按第 17 条规定验资”，协议第 14 条约定，“审批机关（如有）已按双方同意的形式和内容批准了本协议、章程”，此处应为工商局已经批准确认。本协议第 17 条约定，“各方对项目公司注册资本的出资应由项目公司委托的会计师事务所进行验资，验资通过后由项目公司向各方出具出资证明。出资证明由董事长签字并加盖项目公司章，出资证明的复印件应提交审批机关（如有）备案。项目公司应保留全部验资报告和签发给各方的出资证明的复印件”。

实施机构应确认，若股东双方未能按照约定及时足额出资，应要求违约方承担相应违约责任。《股东协议》第 15 条约定，“如甲、乙任何一方未按时出资，应向项目公司支付自应出资日至实际出资日期间未付金额的利息，利率按中国人民银行同期贷款利率计算”。

实施机构、政府方出资代表还应确认，政府方不得为项目公司的融资承担任何担保责任。《股东协议》第 16 条约定，“注册资本及交通运输部投资补助和 ×× 市投资补助以外的建设资金，经股东会决议后，可由项目公司按照股东会审议通过的融资方案解决。项目公司融资能力不足的，由乙方落实项目公司融资资金来源，乙方就项目公司的融资义务承担连带保证责任。项目公司融资过程中如需提供股东方的相关担保，该担保无论何种形式，均由乙方负责；甲方不为项目公司的融资提供任何方式的担保，甲方不承担任何融资责任”，本条关联财政部《关于推进政府和社会资本合作规范发展的实施意见》（财金〔2019〕10 号）第三节第 1 条规定，各级财政部门要将规范运作放在首位，严格按照要求实施规范的 PPP 项目，不得出现“存在政府方或政府方出资代表向社会资本回购投资本金、承诺固定回报或保障最低收益的。通过签订阴阳合同，或由政府方或政府方出资代表为项目融资提供各种形式的担保、还款承诺等方式，由政府实际兜底项目投资建设运营风险的”的行为。

根据合同第 8.1（5）条约定，“经甲方书面同意后，乙方可以本项目特许经营权及其收益权进行融资”，第 15.2.1 条约定，“乙方开展项目融资，须报甲方书面备案；乙方以项目经营权、收益权质押进行融资的，须事先征得甲方同意”，第 15.3.1 条约定，“出于本项目投资、勘察设计、建设、运营和维护，以及大规模重置更新或改造之需要，在征得甲方及债权人书面同意的前提下，乙方有权依法通过发债、资产证券化、设立基金等方式进行其他融资，其他融资仅限于项目特许期内”，因此，实施机构还应确认，对于乙方的融资行为，已经正式发出过书面批准文件。

合同第 8.3 条约定，“乙方对本工程项目设施及土地使用权不得设置抵押与担保，不得转让”。

合同第 14 条约定，“本项目资本金为总投资的 25%，并以项目公司注册资本的形式落实。× × 高速集团和中交一公局集团有限公司股权比例为 5%：95%。注册资本在项目公司成立时按比例全部认缴，在建设期内按照建设年度投资比例实缴到位。项目公司注册资本及交通运输部和 × × 市投资补助以外的建设资金由乙方负责融资。合作期内，乙方融资过程中如需提供股东方的相关担保，该担保无论何种形式，均由社会资本负责；甲方及政府出资代表不为乙方的融资提供任何方式的担保，甲方及政府出资代表不承担任何融资责任”，合同第 15.3.2 条约定，“项目公司注册资本及交通运输部和 × × 市投资补助以外的建设资金由中交一公局集团有限公司负责协助乙方筹集。乙方在融资过程中如需提供股东方的相关担保，该担保无论何种形式，均由中交一公局集团有限公司提供和 / 或解决。甲方及政府出资代表不为乙方提供任何方式的担保，甲方及政府出资代表不承担任何融资责任”，以上与《股东协议》第 16 条约定匹配。

合同第 15.1.1 条、第 15.1.2 条分别约定，“甲方负责向乙方提供项目融资所需要的政府文件（但不包括任何性质的担保和承诺），乙方应在甲方提供所需要的政府文件后六十个工作日内完成融资交割”，“乙方在完成融资交割后七个工作日内，应向甲方书面确认融资交割完成，并提交所有已签署的融资文件的复印件，以及甲方合理要求的证明已完成融资交割的任何其他文件”。

合同第 15.1.3 条、第 59.2（5）条约定，“融资交割应以不影响项目实施为原则，若乙方未能按照本协议的规定完成融资交割，或在完成融资交割后七个工作日内不能向甲方证明其融资交割完成，则甲方有权兑取建设期履约保函”，“乙方提供的项目资本金不满足合同要求，或未能按建设进度计划完成投融资；或未设立项目建设资金专用账户的，视为乙方违约，甲方有权责令乙方立即改正；乙方逾期未改正的，甲方有权提取建设期履约保函；若上述款项不足以弥补甲方因此所受损失的，乙方还应赔偿甲方差额部分的损失”。

合同第 16 条还约定，“乙方应为本项目在银行设立建设资金专门账户，保障建设资金按建设进度及时到位，实现项目建设资金专款专用。甲方有权对建设资金专门账户进行监管”。

另外，融资过程中，金融机构可能会要求乙方提供抵押、担保、收益权质押等，乙方应按照合同约定及时向实施机构报批。

合同第 64.2 条要求，“未经甲方事先书面同意，乙方不得为其他项目之目的将下述（1）（2）所述的权利等转让、出租、质押或提供其他担保：（1）其在本协议项下的权利和权益。（2）乙方用于项目的土地使用权、项目设施或任何其他重要资产”，因此，乙方应事先向实施机构提出书面请示，批准后方可执行。

资金能否及时到位，是 PPP 项目能否顺利推进的生命线，因此属于重要监管要点，该项要点可以通过定期、不定期检查，《项目公司经营管理月报》、专项报告、跟踪审计、年度财务报表等形式进行监督管理。

要求成果清单

序号	要点内容（参考）
1	项目公司验资证明
2	项目公司向各股东签发的出资证明
3	项目公司关于融资的股东会决议
4	实施机构对于融资的批准文件
5	实施机构为协助项目公司融资提供的相关文件（或有）
6	项目公司融资交割确认书面文件，及其相关附件
7	实施机构定期或不定期的检查报告
8	项目公司经营管理月报（包含以上资金到账及使用情况）
9	项目公司相关专项报告（或有）
10	跟踪审计报告
11	项目公司年度财务报表
12	其他相关文件等

关联政策及规定

本要点关联第二章《政府方监管要点：政策部分》监管要点 18：项目资本金是否已经及时、足额注资到位？项目资本金来源是否合规？监管要点 20：确认项目融资是否按约及时到位？监管要点 21：确认项目公司是否采取资产证券化等方式进行融资？若有，确认应予相应支持，以及监管要点 24：确认项目公司是否建立了完整的财务管理制度并遵照执行？

表 5-4 监管要点及政策依据

<table>
<tr><td colspan="2">确认项目公司注册资本金、项目资本金是否已经足额、及时出资缴纳到位？融资贷款的条件是否按照协议约定达成？融资贷款是否及时到账，且未影响项目的正常推进</td></tr>
<tr><td rowspan="2">财政部《关于印发政府和社会资本合作模式操作指南（试行）的通知》（财金〔2014〕113 号）（已失效）</td><td>项目实施机构和财政部门（政府和社会资本合作中心）应监督社会资本按照采购文件和项目合同约定，按时足额出资设立项目公司</td></tr>
<tr><td>项目融资由社会资本或项目公司负责。社会资本或项目公司应及时开展融资方案设计、机构接洽、合同签订和融资交割等工作。财政部门（政府和社会资本合作中心）和项目实施机构应做好监督管理工作，防止企业债务向政府转移。社会资本或项目公司未按照项目合同约定完成融资的，政府可提取履约保函直至终止项目合同；遇系统性金融风险或不可抗力的，政府、社会资本或项目公司可根据项目合同约定协商修订合同中相关融资条款</td></tr>
<tr><td>财政部《关于规范金融企业对地方政府和国有企业投融资行为有关问题的通知》（财金〔2018〕23 号）</td><td>国有金融企业向参与地方建设的国有企业（含地方政府融资平台公司）或 PPP 项目提供融资，应按照“穿透原则”加强资本金审查，确保融资主体的资本金来源合法合规，融资项目满足规定的资本金比例要求。若发现存在以“名股实债”、股东借款、借贷资金等债务性资金和以公益性资产、储备土地等方式违规出资或出资不实的问题，国有金融企业不得向其提供融资</td></tr>
<tr><td rowspan="2">财政部《关于推进政府和社会资本合作规范发展的实施意见》（财金〔2019〕10 号）</td><td>规范的 PPP 项目应当符合以下条件：项目资本金符合国家规定比例，项目公司股东以自有资金按时足额缴纳资本金。不得出现“以债务性资金充当项目资本金，虚假出资或出资不实的”行为，否则，“应在限期内进行整改。无法整改或逾期整改不到位的，已入库项目应当予以清退，涉及增加地方政府隐性债务的，依法依规提请有关部门予以问责和妥善处置”</td></tr>
<tr><td>不得出现“存在政府方或政府方出资代表向社会资本回购投资本金、承诺固定回报或保障最低收益的。通过签订阴阳合同，或由政府方或政府方出资代表为项目融资提供各种形式的担保、还款承诺等方式，由政府实际兜底项目投资建设运营风险的”行为，否则，“已入库项目应当予以清退，项目形成的财政支出责任，应当认定为地方政府隐性债务，依法依规提请有关部门对相关单位及个人予以严肃问责”</td></tr>
</table>

知识点延伸 项目资本金如果不能及时到位，可能会承担什么样的后果？资本金到位后回流给原股东方，又要承担什么样的后果？[①]

实践中，多有中标社会资本方不能及时足额将项目公司注册资本金、项目资本金注资到位，存在以股东借款形式注册的情况，也存在注资后想方设法将注入资金转移、回流至原股东方的情况，比较混乱。

根据国务院《关于固定资产投资项目试行资本金制度的通知》（国发〔1996〕35 号）规定，项目资本金必须是自有资金，“是指在投资项目总投资中，由投资者认缴的出资额，对投资项目来说是非债务性资金，项目法人不承担这部分资金的任何利息和债务；投资者可按其出资的比例依法享有所有者权益，也可转让其出资，但不得以任何方式抽回”，必须及时足额到位，没有任何疑义。

财政部在 2019 年 3 月 7 日发布的《关于推进政府和社会资本合作规范发展的实施意见》（财金〔2019〕10 号）中再次强调，“项目资本金符合国家规定比例，项目公司股东以自有资金按时足额缴纳资本金”，不得出现“以债务性资金充当项目资本金，虚假出资或出资不实”，否则要求“应在限期内进行整改。无法整改或逾期整改不到位的，已入库项目应当予以清退，涉及增加地方政府隐性债务的，依法依规提请有关部门予以问责和妥善处置”。

相应的规定和违反的后果梳理如下：

1. 可能引致《PPP 项目合同》不能生效

有的《PPP 项目合同》约定了生效条件，一般情况下，项目资本金及时足额到位会是合同生效的条件之一，所以，如果项目资本金不能及时足额到位，可能会引致《PPP 项目合同》无法生效。

2. 可能产生违约责任

一般《PPP 项目合同》中都会约定项目资本金不及时足额到位的违约责任，如果形成事实，可能会遭到实施机构的违约责任追索。

---

① 崔德高：《PPP 项目执行阶段指南：100 个实务问题深度解析》（第二册），法律出版社 2020 年版，问题 23。

3. 可能导致融资不能，甚至解除合同

根据中国银行业监督管理委员会令2009年第2号《固定资产贷款管理暂行办法》（银监会令〔2009〕2号）第28条规定，固定资产贷款发放和支付过程中，贷款人应确认与拟发放贷款同比例的项目资本金足额到位，并与贷款配套使用。

中国银监会《关于信托公司开展项目融资业务涉及项目资本金有关问题的通知》（银监发〔2009〕84号），信托公司要严格执行国家固定资产投资项目资本金管理制度，加强对项目资本金来源及到位真实性的审查认定。股东借款（股东承诺在项目公司偿还银行或信托公司贷款前放弃对该股东借款受偿权的情形除外）、银行贷款等债务性资金和除商业银行私人银行业务外的银行个人理财资金，不得充作项目资本金。信托公司应要求借款人提供资本金到位的合法、有效证明，必要时应委托有资质的中介机构进行核实认定。信托公司不得将债务性集合信托计划资金用于补充项目资本金，以达到国家规定的最低项目资本金要求。前述债务性集合信托计划资金包括以股权投资附加回购承诺（含投资附加关联方受让或投资附加其他第三方受让的情形）等方式运用的信托资金。信托公司按照《信托公司私人股权投资信托业务操作指引》开展私人股权投资信托业务时，约定股权投资附加回购选择权的情形不适用前款规定。

国务院《关于调整和完善固定资产投资项目资本金制度的通知》（国发〔2015〕51号），金融机构在提供信贷支持和服务时，要坚持独立审贷，切实防范金融风险。要根据借款主体和项目实际情况，按照国家规定的资本金制度要求，对资本金的真实性、投资收益和贷款风险进行全面审查和评估，坚持风险可控、商业可持续原则，自主决定是否发放贷款以及具体的贷款数量和比例。

在项目资本金不能及时足额到位的情况下，金融机构一般不会放贷，融资责任是中标社会资本方的责任，如果不能按约融资到位，则要承担相应的违约责任，如武汉某项目，由于中标社会资本方不能融资到位，最终被终止协议，没收履约保证金，所以项目资本金及时足额到位，非常重要！

4. 可能导致行政处罚

项目资本金制度是国务院的文件要求，国务院《关于固定资产投资项目试行资本金制度的通知》（国发〔1996〕35 号），对资本金未按照规定进度和数额到位的投资项目，投资管理部门不发给投资许可证，金融部门不予贷款。对将已存入银行的资本金挪作它用的，在投资者未按规定予以纠正之前，银行要停止对该项目拨付贷款。对资本金来源不符合有关规定，弄虚作假，以及抽逃资本金的，要根据情节轻重，对有关责任者处以行政处分或经济处罚，必要时停、缓建有关项目。

5. 可能会导致项目被退库处理

财政部《关于规范政府和社会资本合作（PPP）综合信息平台项目库管理的通知》（财办金〔2017〕92 号）第 3 条第 3 款明确，“不符合规范运作要求。包括未按规定转型的融资平台公司作为社会资本方的；采用建设—移交（BT）方式实施的；采购文件中设置歧视性条款、影响社会资本平等参与的；未按合同约定落实项目债权融资的；违反相关法律和政策规定，未按时足额缴纳项目资本金、以债务性资金充当资本金或由第三方代持社会资本方股份的，应予以清退”。

2019 年 3 月，财政部金融司对财政部《关于推进政府和社会资本合作规范发展的实施意见》（财金〔2019〕10 号）进行了政策解读，六项正面清单之一就是“项目资本金符合国家规定比例，项目公司股东以自有资金按时足额缴纳资本金”，负面清单五项，其中，“以债务性资金充当项目资本金，虚假出资或出资不实的”，要求限期内进行整改，否则退库处理。

6. 可能导致违法行为及违法后果

很大比例的 PPP 项目，其项目公司注册资本金和项目资本金约定等同，该种情形下，根据《公司法》第 28 条的规定，“股东应当按期足额缴纳公司章程中规定的各自所认缴的出资额。股东以货币出资的，应当将货币出资足额存入有限责任公司在银行开设的账户；以非货币财产出资的，应当依法办理其财产权的转移手续。股东不按照前款规定缴纳出资的，除应当向公司足额缴纳外，还应当向已按期足额缴纳出资的股东承担违约责任”，第 35 条规定，“公司成立后，股东不得抽逃出资”。第 200 条还规定，“公司的发起人、股东在公司成立后，抽逃其出资的，由公司登记机关责令改正，处以所抽逃出资金额百分之五以上百分之十五以下的罚款”。

以上可见，项目资本金不能及时、足额到位，或到位后抽逃出资的，具有明确的后果和责任，各位投资人应予以重视，这也是各种审计的关注重点，不要有侥幸心理。

各股东方在投标时，即要做好资金筹措的准备，中标后应及时、足额地按照相关约定，将项目公司注册资本金、项目资本金注资到账。

如果是国企或央企，相应的资金安排还要结合国资委《关于加强中央企业PPP业务风险管控的通知》（国资发财管〔2017〕192号）综合考虑，不能突破上一年度集团合并净资产50%和资产负债率85%的上限。

没有捷径，没有擦边球，应严格按上述规定执行，没有其他更好的方法。

监管要点58：确认乙方履约保函是否已经及时足额提交？且该提交的履约保函是否“见索即付”？若提取了保函，是否履行了合适的程序，且确认乙方是否及时予以补足？

合同依据与解析

履约保函是实施机构对项目公司是否严格按照合同履约的重要管理手段和工具，从投标保函、建设期保函、运营保函到移交保函，应覆盖项目的全生命周期，因此，应属于重要监管要点之一，各方应严格按照合同约定执行。

合同第11.2条约定，“建设期履约保函的金额为人民币捌仟万元；运营履约保函的金额为人民币伍仟万元；移交履约保函的金额为人民币伍仟万元”。

合同第11.1条约定，“建设期履约保函由社会资本在《投资协议（PPP项目合同）》签订后的十个工作日内提交给甲方；运营履约保函由乙方在项目通车运营之日前十个工作日内提交给甲方；移交履约保函由乙方在最后一个运营年开始前十个工作日内提交给甲方”。

合同第11.4.1条约定，“本协议中要求的履约保函均应当为‘见索即付’的银行保函”。

合同第 11.3.5 条约定，“甲方在根据本条款提取相应的履约保函金额之前，应向社会资本和 / 或乙方发出书面通知，并告知对方其提取的理由和拟提取的金额”。

合同第 11.1 条约定，“当乙方和 / 或社会资本未能完全履行本协议义务时，甲方可提取履约保函的相应金额，乙方和 / 或社会资本应在履约保函的金额被提取后三十日内重新出具合格的担保”。

合同第 11.3.1 条、第 11.3.2 条、第 11.3.3 条、第 11.3.4 条分别约定，“如果发生本协议乙方和 / 或社会资本未全部或部分履行其在本协议项下的义务，且在甲方要求的期限内未予补正，或未按本协议的约定承担违约责任，甲方有权提取履约保函的全部金额”，“如果社会资本和 / 或乙方未按规定按时补充履约保函的金额，甲方有权提取履约保函届时所剩余的全部金额”，“乙方未向甲方按期支付根据本协议规定到期应付的违约赔偿和违约金，则甲方有权从履约保函中提取相应金额”，“甲方有权按照‘未履行维护义务’的规定提取履约保函相应金额”。

但合同中并未对“未履行维护义务”进行明确的规定，建议合同双方对此进行《补充协议》确认，或通过正式会议纪要、备忘录等明确。

其他实施机构可以提取履行保函的情形如下：

合同第 15.1.3 条约定，“融资交割应以不影响项目实施为原则，若乙方未能按照本协议的规定完成融资交割，或在完成融资交割后七个工作日内不能向甲方证明其融资交割完成，则甲方有权兑取建设期履约保函”。

合同第 23.4 条约定，“若甲方有足够的证据证明乙方建设工程或其他任何部分与本协议所规定的或其他相关部门所规定的质量或安全要求严重不符，甲方有权书面通知乙方立即整改。若乙方在收到甲方通知后五个工作日内未进行整改，则甲方有权自己进行或委托第三方进行必要的纠正，一切风险与费用由乙方承担。在这种情况下，乙方须允许甲方的雇员、代理人、承包商为此目的而出入项目场地。若乙方拒绝甲方或其委托的第三方进入项目场地进行纠正工作，或未能按照甲方的要求偿还甲方为此而付出的成本与费用，则甲方有权从建设期履约保函项下提取相应金额”。

合同第23.5.3（2）条、第23.5.3（4）条分别约定，“若出现23.5.3（1）中A、B两种任一情形的，乙方及本着先无条件配合进行项目建设，再谈补偿的原则开展工作，否则由此造成的损失全部由乙方承担，甲方有权从建设期履约保函项下提取该全部或部分款项，不足部分由乙方另行承担”，“除本协议另有规定外，甲方及其指定第三方介入建设所产生的合理费用和因此造成的损失由乙方承担。甲方有权从建设期履约保函项下提取该全部或部分款项，不足部分由乙方另行承担”。

合同第44条还约定，“乙方在特许经营期最后一个运营年开始前十个工作日内向甲方提交移交履约保函，移交履约保函金额为人民币伍仟万元整。在特许经营期最后一个运营年开始前十个工作日，乙方向甲方提交；在移交后五个工作日内，该履约保函退还给项目公司。履约担保的提取和退还详见本协议专项约定”。

可见，实施机构在监管过程中，应全程严格监督，并客观使用好履约保函这一管理工具，可以显著形成对项目公司的按约履行的威慑，对项目的最终安全、健康推进有益。

实际管控中，若确实发生需要提取保函的情形，实施机构应注意做好充分的证据，方可提取。并在提取后，持续跟踪、协助项目公司完成该项工作的完成和闭环，坚决不能以罚代管，忽略了履约保函的管理本意。

要求成果清单

序号	要点内容（参考）
1	有效期内的建设期履约保函、运营期履约保函、移交履约保函
2	履约保函提取记录及其附件
3	履约保函提取事项整改、关闭报告
4	其他相关文件等

关联政策及规定

表 5-5 监管要点及政策依据

确认乙方履约保函是否已经及时足额提交？且该提交的履约保函是否“见索即付”？若提取了保函，是否履行了合适的程序，且确认乙方是否及时予以补足	
财政部《关于印发政府和社会资本合作模式操作指南（试行）的通知》（财金〔2014〕113 号）	项目融资由社会资本或项目公司负责。社会资本或项目公司应及时开展融资方案设计、机构接洽、合同签订和融资交割等工作……社会资本或项目公司未按照项目合同约定完成融资的，政府可提取履约保函直至终止项目合同
财政部《关于印发〈政府和社会资本合作（PPP）综合信息平台信息公开管理暂行办法〉的通知》（财金〔2017〕1 号）	项目执行阶段应当公开的 PPP 项目信息包括：……（八）重大违约及履约担保的提取情况，对公众投诉的处理情况等
财政部办公厅《关于征求〈政府和社会资本合作模式操作指南（修订稿）〉意见的函》（财办金〔2019〕94 号）	履约保障主要明确强制保险方案，由投资竞争担保、投资履约保函、建设履约保函、运营维护保函和移交维修保函等组成的履约保函体系

监管要点 59：确认项目公司是否有完整的组织架构，各岗位人员均已实际到位履职？确认项目公司是否有经过董事会正式批准的管理制度和管理体系，并遵照执行？

合同依据与解析

岗位匹配、人员就位、建章立制，是项目公司安全稳定进入经营管理的前提条件，实施机构应予关注，因此，该项也是重要监管要点之一。

合同第 3 条第 3.2 款第 6 点明确，“乙方具备相应的财务能力、运营能力、人力资源、技术支持和经验，实施本项目并履行其在本协议下的每一项义务”。

同时《股东协议》第 8 章第 22 条规定，“项目公司设立董事会，依法行使以下职权：……（八）决定项目公示内部管理机构的设置；（九）决定聘任或者解聘公司经历及其报酬事项，并根据董事长或经理的提名决定聘任或者解聘公司高级管理人员及其报酬事项；（十）制定项目公司的基本管理制度（包括员工薪酬、福利、奖励制度，具体组织机构及对应人员职责、管理模式）”。

因此，项目公司应对具体的公司经营管理负责，该项工作具体表现在：完整的组织架构（董事会批准），且各岗位人员已实际到位履职；完整的制度管理体系（董事会批准），且遵照执行。

合同第 7.3.9 条还约定，“对项目的工程质量和财产、人员安全负责。乙方应按照国家有关规定建立健全质量和安全保证体系，落实质量和安全生产责任制，施工中应加强对承包人的监督和管理，运营维护期应加强对职工的教育和培训，确保项目的工程质量和财产、人员安全”。

这是对完整的制度管理体系中“质量和安全保证体系”的特别强调。

该项工作实施机构可以委托跟踪审计予以落实，在《委托跟踪审计协议》内确认服务内容；也可以自行检查落实，要求项目公司在《项目公司经营管理月报》中报告，并提供相应的正式成果文件。

要求成果清单

序号	要点内容（参考）
1	项目公司完整的组织架构（董事会批准）及其更新文件
2	项目公司高级管理人员聘书及其更新文件（解聘）
3	项目公司管理制度体系（董事会批准）及其更新文件
4	《项目公司经营管理月报》
5	专项检查报告、审计报告，及其整改完成情况报告
6	其他相关文件等

关联政策及规定

无。

> **监管要点 60：是否及时批准了《施工总承包合同》等重大协议的签订？保留相应审核记录、招采记录，签订后应保留一份合同原件备案。**

合同依据与解析

这是一条或有的约定，因此属于或有的监管要点。实施机构在监管过程中应明确，并非所有的 PPP 项目，其《施工总承包合同》都必须要审核批准，只有在合同约定的情况下，才会需要审核批准，其余情形下，一般为备案即可，即项目公司自行签订，完成后一周内提交实施机构一份原件备案即可。

《施工总承包合同》约定的内容不得突破《PPP 项目合同》，其责任由项目公司承担即可，实施机构应尽量避免过度管理，腾出更多的精力聚焦更重要的管理事项为佳。

就本案例项目而言，《PPP 项目合同》对此有明确约定，因此，其审核批准属于监管要点之一。

合同第 3.1 条第 6 点明确，“乙方为本协议和其他协议实施之目的所签署的、需甲方批准的其他合同、协议等，甲方应该给予及时批准”。

合同第 7.3.6 条约定，“乙方应确保使融资文件、乙方股东之间的任何协议、乙方章程及其他相关协议项下要求的内容，以及其他由乙方签订的与本项目有关的任何协议，同本协议的规定保持一致”。

《施工总承包合同》若是由项目公司和中标社会资本之间签订的，由于涉及关联交议，项目公司需获得股东决议后方可签署，实施机构应对合同文本进行审核，确保《施工总承包合同》的条款约定未超出《PPP 项目投资协议》

和《PPP 项目合同》的原则，且能满足地方政策既有规定。建议地方政府法制办参与，或实施机构委托的咨询机构、法律顾问给出明确书面意见，之后对此作出批准意见为佳。

《施工总承包合同》若是由项目公司和非中标社会资本方的其他人签订时，项目公司应通过公开招标的方式选定中标施工总承包单位，实施机构应确认该等公开招标的程序是否合规，建议项目公司委托地方招标代理机构全权落实，招标代理费用可以从二类费中支出，或由中标施工总承包单位承担，实施机构和项目公司全程参与招标采购过程，进行监督管理，比较妥当。

《施工总承包合同》签订后，项目公司应在一周内提交一份合同原件交由实施机构予以备案。

实施机构应将相关文件妥善存档，包括：《施工总承包合同》原始版本、过程评审记录（含咨询机构评审意见、法律顾问法律意见书、法制办书面评审记录、实施机构评审记录等）、书面批准签订意见、批准关联交议的股东决议、《施工总承包合同》正式文本；招标公告、招标文件、投标文件、开标文件、评标文件、合同谈判备忘录、中标通知书、《施工总承包合同》原件等。

要求成果清单

序号	要点内容（参考）
1	《施工总承包合同》原始版本
2	过程评审记录（含咨询机构评审意见、法律顾问法律意见书、法制办书面评审记录、实施机构评审记录等）
3	实施机构书面批准签订意见，附批准关联交议的股东决议、《施工总承包合同》正式文本
4	招标公告、招标文件、投标文件、开标文件、评标文件、合同谈判备忘录、中标通知书

续表

序号	要点内容（参考）
5	《施工总承包合同》原件
6	其他相关文件等

关联政策及规定

无。

监管要点 61：确认乙方是否已经签订保修证书，并遵照执行?

合同依据与解析

根据《建设工程质量管理条例》，建设工程应有一定的保修期，由施工总承包单位对质量保修负责。项目公司是施工总承包合同的甲方，因此是施工总承包单位的直接管理相对人，应对该项工作负责。

根据合同相对性，实施机构依据《PPP 项目合同》对项目公司作出要求，由项目公司对实施机构作出质量保证。因此，实施机构应依据合同约定，对项目公司就质量保修事宜作出监管。

合同第 30 条约定，“乙方依法对本协议下的工程进行保修”。

具体保修期限及事项，以保修证书为准。实施机构可以自行监管，也可以委托第三方机构进行监管。

要求成果清单

序号	要点内容（参考）
1	《工程保修证书》
2	工程报修事项、维修记录及关闭报告等完整台账记录
3	其他相关文件等

关联政策及规定

表 5-6　监管要点及政策依据

确认乙方是否已经签订保修证书，并遵照执行	
国务院《建设工程质量管理条例》（国务院令第 714 号）	建设工程实行质量保修制度。建设工程承包单位在向建设单位提交工程竣工验收报告时，应当向建设单位出具质量保修书。质量保修书中应当明确建设工程的保修范围、保修期限和保修责任等。 在正常使用条件下，建设工程的最低保修期限为：（一）基础设施工程、房屋建筑的地基基础工程和主体结构工程，为设计文件规定的该工程的合理使用年限；（二）屋面防水工程、有防水要求的卫生间、房间和外墙面的防渗漏，为 5 年；（三）供热与供冷系统，为 2 个采暖期、供冷期；（四）电气管线、给排水管道、设备安装和装修工程，为 2 年。其他项目的保修期限由发包方与承包方约定。 建设工程的保修期，自竣工验收合格之日起计算。 建设工程在保修范围和保修期限内发生质量问题的，施工单位应当履行保修义务，并对造成的损失承担赔偿责任

监管要点 62：确认项目公司是否按照约定购买相应保险？

合同依据与解析

购买保险是项目风险转移的有效手段，财政部《关于印发〈PPP 物有所值评价指引（试行）〉的通知》（财金〔2015〕167 号）（已失效）第 31 条明确，“项目全部风险成本包括可转移给社会资本的风险承担成本和政府自留风险的承担成本”，转移给社会资本的风险可以通过购买保险再次进行转移分解。

保险分为强制保险和非强制保险，强制保险为行政规定必须购买的保险，这是要求的最低保障，如建筑工程一切险。其他保险，项目公司可以根据项目特点及危险源情况、危险发生的概率等综合判断，作出保险购买方案，报实施机构批准后购买，以尽可能覆盖项目风险，降低风险后果。

一般合同也会对项目公司购买保险的事宜作出明确的约定，实施机构应据此监管，确保项目风险可控。

合同第 29 条约定，“乙方负责组织相关单位办理建设工程保险，如建筑工程一切险（附加第三者责任险）、安装工程一切险、建筑施工人员团体意外伤害保险等”。

合同第 39 条“运营期保险”约定，“乙方应按行业惯例自费购买和保持本协议所要求的合理的保险。乙方的保险应符合《中华人民共和国保险法》和其他适用法律的要求”。

由于事关项目风险应对，建议实施机构审慎，监督方法建议如下：

1. 乙方至少应该购买（或安排施工总承包单位购买）建筑工程一切险（附加第三者责任险）、安装工程一切险、建筑施工人员团体意外伤害保险三种保险。以上保险购买完成后，应及时提交复印件（加盖项目公司公章）给实施机构备案，同时在《项目公司经营管理月报》中体现。

2. 建议乙方全面梳理现场潜在危险源，并邀请保险公司提供保险方案，实施机构批准后进行购买，将各项风险进行转移。该项保险费用从二类费中支出。

项目公司购买保险有各项政策支撑，实施机构应予支持。

要求成果清单

序号	要点内容（参考）
1	项目公司购买保险方案及实施机构批准意见
2	保险保单
3	理赔事项及其完整文件（或有）
4	其他相关文件等

关联政策及规定

表 5-7 监管要点及政策要点

确认项目公司是否按照约定购买相应保险	
财政部《关于规范政府和社会资本合作合同管理工作的通知》（财金〔2014〕156 号）附件《PPP 项目合同指南（试行）》	1. 承担风险的一方应该对该风险具有控制力；2. 承担风险的一方能够将该风险合理转移（如通过购买相应保险）；3. 承担风险的一方对于控制该风险有更大的经济利益或动机；4. 由该方承担该风险最有效率；5. 如果风险最终发生，承担风险的一方不应将由此产生的费用和损失转移给合同相对方
财政部《政府和社会资本合作模式操作指南（修订稿）》（财办金〔2019〕94 号）	履约保障主要明确强制保险方案，由投资竞争担保、投资履约保函、建设履约保函、运营维护保函和移交维修保函等组成的履约保函体系

监管要点 63：确认项目公司是否已经按照规定履行并获得了施工许可证及其他项目实施应必须具备的合法合规性手续？若涉及前期手续法人不一致的，确认是否已及时配合乙方办理法人转移手续？

合同依据与解析

PPP 项目的合规性是项目顺利推进的基础必要条件，因此，项目落地后，双方应积极共同推进合规性手续的办理。实务中，一般由项目公司负责办理，实施机构予以协助和配合。

PPP 项目有其特殊性，所以部分前期手续是由实施机构或政府方出资代表负责办理，在项目公司成立后，应注意向项目公司办理转移手续。

本要点关联监管要点 22、监管要点 23，同属于重要监管要点。

合同第 3.1 条第 6 点明确，“为确保本协议和其他协议的实施，而应由甲方取得的审批文件和授权，甲方应积极申请取得”。

合同第 17 条约定，“本项目前期工作的内容及要求应遵守高速公路建设管理规定，包括规划选址、用地预审、环境影响性评价、可行性研究报告核准、征地拆迁、工程勘察设计、及其他工程建设程序所需的前期工作”。

合同第 18.2 条约定，“乙方按照规定办理后续工程建设程序”。

合同第 24 条约定，“乙方应履行本项目相关的 ×× 市高速公路工程建设基本程序，并按照下述文件的规定和要求进行工程建设：（1）所有适用的国家和 ×× 市法律、法规、标准和批准文件；（2）经甲方组织审查批复的设计文件；（3）本协议的所有其他要求”。

合同第 18.2 条还约定，“项目由 ×× 高速集团首先开展前期工作，待乙方成立后进行项目法人变更”。

合同第 22 条约定，“甲方为本项目提供以下服务：（1）及时获得并保持只能由甲方得到的对工程建设所要求的批准；（2）尽其所有合理的努力协助乙方获得相关批准”。

合同第 23.1 条还约定，“乙方应严格执行《×× 高速公路 ×× 西段工程环境影响报告书的批复》，落实《环境保护法》中‘建设项目中防止污染的措施，必须与主体工程同时设计、同时施工、同时投产使用’的相关规定，并于本项目竣工验收前组织环保验收”，这也是合规性手续之一，因此实施机构应予以关注。

再次提醒，实施机构应根据高速公路建设管理规定，对项目公司合法合规性手续的办理进行随时的督促，避免无证施工的违法情形发生（可以委托监理单位或跟踪审计单位督促）。

要求成果清单

各项行政规定的施工许可证书，例如：

序号	要点内容（参考）
1	项目核准批复文件（根据项目类型不同，分为核准、审批、备案三种类型）
2	建设用地规划许可证
3	建设工程规划许可证
4	土地许可证（划拨、出让）
5	建设工程施工许可证
6	其他相关文件等

以当地行政服务中心发布的规定为准。

关联政策及规定

本要点关联第二章《政府方监管要点：政策部分》监管要点 22：实施机构或政府方出资代表应及时办理法人变更手续，是否已及时完成？和监管要点 23：确认项目公司是否已经获得了建设用地规划许可证、建设工程规划许可证、土地许可证、施工许可证等项目建设所必须的合规性手续？

表 5-8 监管要点及政策依据

若涉及前期手续法人不一致的，确认是否已及时配合乙方办理法人转移手续	
国家发展改革委《关于印发传统基础设施领域实施政府和社会资本合作项目工作导则的通知》（发改投资〔2016〕2231 号）	纳入 PPP 项目库的投资项目，应在批复可行性研究报告或核准项目申请报告时，明确规定可以根据社会资本方选择结果依法变更项目法人。项目法人变更，PPP 项目法人选择确定后，如与审批、核准、备案时的项目法人不一致，应按照有关规定依法办理项目法人变更手续
国家发展改革委办公厅、交通运输部办公厅《关于进一步做好收费公路政府和社会资本合作项目前期工作的通知》（发改办基础〔2016〕2851 号）	项目法人选择确定后，如与审批、核准时的项目法人不一致，应按照有关规定办理项目法人变更手续

续表

交通运输部办公厅《关于印发〈收费公路政府和社会资本合作操作指南〉的通知》（交办财审〔2017〕173 号）	收费公路 PPP 项目法人确定后，如与审批或核准时的项目法人不一致，由项目实施机构或交通运输主管部门组织协调按照有关规定依法办理项目法人变更手续
确认项目公司是否已经按照规定履行并获得了施工许可证及其他项目实施应必须具备的合法合规性手续	
全国人大常委会《建筑法》（2019 年修正）	建筑工程开工前，建设单位应当按照国家有关规定向工程所在地县级以上人民政府建设行政主管部门申请领取施工许可证。违反本法规定，未取得施工许可证或者开工报告未经批准擅自施工的，责令改正，对不符合开工条件的责令停止施工，可以处以罚款
国务院《政府投资条例》（国务院令第 712 号）	政府投资项目开工建设，应当符合本条例和有关法律、行政法规规定的建设条件；不符合规定的建设条件的，不得开工建设。国务院规定应当审批开工报告的重大政府投资项目，按照规定办理开工报告审批手续后方可开工建设。未经批准或者不符合规定的建设条件开工建设政府投资项目，责令改正，根据具体情况，暂停、停止拨付资金或者收回已拨付的资金，暂停或者停止建设活动，对负有责任的领导人员和直接责任人员依法给予处分
财政部《关于印发〈政府和社会资本合作（PPP）综合信息平台信息公开管理暂行办法〉的通知》（财金〔2017〕1 号）	项目执行阶段应当公开的 PPP 项目信息包括：项目施工许可证、建设进度、质量及造价等与 PPP 项目合同有关约定的对照审查情况

监管要点 64：确认对项目公司的财务监管是否到位?

合同依据与解析

项目公司的资金来源包括各股东自有资金注入的项目资本金、融资贷款、或有的专项资金、奖补资金等，资金能否适当、高效地使用，是 PPP 项目能否实现预期目标的一个基本条件，因此，实施机构应予监管，具体监管依据为 PPP 项目合同的约定。

合同第 48 条约定：“48.1 特殊专用账户。乙方应就本项目的运营维护成立专门账户，并接受甲方的监管。

48.2 成本监管和审计机制。甲方及政府有关部门有权对乙方支出的运营维护成本和收入进行监管和审计。

48.3 财务管理制度。乙方必须依照《中华人民共和国会计法》的规定办理会计事务，遵守并执行中国的《企业财务通则》《企业会计准则》《企业财务制度》《企业会计制度》等会计法规。乙方的财务审计应聘请中介机构，由该中介机构审核乙方的年度会计报表和全年账本，并出具审计报告。乙方应在每年末提交下一年度收支预算报告给甲方备案；若有需要，甲方将在收到乙方书面报告后七个工作日内，按本协议规定和国家会计制度提出修改意见。乙方应按照中国法律和财务管理制度，认真而有效地处理其业务与财务，在每个会计年度结束后三个月内，乙方应向甲方提交经审计的财务报表：符合中国有关法律和财务管理制度的、经有资格且独立的会计事务所审核审计的年度财务报表，包括资产负债表、损益表和现金流量表。甲方要求的有关乙方财务状况的其他资料，以监督乙方遵守中国法律和本协议。”

实务监管中，本项监管工作建议实施机构委托审计单位或会计师事务所负责，由被委托单位定期提交正式报告，较为妥当。

要求成果清单

序号	要点内容（参考）
1	项目公司年度财务预算和决算报告（三会通过的正式文件）
2	会计师事务所出具的项目公司年度财务报表
3	审计机构出具的审计报告
4	项目公司完成整改后的正式报告（或有）
5	其他相关文件等

关联政策及规定

本要点关联监管要点 18：项目资本金是否已经及时、足额注资到位？项目资本金来源是否合规？监管要点 20：确认项目融资是否按约及时到位？监管要点 24：确认项目公司是否建立了完整的财务管理制度并遵照执行？监管要点 34：确认各项补助资金、贴息资金、奖补资金等是否按照规定执行？是否履行了相关手续？项目公司是否按照专款专用？

表 5-9　监管要点及政策依据

确认对项目公司的财务监管是否到位	
财政部《关于印发〈政府和社会资本合作（PPP）综合信息平台信息公开管理暂行办法〉的通知》（财金〔2017〕1 号）	项目执行阶段应当公开的 PPP 项目信息包括：项目公司财务报告，包括项目收费情况，项目获得的政府补贴情况，项目公司资产负债情况等内容；项目公司成本监审、PPP 项目合同的变更或补充协议签订情况；重大违约及履约担保的提取情况，对公众投诉的处理情况等
财政部《政府和社会资本合作模式操作指南（修订稿）》（财办金〔2019〕94 号）	政府、项目公司（社会资本）在项目执行阶段的资本金到位情况、融资合同及执行情况、项目公司财务报表及审计报告、绩效评价报告、按效付费执行情况等履约记录、中期评估及移交后评价相关信息与报告应及时上传综合信息平台

续表

财政部《基本建设财务规则》（财政部令第81号）	项目建设单位应当做好以下基本建设财务管理的基础工作：（一）建立、健全本单位基本建设财务管理制度和内部控制制度；（二）按项目单独核算，按照规定将核算情况纳入单位账簿和财务报表；（三）按照规定编制项目资金预算，根据批准的项目概（预）算做好核算管理，及时掌握建设进度，定期进行财产物资清查，做好核算资料档案管理；（四）按照规定向财政部门、项目主管部门报送基本建设财务报表和资料；（五）及时办理工程价款结算，编报项目竣工财务决算，办理资产交付使用手续；（六）财政部门和项目主管部门要求的其他工作。……项目建设单位应当建立、健全内部控制和项目财务信息报告制度，依法接受财政部门和项目主管部门等的财务监督管理

监管要点65：确认前期征地拆迁工作是否及时完成，是否符合项目推进进度要求？

合同依据与解析

征地拆迁是PPP项目推进的共性问题，实务中，多有项目受制于征地拆迁的进度影响，导致工期延期。因此，实施机构应予重点关注，尽量避免该类事项的发生，否则可能引致项目公司的工期索赔和费用索赔。

该要点关联监管要点25，可以关联阅读。

合同第18.1条约定，“本项目征地拆迁工作由××市高速集团组织推动，静海区政府具体实施”，由于实施机构是区政府的直接授权单位，是政府方和项目公司的直接对接代表，因此，根据合同相对性，实施机构应予以直接的协调、推进、落实。

同时合同第20条、第21条再次明确，“甲方及政府有关部门协助乙方开展前期工作”“甲方及政府有关部门依照××市高速公路工程建设项目的相关规定对前期工作的开展予以监督”，这是实施机构的行政管理权限，必须执行。

实施机构应注意，项目公司提交的一级控制进度计划中应有征地拆迁的匹配进度要求，一般情况下，征地拆迁工作应属于关键线路上的关键工作，实施机构应协调各方，在此计划时间内完成，以便顺利完成项目的总进度目标。若该项工作滞后，项目公司会向实施机构予以工期索赔和费用索赔，因此，应尽力避免该等情形发生。

合同第 27 条还约定，“本项目征地拆迁和安置工作由政府方负责实施，征地拆迁费用纳入项目总投资”。

因此，实施机构应重点监管该项工作，建议如下：

1. 实施机构应按照批准的项目一级控制进度计划合理安排征地拆迁和安置工作。

2. 过程中应督促项目公司及时、足额支付相应征地拆迁费用。

3. 若征地、拆迁和安置工作不能按照计划落实，应积极协调政府或其他部门共同落实解决，并对受此影响造成的工期滞后批准延期。

要求成果清单

序号	要点内容（参考）
1	批准的一级控制进度计划（征地拆迁部分应为关键工作）
2	项目公司支付相关费用的凭证
3	协调、推进征地拆迁的过程文件，如会议纪要、专项报告等
4	项目公司工期和 / 或费用索赔报告及其批复（或有）
5	其他相关文件等

关联政策及规定

本要点关联第二章《政府方监管要点：政策部分》监管要点 25：确认项目公司是否获得了必要的三通一平？是否与水电气等公用事业单位接洽顺利？征地拆迁工作是否顺利？

表 5-10　监管要点及政策依据

确认前期征地拆迁工作是否及时完成，是否符合项目推进进度要求	
国家发展改革委发布的《关于鼓励民间资本参与政府和社会资本合作（PPP）项目的指导意见》（发改投资〔2017〕2059 号）	避免项目规划选址、征地拆迁等比较复杂的前期工作由民营企业承担
交通运输部办公厅《关于印发〈收费公路政府和社会资本合作操作指南〉的通知》（交办财审〔2017〕173 号）	……在实施方案编制过程中，各级交通运输主管部门应积极依托本级人民政府建立的 PPP 项目部门联动协调机制，统筹考虑开展 PPP 项目政府可赋予的政策措施，包括征地拆迁、项目沿线土地开发使用、建设期投资补助或者运营补贴等，并在实施方案和社会资本方选择招标文件中予以明示

监管要点 66：确认项目公司是否已经获得项目所需的公用设施条件？必要时，可以给予充分和必要的协助。

合同依据与解析

实践中，由于水、电、燃气等依然属于强势垄断企业，项目公司协调难度较大，需要实施机构给予帮助才能顺利推进。因此，实施机构应予关注，协助项目公司及时获得必要的条件，以保证项目目标的顺利达成。

该要点关联监管要点 25，可以关联阅读。

合同第 6.3.4 条约定，“甲方应协助乙方获得运营和维护项目设施所需的所有公用设施条件的供应，包括电、水、道路和通讯等”。

合同第 32 条约定，“特许经营期内，项目公司负责建成的设计范围内全部设施的养护管理。甲方协助项目公司开展外部公共设施（道路、供水、供电、排水等）的畅通工作”。

当项目推进过程中发生相关问题时，项目公司应及时提请实施机构协调处理，实施机构应依照合同履约，及时处理。

要求成果清单

序号	要点内容（参考）
1	项目公司的请示报告
2	专项协调会议纪要（或有）
3	其他相关文件等

关联政策及规定

本要点关联监管要点25：确认项目公司是否获得了必要的三通一平？是否与水电气等公用事业单位接洽顺利？征地拆迁工作是否顺利？

表5-11　监管要点及政策依据

确认项目公司是否已经获得项目所需的公用设施条件？必要时，可以给予充分和必要的协助	
国家发展改革委《关于鼓励民间资本参与政府和社会资本合作（PPP）项目的指导意见》（发改投资〔2017〕2059号）	避免项目规划选址、征地拆迁等比较复杂的前期工作由民营企业承担
交通运输部办公厅《关于印发〈收费公路政府和社会资本合作操作指南〉的通知》（交办财审〔2017〕173号）	……在实施方案编制过程中，各级交通运输主管部门应积极依托本级人民政府建立的PPP项目部门联动协调机制，统筹考虑开展PPP项目政府可赋予的政策措施，包括征地拆迁、项目沿线土地开发使用、建设期投资补助或者运营补贴等，并在实施方案和社会资本方选择招标文件中予以明示

续表

国务院《优化营商环境条例》（国务院令第722号）	供水、供电、供气、供热等公用企事业单位应当向社会公开服务标准、资费标准等信息，为市场主体提供安全、便捷、稳定和价格合理的服务，不得强迫市场主体接受不合理的服务条件，不得以任何名义收取不合理费用。各地区应当优化报装流程，在国家规定的报装办理时限内确定并公开具体办理时间。政府有关部门应当加强对公用企事业单位运营的监督管理。……公用企事业单位有下列情形之一的，由有关部门责令改正，依法追究法律责任：（一）不向社会公开服务标准、资费标准、办理时限等信息；（二）强迫市场主体接受不合理的服务条件；（三）向市场主体收取不合理费用

监管要点67：确认项目公司是否按合同约定支付项目前期费用？若发生违约情形，是否按照合同约定提取履约保函？

合同依据与解析

PPP项目分为识别阶段、准备阶段、采购阶段、执行阶段和移交阶段，在识别阶段、准备阶段和采购阶段，实施机构或政府方出资代表可能为了项目的推进先行花费了一部分成本，该类成本可以纳入项目的总投资中，因此，项目公司成立后，一般会约定由项目公司偿还该部分费用。

项目公司支付相关费用时，应能满足税务的“三流一致”基本要求，和实施机构、第三方机构共同签订三方转移合同，方有合法的支付路径，实施机构应予知晓。

如果项目公司不能按约及时、足额支付相关费用，实施机构应按照合同约定采取相应的管理措施，最终实现管理目标。

合同第 6.2.1 条约定，“要求乙方按本协议的约定支付项目前期费用，并按本协议约定提取履约保函项下的款项的权利”。

合同第 18.2 条约定，“前期工作及设计委托的费用均属于项目投资范围内，由乙方承担”。

合同第 19.1 条约定，**“本项目征地拆迁费用纳入项目总投资，土地征用及拆迁补偿费用由项目公司承担**，按初步设计概算批复的数额控制。在项目公司成立前，征地拆迁工作所需资金由实施机构使用中央和市级补助资金先行垫付，**在项目公司成立后将费用平移至项目公司并计入项目总投资，后续征地拆迁所需费用按照正常程序办理”**。

合同第 19.2 条约定，**“政府方已经开展了部分前期工作，合同费用明细表如下：43,633,330 元**（详见合同附表）”。

以上条款明确了项目公司支付前期费用的内容和金额。

合同第 19.3 条约定，“对于相应的前期工作费用，按照以下原则处理：（1）×× 高速集团已签订合同并支付部分或全部费用的，仍由 ×× 高速集团先期履行支付手续；特许经营协议签署后十五个工作日内，项目公司偿付 ×× 高速集团垫付的相应费用。×× 高速集团将已收到的发票移交给项目公司，不新开发票。（2）其他合同已签订未履行支付手续的合同暂不支付，在项目公司成立后十五个工作日内，与项目公司签订补充合同，由项目公司支付合同价款。（3）工作内容已发生或将发生但是未签订的合同及其他按照 ×× 市和国家相关规定须开展的前期工作相应的合同均在项目公司成立后，由乙方分别与相关方签订合同，并分别支付合同价款”。

本条款约定了项目公司支付前期费用的详细方式和要求。

合同第 11.3 条“履约保函的提取”约定，“11.3.1 如果发生本协议乙方和 / 或社会资本未全部或部分履行其在本协议项下的义务，且在甲方要求的期限内未予补正，或未按本协议的约定承担违约责任，甲方有权提取履约保函的全部金额；11.3.2 如果社会资本和 / 或乙方未按规定按时补充履约保函的金额，甲方有权提取履约保函届时所剩余的全部金额；11.3.3 乙方未向甲方按期支付根据本协议规定到期应付的违约赔偿和违约金，则甲方有权从履约保函中提取相应金额；11.3.4 甲方有权按照‘未履行维护义务’的规定提取履约保函相应金额。11.3.5 甲方在根据本条款提取相应的履约保函金额之前，应向社会资本和 / 或乙方发出书面通知，并告知对方其提取的理由和拟提取的金额”。

合同第 59.2（6）条约定，“乙方延迟支付相关前期工作费用的，则构成乙方违约，甲方有权提取建设期履约保函；若上述款项不足以弥补甲方因此所受损失的，乙方还应赔偿甲方差额部分的损失”。

合同第 44 条约定，“乙方在特许经营期最后一个运营年开始前十个工作日内向甲方提交移交履约保函，移交履约保函金额为人民币伍仟万元整。在特许经营期最后一个运营年开始前十个工作日，乙方向甲方提交；在移交后五个工作日内，该履约保函退还给项目公司。履约担保的提取和退还详见本协议专项约定”。

以上条款则明确了履约保函的提交和提取规定。

实施机构可以自行监管，也可以委托跟踪审计机构进行监管。

要求成果清单

序号	要点内容（参考）
1	签订的三方转移合同
2	前期费用支付明细表（合同附表）
3	项目公司付费记录及对应发票
4	履约保函（有效期内）及其兑取记录（含完整证明文件）
5	其他相关文件等

关联政策及规定

本要点关联监管要点 58：确认乙方履约保函是否已经及时足额提交？且

该提交的履约保函是否“见索即付”？若提取了保函，是否履行了合适的程序，且确认乙方是否及时予以补足？

表 5-12　监管要点及政策依据

确认项目公司是否按合同约定支付项目前期费用？是否按照约定提取履约保函	
财政部《关于印发〈政府和社会资本合作（PPP）综合信息平台信息公开管理暂行办法〉的通知》（财金〔2017〕1号）	项目执行阶段应当公开的 PPP 项目信息包括：……（八）重大违约及履约担保的提取情况，对公众投诉的处理情况等
财政部《政府和社会资本合作模式操作指南（修订稿）》（财办金〔2019〕94号）	履约保障主要明确强制保险方案，由投资竞争担保、投资履约保函、建设履约保函、运营维护保函和移交维修保函等组成的履约保函体系

监管要点 68：确认项目材料、设备检测是否全部合格？（监理必须跟踪取样，并确认各程序合规）若不合格，要求项目公司整改完成并报备确认，各项工作应完整关闭。

合同依据与解析

材料检测是强制性规定，由施工总承包单位对该项工作负直接责任，项目公司属于建设单位身份，应对此结果向实施机构承担责任。

国务院《建设工程质量管理条例》（国务院令第 714 号）明确规定，“施工单位必须按照工程设计要求、施工技术标准和合同约定，对建筑材料、建筑构配件、设备和商品混凝土进行检验，检验应当有书面记录和专人签字；未经检验或者检验不合格的，不得使用”，“施工人员对涉及结构安全的试块、试件以及有关材料，应当在建设单位或者工程监理单位监督下现场取样，并送具有相应资质等级的质量检测单位进行检测”。

因此，实施机构应予监管。

合同第 6.2.5 条约定，“委托具有资质的检测机构进行不定期抽查，检测结果未达到法律规定的标准，有权责令乙方改正，乙方应进行改正并达到法律规定的标准”。

该项工作由监理单位进行监管，实施机构定期或不定期检查，并在相关报告中体现。

要求成果清单

序号	要点内容（参考）
1	检测机构选定的完整采购程序文件
2	中标检测机构的资质文件
3	检测机构出具的正式、设备监测报告
4	检测结果不合格的，乙方完整整改报告及其证明，以及重新批次检测合格的报告
5	其他相关文件等

关联政策及规定

本要点关联监管要点 74：要求项目公司及时提交《项目公司经营管理大纲》（包括经营方案、建设方案、运营方案等，包含一级控制进度计划）、年度建设进度计划、采购计划、资金计划等，做为年度监管的重要依据。要求项目公司按期提交固定格式的《项目公司经营管理月报》（包括三会工作情况、财务资金情况、工程投资情况、工程建设进度安全质量环保情况、项目运营情况等）、《项目公司经营管理年报》、会计师事务所出具的财务年报等。要求定其召开周例会或月例会，施工总承包单位、监理单位、跟踪审计单位、项目公司、实施机构等共同参加，听取各方工作汇报，并及时落实、处理问题。以上确认定期执行，并存档备案。

表 5-13 监管要点及政策依据

确认项目材料、设备检测是否全部合格？（监理必须跟踪取样，并确认各程序合规）若不合格，要求项目公司整改完成并报备确认，各项工作应完整关闭	
财政部《政府和社会资本合作模式操作指南（修订稿）》（财办金〔2019〕94 号）	项目实施机构应严格履行合同约定，切实保障社会资本和项目公司的合法权益。项目公司（社会资本）应严格按照合同约定做好项目投资、建设、运营、维护、移交等工作的日常管理和信息记录，自觉接受行政监管和公众监督，确保项目持续稳健运营
国务院《建设工程质量管理条例》（国务院令第 714 号）	施工单位必须按照工程设计要求、施工技术标准和合同约定，对建筑材料、建筑构配件、设备和商品混凝土进行检验，检验应当有书面记录和专人签字；未经检验或者检验不合格的，不得使用。施工人员对涉及结构安全的试块、试件以及有关材料，应当在建设单位或者工程监理单位监督下现场取样，并送具有相应资质等级的质量检测单位进行检测

监管要点 69：确认乙方是否按照合同约定支付各类款项，是否及时支付农民工工资？

合同依据与解析

按照 PPP 的基本风险分担原则，融资责任和风险由社会资本方承担，项目公司成立后，相应的责任和风险转由项目公司承担，因此，项目公司应负责及时支付各类款项，尤其是对施工总承包单位及时支付农民工工资要及时监管落实到位。

根据合同相对性，实施机构应对项目公司进行监管。

合同第 7.3.7 条约定，“乙方应按照本协议的规定筹措项目建设、运营、维护所必需的全部资金；管理和适用项目建设资金，做到专款专用，专户储存；按照工程进度及时支付工程款，按照规定的期限及时退还保证金、办理工程结算。乙方不得欠付工程款，不得挤占挪用建设资金，不得欠付农民工工资”。

资金是项目推进的命脉。案例项目中，中标社会资本方同时也是施工总承包单位，因此，项目公司更应对此进行合适的管理和执行。

实施机构对此进行监督管理，具体工作，可以由监理单位或审计单位进行跟踪。

要求成果清单

序号	要点内容（参考）
1	《项目公司经营管理月报》
2	监理报告或审计报告
3	其他相关文件等

关联政策及规定

本要点关联监管要点 18、监管要点 20 和监管要点 57，可以关联阅读。

表 5-14　监管要点及政策依据

确认乙方是否按照合同约定支付各类款项，是否及时支付农民工工资	
财政部《关于印发政府和社会资本合作模式操作指南（试行）的通知》（财金〔2014〕113 号）	项目融资由社会资本或项目公司负责。社会资本或项目公司应及时开展融资方案设计、机构接洽、合同签订和融资交割等工作。财政部门（政府和社会资本合作中心）和项目实施机构应做好监督管理工作，防止企业债务向政府转移。社会资本或项目公司未按照项目合同约定完成融资的，政府可提取履约保函直至终止项目合同；遇系统性金融风险或不可抗力的，政府、社会资本或项目公司可根据项目合同约定协商修订合同中相关融资条款

续表

国务院《保障农民工工资支付条例》（国务院令第 724 号）	农民工有按时足额获得工资的权利。任何单位和个人不得拖欠农民工工资。 建设单位应当有满足施工所需要的资金安排。没有满足施工所需要的资金安排的，工程建设项目不得开工建设；依法需要办理施工许可证的，相关行业工程建设主管部门不予颁发施工许可证。政府投资项目所需资金，应当按照国家有关规定落实到位，不得由施工单位垫资建设。 建设单位应当按照合同约定及时拨付工程款，并将人工费用及时足额拨付至农民工工资专用账户，加强对施工总承包单位按时足额支付农民工工资的监督。因建设单位未按照合同约定及时拨付工程款导致农民工工资拖欠的，建设单位应当以未结清的工程款为限先行垫付被拖欠的农民工工资。建设单位应当以项目为单位建立保障农民工工资支付协调机制和工资拖欠预防机制，督促施工总承包单位加强劳动用工管理，妥善处理与农民工工资支付相关的矛盾纠纷。发生农民工集体讨薪事件的，建设单位应当会同施工总承包单位及时处理，并向项目所在地人力资源社会保障行政部门和相关行业工程建设主管部门报告有关情况

监管要点 70：确认 PPP 项目建设期是否按照合同约定履约？若有工期变化，是否按照约定履行了批准手续？确认是否存在实施机构原因导致的建设期延误，若有，应批准乙方的顺延建设期要求。

合同依据与解析

PPP 项目生命周期一般为 10~30 年，包括建设期和运营期，建设期若相应延长，应根据责任归属来确定运营期应如何处理，属于牵一发而动全身的关系，因此，严格按照合同履约，及时明确建设期延期的责任归属就非常重要，应为实施机构的重要监管要点。

合同第23.1（1）条约定，“乙方承诺本项目于2020年10月31日前完工。乙方应根据本项目需要，按照最终确定的工程建设计划的进度并履行本协议的义务”。

合同第9条约定，“如因乙方原因造成建设期延长，甲方有权按本协议约定要求乙方承担违约责任；如因甲方违反合同或者为保护建设用地内发现的历史文物或者因不可抗力导致建设期延长，建设期相应顺延，运营维护期不变”。

合同第23.1（4）条对可以工期顺延的情形进行了明确，“如果出现下述情况，有关进度日期的最后期限将相应顺延：A. 不可抗力事件；B. 项目建设过程中，在项目场地内建设用地范围内发现有古墓、古建筑或化石等具有考古、地质研究价值的物品；C. 甲方书面通知要求变更已经事先批准的项目设计；D. 在建设开始时无法合理预见、并经甲方确认的重大不利地质情况出现，足以造成工程延误”，但发生以上情形，并不是必然可以工期顺延，还需要符合合同第23.1（5）条规定的程序要求，“在同时满足了以下前提下，乙方可以在上述第（4）项事件发生时，要求延长进度如期：**A. 乙方在实际发生延误的五个工作日内，向甲方提出书面的延期要求，说明对相应的进度日期可能造成的影响；B. 进度日期实际已经被延误；C. 乙方已采取所有合理的措施减少延误；D. 如果甲方在收到书面要求后十个工作日之内，对要求的延期未书面表示异议，则甲方将被视为对要求的延期已表示同意**”，因此，当发生以上情形时，实施机构应及时关注并批准或拒绝乙方提出的书面工期顺延要求，否则将“被视为已表示同意”。

合同第23.5.1条约定，“（建设的）延迟是指乙方自身违约、甲方违约、不可抗力、政策要求、法律变更或变动等事件导致建设工程不能如期开工或完工。（1）乙方在获悉可能导致项目在预定初步完工日前不能完工的任何事件发生时，应于三个工作日内以书面方式向甲方发出延迟书面通知，通知内容包括：A. 延迟事件发生的原因、时间、过程；B. 延迟或延迟事件的责任者；

C. 预计延迟时间；D. 对本协议的任何违约或预期违约；E. 乙方关于减轻和纠正延迟或延迟事件影响的计划；（2）乙方在延迟通知后，应定期（至少应每星期）就相关情况向甲方提供事件的最新进展报告”，以上是建设延迟情形发生时乙方必须履行的程序和要求，同样也是实施机构监管的要点。

合同第 59.1 条约定，“因政府或甲方指令项目在建时的临时停工持续时间在三十日以上的，造成项目完工延误的，乙方则有权要求甲方相应顺延建设期”。

合同第 59.2（2）条、第 59.2（3）条还约定，“由于乙方的原因导致建设进度的延误，乙方必须逐日向甲方支付按照以下标准规定的违约金：A. 第一个延误六十日内，每日支付 1 万元；B. 第二个延误六十日内，每日支付 2 万元；C. 第三个延误六十日内，每日支付 3 万元。乙方若对违约金的数额和支付方式没有异议的，应在通知中明确的期间内向甲方指定账户支付上述违约金，若乙方未按时支付，甲方可以从建设期履约保函中提取该等违约金及按违约利率计算的延误期间利息，直至建设期履约保函已全部提取完。如延误时间超过六个月，则甲方有权提前终止本协议”，“在项目建设期，乙方被视为放弃项目建设的，甲方有权提取其建设期履约保函；若上述款项不足以弥补甲方因此所受损失的，乙方还应赔偿甲方差额部分的损失”，当发生上述事项时，实施机构应追究其违约责任。

进度是项目实施的重要监管内容，也是实施机构的重要监管要点，应严格按照合同约定共同推进。

要求成果清单

序号	要点内容（参考）
1	批准的一级控制进度计划
2	《项目公司经营管理月报》
3	进度偏差处理办法及完成报告

续表

序号	要点内容（参考）
4	工期索赔与批复文件
5	《PPP 项目合同补充协议》（或有，附政府批准文件）
6	其他相关文件等

关联政策及规定

本要点关联监管要点 36，可以关联阅读。

表 5-15　监管要点及政策依据

确认 PPP 项目建设期是否按照合同约定履约？若有工期变化，是否按照约定履行了批准手续？确认是否存在实施机构原因导致的建设期延误，若有，应批准乙方的顺延建设期要求	
财政部《关于印发〈政府和社会资本合作（PPP）综合信息平台信息公开管理暂行办法〉的通知》（财金〔2017〕1 号）	项目执行阶段应当公开的 PPP 项目信息包括：……（三）项目施工许可证、建设进度、质量及造价等与 PPP 项目合同有关约定的对照审查情况；（四）社会资本或项目公司的运营情况（特别是出现重大经营或财务风险，可能严重影响到社会资本或项目公司正常运营的情况）及运营绩效达标情况；（五）项目公司绩效监测报告、中期评估报告、项目重大变更或终止情况、项目定价及历次调价情况……（七）项目公司成本监审、PPP 项目合同的变更或补充协议签订情况；（八）重大违约及履约担保的提取情况，对公众投诉的处理情况等；（九）本级政府或其职能部门作出的对项目可能产生重大影响的规定、决定等
财政部《政府和社会资本合作模式操作指南（修订稿）》（财办金〔2019〕94 号）	项目实施机构应严格履行合同约定，切实保障社会资本和项目公司的合法权益。项目公司（社会资本）应严格按照合同约定做好项目投资、建设、运营、维护、移交等工作的日常管理和信息记录，自觉接受行政监管和公众监督，确保项目持续稳健运营

监管要点 71：常态化监管投资是否超出批复概算？投资控制上限 31.65 亿元，若要超出，必须履行完成相应正式批准手续，以避免行政后果。

合同依据与解析

投资控制是 PPP 项目的重要监管要点。国家发展改革委《关于印发〈中央预算内直接投资项目概算管理暂行办法〉的通知》（发改投资〔2015〕482 号）和国务院《政府投资条例》（国务院令第 712 号）等政策文件均明确规定了实施机构的投资控制监管责任，且相关责任后果比较严重，因此，该项属于实施机构的重要监管要点之一。

本要点与监管要点 26 关联，可关联阅读。

合同第 12 条约定，“本项目初步设计概算批复总投资 316,544.9137 万元”，需要注意的是，虽然本合同第 13 条约定“乙方承担项目投资控制责任”，但由于实施机构属于政府方授权管理单位，最终对投资控制承担责任，故实施机构对该项工作依然应予重点管控。

要求成果清单

序号	要点内容（参考）
1	《项目公司经营管理月报》（包含投资控制内容）
2	监理或审计关于投资控制的报告
3	超概算申请报告和批复意见（或有），附完整证据文件
4	专项会议纪要或政府发文等相关文件
5	其他相关文件等

关联政策及规定

本要点关联监管要点 26：确认项目公司是否加强了项目成本控制，明确了投资控制目标？确保项目不超概算，否则，确认是否及时获得了相应的批准手续？

表 5-16 监管要点及政策依据

常态化监管投资是否超出批复概算？投资控制上限 31.65 亿元，若要超出，必须履行完成相应正式批准手续，以避免行政后果	
国家发展改革委《关于印发〈中央预算内直接投资项目概算管理暂行办法〉的通知》（发改投资〔2015〕482 号）	国家发展改革委核定概算且安排部分投资的，原则上超支不补，如超概算，由项目主管部门自行核定调整并处理。除项目建设期价格大幅上涨、政策调整、地质条件发生重大变化和自然灾害等不可抗力因素外，经核定的概算不得突破……项目初步设计及概算批复核定后，应当严格执行，不得擅自增加建设内容、扩大建设规模、提高建设标准或改变设计方案。确需调整且将会突破投资概算的，必须事前向国家发展改革委正式申报；未经批准的，不得擅自调整实施……申请调整概算的项目，如有未经国家发展改革委批准擅自增加建设内容、扩大建设规模、提高建设标准、改变设计方案等原因造成超概算的，除按照第 15 条提交调整概算的申报材料外，必须同时界定违规超概算的责任主体，并提出自行筹措违规超概算投资的意见，以及对相关责任单位及责任人的处理意见。国家发展改革委委托评审，待相关责任单位和责任人处理意见落实后核定调整概算，违规超概算投资原则上不安排中央预算内投资解决……因项目单位擅自增加建设内容、扩大建设规模、提高建设标准、改变设计方案，管理不善、故意漏项、报小建大等造成超概算的，主管部门应当依照职责权限对项目单位主要负责人和直接负责的主管人员以及其他责任人员进行诫勉谈话、通报批评或者给予党纪政纪处分；两年内暂停申报该单位其他项目。国家发展改革委将其不良信用记录纳入国家统一的信用信息共享交换平台；情节严重的，给予通报批评，并视情况公开曝光

续表

国务院《政府投资条例》（国务院令第 712 号）	经投资主管部门或者其他有关部门核定的投资概算是控制政府投资项目总投资的依据。初步设计提出的投资概算超过经批准的可行性研究报告提出的投资估算 10% 的，项目单位应当向投资主管部门或者其他有关部门报告，投资主管部门或者其他有关部门可以要求项目单位重新报送可行性研究报告……政府投资项目应当按照投资主管部门或者其他有关部门批准的建设地点、建设规模和建设内容实施；拟变更建设地点或者拟对建设规模、建设内容等作较大变更的，应当按照规定的程序报原审批部门审批……政府投资项目建设投资原则上不得超过经核定的投资概算。因国家政策调整、价格上涨、地质条件发生重大变化等原因确需增加投资概算的，项目单位应当提出调整方案及资金来源，按照规定的程序报原初步设计审批部门或者投资概算核定部门核定；涉及预算调整或者调剂的，依照有关预算的法律、行政法规和国家有关规定办理……未经批准或者不符合规定的建设条件开工建设政府投资项目，经批准变更政府投资项目的建设地点或者对建设规模、建设内容等作较大变更，擅自增加投资概算……责令改正，根据具体情况，暂停、停止拨付资金或者收回已拨付的资金，暂停或者停止建设活动，对负有责任的领导人员和直接责任人员依法给予处分

监管要点 72：关于工程变更，是否按照规定执行相应批准程序?

合同依据与解析

PPP项目实施过程中，由于项目环境的不可预见性，可能会发生工程变更，当确需发生该项动作时，项目公司和实施机构应根据合同约定和相关管理办法履行适当的批准手续，以保证各项工作的合规性，不影响最终结算。

工程变更正常会引起工程费用的变化，由此引致超概算情形的发生，因此，实施机构应予重点关注、重点监管。

合同第 25 条约定，**“乙方可根据项目建设需要，为了加快进度、提高效率等，向甲方申请进行项目设计变更，但是，该变更不得降低项目的使用**

功能、建设标准、质量安全标准。设计变更应当履行相关审批程序”，“设计变更的管理工作按《××市公路建设工程设计变更管理办法》的相关规定执行”，“工程变更导致的投资增加由乙方自行承担”，“如果乙方出于加快工程进度、提高工程质量、降低投资成本的原因而提出采用其他的技术标准或设计规范，必须得到甲方书面认可方可实施，且由此造成的额外支出由乙方承担”。

以上虽然明确“工程变更导致的投资增加由乙方自行承担”，但若由于实施机构主动提出增加项目范围、提高质量标准等情形导致的其他变更的，依然需要实施机构承担相应的费用增加。该等费用增加，应以不超过预备费为限，坚决不超过概算为控制标准为佳。

因此，实施机构原则上不应变更，确需变更的，遵照《××**市公路建设工程设计变更管理办法**》履行相应批准手续，且将变更费用控制在预备费范围内。

实施机构的监管程序和办法建议如下：

1. 熟悉《××市公路建设工程设计变更管理办法》，明确审批程序；

2. 审查乙方提交的变更申请，确认是否必要，若实属必要，确认及时给予书面批准（不能确认时，可以征求监理单位、设计单位的意见，情形复杂时，可以组织专家评审，以最终的评审意见作为决策依据，即可）；

3. 若非必要，可以不予批准，但应及时进行书面回复，避免现场工作受到影响；

4. 当政府或实施机构主动提出变更时，应审查该等变更的必要性，并同时固定该变更的原因，如政府正式发文、会议纪要等；

5. 若该等变更实属必须，应予书面确认。

要求成果清单

序号	要点内容（参考）
1	《××市公路建设工程设计变更管理办法》
2	《项目公司经营管理月报》

续表

序号	要点内容（参考）
3	变更申请及其批复，附相关完整附件（建议随附监理意见、律师意见、审计意见等）
4	各项会议纪要、专项报告、政府发文等相关文件
5	完整变更批准台账
6	其他相关文件等

关联政策及规定

本要点关联监管要点 26：确认项目公司是否加强了项目成本控制，明确了投资控制目标？确保项目不超概算，否则，确认是否及时获得了相应的批准手续？监管要点 35：实施过程中，若实施的内容发生了变化，是否及时向原审批部门进行了申报并获得了批准？

表 5-17　监管要点及政策依据

关于工程变更，是否按照规定执行相应批准程序	
国家发展改革委《关于印发〈中央预算内直接投资项目概算管理暂行办法〉的通知》（发改投资〔2015〕482号）	项目初步设计及概算批复核定后，应当严格执行，不得擅自增加建设内容、扩大建设规模、提高建设标准或改变设计方案。确需调整且将会突破投资概算的，必须事前向国家发展改革委正式申报；未经批准的，不得擅自调整实施。……申请调整概算的项目，如有未经国家发展改革委批准擅自增加建设内容、扩大建设规模、提高建设标准、改变设计方案等原因造成超概算的，除按照第 15 条提交调整概算的申报材料外，必须同时界定违规超概算的责任主体，并提出自行筹措违规超概算投资的意见，以及对相关责任单位及责任人的处理意见。国家发展改革委委托评审，待相关责任单位和责任人处理意见落实后核定调整概算，违规超概算投资原则上不安排中央预算内投资解决

续表

财政部《关于进一步加强政府和社会资本合作（PPP）示范项目规范管理的通知》（财金〔2018〕54号）	地方各级财政部门要会同有关部门加强示范项目动态管理，确保项目执行不走样。对于项目合作内容、总投资、运作方式、合作期限等核心边界条件与入选示范项目时相比发生重大变化的，应及时向财政部PPP中心申请调出示范项目名单，并对项目实施方案，物有所值评价报告、财政承受能力论证报告、采购文件、项目合同等进行相应调整、变更
国务院《政府投资条例》（国务院令第712号）	政府投资项目应当按照投资主管部门或者其他有关部门批准的建设地点、建设规模和建设内容实施；拟变更建设地点或者拟对建设规模、建设内容等作较大变更的，应当按照规定的程序报原审批部门审批
国家发展改革委《关于依法依规加强PPP项目投资和建设管理的通知》（发改投资规〔2019〕1098号）	实施方案、招投标文件、合同的主要内容应与经批准的可行性研究报告、核准文件、备案信息保持一致。实施方案、招投标文件、合同或建设中出现以下情形的，应当报请原审批、核准、备案机关重新履行项目审核备程序：（1）项目建设地点发生变化；（2）项目建设规模和主要建设内容发生较大变化；（3）项目建设标准发生较大变化；（4）项目投资规模超过批复投资的10%
国家发展改革委《企业投资项目事中事后监管办法》（国家发展和改革委员会令第14号）	核准机关对本机关已核准的项目，应当对以下方面进行监督管理：（一）是否通过全国投资项目在线审批监管平台（以下简称在线平台），如实、及时报送项目开工建设、建设进度、竣工等建设实施基本信息；（二）需要变更已核准建设地点或者对已核准建设规模、建设内容等作较大变更的，是否按规定办理变更手续；（三）需要延期开工建设的，是否按规定办理延期开工建设手续；（四）是否按照核准的建设地点、建设规模、建设内容等进行建设

知识点延伸 PPP 项目的变更签证，应该如何适当地处理，以确保最终能够安全结算，而不被审计审减？①

和传统模式不同，PPP 模式下的工程变更处理相对比较复杂，要求更多，其合规性处理的难度也相对较大，如果依然按照传统工程的思维处理，那么最终的结果必然是审计审减，从而造成没有必要的损失。

传统模式下，合同双方依照《施工总承包合同》的约定处理工程变更，其法律责任主体关系比较简单，只要合同双方对工程量的结果确认即可。但 PPP 模式下，其法律责任主体关系却有层级关系，首先施工总承包单位依据《施工总承包合同》向项目公司主张，之后（或同时）项目公司依据《PPP 项目合同》向政府方实施机构主张，只有获得实施机构的确认后，这个链条才算完成。但编者通过全国项目调研发现，众多的项目公司往往忽略了第二个最关键的程序，即他们会认为自己现在是建设单位，只要建设单位确认了即可，从而造成无谓的损失。

其实，只要对 PPP 项目合同体系熟悉，或者对合同进行认真研读，依据合同履约即可完全避免。事实上，也有一些项目合同约定，对于限额以上的工程变更，实施机构没有单独审批权限，可能要上升至财政部门甚至是政府班子集体决策程序后，方可签认生效，这种情况下，其生效条件更加苛刻，这就对项目公司的管理和协调提出了更高的要求。

如浙江某 PPP 项目合同约定，“工程变更须经甲方（政府方实施机构）、设计单位、监理单位共同签复（有盖章和签字手续），方可作为工程变更依据，否则不作为工程变更结算依据”，“发生上述事项后，任何一方要求工程变更的，须经过第 26.3 条规定的手续后，按照奉化市政府投资项目工程变更程序规定执行”。

按照《奉化市人民政府关于印发政府投资项目管理办法的通知》② 规定，工程变更按照批准的概算、合同造价，实行分类管理，分别为：

① 崔德高：《PPP 项目执行阶段操作指南：100 个实务问题深度解析》（第二册），法律出版社 2020 年版，问题 84。

② 该文件发布日期为 2014 年 4 月，虽然在 PPP 项目中项目公司属于建设单位身份，但此处所指建设单位依然是指政府方实施机构。

1. 简易程序：单项工程变更金额 10 万元以下（含），且累计变更金额在 100 万元以下（含）的，由项目建设单位主管部门审核把关。

2. 备案程序：单项工程变更金额 50 万元以下（含），且累计变更金额在 300 万元以下（含）或合同价 5% 以内（含）的，由项目主管部门审核，在工程变更施工前报市发改、财政、监察部门备案。适用于简易程序的项目变更除外。

3. 会签程序：单项工程变更金额 100 万元以下（含），且累计变更金额在 500 万元以下（含）或合同价 10% 以内（含）的，须在工程变更施工前由建设单位提出申请，市发展改革部门接到申请后牵头组织财政、审计、公共资源交管办及相关单位到项目现场进行踏勘，当场会签确认，经会签确认的变更申请单作为工程变更的依据。适用于简易程序、备案程序的项目变更除外。

4. 会审程序：单项工程变更金额 300 万元以下（含），且累计变更金额在 2000 万元以下（含），须在工程变更施工前由建设单位提出申请，市发展改革部门在接到申请后牵头组织财政、审计、公共资源交管办及相关单位，并视项目具体情况邀请专家进行现场踏勘、会审论证，经会签形成会议纪要，作为工程变更依据。适用于简易程序、备案程序、会签程序的项目变更除外。

5. 审批程序：单项工程变更金额 300 万元以上，或情形复杂的工程变更，经会审后报市政府审批。总投资 1000 万元以上的政府投资项目投资增减额 50%（不含）以上，或增减额在 2000 万元（不含）以上的，须报请市人大常委会作出决议、决定。

本项目情境中，站在项目公司的角度，即如果发生工程变更的事项，那么所履行的各种程序和批准，既需要满足《PPP 项目合同》的约定，获得“政府方实施机构、设计单位、监理单位的共同签复”，还需要满足《奉化市人民政府关于印发政府投资项目管理办法的通知》的规定，根据估算的金额，获得对应的简易程序 / 备案程序 / 会签程序 / 会审程序 / 审批程序批准，方可以作为有效的结算依据，才能充分地应对未来审计。

而实践中，项目公司大概率会沿用传统工程思维模式，认为项目公司签复即可，或获得实施机构签批即可，大概率会忽略后续的进一步确认（也可能是因为组织政府会商评审程序的畏难），最终功亏一篑，白白留下管理黑洞。

同时，由于 PPP 项目经营模式的特殊性，项目公司属于在《公司法》框架下的法人主体，其经营规则受《公司章程》约定的约束，实践来看，部分项目公司甚至对工程变更的内部决策也做了约定，如福建某项目的《公司章程》中董事会议案约定，“对特别重大设计变更进行审查论证并提交股东会确认”，“对项目施工过程中发生的一般设计变更、重大设计变更审查论证并作出决议”；股东会议案约定，“（建设期、运营期）审议批准董事会的报告”，这就意味着，一般的设计变更、重大设计变更还需要经过董事会的决议通过才能合适地执行，而对于特别重大的设计变更还需要进一步经过股东会决议才能合适履行，由此可见 PPP 模式下的变更、签证和索赔相对还是比较复杂的。

由于 PPP 项目 10 年至 30 年全生命周期的特殊性，通过对全国 48 个样本 PPP 项目的调研和横向分析，结合法律规定和索赔诉讼经验，**编者认为 PPP 模式情境下的工程变更思路，应该从完整的证据链角度去思考，更加合适，更加具有指导意义。**

我们将视角后置，项目所有的工程变更最终都要经历审计把关，而审计最为关注的点，即是我们需要应对的关键工作。如陕西某《全过程跟踪审计合同》中就约定，审计的主要内容包括，“设计变更、现场签证、索赔等费用审批手续是否齐全、基础资料是否规范”，“索赔事项的时效是否合理、资料是否完整性、事由是否清晰、费用及工期确定是否符合合同约定”，“通过审计计算并核定工程量的真实性、正确性，对合同内未完成工程核实审定，重点审查工程量的变更有无按规定报批，有无经监理工程师及建设单位的批准”，明显可以推断，审计所审查的重点就是三个内容，**数据、资料、事实**，其核心要点就是**程序合规、依据充分、证据完整、数据详实、计算清晰和签字有效**，我们只要从有效的、完整的证据链的角度，将变更、签证和索赔事项的“起因、经过和结果”，通过完整的证据链进行固定，即可严丝合缝地应对各种审计而无惧任何审减！

那么，我们又应该如何去构建“事情的起因、事情的经过、事情的结果”这道完整的链条呢？世界上最可靠的安全，就是让敌人知难而退，其答案并不复杂。

解决建议如下：

按照完整的证据链思维去落实即可，一份完整的变更签证，不能仅仅是工程量确认单，而应该是涵括了事情的起因、事情经过和事情的结果，可以覆盖整个事件，可以让对该事件一无所知的第三人能够迅速、顺利了解详细的情形，从而让审计审减的风险消除。

1. 事情的起因

即本工程变更发生的原因是什么？可能是实施机构要求的变更，可能是项目公司建议的变更，原因不限，但最终结果都是要求必须获得实施机构批准的书面函复。

如果是实施机构要求的变更，则事情的起因所表现的具体形式为：实施机构发出的书面通知文件或正式会议纪要、备忘录等，要求是正式的盖章版文件（盖实施机构公章）。

如果是项目公司建议的变更，则其内容需满足合同约定的条件，如四川某《PPP 项目合同》约定，“在本项目建设期间，因下述原因引起的工程项目的增减属于工程变更，包括但不限于：（1）工程项目的增减；（2）项目范围的变更；（3）设计变更及因设计深度不够引起的工程项目或工程量的变更；（4）环境、文物保护的影响；（5）现场表面下遇见的隐蔽状况；（6）其他合理的原因”，无论是何种因素导致的变更或签证，项目公司均应在限定时间内（通常是7天），及时向实施机构提交书面变更申请，在获得批准后方可进入下一步动作。

当《公司章程》中有约定时，还需履行相应的董事会程序和股东会程序（或有），并获得董事会决议通过，及股东会决议通过。

当该工程变更的金额触发《PPP 项目合同》中约定需要遵守的地方政府投资管理办法规定时，还需要获得地方政府相应的批准手续。该手续需实施机构牵头落实，项目公司应予以配合。

这一阶段有五个关注要点：**一是发生变更、签证事项的正当性，应属于非项目公司原因所导致，且满足合同约定的变更、签证范围；二是要在合同约定的时限内提交书面申请报告；三是最终获得实施机构的书面批准文件；四是或有的三**

会程序需要履行；五是或有的地方政府投资管理办法规定的程序需要遵照执行。

2. 事情的经过

获得实施机构的书面批复后，**项目公司应履行善意提醒程序，就批准的变更、签证等事项，是否为关键线路上的关键工作，对本项目的工期和造价影响预计多少，要向实施机构发出书面提醒**，在实施机构没有发出正式反对的情况下，可以正常执行该批准的指令。

就该变更的实际内容，若涉及图纸变更的，需**设计院出具正式变更图纸**。

监理单位在接到变更图纸后，应**向施工总承包单位发出书面"变更通知单"**，施工单位接到正式指令后，予以遵照执行。

在此过程中，若该变更部分涉及隐蔽工程的，需**监理单位进行旁站监理并出具"隐蔽工程验收记录"，该变更涉及子项完成后，出具"工序验收报告"，验收结果应为合格**，在此过程中，应尽可能多留一些清晰的照片作为存档。

当该等工程变更事项确实重要时，可以**实时邀请实施机构、项目公司、跟踪审计单位等至现场检查，并妥善保存好相应过程文件（包含影像资料）**，作为该事件的辅证，以确保过程事项的真实性、完整性和可追溯性。

3. 事情的结果

当工程变更事项完成，并验收通过后，项目公司应及时提交工程量确认申请，**计算公式应有依据且详细，数据来源详实，数据计算正确，必要时可以辅以图例，原始记录作为附件进行佐证。**

签字、盖章人员应依据《PPP 项目合同》的约定执行，通常应**包括施工总承包单位、监理单位、跟踪审计单位、项目公司、实施机构**。获得相关方书面签字和盖章确认后，工程量即最终确认。

项目公司应就确认的变更、签证工程量，依据《PPP 项目合同》约定的计价办法，**对该工程量的对应造价进行组价，并及时提交跟踪审计予以确认，跟踪审计机构应根据约定及时完成审定**，至此，对应的造价也得到认定。

通过以上事情的起因、事情的经过、事情的结果三要素证据链连贯落实，应可保证该等变更的安全性，确定它可完全响应《PPP 项目合同》的约定，《公司章程》的或有规定，以及政府方或有的投资管理办法，那么不管未来如何审计，都不会跑出这个框架，即可最大限度地保证执行后可以安全结算。

PPP 全生命周期为 10 年至 30 年，在此期间，商务团队、建设管理团队、运营团队的人员定然变动频繁，若每份工程变更的文件，都能覆盖以上信息，那么不管人员如何流动，证据始终存在，以不变应万变，非常精准。

当然，以上的办法只是针对绝大部分 PPP 项目中单独项目公司角度下的处理办法，还有一些特殊情况没有针对性考量，如施工总承包单位项目部和项目公司两块牌子一套人马、项目公司和施工总承包单位非同一家单位等。事实上没有任何一种方法是万能的，必须放到特定的情境之下才可以灵活取舍和调整，这也是工程变更比较有乐趣的地方所在，需要读者们自己体会并抓住方法和核心。

这种完整的证据链思维和对标最终审计的方法，同样适用于签证和索赔工作，其本质并无复杂和高深的技术，仅是以结果为导向，审慎地完全履约而已。

监管要点 73：确认项目公司的各项采购程序是否合规？

合同依据与解析

政府采购社会资本时应依据《政府采购法》，项目公司采购应依据《政府采购法》还是《招标投标法》，尚没有明确的政策支撑，但实务中，一般依据《招标投标法》进行。项目公司一般委托招标代理机构代为采购，但不管何种方式采购，项目公司均应保证公开、透明，不得未经采购程序，直接选定供应商或服务商，对此，实施机构应予监管，以确保项目的健康推进。

本要点关联监管要点 29，可关联阅读。

合同第 23.4 条约定，“**本项目的工程施工、监理、重要设备和材料的供应商均依法依规确定**。项目全部或部分工程或设备材料的承包不能减轻乙方对本项目建设质量和进度的责任，因此乙方应督促工程施工单位和供应商按照本协议的相关规定履行义务。**本项目分包应依法进行。若甲方有足够的证**

据证明乙方建设工程或其他任何部分与本协议所规定的或其他相关部门所规定的质量或安全要求严重不符，甲方有权书面通知乙方立即整改。若乙方在收到甲方通知后五个工作日内未进行整改，则甲方有权自己进行或委托第三方进行必要的纠正，一切风险与费用由乙方承担。在这种情况下，乙方须允许甲方的雇员、代理人、承包商为此目的而出入项目场地。**若乙方拒绝甲方或其委托的第三方进入项目场地进行纠正工作，或未能按照甲方的要求偿还甲方为此而付出的成本与费用，则甲方有权从建设期履约保函项下提取相应金额**”。

合同第31条还约定，“甲方有权对项目建设招标采购、工程投资、工程质量、工程进度以及工程建设档案资料等事项进行检查，并提出意见。甲方有权进入施工场地进行检查，但是，该检查应符合工程安全管理要求且不得干涉乙方的正常工作。甲方有权指派具备资质的第三方机构对项目建设招标采购、工程投资、工程质量、工程进度以及工程建设档案资料等事项进行定期或不定期监管、进入施工场地进行检查、有权随时抽查、可以跟踪审查等。甲方是否监督、检验本项目建设工程均不能减免乙方在本协议下的任何义务”。

如上所述，由于政策并未明确项目公司的采购依据是《政府采购法》或《招标投标法》，故实践中两种情形都存在。实践中建议项目公司委托第三方招标代理机构进行采购，按照《招标投标法》执行，实施机构和项目公司分别派代表进行全程参与监督即可，相对比较简单。

该种类型采购必须满足国家发展改革委《必须招标的工程项目规定》（国家发展改革委令第16号）的要求。

当出现询价、认质认价部分的采购时，一般情况下，地方财政评审中心应当参与，实施机构应根据当地政府的既有规定参照执行。

对于采购合规性，实施机构可以自行监管，定期或不定期检查，也可以委托跟踪审计落实。

要求成果清单

序号	要点内容（参考）
1	《项目公司经营管理月报》（采购相关）
2	项目公司年度采购计划与批复
3	审计报告（采购相关）或专项检查报告
4	项目公司整改报告（或有）
5	其他相关文件等

关联政策及规定

本要点关联监管要点 29：项目实施过程中，确认项目公司是否按照规定进行招标采购工作？

表 5-18 监管要点及政策依据

确认项目公司的各项采购程序是否合规	
国务院办公厅《关于聚焦企业关切进一步推动优化营商环境政策落实的通知》（国办发〔2018〕104 号）	进一步减少社会资本市场准入限制。……发展改革委要组织开展招投标领域专项整治，消除在招投标过程中对不同所有制企业设置的各类不合理限制和壁垒，严格落实《必须招标的工程项目规定》，赋予社会投资的房屋建筑工程建设单位发包自主权
《必须招标的工程项目规定》（国家发展和改革委员会令第 16 号）	“（一）施工单项合同估算价在 400 万元人民币以上；（二）重要设备、材料等货物的采购，单项合同估算价在 200 万元人民币以上；（三）勘察、设计、监理等服务的采购，单项合同估算价在 100 万元人民币以上”的，以及“同一项目中可以合并进行的勘察、设计、施工、监理以及与工程建设有关的重要设备、材料等的采购，合同估算价合计达到前款规定标准的”，必须招标
国务院《优化营商环境条例》（国务院令第 722 号）	招标投标和政府采购应当公开透明、公平公正，依法平等对待各类所有制和不同地区的市场主体，不得以不合理条件或者产品产地来源等进行限制或者排斥。政府有关部门应当加强招标投标和政府采购监管，依法纠正和查处违法违规行为

监管要点 74：要求项目公司及时提交《项目公司经营管理大纲》（包括经营方案、建设方案、运营方案等，包含一级控制进度计划）、年度建设进度计划、采购计划、资金计划等，作为年度监管的重要依据。要求项目公司按期提交固定格式的《项目公司经营管理月报》（包括三会工作情况、财务资金情况、工程投资情况、工程建设进度安全质量环保情况、项目运营情况等）、《项目公司经营管理年报》、会计师事务所出具的财务年报等。要求定期召开周例会或月例会，施工总承包单位、监理单位、跟踪审计单位、项目公司、实施机构等共同参加，听取各方工作汇报，并及时落实、处理问题。以上确认定期执行，并存档备案。

合同依据与解析

PPP 政策明确，政府方应减少对微观事务的过度参与，配合“投资风险、建设风险、运营风险”由社会资本方承担的风险分担原则，即可以将大部分工作交由项目公司实施，实施机构仅需对关键工作进行把关和监控即可，而关键工作部分，则是在合同中由双方进行约定即可，该项属于实施机构监管要点之一。

本要点关联监管要点 30，可关联阅读。

合同第 6.2.4 条约定，“（1）对乙方年度建设、运营计划的监管。（2）对本项目建设、运营、移交工作和过程的监管。（3）对乙方安全生产的监管。（4）对社会资本和乙方履行本协议项下义务监管。（5）对乙方进行生产设施、设备运营维护和更新改造的监管”。

合同第 6.2.6 条约定，“甲方在建设期内有对项目公司的建设施工情况进行监督检查的权利，包括在建设期内甲方可以聘任中介机构对建设项目进行专项审计，审计范围主要包括对乙方的注册资本到位情况、资金使用情况、项目进度情况、项目实施与合同执行情况等方面进行审计，项目公司有义务对审计工作给予充分合作，提供必要的完整的审计过程中所需查看的各种文件资料，并对提供资料的真实性负责”。

合同第 6.3.5 条约定，“甲方在项目的建设、运营和维护过程中，有权对乙方的经营计划实施情况、产品和服务的质量以及安全生产情况进行监督，并向政府提交年度监督检查报告”。

以上监管内容，实施机构应充分利用专业第三方的作用，要求监理单位、跟踪审计单位严格履职，定期或不定期进行检查、报告，有助于政府方对项目公司的高效监督管理。

合同第 23.1（2）条约定，“乙方应向甲方提交建设工程进度报告，该报告应详细、合理地说明已完成和进行中的建设工程情况，以及甲方合理要求的其他相关事项”，该项工作建议在《项目公司经营管理月报》中专章体现。

合同第 23.2 条约定，“本项目的质量目标应达到国家合格及以上标准，并符合绿色公路和品质工程的要求。乙方负责质量目标的控制，具体管理内容如下：（1）针对甲方提出的质量管理目标，建立相应的质量管理规划，并报送甲方认定。（2）乙方应参加设计交底会议，分析、确定质量控制重点、难点；安排承包商负责建筑工程实施过程中的质量控制工作。（3）乙方应会同监理对施工质量进行检验。对不符合设计要求及国家质量标准的材料、构配件、设备，有权通知监理单位组织更换；对不符合规范和质量标准的工序、分部分项工程和不安全的施工作业，有权通知监理单位组织整改、返工。（4）组织质量事故的调查，并向甲方汇报。（5）组织定期或不定期的质量检查会和分析会，分析、通报施工质量情况，协调有关单位间的施工活动以消除影响质量的各种外部干扰因素。（6）组织各类质量检查和验收”，对此，实施机构应予以监督管理，该部分内容建议在《项目公司经营管理月报》

中专章体现。

合同第 23.3 条约定，“本项目的安全文明施工目标为创建文明工地，确保无安全事故发生。乙方负责安全文明施工目标的控制，具体管理内容如下：（1）乙方应结合项目安全文明目标，编制安全文明管理规划及安全应急预案，乙方编制的应急预案应当符合国家法律、法规、行政规章及相关行业标准。（2）乙方应根据项目施工安全目标的要求配置必要的资源，确保施工安全，保证目标实现。（3）乙方应督促专业工作单位落实安全保证体系，不定期组织工地安全文明检查，会同承包商处理工地各种纠纷”，实施机构同样应予以监督管理，该部分内容建议在《项目公司经营管理月报》中专章体现。

合同第 31 条约定，“甲方有权对项目建设招标采购、工程投资、工程质量、工程进度以及工程建设档案资料等事项进行检查，并提出意见。甲方有权进入施工场地进行检查，但是，该检查应符合工程安全管理要求且不得干涉乙方的正常工作。甲方有权指派具备资质的第三方机构对项目建设招标采购、工程投资、工程质量、工程进度以及工程建设档案资料等事项进行定期或不定期监管、进入施工场地进行检查、有权随时抽查、可以跟踪审查等。甲方是否监督、检验本项目建设工程均不能减免乙方在本协议下的任何义务”。

以上内容经过系统梳理和分析，可以合理归结为“项目公司及时提交《项目公司经营管理大纲》（包括经营方案、建设方案、运营方案等，包含一级控制进度计划）、年度建设进度计划、采购计划、资金计划等，做为年度监管的重要依据。要求项目公司按期提交固定格式的《项目公司经营管理月报》（包括三会工作情况、财务资金情况、工程投资情况、工程建设进度安全质量环保情况、项目运营情况等）、《项目公司经营管理年报》、会计师事务所出具的财务年报等。要求定期召开周例会或月例会，施工总承包单位、监理单位、跟踪审计单位、项目公司、实施机构等共同参加，听取各方工作汇报，并及时落实、处理问题。以上确认定期执行，并存档备案”，并将该项要求作为明确的监管要点。

要求成果清单

序号	要点内容（参考）
1	《项目公司经营管理大纲》
2	项目公司年度建设进度计划（以及可能存在的更新后的计划）
3	项目公司年度采购计划（以及可能存在的更新后的计划）
4	项目公司年度资金计划（以及可能存在的更新后的计划）
5	《项目公司经营管理月报》
6	《项目公司经营管理年报》
7	财务年报
8	周例会、月例会、专题会议会议纪要
9	跟踪审计定期报告或专项报告
10	定期检查或不定期检查、专项检查记录及其报告（含整改完成报告）
11	其他相关文件等

关联政策及规定

本要点关联第二章《政府方监管要点：政策部分》监管要点30：确认项目公司是否定期提交了建设、运营情况报告？

表5-19 监管要点及政策依据

要求项目公司及时提交《项目公司经营管理大纲》、年度建设进度计划、采购计划、资金计划等；要求项目公司按期提交固定格式的《项目公司经营管理月报》、《项目公司经营管理年报》、会计师事务所出具的财务年报等；要求定其召开周例会或月例会，听取各方工作汇报，并及时落实、处理问题

续表

财政部《关于印发〈政府和社会资本合作（PPP）综合信息平台信息公开管理暂行办法〉的通知》（财金〔2017〕1号）	项目执行阶段应当公开的PPP项目信息包括：……（三）项目施工许可证、建设进度、质量及造价等与PPP项目合同有关约定的对照审查情况；（四）社会资本或项目公司的运营情况（特别是出现重大经营或财务风险，可能严重影响到社会资本或项目公司正常运营的情况）及运营绩效达标情况；（五）项目公司绩效监测报告、中期评估报告、项目重大变更或终止情况、项目定价及历次调价情况……（七）项目公司成本监审、PPP项目合同的变更或补充协议签订情况；（八）重大违约及履约担保的提取情况，对公众投诉的处理情况等；（九）本级政府或其职能部门作出的对项目可能产生重大影响的规定、决定等
财政部《政府和社会资本合作模式操作指南（修订稿）》（财办金〔2019〕94号）	项目实施机构应严格履行合同约定，切实保障社会资本和项目公司的合法权益。项目公司（社会资本）应严格按照合同约定做好项目投资、建设、运营、维护、移交等工作的日常管理和信息记录，自觉接受行政监管和公众监督，确保项目持续稳健运营

监管要点 75：确认乙方股权变更是否按照规定执行？

合同依据与解析

合同第 7.3.1 条约定，“乙方应在其章程中作出适当的规定，以确保乙方的所有股份或权益证书上具有适当的文字说明，使预期的购买人了解这些股份或权益的转让是有限制的，并且对那些不符合上述限制的任何股份或权益的转让不予登记或不予生效。未经甲方同意，乙方的任何股东都不得将其在乙方注册资本中拥有的股份或权益进行转让，除非出现下列情况：（1）这种转让为中华人民共和国法律所要求，或是法院、法庭或具有适当管辖权的政府部门所强制的转让；（2）这种转让须发生在项目进入运营期两年后，经 ×× 市交通运输委员会事先书面同意，且社会资本股东持有比例始终不低于 51%”。

《股东协议》第 18 条约定，“项目建设期内，任何股东方都不得转让其持有的项目公司股权或权益。项目进入运营期两年后，经 ×× 市交通运输委员会事先书面同意，项目公司的股东可以转让其在项目公司的股权，但乙方持股比例始终不低于 51%。转让时的优先购买权，执行《中华人民共和国公司法》”，第 19 条约定，“除非本章明确约定或双方另行一致同意，任何一方均不应直接或间接地转让、质押、创设任何第三方权利或处分其在项目公司中的所有者权益的全部或任何部分”。

实务中，股权变更概率较大，但如何变更？什么时间可以变更，项目公司、实施机构均应审慎，严格地按照合同约定执行。

因此，若项目推进过程中，乙方拟进行股权变更的，实施机构应重点监管，建议遵照补充协议的审批程序，获得同级人民政府书面批准后，再予执行，比较妥当。

要求成果清单

序号	要点内容（参考）
1	乙方股权变更申请报告及其完整附件（或有）
2	实施机构审批意见
3	同级人民政府书面批准意见
4	变更后的《股东协议》、《公司章程》以及《PPP 项目合同补充协议》
5	其他相关文件等

关联政策及规定

本要点关联第二章《政府方监管要点：政策部分》监管要点 32：确认项目公司是否存在股权变更情形？若有，应确认是否按规定和合同处理？

表 5-20　监管要点及政策依据

确认乙方股权变更是否按照规定执行	
财政部《关于规范政府和社会资本合作合同管理工作的通知》（财金〔2014〕156号）附件《PPP项目合同指南（试行）》	锁定期的期限需要根据项目的具体情况进行设定，常见的锁定期是自合同生效日起，至项目开始运营日后的一定期限（如2年，通常至少直至项目缺陷责任期届满）。这一规定的目的是确保在社会资本履行完其全部出资义务之前不得轻易退出项目……在锁定期内，如果发生以下特殊的情形，可以允许发生股权变更：（1）项目贷款人为履行本项目融资项下的担保而涉及的股权结构变更；（2）将项目公司及其母公司的股权转让给社会资本的关联公司；（3）如果政府参股了项目公司，则政府转让其在项目公司股权的不受上述股权变更限制……一旦发生违反股权变更限制的情形，将直接认定为项目公司的违约行为，情节严重的，政府方将有权因该违约而提前终止项目合同
财政部《关于印发〈政府和社会资本合作项目财政管理暂行办法〉的通知》（财金〔2016〕92号）	政府与社会资本合资设立项目公司的，应按照《公司法》等法律规定以及PPP项目合同约定规范运作，不得在股东协议中约定由政府股东或政府指定的其他机构对社会资本方股东的股权进行回购安排
国家发展改革委《关于印发〈传统基础设施领域实施政府和社会资本合作项目工作导则〉的通知》（发改投资〔2016〕2231号）	项目公司负责按PPP项目合同承担设计、融资、建设、运营等责任，自主经营，自负盈亏。除PPP项目合同另有约定外，项目公司的股权及经营权未经政府同意不得变更
财政部《政府和社会资本合作模式操作指南（修订稿）》（财办金〔2019〕94号）	原则上，项目建设期内社会资本不得对外转让项目公司股权。确需转让的，社会资本应出具股权转让方案，说明转让理由、对项目建设进度及建设质量的影响、受让方履约能力及责任承担等情况，明确保障措施，经项目实施机构充分评估后，报本级政府审核决定。PPP项目进入运营期后，社会资本可根据项目合同约定，在不影响项目正常运营的前提下，经政府书面同意，对外转让项目公司股权

续表

财政部办公厅《关于印发污水处理和垃圾处理领域PPP项目合同示范文本的通知》（财办金〔2020〕10号）附件2《PPP项目合作协议》	4.3.1 锁定期满后，在符合第4.3.2款约定的前提下，经甲方事先书面同意，则任意一方股东可以依法转让其持有的项目公司股权。4.3.2 股权受让方应满足本项目采购文件规定或具备项目实施所必需的技术能力、财务实力、资格信用、运营经验等基本条件，并已经以书面形式明示，在其成为项目公司股东后，承继股权转让方（本协议乙方）在本协议项下的义务（甲、乙双方另有约定的除外），同时督促并确保项目公司继续承担《PPP项目合同》等合同文件项下的义务。否则，甲方对相应股权转让有权予以否决

监管要点76：是否已经协助项目公司获得许可的税收和其他优惠？

合同依据与解析

PPP项目均为基础设施或公共服务类公益性项目，因此常有相关的税收优惠或减免政策，实施机构应协助项目公司享有该项权利。

本要点关联监管要点33，可关联阅读。

合同第6.3.2条约定，“甲方应协助乙方，根据相关规定及产业政策，获得适用法律和有关政府部门许可的与履行本协议相关的税收和其他优惠”。

合同第3.1条约定，“……（5）甲方将在其权限内，最大限度地向××市人民政府和其他相关职能的部门争取各种优惠待遇，并将其授予乙方，并尽其努力协助乙方获得上级政府有关特许经营的优惠政策以及其他政府补贴”。

实施机构可以善意提醒项目公司积极梳理与项目相关的税收和其他优惠政策，并确认是否可以享受，如“三免三减半”等，若可以享受，项目公司应积极争取，实施机构给予充分和必要的协助。

要求成果清单

序号	要点内容（参考）
1	项目公司的申请报告
2	相关税务优惠政策文件
3	协调会议纪要或相关请示报告文件
4	政府批文
5	其他相关文件等

关联政策及规定

本要点关联第二章《政府方监管要点：政策部分》监管要点 33：确认是否协助项目公司获得了应有的相关税收优惠或减免？

表 5-21　监管要点及政策依据

是否已经协助项目公司获得许可的税收和其他优惠	
国务院《关于创新重点领域投融资机制鼓励社会投资的指导意见》（国发〔2014〕60 号）	完善落实社会事业建设运营税费优惠政策。进一步完善落实非营利性教育、医疗、养老、体育健身、文化机构税收优惠政策。对非营利性医疗、养老机构建设一律免征有关行政事业性收费，对营利性医疗、养老机构建设一律减半征收有关行政事业性收费
财政部和国家税务总局《关于公共基础设施项目享受企业所得税优惠政策问题的补充通知》（财税〔2014〕55 号）	企业投资经营符合《公共基础设施项目企业所得税优惠目录》规定条件和标准的公共基础设施项目”的，“可按每一批次为单位计算所得，并享受企业所得税‘三免三减半’优惠”。“公共基础设施项目企业所得税“三免三减半”优惠的其他问题，继续按《财政部　国家税务总局关于执行公共基础设施项目企业所得税优惠目录有关问题的通知》（财税〔2008〕46 号）、《国家税务总局关于实施国家重点扶持的公共基础设施项目企业所得税优惠问题的通知》（国税发〔2009〕80 号）、《财政部　国家税务总局关于公共基础设施项目和环境保护节能节水项目企业所得税优惠政策问题的通知》（财税〔2012〕10 号）的规定执行

续表

国务院《优化营商环境条例》（国务院令第 722 号）	政府及其有关部门应当严格落实国家各项减税降费政策，及时研究解决政策落实中的具体问题，确保减税降费政策全面、及时惠及市场主体

监管要点 77：专项资金是否已经按照规定及时、足额拨付？专项资金的使用是否按照《专项资金使用管理办法》专款专用？

合同依据与解析

案例项目有专项资金，专项资金均有其专项资金使用管理办法，实施机构和项目公司应按照规定严格使用，不得擅自挪作他用，否则未来审计追责，相关责任人员可能承担行政后果甚至刑事责任，得不偿失。该项要点属于实施机构的重要监管要点之一。

本要点关联监管要点 34，可关联阅读。

合同第 12 条约定，“根据交通运输部关于津石高速公路 ×× 西段项目的核准意见（交规划函〔2018〕367 号），本项目给予车购税交通专项建设资金作为投资补助，按 7 亿元控制（具体金额以资金确认函为准）。×× 市人民政府给予本项目建设投资补助，金额为 3 亿元，在建设期内按年度拨付”。

合同第 16 条约定，“乙方应为本项目在银行设立建设资金专门账户，保障建设资金按建设进度及时到位，实现项目建设资金专款专用。**甲方有权对建设资金专门账户进行监管**”。

财政部《关于印发〈中央预算内固定资产投资补助资金财政财务管理暂行办法〉的通知》（财建〔2005〕第 355 号）第 14 条规定，“项目单位收到投资补助后，必须专款专用，单独建帐核算，并分别按如下情况进行财务处理：（一）对非经营性建设项目的投资补助按财政拨款有关规定执行。

（二）对经营性建设项目的投资补助作为资本公积管理，项目单位同意增资扩股的情况下，可以作为国家资本金管理。中央对地方项目的投资补助，比照本办法执行；如地方政府有另行规定的，可从其规定”。

明确规定各种投资补助、专项资金应单独建账专款专用，一律不得挪作他用，使用依据为本办法或地方政府专项管理规定。

实践中，根据项目类型不同，专项资金的使用管理办法也有差别，所以项目公司应根据地方政府规定遵照执行，实施机构应对此进行专项监管。一般情况下，项目公司委托的会计师事务所会发布财务年报，对相关费用的使用进行披露；项目公司也应在《项目公司经营管理月报》中对此进行汇报。实施机构也可以委托跟踪审计对此进行审计确认。

另外，专项资金的使用一般会有专项审计，也是对此的监管手段之一。

要求成果清单

序号	要点内容（参考）
1	《项目公司经营管理月报》
2	会计师事务所出具的《项目公司财务年报》
3	跟踪审计报告
4	专项资金使用专项审计报告
5	其他相关文件等

关联政策及规定

本要点关联第二章《政府方监管要点：政策部分》监管要点34：确认各项补助资金、贴息资金、奖补资金等是否按照规定执行？是否履行了相关手续？项目公司是否按照规定专款专用？

表 5-22 监管要点及政策依据

专项资金是否已经按照规定及时、足额拨付？专项资金的使用是否按照《专项资金使用管理办法》专款专用	
财政部《关于印发〈中央预算内固定资产投资补助资金财政财务管理暂行办法〉的通知》（财建〔2005〕第355号）	项目单位收到投资补助后，必须专款专用，单独建账核算，并分别按如下情况进行财务处理：（1）对非经营性建设项目的投资补助按财政拨款有关规定执行。（2）对经营性建设项目的投资补助作为资本公积管理，项目单位同意增资扩股的情况下，可以作为国家资本金管理。中央对地方项目的投资补助，比照本办法执行；如地方政府有另行规定的，可从其规定
国家发展改革委办公厅《关于印发政府和社会资本合作项目前期工作专项补助资金管理暂行办法的通知》（发改办投资〔2015〕2860号）	要严格执行有关财务管理规定，必须设立专门账户，专款专用，严禁截留、转移、侵占和挪用……有关部门、单位要严格按照基本建设财务会计制度对前期工作专项补助资金进行管理和核算……对不按规定使用或年度内多次核销前期工作专项补助资金的，经核实后，立即停止拨付尚未拨付的工作专项补助资金，并在下一年度减少或不予安排该地区前期工作专项补助资金。对违法违规行为，依法依规追究相关责任人员的行政或法律责任
国家发展改革委、财政部《关于运用政府投资支持社会投资项目的通知》（发改投资〔2015〕823号）	加强政府投资的监督管理。各部门、各地方要依据职能分工，对安排给社会投资项目的政府投资加强监管，督促社会投资主体认真执行政府投资资金管理的各项规定，确保政府投资资金使用的规范、安全、有效，防止违规使用资金、挪用套取资金或其他违法违规行为，保障投资项目按期完成。对政府投资支持的基金运行情况进行考核，基金使用方向不符合政府有关要求的要及时改正，情况严重的要收回政府投资并给予适当处罚
国务院《政府投资条例》（国务院令第712号）	采取投资补助、贷款贴息等方式安排政府投资资金的，项目单位应当按照国家有关规定办理手续。“弄虚作假骗取政府投资项目审批或者投资补助、贷款贴息等政府投资资金”的，“责令改正，根据具体情况，暂停、停止拨付资金或者收回已拨付的资金，暂停或者停止建设活动，对负有责任的领导人员和直接责任人员依法给予处分”

续表

交通运输部办公厅《关于印发〈收费公路政府和社会资本合作操作指南〉的通知》（交办财审〔2017〕173 号）	收费不足以满足社会资本方或项目公司成本回收和合理回报的，且政府对项目依法给予支持政策仍不能完全覆盖成本、实现合理回报的，可考虑给予合理的财政支持。对符合公路交通发展规划和车辆购置税支持政策的项目，可按照交通运输重点项目资金申请和审核规定，申请车辆购置税资金支持。可以采取建设期投资补助、资本金注入、运营补贴、贷款贴息等一种或多种方式对收费公路 PPP 项目给予支持，其中建设期投资补助、运营补贴和贷款贴息等作为可行性缺口补助，不作为项目资本金

知识点延伸 **专项资金应如何使用？应重点关注哪些方面？**[①]

财政部《关于印发〈中央预算内固定资产投资补助资金财政财务管理暂行办法〉的通知》（财建〔2005〕第 355 号）第 14 条规定，“项目单位收到投资补助后，必须专款专用，单独建账核算，并分别按如下情况进行财务处理：

（一）对非经营性建设项目的投资补助按财政拨款有关规定执行。

（二）对经营性建设项目的投资补助作为资本公积管理，项目单位同意增资扩股的情况下，可以作为国家资本金管理。

中央对地方项目的投资补助，比照本办法执行；如地方政府有另行规定的，可从其规定”。

明确规定各种投资补助、专项资金应单独建账专款专用，一律不得挪作他用，使用依据为本办法或地方政府专项管理规定。

实践中，根据项目类型不同，专项资金的使用管理办法也有差别，所以项目公司应根据地方政府规定遵照执行。

以湖南某医院 PPP 项目为例，该项目获批专项资金 3500 万元，详情如下：

① 崔德高：《PPP 项目执行阶段操作指南：100 个实务问题深度解析》（第二册），法律出版社 2020 年版，问题 32。

一、专项资金来源依据文件

1.《关于印发〈中央预算内固定资产投资补助资金财政财务管理暂行办法〉的通知》（财建〔2005〕第355号）

2.《XX市卫计委关于明确XXX项目中央预算内资金使用办法的函》（X卫函〔2018〕125号）

3.《XX市财政局关于下达2017年卫生领域中央预算内基建资金的通知》（X财建指〔2017〕36号）

4.《XX市2017年卫生领域中央预算内基建资金明细表》

5. 湖南省财政厅网站《湖南省财政厅关于下达2017年卫生领域中央预算内基建资金的通知》（湘财建指〔2017〕142号）

6.《XX市财政局关于下达2017年卫生领域中央预算内基建资金的通知》

二、专项资金使用依据文件

根据《XX市XXX医院PPP项目合同》第5.1.2条约定：上级专项补助资金（如有）：各级财政专项资金、债券及政策性补助、补贴，所属权归XX市政府方，由XX市政府方统筹安排用于本项目，具体使用范围包括：（1）作为政府方项目资本金投入；（2）作为政府方后续项目投入，用于项目建设，相应减少建设期所需融资金额；（3）运营期则可用于支付项目可用性服务费和运营维护服务费。具体使用方式由XX市政府方统筹决定。

按照《XX市卫计委关于明确XXX项目中央预算内资金使用办法的函》（X卫函〔2018〕125号）规定，“XX市妇幼保健院作为政府方出资代表所获得的中央财政预算内项目投资补助资金，可作为政府方项目资本金，直接投入项目建设”，“XXX有限公司（项目公司）应设立中央财政预算内项目资金专账……在使用过程中单独开具增值税专用发票……按照规定用途专款专用，确保全面真实地反映中央财政预算内项目资金的使用情况，不得挪用或者侵占中央财政预算内建设资金”，“XXX有限公司（项目公司）使用中央财政预算内项目资金必须报实施机构批准”。

综上所述，该专项资金由XX市财政局直接拨付至政府方实施机构，然后由实施机构专款专用，支付至项目公司，该笔专项资金的使用要求为“土建施工”。

项目公司为此专门在基本户下设立子账户，作为该专项资金专户。

三、专项资金支付流程

根据《施工总承包合同》和《资金使用计划》，当需要支付专项资金时，由项目公司向实施机构提交专项资金使用申请，实施机构向XX市财政局提出拨付申请，财政局审核同意后拨付专项资金到实施机构账户，实施机构拨付相应资金到项目公司账户。

项目公司根据建设资金管理审批流程提交审批，审批通过后支付给相应单位，并将各过程文件妥善存档。

注: 该支付流程为本项目的流程，非固定程式，可以借鉴，但不是标准和必须。比如，另一个项目的支付程序为：由施工单位报送进度款申报表及预算文件，监理单位审核确认后，由项目公司进行初审，后报第三方审计最终审核确定，再经过实施机构审批流程通过后，即可提请财务进行支付。

四、国家、地方政府对该专项资金的使用要求

1. 国家发展改革委办公厅《关于印发政府和社会资本合作项目前期工作专项补助资金管理暂行办法的通知》（发改办投资〔2015〕2860号）

2.《XX市市级财政专项资金管理暂行办法》（X政办发〔2016〕26号）

3.《XX市卫计委关于明确XXX项目中央预算内资金使用办法的函》（X卫函〔2018〕125号）

因此，专项资金的使用，应根据国家、地方的现行规定，主管部门的要求，以及合同的约定执行，不能擅自挪作他用，否则将承担相应的责任和后果。根据财政部《关于印发〈中央预算内固定资产投资补助资金财政财务管理暂行办法〉的通知》（财建〔2005〕355号）第18条规定，“凡违反规定，弄虚作假，骗取、截留、挪用投资补助或项目未按规定实施的，除将已拨付资金全额收缴国库外，各级财政部门要立即停止对项目单位所在主管部门或省、自治区、直辖市及计划单列市投资补助拨付，并进行全面核查，直至纠正。对有关人员根据《财政违法行为处罚处分条例》（国务院令第427号）及国家有关规定追究责任，触犯法律的要追究相应的法律责任”，其违规后果比较严重，各方应予避免。

五、实务建议

项目公司可以将相关政策规定文件、《PPP 项目合同》相关约定搜集整理，系统梳理出专项资金的规范使用程序和办法，并有理有据提交实施机构，提请各方按照规定和约定执行，同时提醒违规使用的后果和依据，将后果责任充分提示实施机构，争取获得其支持。

监管要点 78：确认项目是否存在需要签订补充协议的情形？若有，确认双方是否已经签订补充协议或变更协议？且该协议已经通过同级人民政府书面批准？

合同依据与解析

PPP 项目生命周期 10~30 年，当原合同约定不适用、约定不明、合同内容发生重大变化时，实施机构和项目公司应就需要补充说明的事项协商一致，并通过补充协议的形式进行确认，作为双方未来实施的法律依据。

根据政策规定，当确需签订补充协议时，还应获得同级人民政府的批准，因此，该项属于重要监管要点之一，实施机构应确认补充协议的内容和程序符合既有规定。

本要点关联监管要点 36，可关联阅读。

合同第 5.2 条约定，“本协议的未尽事宜，通过签约双方友好协商进行补充。补充协议一经有关各方法定代表人或授权委托人签字并盖章生效，即与本协议具有同等效力”，第 5.3 条约定，“本协议内容经双方协商一致进行修改的，应当敲定变更协议。修改内容以变更协议为准”。

合同第 63 条还约定，“本协议的未尽事宜，通过签约双方友好协商进行补充。本协议内容经双方协商一致进行修改的，应当签订变更协议。修改内容以变更协议为准。补充协议和变更协议一经有关各方法定代表人或授权委托人签字并盖章生效，即与本协议具有同等效力”。

根据合同约定，补充协议是项目实施过程中，双方对未尽事宜确认的最高法律约束文件，其法律效力与原合同等同。

补充协议也不是实施机构和项目公司之间任意的行为，应履行合适的审批手续，待政府批准后方可实施。

2014 年 11 月 29 日财政部发布的《关于印发政府和社会资本合作模式操作指南（试行）的通知》（财金〔2014〕113 号）（已失效）第 28 条第 1 款规定，“按照项目合同约定的条件和程序，项目实施机构和社会资本或项目公司可根据社会经济环境、公共产品和服务的需求量及结构等条件的变化，提出修订项目合同申请，待政府审核同意后执行”。

财金〔2014〕113 号文失效后，财政部《政府和社会资本合作模式操作指南（修订稿）》（财办金〔2019〕94 号）第 30 条第 1 款规定，“合同条款原则上不得变更。因重大情势变更确需调整的，或者涉及非实质性条款的调整、补充或完善的，项目实施机构、项目公司（社会资本）应协商一致，按照项目合同约定的条件和程序进行修订，报政府审核同意后执行”，继续保持了该项要求，还是须获得政府的批准方可签订。

要求成果清单

序号	要点内容（参考）
1	《PPP 项目合同补充协议》（或有）
2	实施机构书面意见
3	法制办或律师书面意见
4	财政部门书面意见（或有）
5	同级人民政府书面批准文件
6	其他相关文件等

关联政策及规定

本要点关联第二章《政府方监管要点：政策部分》监管要点36：项目实施过程中，若原合同确需变更的，确认是否及时签订了相关补充合同？

表 5-23 监管要点及政策依据

改变本合同约定，或本合同未尽的重要事宜，通常为项目范围增加或减少，投资金额发生重大变化等内容，确认双方是否已经签订补充协议或变更协议？且该协议已经通过同级人民政府书面批准	
财政部《关于印发政府和社会资本合作模式操作指南（试行）的通知》（财金〔2014〕113号）（已失效）	按照项目合同约定的条件和程序，项目实施机构和社会资本或项目公司可根据社会经济环境、公共产品和服务的需求量及结构等条件的变化，提出修订项目合同申请，待政府审核同意后执行
财政部《政府和社会资本合作模式操作指南（修订稿）》（财办金〔2019〕94号）	合同条款原则上不得变更。因重大情势变更确需调整的，或者涉及非实质性条款的调整、补充或完善的，项目实施机构、项目公司（社会资本）应协商一致，按照项目合同约定的条件和程序进行修订，报政府审核同意后执行

监管要点79：确认项目是否交工验收通过、竣工验收通过？

合同依据与解析

PPP项目的本质是采购服务，但是服务是建立在合格的项目之上的，因此，建设期必须验收合格，根据项目类型不同，验收程序不同，案例项目就分为交工验收和竣工验收，因此，实施机构应予重点监管，项目交工验收和竣工验收必须一次通过，否则将与绩效考核挂钩，向项目公司追究违约责任。

根据合同第28.1条的约定，“本项目验收应遵照国家及地方主管部门关于高速公路建设项目验收管理的规定执行，主要包括交工验收和竣工验收，验收过程中发生的费用由乙方承担。交工验收，指本项目按设计完成全部工程施工，符合国家和 ×× 市验收标准，经甲方通过的验收。项目通过交工验收并取得高速公路收费批复后，经行业管理部门批准开通之日即为建成通车日。竣工验收指本项目工程全部按设计完成，经交工验收满两年并通过交通主管部门组织的验收”。

合同第28.2条约定，“如果乙方未能通过上述验收，应自付费用对本项目做必要的调整、修正或增补，然后申请重新进行最终验收”。

以上验收根据现行政策法规执行，实施机构参与即可。

要求成果清单

序号	要点内容（参考）
1	交工验收合格证书
2	竣工验收合格证书
3	遗留问题整改通知
4	整改完成报告及其证明文件
5	其他相关文件等

关联政策及规定

表5-24　监管要点及政策依据

确认项目是否交工验收通过、竣工验收通过	
全国人大常委会《建筑法》（主席令第29号）	交付竣工验收的建筑工程，必须符合规定的建筑工程质量标准，有完整的工程技术经济资料和经签署的工程保修书，并具备国家规定的其他竣工条件。建筑工程竣工经验收合格后，方可交付使用；未经验收或者验收不合格的，不得交付使用。……建筑施工企业在施工中偷工减料的，使用不合格的建筑材料、建筑构配件和设备的，或者有其他不按照工程设计图纸或者施工技术标准施工的行为的，责令改正，处以罚款；情节严重的，责令停业整顿，降低资质等级或者吊销资质证书；造成建筑工程质量不符合规定的质量标准的，负责返工、修理，并赔偿因此造成的损失；构成犯罪的，依法追究刑事责任

续表

交通运输部《公路工程竣（交）工验收办法》（交通部令2004年第3号）	公路工程验收分为交工验收和竣工验收两个阶段。交工验收是检查施工合同的执行情况，评价工程质量是否符合技术标准及设计要求，是否可以移交下一阶段施工或是否满足通车要求，对各参建单位工作进行初步评价。竣工验收是综合评价工程建设成果，对工程质量、参建单位和建设项目进行综合评价。……项目法人违反本办法规定，对不具备交工验收条件的公路工程组织交工验收，交工验收无效，由交通主管部门责令改正。项目法人违反本办法规定，对未进行交工验收、交工验收不合格或未备案的工程开放交通进行试运营的，由交通主管部门责令停止试运营，并予以警告处罚。项目法人对试运营期超过3年的公路工程不申请组织竣工验收的，由交通主管部门责令改正。对责令改正后仍不申请组织竣工验收的，由交通主管部门责令停止试运营。质量监督机构人员在验收工作中滥用职权、玩忽职守、徇私舞弊的，依法给予行政处分，构成犯罪的，依法追究刑事责任

监管要点80：最终投资的认定方法是否合适?

合同依据与解析

本要点关联监管要点37，PPP项目合同约定了最终投资的认定方式，实施机构应确认是按照合同约定执行，最终确定的投资金额。该金额是未来计算政府方支付费用的基数，必须严谨，满足程序合规、依据充分、证据完整、数据翔实、计算清晰和签字有效的基本原则。

合同第26条约定，“本项目最终投资以经**财政审核**的最终竣工决算金额为准，除本协议约定的情形外，最终投资额不影响可行性缺口补助金额”。

实际上，项目的结算和决算时间越长，对实施机构越有利（可以延迟政府付费），但从契约理念和公共服务的及时稳定供给角度来说，实施机构应督促项目公司及时地进行结算和决算。

鉴于实践中财政部门不会全程进行实时跟踪审计，确认投资造价，从投资控制角度而言，建议实施机构委托第三方跟踪审计单位，对项目公司的建设投资进行实时跟踪审计，最终完成后提交财政进行审核确认为佳。

要求成果清单

序号	要点内容（参考）
1	财政审核确认的决算书
2	其他相关文件等

关联政策及规定

本要点关联第二章《政府方监管要点：政策部分》监管要点 37：确认项目公司是否及时、合适地进行了项目结算和决算？

表 5-25　监管要点及政策依据

最终投资的认定方法是否合适	
全国人大常委会法工委《关于对地方性法规中以审计结果作为政府投资建设项目竣工结算依据有关规定提出的审查建议的复函》（法工备函〔2017〕22 号）	经过充分调研和征求意见，认为地方性法规中直接以审计结果作为竣工结算依据和应当在招标文件中载明或者在合同中约定以审计结果作为竣工结算依据的规定，限制了民事权利，超越了地方立法权限，应当予以纠正
国务院《政府投资条例》（国务院令第 712 号）	政府投资项目所需资金应当按照国家有关规定确保落实到位。政府投资项目不得由施工单位垫资建设……政府投资项目建成后，应当按照国家有关规定进行竣工验收，并在竣工验收合格后及时办理竣工财务决算。政府投资项目结余的财政资金，应当按照国家有关规定缴回国库

续表

住房和城乡建设部办公厅《关于加强新冠肺炎疫情防控有序推动企业开复工工作的通知》（建办市〔2020〕5号）	规范工程价款结算，政府和国有投资工程不得以审计机关的审计结论作为工程结算依据，建设单位不得以未完成决算审计为由，拒绝或拖延办理工程结算和工程款支付
全国人民代表大会《合同法》（主席令第15号）	依法成立的合同，对当事人具有法律约束力。当事人应当按照约定履行自己的义务，不得擅自变更或者解除合同。依法成立的合同，受法律保护

监管要点81：确认项目公司是否存在视为放弃或严重违约情形？若有该等情形发生，实施机构是否及时介入？是否按照合同约定追求其违约责任？

合同依据与解析

项目实施过程中，各种情形都有可能发生，实施机构应进行适当的、合适的监管，以确定项目公司是否存在严重违约情形。若存在一般违约，要求项目公司及时整改，消除影响即可；若存在严重违约情形，并对合同目标产生负面作用、负面影响或不利后果时，实施机构应及时根据合同进行处理，消除问题及其影响，并追究项目公司的相关违约责任。该项监管为或有的，但却十分重要的要点之一。

合同第23.5.2条“视为放弃、严重违约”约定，“除不可抗力、甲方违约、群体性事件、为保护在建设用地范围内发现的历史文物、甲方要求变动等本协议规定的情况外，如果乙方出现下列情况，则本项目的建设应视为已被乙方放弃：**（1）由于乙方原因未能在开工日期之后三十个工作日内开始项目的建设；（2）由于乙方原因未能在任何不可抗力事件结束后三十个工作日内恢复建设工程施工；（3）乙方出于任何其他原因在开始运营日前停止工程建设（含测试），直接或通过分包商撤走场地全部或大部分的工作人员；**

（4）乙方资金筹措及资金到位情况严重不符合工期目标；（5）具备施工条件的场地工程施工人机材等投入情况严重不符合工期目标要求”，当确实发生以上情形时，实施机构有权介入完成建设。

合同第 23.5.3 条“甲方介入完成建设”约定，“（1）甲方介入的条件：乙方出现下列情况之一的，则甲方有权指定第三方取代乙方承担项目的任何必要的建设，以便实现完工。**A. 书面表示放弃项目；B. 被视为放弃项目建设、严重违约。**（2）若出现 23.5.3（1）中 A、B 两种任一情形的，乙方应本着先无条件配合进行项目建设，再谈补偿的原则开展工作，否则由此造成的损失全部由乙方承担，**甲方有权从建设期履约保函项下提取该全部或部分款项，不足部分由乙方另行承担**。乙方应按照甲方要求无条件地组织做好进行本项目工地、驻地和现场的保护，运至工地、驻地现场的相关成品、半成品、原材料的保护，并按甲方要求移交给甲方及其指定的第三方，并按甲方要求无条件地组织做好本项目相关工程建设资料的移交。乙方委托的施工、监理等单位拒不配合的，乙方承担连带责任。（3）甲方介入项目的建设，不应被视为根据本协议受让了项目资产或承担了项目公司的义务，**甲方介入项目建设，投资协议、特许经营协议终止，乙方及项目公司丧失项目的特许经营权。**（4）**除本协议另有规定外，甲方及其指定第三方介入建设所产生的合理费用和因此造成的损失由乙方承担。甲方有权从建设期履约保函项下提取该全部或部分款项，不足部分由乙方另行承担**”。

合同第 59.2 条“乙方违约及赔偿”约定，“（1）擅自变更技术方案。在项目的设计和施工中，乙方如果未征得甲方的书面同意，擅自改变技术方案及主要工艺设备及材料的供应商（根据国家规定需通过公开招标选定供应商的情况除外，但是，招标确定的主要工艺设备及材料的设备水平不得低于 PPP 项目合同有关规定），甲方可通知乙方予以纠正，乙方必须立即提供书面说明和采取纠正措施；若乙方采取的措施及其结果不能令甲方认可，甲方有权提取建设期履约保函；若上述款项不足以弥补甲方因此所受损失的，乙方还应赔偿甲方差额部分的损失。（2）延迟开工、完工。由于乙方的原因导致建设进度的延误，乙方必须逐日向甲方支付按照以下标准规定的违约金：①第一个延误 60 日内，每日支付 1 万元；②第二个延误 60 日内，每日支付 2 万元；③第三个延误 60 日内，每日支付 3 万元。乙方若对违约金的数额和支付方式没有异议的，应在通知中明确的期间内向甲方指定账户支付上述违约金，若乙方未按时支付，甲方可以从建设期履约保函中提取该等违约金及按违约利率计算的延误期间利息，直至建设期履约保函已全部提取完。如延误时间超过六个月，则甲方有权提前终止本协议。（3）放弃或视为放弃项目建设。在项目建设期，乙方被视为放弃项目建设的，甲方有权提取其建设期履约保函；若上述款项不足以弥补甲方因此所受损失的，乙方还应赔偿甲方差额部分的损失。（4）项目转让的违约。乙方违反本协议的规定，擅自出租、质押、转让或以其他形式处分项目设施、项目资产、项目特许经营权，则上述出租、质押或转让等行为无效且甲方有权提取履约保函；若上述款项不足以弥补甲方因此所受损失的，乙方还应赔偿甲方差额部分的损失。（5）投融资违约。乙方提供的项目资本金不满足合同要求，或未能按建设进度计划完成投融资；或未设立项目建设资金专用账户的，视为乙方违约，甲方有权责令乙方立即改正；乙方逾期未改正的，甲方有权提取建设期履约保函；若上述款项不足以弥补甲方因此所受损失的，乙方还应赔偿甲方差额部分的损失。（6）前期工作违约。乙方延迟支付相关前期工作费用的，则构成乙方违约，甲方有权提取建设期履约保函；若上述款项不足以弥补甲方因此所受损失的，乙方还应赔偿甲方差额部分的损失。（7）重大质量问题的违约。在项目建设期内，工程出现重大质量问题的，甲方有权提取建设期履约保函；若上述款项不足以弥补甲方因此所受损失的，乙方还应赔偿甲方差额部分的损失。（8）项目移交违约及处理。乙方未按时足额提交 / 补足 / 移交履约担保，或未按时组成移交工作小组，或未按照约定程序和内容进行项目设施移交的，视为乙方违约，甲方有权提取运营期履约保函；若上述款项不足以弥补甲方因此所受损失的，乙方还应赔偿甲方差额部分的损失。（9）如乙方未按照约定进行财务管理并提交报告，在通知期限内拒不改正的，乙方应每次向甲方支付违约金 20,000 元。（10）其他违约。除上述条款外，如果乙方不履行其在本协议下的其他义务，且经甲方书面催告后十五个工作日仍不履行的，甲方有权提取履约保函；若上述款项不足以弥补甲方因此所受损失的，乙方还应赔偿甲方差额部分的损失”。

合同第 59.3 条还明确，“社会资本应就乙方于本协议第 59.2 条项下的违约责任承担连带责任”。

追究违约责任是最后的事，实施机构的主要目的是消除问题、消除影响，使合同目标能够正常实现，公共服务可以持续供给。本项工作属于持续的、长期的监管工作，实施机构可以通过《项目公司经营管理月报》、日常定期或不定期检查，也可通过委托跟踪审计、咨询机构等进行服务。

要求成果清单

序号	要点内容（参考）
1	专项检查或审计报告
2	项目公司中断或临时终止服务的相关文件
3	正式书面通知及相关附件
4	向政府提交的专项报告及初步处理意见
5	法制办或律师书面意见、政府批准文件
6	对项目公司的正式处理意见
7	临时接管方案和相关文件
8	其他相关文件等

关联政策及规定

无。

监管要点 82：确认项目是否需要提前终止？若提前终止，确认是否按约处理？

合同依据与解析

项目提前终止属于或有监管要点，本要点关联监管要点 28、监管要点 32 和监管要点 41，可以关联阅读。

该项要点发生的可能性较低，但有可能发生。实务中已有一部分项目提前终止，一般原因包括融资无法到位、股权转让障碍、项目手续不齐（如征地拆迁不能顺利完成、土地指标不能落实等）、政府规划调整、政策变化要求（如新疆项目、财政部规范性检查，不合规的项目强制退库）等，因此，实施机构还是应予以重点关注，当确需提前终止时，应谨守约定，按照合同处理。

提前终止属于极度重要的工作，应获得同级人民政府书面批准，方可终止。

合同第 54 条约定，“54.1 由甲方提出的终止。下述任一条款，如果不是由于不可抗力或甲方违约所致，如果有允许的期限而在该期限内未能得到纠正，即构成乙方违约事件，甲方有权立即发出终止协议的意向通知。（1）乙方未按照本协议的规定提交履约保函；（2）乙方所作的任何声明和保证被证明在作出时实质不属实，使乙方履行本协议的能力受到不利影响；（3）乙方未经甲方同意转让特许权、项目设施或本协议或其任何部分，或乙方已经事实上不能或不再运营维护项目设施；（4）未经甲方事先书面同意，乙方连续 72 小时无故中止运营项目设施，经甲方警告后五日内仍未恢复运营；（5）乙方不能或不愿根据规定进行移交前自查，并进行相关缺陷的修正；（6）贷款人开始行使其担保协议项下的担保权利并可能造成项目无法正常运营；（7）乙方违反适用法律而被相关部门依法吊销营业执照；（8）项目工程出现重大质量问题且无法修复的；（9）乙方因经营管理不善，发生重大质量、生产安全事故的；（10）乙方放弃或被视为放弃本项目建设，甲方介入项目建设的；（11）乙方违反本协议约定，对项目设施以及在项目协议项下获得的特许权等权利设定任何抵押、质押或其他担保物权及第三方权益；（12）乙方未履行本协议的义务构成实质性违约，并且在收到甲方要求说明其违约并予以补救的书面通知后 30 日内仍未能补救该实质性违约。54.2 由乙方提出的终止。下述任一条款，如果不是由于不可抗力或乙方违约所致，如果有允许的期限而在该期限内未能得到纠正，即构成甲方违约事件，乙方有权根据第 55.1 款的规定立即发出终止意向通知：（1）甲方或其指定机构由于与其他部门机构调整、合并或被撤销，且无相应的部门及其指定机构能够承继本协议约定的权利和义务，从而实质上使乙方在本协议下的权利受到严重不利影响；（2）甲方非依本协议所约定的情况擅自撤销了本协议项下的特许权，或将特许权给乙方以外的公司或经济实体；（3）甲方未履行本协议的义务构成实质性违约；并且在收到乙方要求说明其违约，并予以补救的书面通知后 30 日内仍未能补救该实质性违约”。

合同第 55 条约定，“55.1 终止意向通知。（1）根据第 54.1 和 54.2 款发出的任何终止意向通知，应表述引起发出该通知的乙方违约事件或甲方违约事件的合理详细情况；（2）在终止意向通知发出之后，双方应在二十日之内或双方同意的更长时间内（下称‘协商期’）协商避免本协议终止的措施；（3）如果乙方和甲方就将要采取的措施达成一致意见，或者乙方或甲方（视情况而定）在协商期内纠正了违约事件，终止意向通知应立即自动失效。55.2 终止通知。（1）在协商期届满之时，除非双方另外达成一致，或导致发出终止意向通知的违约事件得到纠正，发出终止意向通知的一方，可以向另一方发出终止本协议的终止通知；（2）任一方有权根据不可抗力的规定向对方发出终止通知；（3）另一方收到终止通知之日起，本协议终止（‘提前终止日’）。另一方收到终止通知之日的次日即为‘提前移交日’”。

合同第 56 条约定，“甲方或其指定机构和乙方应于本协议提前终止后 30 个工作日内按本协议约定支付终止补偿金，并就数额达成一致。

双方确认，若甲方向乙方支付补偿金，则甲方或其指定机构应在确定终止补偿金后九十个工作日内支付终止补偿金的 40%。乙方对项目设施的权益中不需要办理过户或其他法定手续的部分，即全部转给甲方或其指定机构。乙方应与甲方或其指定机构办理为移交项目设施权益的其他部分所必需的产权过户或其他法定手续。

甲方或其指定机构将在完成所有的过户或其他法定手续之日起九十个工作日内一次性支付余下的 60% 的终止补偿金。终止补偿金全部支付完毕之日即为‘实际终止日’，移交即全部完成。

本协议终止后，除向乙方支付终止补偿金外，甲方不应就上述终止或导致上述终止的任何事件向乙方承担任何义务。乙方向甲方支付违约金和赔偿金适用上述规定”。

合同第 57 条约定，“提前终止后的项目移交规定参照本协议第八章执行”。

合同第 58 条还明确，“自任何一方发出终止意向通知起至提前终止日，双方应继续履行项目协议下的权利和义务。本协议终止后，双方在本协议下的权利和义务相应终止。但是，自提前移交日至‘实际终止日’期间，乙方有义务行使看守职责，使项目设施始终保持提前移交日的状态”。

合同第 60.5 条明确了提前终止补偿金额的计算，“甲方或乙方发生违约或者因法律变更及不可抗力等事件发生，双方经协商后无法达成一致意见，或者采取措施后事件依然不能得到纠正，本协议可提前解除。依据发生解除原因不同，甲方给予乙方的补偿标准如下：

序号	协议提前终止之情形	终止补偿金	
		建设期	运营期
1	甲方违约事件导致的终止	A1+B+E	A2+B+E
2	不可抗力事件导致的终止	A3+（A1-A3-C-D）	A3+1/2（A2-A3-C-D）

续表

序号	协议提前终止之情形	终止补偿金	
		建设期	运营期
3	不可抗力事件之外的免责事由导致的终止	A1+E	A2+E
4	乙方违约事件导致的终止	A1-B+E	A2-B+E

“其中：

“A1= 经财政评审确认的乙方已完工且经甲方验收合格工程的投资额 - 乙方已获得的中央和市级投资补助。

“A2=A1×（剩余运营年限 ÷ 本项目运营期限）。

“A3= 发生不可抗力事件后对项目设施的评估值。

“B= 其中一方违约的情形下，应支付的违约金，详见第 59 款。

“C= 发生不可抗力情形时，根据本协议及相关保险合同，乙方实际获得的保险赔款。

“D= 发生不可抗力情形时，因乙方投保不足，导致所获保险赔款无法使项目设施恢复到出险前的正常状态的恢复性建设费用缺额部分（如有）。

“E= 终止后乙方应向甲方或其他机构移交施工建设或运营维护所需的材料物资等的合理评估值。

“社会资本就乙方于本协议项下的违约责任和清偿义务承担连带责任”。

合同第 60.6 条对违约金争议进行了明确，“如对违约金金额有争议，应根据第十三章解决”。

合同第 60.7 条则规定了继续履行及补救措施的原则，“出现违约行为后，甲乙双方应当继续履行本协议，并采取补救措施。本规定不得阻止任何一方行使本协议或适用法律提供的任何其他补救措施。一方因多项补救措施所获得的利益，不得高于其实际受到的损失”。

不管是何原因导致的提前终止，实施机构和项目公司均应以合同为依据进行处理，保证程序合规。

当确实发生该等事件时，建议实施机构审慎处理，应安排律师加入较妥。处理意见和结果应上报同级人民政府批准后，再予实施。

要求成果清单

序号	要点内容（参考）
1	双方确认提前终止的书面文件
2	法制办或律师的书面意见、财政部门书面意见
3	政府批准文件
4	清算退出的书面文件
5	审计部门的审计报告
6	《清算退出协议》及实施机构、政府批准文件
7	《还款协议》及实施机构、政府批准文件
8	财政部 PPP 项目信息管理库公示
9	其他相关文件等

关联政策及规定

表 5-26　监管要点及政策依据

确认项目是否需要提前终止？若提前终止，确认是否按约处理	
财政部《关于印发政府和社会资本合作模式操作指南（试行）的通知》（财金〔2014〕113 号）	社会资本或项目公司违反项目合同约定，威胁公共产品和服务持续稳定安全供给，或危及国家安全和重大公共利益的，政府有权临时接管项目，直至启动项目提前终止程序。政府可指定合格机构实施临时接管。临时接管项目所产生的一切费用，将根据项目合同约定，由违约方单独承担或由各责任方分担。社会资本或项目公司应承担的临时接管费用，可以从其应获终止补偿中扣减

续表

财政部《政府和社会资本合作模式操作指南（修订稿）》（财办金〔2019〕94号）	有下列情形之一的，可以提前终止项目合同：（一）出现项目合同约定的提前终止合作情形；（二）因不可抗力导致项目合同无法继续履行；（三）因政府、项目公司（社会资本）严重违约，危害公共利益；（四）项目财产依法被征收；（五）法律、行政法规规定的其他情形。项目合同提前终止的，除前款第三项项目公司（社会资本）严重违约情形外，应当按照国家有关规定或合同约定，给予项目公司（社会资本）合理补偿。项目合同提前终止的，政府应当采取有效措施，保证相关公共服务的正常提供
财政部《关于规范政府和社会资本合作合同管理工作的通知》（财金〔2014〕156号）附件《PPP项目合同指南（试行）》	一旦发生违反股权变更限制的情形，将直接认定为项目公司的违约行为，情节严重的，政府方将有权因该违约而提前终止项目合同
财政部《关于印发〈政府和社会资本合作项目财政管理暂行办法〉的通知》（财金〔2016〕92号）	社会资本方违反PPP项目合同约定，导致项目运行状况恶化，危及国家安全和重大公共利益，或严重影响公共产品和服务持续稳定供给的，本级人民政府有权指定项目实施机构或其他机构临时接管项目，直至项目恢复正常经营或提前终止。临时接管项目所产生的一切费用，根据合作协议约定，由违约方单独承担或由各责任方分担……项目因故提前终止的，除履行上述移交工作外，如因政府原因或不可抗力原因导致提前终止的，应当依据合同约定给予社会资本相应补偿，并妥善处置项目公司存续债务，保障债权人合法权益；如因社会资本原因导致提前终止的，应当依据合同约定要求社会资本承担相应赔偿责任
国家发展改革委《关于印发〈传统基础设施领域实施政府和社会资本合作项目工作导则〉的通知》（发改投资〔2016〕2231号）	在PPP项目合作期限内，如出现重大违约或者不可抗力导致项目运营持续恶化，危及公共安全或重大公共利益时，政府要及时采取应对措施，必要时可指定项目实施机构等临时接管项目，切实保障公共安全和重大公共利益，直至项目恢复正常运营。不能恢复正常运营的，要提前终止，并按PPP合同约定妥善做好后续工作

续表

交通运输部办公厅《关于印发〈收费公路政府和社会资本合作操作指南〉的通知》（交办财审〔2017〕173号）	在项目合作期内，因收费公路PPP项目合同一方严重违约或不可抗力等原因，导致社会资本方或项目公司无法继续履行合同约定义务，或者出现合同约定的提前终止合同情形的，在与债权人协商一致后，经原审批机构审批，可以提前终止合同。收费公路PPP项目合同提前终止的，项目实施机构或交通运输主管部门指定的其他机构可以提前收回特许经营权，并根据实际情况和合同约定给予合理补偿或惩罚

监管要点83：确认项目是否存在双方不能达成一致的争议问题？若有，应根据合同约定及时处理，不得影响项目稳定推进。

合同依据与解析

本要点属于或有监管要点。

项目实施过程中，在长达10~30年的全生命周期里，不可避免会发生各种争议，当发生争议时，要么搁置争议，以项目最终目标为先，先行推动项目，然后双方友好协商处理；要么直接面对，双方协商确定后再行实施。

第一种方法对项目有利，但是对项目公司不利，不能确定未来的处理结果是否公平公正；第二种方法对双方都客观，但是可能会对项目的进展产生影响。个人更倾向于第二种处理方式！双方只要客观面对，客观诉求，没有解决不了的争议。

但是实务过程中，能够保持客观中立去处理的不多，毕竟大家各在其位，各谋其职，代表的立场不同，诉求也有差别，这就造成了双方利益的博弈。

发生该种情形时，如果完全按照合同约定处理，或裁或诉，将会牵扯双方大量的精力，其结果没有双赢。因此，编者更建议采用简易的处理方式。

最优方案为双方协商处理，实在不能达成一致意见的，可以从专家库中随机抽选或邀请 3~5 名专家进行专项研讨，并给出处理方案或建议，双方以专家小组的正式书面结论为执行依据，简便快捷。专家费用可以从项目公司二类费中支出，纳入总投资。

以上方案，也有相应的政策支撑，可以遵照执行。财政部《关于印发〈政府和社会资本合作（PPP）项目绩效管理操作指引〉的通知》（财金〔2020〕13 号）第 20 条规定，“项目公司对绩效评价结果有异议的，应在 5 个工作日内明确提出并提供有效的佐证材料，向项目实施机构解释说明并达成一致意见。无法达成一致的，应组织召开评审会，双方对评审意见无异议的，根据评审意见确定最终评价结果；仍有异议的，按照合同约定的争议解决机制处理”，该处理方式不仅可以适用绩效评价结果争议，也可以适用其他争议。

本合同中对此就进行了约定，“甲乙双方可以共同聘请专家或第三方机构进行调解。调解达成一致的，应当签订补充协议并遵照执行”，比较客观。

当以上专家小组的处理结果依然不能使双方形成一致意见时，再根据合同约定的纠纷处理方式执行，或仲裁、或诉讼。

合同第 61 条约定，“61.1 凡因订立或履行本协议所发生的一切争议，双方应尽量通过友好协商解决。61.2 就特许经营协议中的专业技术问题发生争议的，甲乙双方可以共同聘请专家或第三方机构进行调解。调解达成一致的，应当签订补充协议并遵照执行。61.3 如果该项争议在一方提出友好协商之后的六十个工作日内未能解决，任何一方均可依法向项目所在地人民法院提起诉讼”。

合同第 62 条还明确了争议期间的合同履行原则，“在行政机关进行行政复议或法院进行诉讼过程中，除双方有争议的正在进行行政复议或行政诉讼的部分外，本协议的其余部分应继续履行，任何一方不得以发生争议为由，停止项目运营服务、停止项目运营支持服务或采取其他影响公共利益的措施”。

有争议不可怕，怕的是双方不面对，“拖”，久病成疾，有问题应立即处理，干干净净、清清爽爽。当然，特殊情况下的事急从权就另当别论了。

要求成果清单

序号	要点内容（参考）
1	争议情况的专项说明或报告
2	双方协商处理的会议纪要和决议
3	专家小组的书面处理方案或结论性意见（专家成员签字）
4	双方确定的争议处理方案决议，及后期执行跟踪、落实情况报告
5	其他相关文件等

关联政策及规定

表 5-27 监管要点及政策依据

确认项目是否存在双方不能达成一致的争议问题？若有，应根据合同约定及时处理，不得影响项目稳定推进	
财政部《关于印发〈政府和社会资本合作（PPP）项目绩效管理操作指引〉的通知》（财金〔2020〕13 号）	项目公司对绩效评价结果有异议的，应在 5 个工作日内明确提出并提供有效的佐证材料，向项目实施机构解释说明并达成一致意见。无法达成一致的，应组织召开评审会，双方对评审意见无异议的，根据评审意见确定最终评价结果；仍有异议的，按照合同约定的争议解决机制处理

监管要点 84：确认是否存在不可抗力？若有，确认是否按约处理？

合同依据与解析

本要点关联监管要点 7，其中第 8 条“项目风险分担设置是否适当？”与本要点强关联。

不可抗力发生的概率虽小，但实务中极有可能发生，如 2020 年的新型冠状病毒疫情，即属于不可抗力，对于项目的实施产生了严重的负面影响。

原则上来说，不可抗力的风险分担原则应为“双方共担”，当确实发生时，实施机构应和项目公司根据合同的约定执行。

合同第 49 条“不可抗力事件”约定，“不可抗力是指在签订本协议时不能合理预见的、不能克服和不能避免的事件或情形。以满足上述条件为前提，不可抗力包括但不限于：（1）雷电、地震、火山爆发、滑坡、水灾、暴雨（雪）、海啸、台风、龙卷风；（2）瘟疫；（3）战争行为、入侵、武装冲突或外敌行为、封锁或军事力量的使用，暴乱或恐怖行为；（4）全国性、地区性、城市性或行业性罢工；（5）国家政策的变更，如对项目设施的国有化等”。

合同第 50 条“不可抗力事件的认定和评估”约定，“如果任何不可抗力事件，阻止一方履行其义务且经过努力仍无法克服，主张因不可抗力阻碍其全部或部分履行其在本协议项下义务的一方，应当提交由政府有关部门或公证机关机构提交的证明不可抗力发生、不可抗力的程度和不可抗力所持续时间等书面材料”。

合同第 51 条明确了相应的处理程序，“51.1 不可抗力的通知。声称受到不可抗力影响的一方，应在发生不可抗力或知道发生不可抗力后，及时书面通知另一方，并详细描述不可抗力的发生情况和可能导致的后果，包括该不可抗力发生的日期和预计停止的时间，以及对该方履行在本协议项下义务的影响，并在另一方合理要求时提供证明。51.2 费用及进度日期的修改。（1）除本协议或双方另有约定外，发生不可抗力时，双方应各自承担由于不可抗力造成的支出。如遇地震、洪水等不可抗力因素造成高速公路较大损坏，需进行重建、改建等工程，项目公司可向甲方另行申请资金完成修复。申请资金额度仅用于弥补成本，不得盈利。（2）如果声称遭受不可抗力影响的一方已履行了通知程序，并且在不可抗力事件影响项目进展的情况下，已履行了请求延长进度日期的程序，则本协议中规定的履行某项义务的任何期限，经受到影响的一方请求，应根据不可抗力对履行该项义务产生影响的相同时间相应顺延。51.3 减少损失的责任和协商。受到不可抗力影响的一方，应尽一切合理努力以继续履行其在本协议下的义务，尽努力减少不可抗力对其造成的影响，包括根据该等措施为可能产生的结果支付合理的金额。双方应协商制定并实施补救计划及合理的替代措施以消除不可抗力的影响，并决定为尽量减少不可抗力给每一方带来的损失应采取的合理的手段。声称受到不可抗力影响的一方在不可抗力的影响消除之后应尽快恢复履行本协议项下的义务。51.4 免于履行。任何一方，由于不可抗力事件使该方不能全部或部分履行其在本协议项下的义务时，根据不可抗力的影响，该方可全部或部分免除在本协议项下的相应义务，本协议中有相反规定的除外”。

合同第 52 条还明确，“双方应本着诚信原则，立即就此等不可抗力事件进行协商：（1）如果双方自该不可抗力发生或者知道发生之日起九十日内达成一致意见，继续履行在本协议项下的义务，则甲方应按照本协议的规定向项目公司进行补偿。（2）如果双方不能够在上述九十日期限内达成一致意见，则任何一方有权根据本协议送达终止通知，立即终止本协议。因不可抗力提出终止的一方，须以书面形式详细说明不可抗力事件在何种程度上导致本协议无法继续履行”。

以上属于常规约定，实施机构依约处理即可。

要求成果清单

序号	要点内容（参考）
1	项目公司提交不可抗力事件报告
2	实施机构对报告的批准意见
3	实施机构对不可抗力事件导致的工期延长后果、费用增加索赔等情形的书面批示
4	《PPP 项目合同补充协议》的请示报告（实施机构向同级人民政府请示）
5	同级人民政府书面批准意见
6	双方签订的《PPP 项目合同补充协议》（或有）
7	其他相关文件等

关联政策及规定

表 5-28　监管要点及政策依据

确认是否存在不可抗力？若有，确认是否按约处理	
财政部《关于印发政府和社会资本合作模式操作指南（试行）的通知》（财金〔2014〕113 号）	原则上，项目设计、建造、财务和运营维护等商业风险由社会资本承担，法律、政策和最低需求等风险由政府承担，不可抗力等风险由政府和社会资本合理共担
国家发展改革委《关于开展政府和社会资本合作的指导意见》（发改投资〔2014〕2724 号）	按照风险收益对等原则，在政府和社会资本间合理分配项目风险。原则上，项目的建设、运营风险由社会资本承担，法律、政策调整风险由政府承担，自然灾害等不可抗力风险由双方共同承担
财政部《关于规范政府和社会资本合作合同管理工作的通知》（财金〔2014〕156 号）附件《PPP 项目合同指南（试行）》	……3. 通常由双方共担的风险：自然不可抗力

监管要点 85：确认是否存在法律变更？若有，确认是否按约处理？

合同依据与解析

财政部《关于推进政府和社会资本合作规范发展的实施意见》（财金〔2019〕10 号）第 2 条第 1 款第 2 项再次明确，规范的 PPP 项目应当由“社会资本负责项目投资、建设、运营并承担相应风险，政府承担政策、法律等风险”，这也是 PPP 项目的风险分担基本原则。

PPP 项目全生命周期 10~30 年，期间不可避免会有相应的法律法规或政策不断出台，实务中，除了要遵循风险分担基本原则外，还要满足合同约定的处理程序、办法。

合同第 53 条约定，“53.1 对乙方有利的法律变更。如果本协议签订之后中国法律、法规和法令发生了任何变化，包括颁布任何新法规、修改或撤销法律法规的某些条款，或对任何法律法规作出不同解释或采取不同的实施方法，也包括任何与本项目的批准有关的实质性条件发生变化，如道路维护质量标准等。这些变化使乙方在本协议项下能获得更优惠的待遇，乙方有权立即取得或立即申请取得该优惠待遇。甲方应努力协助进行申请。

53.2 对乙方不利的法律变更。如果本协议签订之后中国法律、法规和法令发生了任何变化，包括颁布任何新法规、修改或撤销法律法规的某些条款，或对任何法律法规作出不同解释或采取不同的实施方法，也包括任何与本项目的批准有关的实质性条件发生变化，如道路维护质量标准的变更等。这些变化使乙方在本协议项下的经济利益产生实质性不利影响。乙方可以提出书面要求改变本协议的条款或通过协商服务费特别调整、甲方特别补贴及其他双方认可的方式得到相应的补偿，以使其基本上达到发生这些变化之前的同样的经济条件。乙方在根据本协议发出书面要求中，应明确包括因这种变化造成的费用增加的合理的详细情况，以及乙方建议的对待这种变化的方式。如果本条所指的费用的增加包括资本支出，乙方应为相应事项在特许期内提供资金；如果乙方不以合理谨慎的方式经营本项目，对所发生的费用项目，不应根据本条提出获得任何补偿的要求”。

可以明确，如果新的法律法规、法令、政策等对标准提出了更高的标准或要求，项目公司应遵照执行，但相应的费用应由政府方承担，这也是“政府承担政策、法律等风险”的实务体现。

另外，对于“乙方应为相应事项在特许期内提供资金”则体现了“社会资本负责项目投资、建设、运营并承担相应风险”原则，各负其责。

本条约定在《实施方案》中也有章节体现，属于常规约定，实务中大概率会使用，实施机构应妥善按约处理，否则极易引发矛盾。

2017 年 11 月 10 日，财政部办公厅《关于规范政府和社会资本合作（PPP）综合信息平台项目库管理的通知》（财办金〔2017〕92 号）发布后，要求“严格新项目入库标准”，“项目建设成本不参与绩效考核，或实际与绩效考核结果挂钩部分占比不足 30%，固化政府支出责任的”，不得入库，于是各地政府纷纷要求所有 PPP 项目全部按照 30% 建设成本作为绩效考核基数的要求重新签订补充协议，掀起一阵腥风血雨。实际上就从基本的司法原则来看，法不溯及既往，再从 PPP 基本的风险分担原则来看，“政府承担政策、法律等风险”，无论如何，新发的政策也不会对已成事实、已经生效的合同产生影响。

历史从来都是相似的，92 号文风波刚刚过去，2019 年 3 月 7 日，财政部又发布了《关于推进政府和社会资本合作规范发展的实施意见》（财金〔2019〕10 号），文件第 2 条第 1 款第 3 项强调，“规范的 PPP 项目应当”“建立完全与项目产出绩效相挂钩的付费机制，不得通过降低考核标准等方式，提前锁定、固化政府支出责任”，于是很多人又惊呼要拿出 100% 建设成本作为绩效考核基数，再次掀起一阵腥风血雨，详细内容，可以参见《PPP 项目执行阶段操作指南：100 个实务问题深度解析》（第二册）[①] 问题 68，“有咨询机构要求项目公司，依据财政部《关于推进政府和社会资本合作规范发展的实施意见》（财金〔2019〕10 号），将 100% 可用性付费和绩效考核服务费纳入绩效考核范围，是这样理解吗？”

其实只要能够把握住基本原则，就不会产生这样的误解，徒增各方对项目的负面担忧，尤其对政府方的负面效应更甚。

因此，建议实施机构审慎决策，要有法律思维和契约精神，重要事项，一定要有充足依据，要按照政策和合同办事，才能经得住检查、经得住考验。

要求成果清单

序号	要点内容（参考）
1	新出法律法规、法令、政策原文
2	实施机构要求项目公司遵照执行的正式书面通知

① 崔德高《PPP 项目执行阶段操作指南：100 个实务问题深度解析》（第二册），法律出版社 2020 年版。

续表

序号	要点内容（参考）
3	项目公司提出的费用增加书面报告，实施机构予以书面批准
4	双方据此签订的《PPP项目合同补充协议》（附同级人民政府书面批准文件）
5	其他相关文件等

关联政策及规定

表 5-29　监管要点及政策依据

确认是否存在法律变更？若有，确认是否按约处理	
财政部《关于印发政府和社会资本合作模式操作指南（试行）的通知》（财金〔2014〕113 号）（已失效）	原则上，项目设计、建造、财务和运营维护等商业风险由社会资本承担，法律、政策和最低需求等风险由政府承担，不可抗力等风险由政府和社会资本合理共担
国家发展改革委《关于开展政府和社会资本合作的指导意见》（发改投资〔2014〕2724 号）	按照风险收益对等原则，在政府和社会资本间合理分配项目风险。原则上，项目的建设、运营风险由社会资本承担，法律、政策调整风险由政府承担，自然灾害等不可抗力风险由双方共同承担
财政部《关于推进政府和社会资本合作规范发展的实施意见》（财金〔2019〕10 号）	规范的 PPP 项目应当符合以下条件：……3. 建立完全与项目产出绩效相挂钩的付费机制，不得通过降低考核标准等方式，提前锁定、固化政府支出责任……

监管要点 86：确认本项目正式开始运营时间。

合同依据与解析

正式开始运营时间节点的确认，是未来政府付费的一个重要时间节点，因此必须清晰、精准，不能含糊其词或留有空间，因此，属于重要监管要点之一。

合同第 33 条约定，“项目通过交工验收并取得高速公路收费批复后，经行业管理部门批准开通之日即为建成通车日。自建成通车日起，本项目进入运营阶段”。

因此，实施机构应重点关注“交工验收”“取得高速公路收费批复”“行业主管部门批准”三个重要事件，完成后，可以签署“正式运营证书”，明确固定正式运营时间点即可。

要求成果清单

序号	要点内容（参考）
1	项目交工验收合格证书
2	高速公路收费批复文件
3	行业管理部门批准开通文件
4	签发的正式运营证书
5	其他相关文件等

关联政策及规定

无。

知识点延伸 PPP 项目从建设期进入运营期，需要履行哪些合适的程序？[①]

第一，目前相关政策中并没有对如何进入运营期作出细致的规定，一般都是按照《PPP 项目合同》中的约定执行，而合同中多为“建设工程竣工验收合格后次日起进入运营期”等笼统的表述。

从法律角度来看，从一个阶段进入另一个阶段，应该是干净的、清晰的、没有争议的，建设工程竣工验收合格仅仅只是最基本的要求。从合同管理角度来说，

① 崔德高：《PPP 项目执行阶段操作指南：100 个实务问题深度解析》（第二册），法律出版社 2020 年版，问题 73。

我们就以运营期起始点为基准点，将在此之前的各项工作、各项状态做一个系统梳理，确保各自的责任、权利、义务已经履行到位，再合适不过。

当然也可以同步进行。项目竣工验收合格后，为了避免公共服务不能正常供给，可以在实施机构书面正式批准，确定运营起始日的情形下先行进入运营，与此同时，对建设工程部分进行竣工财务结算，以及对于工期的变化、费用的变化，违约责任的追究等。进入运营期，就和资产交割一样，不要拖，不要含糊，更不能因为其中某项工作协调量太大而刻意回避，要干净利落，不为将来留下争议。

以河南某 PPP 项目为例，其《PPP 项目合同》约定，“本项目完工后，乙方书面报告甲方，经同意后进入试运营期，试运营期三十天后，设备设施达到设计标准，项目开始进入商业运营期”。

那么从正常情况来说，有以下几个重要节点及关键工作需要明确确定：

1. 项目建设完工且竣工验收通过。
2. 项目公司提交书面《进入试运营期的申请报告》。
3. 实施机构书面批准。
4. 试运营期期满后，项目公司提出《试运营验收申请报告》。
5. 实施机构进行验收，书面确认“设备设施达到设计标准”，批准进入正式的商业运营期。
6. 实施机构签发正式进入运营期的证书（明确正式运营起始日）。

有了以上六项，项目公司可以安全进入运营期，当然，还需要及时完成项目竣工财务决算审计，未来政府方付费时，可以明确计算应支付的金额，不会有争议发生，这也是步步为营的路数。

第二，财政部门先行支付 70% 费用，剩余部分待争议解决后再行多退少补。目前政策中也没有类似操作的依据，只要地方财政部门同意，同级人民政府批准，应无风险。

参照某市财政局《PPP 项目付费管理办法》的文件精神，“建设项目整体完工，已交付运营但尚未竣工验收，或者 PPP 项目子项目已进入运营，实施机构申请预付费，应当符合合同约定的预付费期限和金额”，这里虽然对预付费做了开口，但还是有“符合合同约定的预付费期限和金额”这个前置条件，而目前来说，鲜有《PPP 项目合同》对预付费有约定，所以不具备代表性，各项目公司也不要将希望寄托于先行预付费，再慢慢补手续这个办法上面，这个仅仅是临时的应急措施而已。

按照合同约定执行才是光明正道，最为保险。

解决建议：

1. 聚焦合同约定，逐一落实，明确进入运营期的各项要件，为未来通过绩效考核，计算付费做好基础工作。

2. 各项工作以合法有效的书面文件为准，妥善保管、妥善存档。

3. 签订《融资协议》时，应考虑政府付费时间与回款节点匹配。

4. 竣工验收通过后，专人负责、及时督促、尽快完成竣工决算财务审计，并拿到最终审计报告。

5. 务必获得实施机构签发的《运营期启动证书》，范例如图 5–3 所示：

XXXXPPP 项目

运营期启动证书

Final Acceptance Test Certificate

《XXXXPPP项目》竣工验收合格，试运营测试通过，设备设施已经达到合同约定的设计标准，同意正式进入运营期，正式运营起始日：**2019年11月4日**，特此证明。

实施机构(公章): ____________________　　项目公司(公章): ____________________

法定代表人(签字): ____________________　　法定代表人(签字): ____________________

签署日期: ____________________　　签署日期: ____________________

图 5-2　运营期启动证书

监管要点 87：确认运营服务是否按约执行？

合同依据与解析

本要点弱关联监管要点 41，项目实施过程中，有可能会发生项目公司不能完全履行、按约执行的情形，当该种可能发生时，实施机构应根据政策规定和合同约定及时处理，以保证项目目的不偏差。因此，该项属于或有监管要点。

合同第 34 条、第 35 条明确，“运营服务标准按照甲方与 ×× 市关于高速公路的相关规定执行。高速公路两侧及互通区禁止设置大型广告牌，其余广告依据国家和 ×× 市有关法律法规设置”，“在特许经营期内，如有新的运营服务标准或要求颁布，则乙方应执行新的标准和要求。如由前述原因引起运营成本的变化，可行性缺口补助金额不予调整”。

合同第 36.1 条约定，“运营维护内容包括道路路面、路基、桥涵结构物及防护工程、安全设施、服务设施、管理设施等的日常运营维护保养、中修工程和大修工程。乙方在特许经营期内应保证按照有关规定对工程设计范围内的道路、桥梁、排水、交通标识设施、收费站、服务区、监控设施、交调设施、BIM 管理系统等主体及附属设施进行及时维修、正常养护及必要的更新，以保证在特许经营期届满后全部设施能继续保持正常运转。本项目所有项目公司运营范围内的设施所需的特许经营期内的维修、正常养护及必要的更新费用由乙方承担”。

合同第36.2条约定，“乙方应当编制运营维护手册，建立日常运营维护记录，并定期向甲方提供报告，包括每季度的运营报告、每半年的财务报告等”。

合同第 37 条、第 38 条分别约定，“未经甲方批准，乙方不得擅自进行任何涉及到本项目的改建或扩建工程。为保障本项目设施的安全运营，应定期或不定期地对设施进行更新”，“运营期间，乙方应根据甲方或其他相关行业主管部门的要求进行运营管理，甲方不给予特别补偿”。

合同第 40 条还明确，“甲方及政府有关部门依据自身行政职能对项目运营进行监管”。

因此，实施机构应对乙方的各项合同约定内容进行及时、充分的监管。该项监管，可以从《项目公司经营管理月报》中获得一部分信息，还可以从月度例会中获得一部分信息，另外，还有定期检查、不定期检查，绩效考核等方式，多管齐下，确保管理受控。实施机构也可以委托第三方监管机构，如跟踪审计进行协助监管。实务监督管理建议如下：

1. 明确运营标准，双方共同确认并遵照执行，即《绩效考核办法和细则》；

2. 乙方编制运营维护手册、方案，实施机构批准后遵照执行（非运营费包干的情形，还需随附运营成本测算）；

3. 运营管理过程中，妥善保管相应工作记录，并定期提交《项目公司经营管理月报》，季度运营报告、半年财务报告、年度财务报告等过程管理文件；

4. 实施机构定期、不定期进行监督检查、绩效考核，或委托第三方进行督导；

5. 若运营过程中，乙方需要对项目进行更新维护、改建扩建的，应提前申报方案，待实施机构批准后方可遵照执行。

要求成果清单

序号	要点内容（参考）
1	正式的《绩效考核办法和细则》
2	经实施机构批准的运营维护方案、手册及相关成本测算
3	《项目公司经营管理月报》、月度例会会议纪要、季度运营报告、半年财务报告、年度财务报告等
4	定期或不定期检查报告及其整改报告
5	正式绩效考核及绩效评价报告，匹配的整改报告
6	第三方监督检查报告，及其匹配的整改报告
7	方案变更报告及其批复（或有）
8	其他相关文件等

关联政策及规定

无。

监管要点 88：确认是否定期向政府提交年度监督检查报告？

合同依据与解析

实施机构作为政府方在 PPP 项目上的管理代表，应定期向政府汇报项目相关情况，并提交相关报告，这是管理层面的要求，也是为了获得政府对项目推进支持的工作之一。

合同第 6.3.5 条约定，“甲方在项目的建设、运营和维护过程中，有权对乙方的经营计划实施情况、产品和服务的质量以及安全生产情况进行监督，并向政府提交年度监督检查报告”。

要求成果清单

序号	要点内容（参考）
1	实施机构：《PPP 项目监督检查报告》
2	附件 1：项目公司年度财务报告
3	附件 2：《项目公司经营管理年报》
4	其他相关文件等

关联政策及规定

表 5-30　监管要点及政策依据

确认是否定期向政府提交年度监督检查报告	
财政部《政府和社会资本合作模式操作指南（修订稿）》（财办金〔2019〕94 号）	各级政府应加强对本地区 PPP 工作的组织领导，建立 PPP 工作机制，明确相关部门的工作内容和监督管理职责。按照政府信息公开有关规定，推动本地区相关部门做好信息公开工作

监管要点 89：确认是否按约及时进行绩效考核工作?

合同依据与解析

本要点关联监管要点 38，政府方付费的前提条件是必须进行了绩效考核，并根据绩效考核的结果支付相应的对价。财政部《关于规范政府和社会资本合作（PPP）综合信息平台项目库管理的通知》（财办金〔2017〕92 号）明确，绩效考核的基数至少是建设成本的 30%，本文件发布之后的 PPP 项目均应遵照该标准执行，在此之前的可以不受此约束（但没有约定绩效考核办法的除外）。

事关政府向项目公司付费，实施机构应根据政策的规定和合同的约定及时落实，因此，属于重要监管要点之一，建议关联监管要点 38 阅读。

合同第 46.2 条约定，“本项目运营期内每年的可行性缺口补助金额为 4275 万元 / 年，按照附件 1《绩效考核管理办法》进行绩效支付”。

《绩效考核管理办法》第 1 条明确，“×× 市交通运输委员会作为 ×× 市人民政府授权的《特许经营协议（ppp 项目合同）》签署甲方，全面行使特许经营监管及考核职能。×× 市高速公路管理处在市交通运输委的领导下，具体实施建设期、运营期及移交后的项目绩效考核工作，并将考核结果统一上报市交通运输委作为绩效考核依据。市高速处可以委托第三方进行绩效考核”。

《绩效考核管理办法》第 2 条约定，“考核对象为本项目的项目公司，即《特许经营协议（ppp 项目合同）》的签署乙方”。

《绩效考核管理办法》第 3 条继续明确，“运营期考核内容依据《×× 市高速公路设施维护与运营服务考核办法》（现行版，后期依据行业管理需求不断完善），考核内容分为日常检查、半年考核、年终考核和社会满意度评价四个部分，以考核当期执行的考核办法为依据。考核内容包括：路况服务水平、养护管理考核、收费运营考核、服务区管理考核、路网运行考核、交通标志与数据采集考核、社会满意度评价等，详见附件《×× 市高速公路设施维护与运营服务考核办法》”。

《绩效考核管理办法》第 4 条规定，“运营期考核以自然年度为一个考核周期。当年投入运行时间不足一年的，按当年综合得分计算”。

《绩效考核管理办法》第 5 条还明确，“绩效考核结果与补助金额支付挂钩。每年政府应支付可行性缺口补助金额的全额纳入考核基数。补助金额依据每运营年度综合考核结果对应付给项目公司补助金额进行核定。核定标准如下：年度综合考核结果得分 900 分（含）以上的，本年度可行性缺口补助全额支付；年度综合考核结果得分在 900 分以下的，本年度可行性缺口补助按照考核分数比例支付，如：得分为 820 分，则考核分数比例为（820/900）×100%=91%；得分为 560 分，则考核分数比例为（560/900）×100%=62%。年度综合考核结果得分在 600 分以下的，甲方有权要求项目公司在一个月内进行整改并达到考核标准，对于整改仍不达标的，甲方有权提前终止合同”。

以上明确了绩效考核的牵头主体、考核对象、考核内容、考核周期、考核与付费挂钩办法等具体的管理办法，具体细则在附件中已有，遵照执行即可。实务中，建议实施机构委托第三方咨询机构进行考核，建议律师全程参与。

具体绩效考核案例，推荐阅读《PPP 项目执行阶段操作指南：绩效考核实例》[①]。

要求成果清单

序号	要点内容（参考）
1	绩效考核方案和通知
2	授权委托书
3	绩效考核会议纪要和考核报告底稿
4	项目公司整改通知单和整改完成报告
5	正式绩效考核评价报告
6	其他相关文件等

① 崔德高：《PPP 项目执行阶段操作指南：绩效考核实例》，法律出版社 2018 年版。

关联政策及规定

本要点关联监管要点 38：确认是否按约及时进行绩效考核工作？

表 5-31 监管要点及政策依据

确认是否按约及时进行绩效考核工作	
财政部《关于推进政府和社会资本合作规范发展的实施意见》（财金〔2019〕10号）	规范的 PPP 项目应当符合以下条件……建立完全与项目产出绩效相挂钩的付费机制，不得通过降低考核标准等方式，提前锁定、固化政府支出责任……各级财政部门要将规范运作放在首位，严格按照要求实施规范的 PPP 项目，不得出现以下行为……社会资本方实际只承担项目建设、不承担项目运营责任，或政府支出事项与项目产出绩效脱钩的……应在限期内进行整改。无法整改或逾期整改不到位的，已入库项目应当予以清退，涉及增加地方政府隐性债务的，依法依规提请有关部门予以问责和妥善处置
财政部《关于规范政府和社会资本合作（PPP）综合信息平台项目库管理的通知》（财办金〔2017〕92号）	各级财政部门应认真落实相关法律法规及政策要求，对新申请纳入项目管理库的项目进行严格把关，优先支持存量项目，审慎开展政府付费类项目，确保入库项目质量。存在下列情形之一的项目，不得入库……未建立按效付费机制。包括通过政府付费或可行性缺口补助方式获得回报，但未建立与项目产出绩效相挂钩的付费机制的；政府付费或可行性缺口补助在项目合作期内未连续、平滑支付，导致某一时期内财政支出压力激增的；项目建设成本不参与绩效考核，或实际与绩效考核结果挂钩部分占比不足 30%，固化政府支出责任的
财政部《关于印发政府和社会资本合作模式操作指南（试行）的通知》（财金〔2014〕113号）	项目实施机构应根据项目合同约定，监督社会资本或项目公司履行合同义务，定期监测项目产出绩效指标，编制季报和年报，并报财政部门（政府和社会资本合作中心）备案。政府有支付义务的，项目实施机构应根据项目合同约定的产出说明，按照实际绩效直接或通知财政部门向社会资本或项目公司及时足额支付。设置超额收益分享机制的，社会资本或项目公司应根据项目合同约定向政府及时足额支付应享有的超额收益。项目实际绩效优于约定标准的，项目实施机构应执行项目合同约定的奖励条款，并可将其作为项目期满合同能否展期的依据；未达到约定标准的，项目实施机构应执行项目合同约定的惩处条款或救济措施

续表

财政部《政府和社会资本合作模式操作指南（修订稿）》（财办金〔2019〕94号）	政府付费和可行性缺口补助项目，政府承担的年度运营补贴支出应与项目产出绩效完全挂钩，项目实施机构根据项目公司（社会资本）年度绩效评价结果，按照项目合同约定及时支付；使用者付费项目，实施机构应根据项目合同的约定对项目公司的履约情况进行绩效评价。项目实际绩效优于约定标准的，项目实施机构应执行项目合同约定的奖励条款；未达到约定标准的，项目实施机构应执行项目合同约定的惩罚条款或救济措施。项目公司（社会资本）的实际履约情况可作为项目期满合同是否展起的考量因素。设置超额收益分享机制的，项目公司（社会资本）应根据项目合同约定向实施机构及时足额支付政府应享有的超额收益，或抵减相应额度的政府支出责任
交通运输部办公厅《关于印发〈收费公路政府和社会资本合作操作指南〉的通知》（交办财审〔2017〕173号）	交通运输主管部门或项目实施机构应根据收费公路PPP项目合同中的运营服务绩效标准和考核办法，定期对项目运营服务进行绩效评价，绩效评价结果应作为项目公司或社会资本方取得项目回报的依据
财政部《关于印发〈政府和社会资本合作（PPP）综合信息平台信息公开管理暂行办法〉的通知》（财金〔2017〕1号）	项目执行阶段应当公开的PPP项目信息包括：社会资本或项目公司的运营情况（特别是出现重大经营或财务风险，可能严重影响到社会资本或项目公司正常运营的情况）及运营绩效达标情况……项目公司绩效监测报告、中期评估报告、项目重大变更或终止情况、项目定价及历次调价情况

监管要点 90：确认乙方的经营性收益，并确认是否根据合同约定及时向乙方支付相应的可行性缺口补助？

合同依据与解析

本要点关联监管要点 39，绩效考核完成后，实施机构应根据绩效评价的结果，按照合同约定及时向项目公司安排付费，具体的程序和办法，应根据合同约定执行。能否及时按照合同履约付费是项目公司能够持续稳定提供公共服务的基本要件，因此，实施机构应予重要监管。

合同第 8.1（2）条约定，“投资回报方式是可行性缺口补助，乙方通过特许经营期内的车辆通行费收入、广告收益、服务设施经营收入（含加油站、服务区等）获取收益，在乙方不能达到合理收益的情形下由政府方给予合理的财政补贴”。

合同第 41 条约定，“本项目运营期间，乙方承担为运营维护本项目所支出的全部成本和费用，包括但不限于人工费、燃料动力费、修理费、财务费用、保险费、管理费、相关税费等。甲方不承担项目的运营维护费用”。

合同第 45 条约定，“特许经营期内项目公司通过特许经营期内的车辆通行费收入、服务设施经营收入（含加油站、服务区等）、广告经营收入等获取收益，甲方根据本协议给予可行性缺口补助”。

合同第 46 条约定，“46.1 车辆通行费收费标准。（1）本项目车辆通行费的收费标准按照批复的收费文件执行。（2）车辆通行费的收费标准按照国家和 ×× 市的规定进行调整，并履行规定程序。（3）本项目高速公路收费应当遵守国家和 ×× 市关于减免车辆通行费的规定。46.2 可行性缺口补助金额确定。本项目运营期内每年的可行性缺口补助金额为 4275 万元 / 年，按照附件 1《绩效考核管理办法》进行绩效支付。46.3 车流量。根据可行性研究报告，运营期各年预测车流量如表 5-32 所示：

表 5-32 经批复的可研报告运营期各年预测车流量

单位：pcu/d

	第 1 年	第 2 年	第 3 年	第 4 年	第 5 年	第 6 年	第 7 年	第 8 年	第 9 年
标准车通行量	32,249	36,967	41,686	46,405	48,081	49,757	51,434	53,110	54,786
	第 10 年	第 11 年	第 12 年	第 13 年	第 14 年	第 15 年	第 16 年	第 17 年	第 18 年
标准车通行量	56,616	58,629	60,642	62,654	64,667	66,680	68,693	70,706	72,719
	第 19 年	第 20 年	第 21 年	第 22 年	第 23 年	第 24 年	第 25 年		
标准车通行量	74,732	74,915	74,915	74,915	74,915	74,915	74,915		

本项目不设置最低保证车流量和超额车流量，乙方自行评估并承担车流量风险。46.4 可行性缺口补助金额的调整。在特许经营期内，年度可行性缺口补助费用基数原则上不作调整。在建设期内因政策要求撤销津冀省界主线收费站致使该部分建设投资减少，按照审定的实施方案测算减少年度可行性缺口补助金额，经核定后从每年可行性缺口补助中相应扣减”。

合同第 47 条还明确，“本项目如产生特殊项目收入，收入归项目公司所有”。

以上合同约定了项目公司收入和成本的计算原则，也明确了实施机构的付费计算办法，实施机构应遵照执行，并根据绩效考核的评价结果及时支付。

要求成果清单

序号	要点内容（参考）
1	绩效评价正式报告
2	项目公司可行性缺口补助申请报告
3	实施机构给财政部门申请付费的报告，并附实施机构批准意见
4	财政部门付费意见及支付情况文件
5	项目公司开具的等额增值税专用发票
6	政府付费台账
7	其他相关文件等

关联政策及规定

本要点关联第二章《政府方监管要点：政策部分》监管要点 39：确认是否按约履行、及时付费?

表 5-33 监管要点及政策依据

确认乙方的经营性收益，并确认是否根据合同约定及时向乙方支付相应的可行性缺口补助	
财政部《关于印发〈政府和社会资本合作项目财政管理暂行办法〉的通知》（财金〔2016〕92号）	各级财政部门应依据绩效评价结果合理安排财政预算资金。对于绩效评价达标的项目，财政部门应当按照合同约定，向项目公司或社会资本方及时足额安排相关支出。对于绩效评价不达标的项目，财政部门应当按照合同约定扣减相应费用或补贴支出
中共中央、国务院《关于完善产权保护制度依法保护产权的意见》（中发〔2016〕28号）	大力推进法治政府和政务诚信建设，地方各级政府及有关部门要严格兑现向社会及行政相对人依法作出的政策承诺，认真履行在招商引资、政府与社会资本合作等活动中与投资主体依法签订的各类合同，不得以政府换届、领导人员更替等理由违约毁约，因违约毁约侵犯合法权益的，要承担法律和经济责任。因国家利益、公共利益或者其他法定事由需要改变政府承诺和合同约定的，要严格依照法定权限和程序进行，并对企业和投资人因此而受到的财产损失依法予以补偿。对因政府违约等导致企业和公民财产权受到损害等情形，进一步完善赔偿、投诉和救济机制，畅通投诉和救济渠道。将政务履约和守诺服务纳入政府绩效评价体系，建立政务失信记录，建立健全政府失信责任追究制度及责任倒查机制，加大对政务失信行为惩戒力度
财政部《关于推进政府和社会资本合作规范发展的实施意见》（财金〔2019〕10号）	诚信履约。加强地方政府诚信建设，增强契约理念，充分体现平等合作原则，保障社会资本合法权益。依法依规将符合条件的PPP项目财政支出责任纳入预算管理，按照合同约定及时履约，增强社会资本长期投资信心……保障合理支出。符合条件的PPP项目形成的政府支出事项，以公众享受符合约定条件的公共服务为支付依据，是政府为公众享受公共服务提供运营补贴形成的经常性支出。各地要依法依规将规范的PPP项目财政支出纳入预算管理，重诺守约，稳定市场预期

续表

国务院《政府投资条例》（国务院令第 712 号）	财政部门应当根据经批准的预算，按照法律、行政法规和国库管理的有关规定，及时、足额办理政府投资资金拨付……政府投资项目所需资金应当按照国家有关规定确保落实到位。政府投资项目不得由施工单位垫资建设
国务院《优化营商环境条例》（国务院令第722号）	地方各级人民政府及其有关部门应当履行向市场主体依法作出的政策承诺以及依法订立的各类合同，不得以行政区划调整、政府换届、机构或者职能调整以及相关责任人更替等为由违约毁约。因国家利益、社会公共利益需要改变政策承诺、合同约定的，应当依照法定权限和程序进行，并依法对市场主体因此受到的损失予以补偿

监管要点 91：确认中期评估是否按约开展?

合同依据与解析

本要点和监管要点 40 关联，中期评估是 PPP 项目 10~30 年超长生命周期中进行适应性匹配调整的固定窗口期，通过这个中期评估动作，进行适应性的 PDCA 调整，使项目适应最新形势，实现推进条件更加客观，运行更加健康。

从项目角度出发，实施机构应根据政策，根据合同约定，及时、充分开展该项动作。因此，该项也是实施机构的监管要点之一。

合同第 40.1 条约定，“中期评估为每三年一次，从开始运营之日起算。中期评估由甲方发起，组织其他政府相关部门及有关专家组成评估小组，对乙方的运营维护进行评估。评估内容包括：确认本特许协议是否实现了其目标；评估乙方在特许经营期内的运营维护状况；与特许权有关的其他需评估事项。

评估小组在评估结束后 15 日内，向甲方提交评估报告。评估报告内容包括：评估结果、运营维护建议、修改特许经营协议的建议。甲方有权决定是否采纳评估小组所提出的建议。如评估小组提出的项目协议修改建议被采纳，协议双方应在甲方的主导下对本协议进行修改，修改的协议条款在随后的特许期内对双方都具有约束力。如评估小组所提出的修改本协议建议未被采纳，则该建议无法律效力”。

根据合同约定，中期评估由实施机构发起，并组织相应的评估小组开展具体的工作。该项工作建议委托第三方咨询机构落实，由于存在补充协议的可能，建议评估小组中应安排律师加入。

要求成果清单

序号	要点内容（参考）
1	中期评估方案
2	中期评估开展记录：会议纪要、检查底稿、评估报告和方案
3	正式评估报告及方案，《PPP 项目合同补充协议》（或有）
4	《PPP 项目合同补充协议》的政府批准文件（或有）
5	双方签订的《PPP 项目合同补充协议》及乙方的正式整改完成报告
6	其他相关文件等

关联政策及规定

本要点关联第二章《政府方监管要点：政策部分》监管要点 40：确认是否及时进行中期评估工作？

表 5-34 监管要点及政策依据

确认中期评估是否按约开展	
财政部《关于印发政府和社会资本合作模式操作指南（试行）的通知》（财金〔2014〕113 号）	项目实施机构应每 3~5 年对项目进行中期评估，重点分析项目运行状况和项目合同的合规性、适应性和合理性；及时评估已发现问题的风险，制订应对措施，并报财政部门（政府和社会资本合作中心）备案

续表

财政部《政府和社会资本合作模式操作指南（修订稿）》（财办金〔2019〕94 号）	项目实施机构应每 3~5 年对项目进行中期评估，重点分析项目运行状况，验证物有所值实现情况，按效付费执行情况以及项目合同的适应性和合理性，及时评估已发现问题的风险，制定应对措施，并报行业主管部门、财政部门备案
财政部《关于征求〈政府和社会资本合作物有所值评价指引（修订版征求意见稿）〉意见的函》（财办金〔2016〕118 号）	中期物有所值评价在项目开始运营后 3 年到 5 年内开展，考察物有所值实现程度，作为项目中期评估的组成部分。2016 年 1 月 1 日之后发起的 PPP 项目均应开展中期物有所值评价。中期物有所值评价可以不包括定性评价
国家发展改革委《关于印发〈传统基础设施领域实施政府和社会资本合作项目工作导则〉的通知》（发改投资〔2016〕2231 号）	……项目实施机构应会同行业主管部门，自行组织或委托第三方专业机构对项目进行中期评估，及时发现存在的问题，制订应对措施，推动项目绩效目标顺利完成
交通运输部办公厅《关于印发〈收费公路政府和社会资本合作操作指南〉的通知》（交办财审〔2017〕173 号）	交通运输主管部门或项目实施机构应每 3~5 年对项目进行中期评估，重点分析项目运行状况和项目合同的合规性、适应性和合理性；及时评估已发现问题的风险，制订应对措施，并报交通运输主管部门或者本级人民政府备案

知识点延伸 《PPP 项目健康全生命周期的调整窗口——中期评估研究》

PPP 模式自 2014 年推行以来，截至 2020 年 2 月已经累计成交 10,925 个项目，累计成交规模 16.5 万亿元，[①] 一部分先行项目已经执行 5 年，部分项目更是进入了运营期。但是在此 5 年期间，国家出台了众多政策，逐步从一开始的粗放推行到循序渐进地精细化、精准化，再加上 5 年期间不少原来采购时没有考虑到的情形不断发生，各种因素叠加，导致部分项目举步维艰，不能健康、高效地推进，项目初步论证时的物有所值 VFM 显然不能持续，该种情形下，一线人员

① 数据来源：明树数据。

比较迷茫：进，按照合同约定，必亏无疑；退，按照合同约定，退无可退。但苦于并无权威良方求解，以致逐渐形成了僵持的局面，该等局面对于项目各方而言，都是强烈不利因素，必须快速化解。

对此，目前通行的做法是"再谈判"。财政部在《关于规范政府和社会资本合作合同管理工作的通知》（财金〔2014〕156号）中明确，PPP项目合同应"兼顾灵活"原则，"鉴于PPP项目的生命周期通常较长，在合同订立时既要充分考虑项目全生命周期内的实际需求，保证合同内容的完整性和相对稳定性，也要合理设置一些关于期限变更（展期和提前终止）、内容变更（产出标准调整、价格调整等）、主体变更（合同转让）的灵活调整机制，为未来可能长达20~30年的合同执行期预留调整和变更空间"，因此，不少合同已经预留了再谈判的触发和执行机制，这对项目的健康推进起到了积极的作用。

但是部分项目合同没有考虑得特别细致，该类合同发生意外情形又该如何处理呢？事实上，除了再谈判以外，国家在制定PPP政策的时候，还预留了固定的调整窗口来应对该种情形，即"中期评估"。中期评估就是固定的，对PPP项目执行情况进行审查、确认是否与计划匹配，是否与现状匹配的一个过程调整动作，类似于项目管理中的PDCA过程，事先计划（plan），然后执行（do），执行过程中进行检查（check），根据检查结果进行纠偏后再执行（action），以此形成良性管理循环，中期评估就是"检查"（check）这个动作。

中期评估有别于年度绩效考核。我们知道，完整的绩效考核体系包括年度绩效考核、中期评估和项目后评价①，年度绩效考核是依据PPP项目绩效考核细则，针对项目年度工作表现和结果所作出的考评，衡量单位为年，属于微观考核，以此作为实施机构付费的依据和项目公司未来一年纠偏的依据；中期评估则是对PPP项目合同的适用性、PPP项目预期目标达成情况（是否VFM）所作出的全方位评估，衡量单位为3~5年，属于偏宏观的考评，其评估重点不同、评估范围也远超年度绩效考核；项目后评价则是项目全生命周期结束后，根据结果对原方案和目标的客观回顾和总结，属于宏观评价。示例如图5-4所示：

① 崔德高：《PPP项目执行阶段操作指南：绩效考核实例》，法律出版社2018年版。

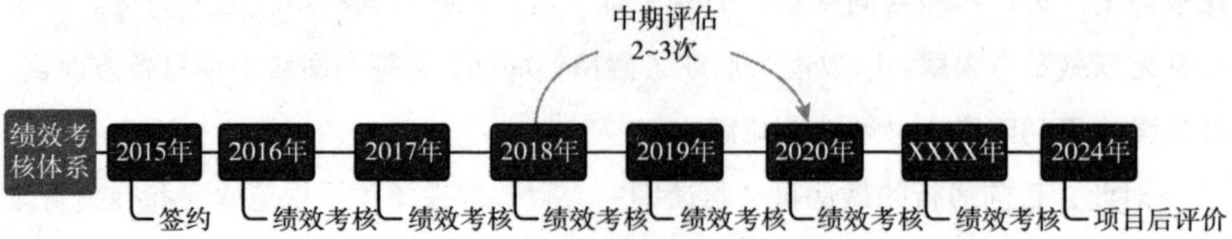

图 5-3　绩效考核体系

如何实施中期评估？对此，相关政策已做了原则性规定。2014 年 11 月 29 日财政部发布的《关于印发政府和社会资本合作模式操作指南（试行）的通知》（财金〔2014〕113 号）[①] 第 29 条规定，“项目实施机构应每 3~5 年对项目进行中期评估，**重点分析项目运行状况和项目合同的合规性、适应性和合理性；及时评估已发现问题的风险，制订应对措施，并报财政部门（政府和社会资本合作中心）备案”。《关于印发〈政府和社会资本合作项目财政管理暂行办法〉的通知》（财金〔2016〕92 号）**第 25 条再次要求，“……**开展中期绩效评估，最终促进实现项目绩效目标。监控中发现绩效运行与原定绩效目标偏离时，应及时采取措施予以纠正”。**

2016 年 10 月 24 日，财政部还发布了《关于征求〈政府和社会资本合作物有所值评价指引（修订版征求意见稿）〉意见的函》（财办金〔2016〕118 号），指引第 7 条规定，**“中期物有所值评价在项目开始运营后 3 年到 5 年内开展，考察物有所值实现程度，作为项目中期评估的组成部分。2016 年 1 月 1 日之后发起的 PPP 项目均应开展中期物有所值评价。中期物有所值评价可以不包括定性评价”。**

国家发展改革委对中期评估也有明确规定，《关于印发〈传统基础设施领域实施政府和社会资本合作项目工作导则〉的通知》（**发改投资〔2016〕2231 号**）第 19 条规定，**“……项目实施机构应会同行业主管部门，自行组织或委托第三方专业机构对项目进行中期评估，及时发现存在的问题，制订应对措施，推动项目绩效目标顺利完成”。**

① 财金〔2014〕113 号文已经作废。

综上所述，中期评估的内容至少应包括《PPP 项目合同》内容的实现性和适用性、《物有所值分析》实现程度、《绩效考核办法和细则》的实现程度等。简单而言，中期评估就是通过对《PPP 项目合同》执行的现状进行一个系统梳理，来对 PPP 项目的预期目标进行一个评判，如果原定目标已有偏差，实施机构应对此作出修正措施，并报主管部门、财政部门备案，当涉及原合同内容的变化时，则需要报政府批准后方可实施。如果通过中期评估确认，该项目已经失去了继续推进的意义时，则可以考虑项目终止。

对此，2019 年 11 月 1 日，财政部办公厅发布的《关于征求〈政府和社会资本合作模式操作指南（修订稿）〉意见的函》（财办金〔2019〕94 号）附件《政府和社会资本合作模式操作指南（修订稿）》第 31 条作出肯定，**"项目实施机构应每 3~5 年对项目进行中期评估，重点分析项目运行状况，验证物有所值实现情况，按效付费执行情况以及项目合同的适应性和合理性，及时评估已发现问题的风险，制定应对措施，并报行业主管部门、财政部门备案"**。

当应对措施涉及对原合同内容的修正或调整时，根据本指南第 30 条第 1 款规定，"合同条款原则上不得变更。因重大情势变更确需调整的，或者涉及非实质性条款的调整、补充或完善的，**项目实施机构、项目公司（社会资本）应协商一致，按照项目合同约定的条件和程序进行修订，报政府审核同意后执行**"。

那么应如何具体开展中期评估工作呢？政策中暂时还没有细则进行指导，但鉴于项目的迫切需求和客观执行的需要，笔者建议如下执行程序：

根据政策规定，中期评估应由实施机构负责落实，可以由实施机构自行实施，可以由实施机构会同行业主管部门实施，也可以由实施机构委托第三方实施。我们建议由实施机构委托第三方进行中期评估，还建议由原 PPP 咨询机构进行评估，但在该项工作进行过程中，应加入律师和行业专家，原因如下：

1. 原 PPP 咨询机构对于 PPP 项目的实施方案、物有所值分析报告、财政承受能力论证最为熟悉，对于现下 PPP 项目的实现程度有明确思考和比较，实施效率最高。

2. 中期评估的过程，也是对咨询机构前期咨询成果的验证过程。根据财政部《关于推进政府和社会资本合作规范发展的实施意见》（财金〔2019〕10 号）第 4 条第 7 款规定，“咨询机构和专家要发挥专业作用，遵守职业操守，依法合规提供 PPP 项目咨询服务。对于包装不规范 PPP 项目增加隐性债务风险、出具咨询意见违反相关政策规定、收费标准偏离市场合理水平、对 PPP 项目实施造成消极影响和严重后果的咨询机构和专家，要按照规定严肃追究责任”，此时咨询机构若验证原方案对项目产生不可避免后果的，更有动力亡羊补牢，为项目的健康推进提供更佳解决方案，否则将承担相应后果。

3. 由于中期评估是对合同、方案、论证和现状的开放性思考，不可避免会识别出跨行业问题，对于措施和方案的提出应十分严谨，否则可能会导致无法实施或不合规的严重后果，因此建议律师和行业专家加入。

因此建议，实施机构继续委托原 PPP 咨询机构开展中期评估工作，评估小组中的律师和行业专家可以从专家库中选取，也可以外部委托，实施机构派员全程参与并监督各项工作的开展，比较妥当。

评估小组组建完成后，实施机构应及时书面通知被评估项目公司，要求项目公司给予充分和必要的支持。

1. 实施机构书面通知项目公司开展中期评估工作，并附评估单位的授权文件。

2. 授权评估单位编制中期评估计划、中期评估方案，经实施机构审核批准后，书面发送至项目公司，要求项目公司按照评估计划和评估方案做好准备工作。

3. 实施机构、授权评估单位、项目公司按照评估计划安排，逐一落实评估工作，形成初步评估成果。

4. 进一步论证形成最终“中期评估报告”，报政府批准后，抄送行业主管部门、财政部门备案。

5. 实施机构、项目公司，按照政府批准的“中期评估报告”作出纠偏、整改工作，并妥善记录、存档在案。

6. 中期评估工作关闭。

中期评估的内容是关键要点，不能有偏差或遗漏，否则不能实现中期评估的核心目的。根据中期评估的本质目标，以及现行政策规定，中期评估的内容至少应包括：

1.《PPP 项目合同》的评估，这是对项目合同内容的合规性、适应性和合理性的评估。不可否认，部分 PPP 项目合同在签订的时候，约定的内容不符合政策要求，甚至突破了部分强制性规定，那么在中期评估过程中，我们要加以甄别，并予以修正，这是合规性。随着社会环境的变化，部分条款不能适应项目的实际需要，如 2014 年的计价标准已经远远低于 2020 年的市场环境，这是适应性。部分合同的风险分担约定由项目公司承担所有风险（包括政策风险），显然突破了风险承担原则，也不合理，必须作出修正，这是合理性。在此过程中，各方应注意“法不溯及既往”的基本司法原则，不能用合同签订后的政策去强制要求调整当时的商务条件，这是对相对方核心利益的侵犯，不受法律保护，因此要特别注意。这是 PPP 项目健康持续的根本依据，因此是中期评估的核心内容之一。

2.《物有所值分析》的评估，这是中间性考察物有所值的实现程度。PPP 项目实施的前提条件就是 VFM，实施过程中有没有走样？通过中期评估进行检验论证，如果没有偏差，则继续实施；如果不再 VFM，则要识别原因，并对症下药，以保证公共利益的持续实现，其评估重点是定量物有所值分析。这是 PPP 项目实施的前提条件，因此是中期评估的核心内容之二！

3. 绩效考核执行情况的评估，重点内容就是“按效付费执行情况”，该项评估应包含《财政承受能力论证》的评估。该部分应包括四点，一是财政承受能力论证中政府方支出责任金额的梳理；二是《PPP 项目合同》中绩效考核的约定；三是年度绩效考核的结果与应用，即付费的最终金额；四是付费金额变化是否合理，验证是否满足合同的约定，并确定该过程无违规情形发生。该项动作就是考察执行与实施的情况，若有偏差，同样需要修正。

4.PPP 项目运行状况的评估，这是及时发现存在的问题，制订应对措施的需要。中期评估的目的就是通过各种方式让 PPP 项目良性运转，持续提供公共服务，提高社会运行效率，所以项目运行状况就是必须的评估内容之一了。PPP 项目运行状况良好与否，其核心在于项目公司的运营管理，因此，应从项目公司的经营管理着手，结合《PPP 项目合同》进行横向、综合的评判。

以上内容仅仅是基础的、必须的核心内容，应该还包括年度绩效考核中发现问题的纠偏措施和完成情况等，总而言之，要抓住关键核心，适当延伸，确保评估内容无遗漏，才能实现预期的评估目标。

中期评估的正式报告，内容应包括：中期评估的结论性意见；发现的问题、分析的原因、处理的建议及依据，以及对实施机构、项目公司的下一步工作建议。当正式评估报告提交政府审核后，还应获得最终政府的批准结论。

以上报告与批复作为实施机构和项目公司的纠偏动作依据，同时也是未来行政审计的重要依据，因此非常重要，不能缺失。

纠偏动作可以概括分为三类，第一类是常规管理或技术的纠偏，在项目公司层面可以完成，实施机构予以监督即可，也可以授权评估机构进行监督，直至关闭；第二类是需要实施机构和项目公司共同需要完成，比如双方对部分非涉及原合同核心条件的条款进行完善、补充或量化的，如对跟踪审计的约定、对认质认价的约定、对绩效考核细则的约定、对中期评估的约定、对调价的约定等，在双方形成一致意见，形成补充协议的文本后，还应获得政府的批准，之后签订《PPP 项目合同补充协议》进行关闭；第三类则是双方无法形成共识，或项目明显已经不再物有所值，不值得再实施下去的情形，则是双方须按照《PPP 项目合同》约定的程序进行终止或其他处理。

因此，评估报告对项目的推进具有至关重要的作用，必须严肃、认真对待，不能形式主义，草草了事。

中期评估是一项行之有效的工具，用之得当，则可以使项目健康安然前行；用之不当，则劳民伤财，因此，建议实施机构应审慎对待，认真建立中期评估制度，将规则事先设定好，做好详细、清晰的筹划，然后稳稳地执行，客观地纠偏，并将历次记录妥善保存，作为下次考评的依据，相信会有静水潜流的作用。

中期评估是 PPP 项目客观前行的必要窗口，也是实施机构和项目公司就着一个共同目标一起战斗的桥梁，更是调整项目各方预期目标的工具，因此，项目各方应妥善应用该窗口期，积极、稳妥的落实相关工作。我们也期望国家能够尽快出台相关细则指引，以满足进行中 PPP 项目的健康需求。

监管要点 92：确认是否存在触发临时接管的情形？

合同依据与解析

本要点关联监管要点 41，项目实施过程中，有可能会发生项目公司不能完全履行、按约执行的情形，也可能会发生不能持续稳定提供公共服务，影响公众利益和公共服务的情况，当该种情况可能发生时，实施机构应根据政策规定和合同约定及时出手，临时接管，以保证项目目的不偏差。因此，该项属于或有监管要点，但若万一发生，则必然是非常严重的情形，实施机构应予重视，熟知合同约定的程序和办法，为该种可能的情形做好应急预案。

合同第 40.2 条约定，“40.2.1 特许期内，如乙方出现以下违约行为，甲方有权决定实施临时接管：（1）**擅自转让、出租特许经营权、委托经营的；（2）擅自将所经营的财产进行处置或抵押的；（3）因管理不善、发生重大质量、安全事故，及环保、卫生事件的；（4）擅自停业、歇业，严重影响到社会公共利益和安全的；（5）法律、法规禁止的其他行为。**甲方有权制定临时接管预案，当乙方出现上述违约行为时，甲方有权依据临时接管方案决定对项目进行临时接管。甲方决定对项目进行临时接管的，乙方应当无条件予以配合。

40.2.2 甲方决定实施临时接管后，应书面通知乙方，并告知其有申诉的权利。乙方应于接到书面通知之日起 5 日内申诉，甲方应于 20 日内组织复核。

甲方应根据复核情况，决定是否进行临时接管。如乙方于接到书面通知后 5 日内，没有申诉的，则甲方可以自行决定临时接管。

40.2.3 甲方临时接管项目设施，须同时指定第三方临时提供本协议项下的运营服务，临时接管期间发生的运营维护成本、费用等均由乙方承担，乙方并应向甲方支付接管费用。

40.2.4 导致临时接管的违约行为后，经乙方纠正，并经乙方书面申请，甲方应当终止临时接管，恢复乙方的特许经营权。

40.2.5 如单次临时接管持续不间断超过六十日，甲方有权提前终止本协议，收回乙方的特许经营权”。

具体的触发条件和处理办法与程序，按照以上合同约定执行即可。

实务中，实施机构可以通过日常监管以及社会监督来实现，同时辅以第三方咨询机构协助（律师、会计师事务所、审计单位等）。

要求成果清单

序号	要点内容（参考）
1	临时接管应急预案
2	临时接管通知及相关证明文件、接管方案（附政府批准文件）
3	项目公司整改完成报告及其附件
4	临时接管费用清算报告及其批复
5	其他相关文件等

关联政策及规定

本要点关联监管要点 41：确认是否存在中断或临时终止服务的情形，是否按约执行?

表 5-35　监管要点及政策依据

确认是否存在触发临时接管的情形	
财政部《关于印发政府和社会资本合作模式操作指南（试行）的通知》（财金〔2014〕113 号）	社会资本或项目公司违反项目合同约定，威胁公共产品和服务持续稳定安全供给，或危及国家安全和重大公共利益的，政府有权临时接管项目，直至启动项目提前终止程序。政府可指定合格机构实施临时接管。临时接管项目所产生的一切费用，将根据项目合同约定，由违约方单独承担或由各责任方分担。社会资本或项目公司应承担的临时接管费用，可以从其应获终止补偿中扣减
财政部《政府和社会资本合作模式操作指南（修订稿）》（财办金〔2019〕94 号）	有下列情形之一的，可以提前终止项目合同：（一）出现项目合同约定的提前终止合作情形；（二）因不可抗力导致项目合同无法继续履行；（三）因政府、项目公司（社会资本）严重违约，危害公共利益；（四）项目财产依法被征收；（五）法律、行政法规规定的其他情形。项目合同提前终止的，除前款第三项项目公司（社会资本）严重违约情形外，应当按照国家有关规定或合同约定，给予项目公司（社会资本）合理补偿。项目合同提前终止的，政府应当采取有效措施，保证相关公共服务的正常提供
财政部《关于印发〈政府和社会资本合作项目财政管理暂行办法〉的通知》（财金〔2016〕92 号）	社会资本方违反 PPP 项目合同约定，导致项目运行状况恶化，危及国家安全和重大公共利益，或严重影响公共产品和服务持续稳定供给的，本级人民政府有权指定项目实施机构或其他机构临时接管项目，直至项目恢复正常经营或提前终止。临时接管项目所产生的一切费用，根据合作协议约定，由违约方单独承担或由各责任方分担
国家发展改革委《关于印发〈传统基础设施领域实施政府和社会资本合作项目工作导则〉的通知》（发改投资〔2016〕2231 号）	在 PPP 项目合作期限内，如出现重大违约或者不可抗力导致项目运营持续恶化，危及公共安全或重大公共利益时，政府要及时采取应对措施，必要时可指定项目实施机构等临时接管项目，切实保障公共安全和重大公共利益，直至项目恢复正常运营。不能恢复正常运营的，要提前终止，并按 PPP 合同约定妥善做好后续工作

续表

财政部《关于印发〈政府和社会资本合作（PPP）综合信息平台信息公开管理暂行办法〉的通知》（财金〔2017〕1号）	项目执行阶段应当公开的PPP项目信息包括，重大违约及履约担保的提取情况，对公众投诉的处理情况等……本级政府或其职能部门作出的对项目可能产生重大影响的规定、决定等……项目或项目直接相关方（主要是PPP项目合同的签约各方）重大纠纷、诉讼或仲裁事项，但根据相关司法程序要求不得公开的除外

监管要点93：确认项目信息是否及时披露？

合同依据与解析

本要点关联监管要点44，信息披露是PPP项目的刚性要求，没有打擦边球的空间，实施机构、项目公司应根据财政部《关于印发〈政府和社会资本合作（PPP）综合信息平台信息公开管理暂行办法〉的通知》（财金〔2017〕1号）的详细要求，及时、充分披露相关信息，除此之外，还应根据合同的约定，满足××市关于信息披露的相关要求。

所以，该项属于实施机构的重要监管要点之一，应予重视。

合同第66条规定，“本项目信息披露应遵守国家和××市关于信息披露的相关规定”。

合同仅作原则约定，具体执行，按照政策规定执行即可。实施机构可以自行监管，定期检查，也可以委托第三方咨询机构协助完成。另外，当地财政主管部门也会定期或不定期检查，实施机构应予重视。

要求成果清单

序号	要点内容（参考）
1	财政部PPP项目管理库信息公示定期、不定期检查报告
2	财政部PPP项目管理库信息公示记录
3	其他相关文件等

关联政策及规定

本要点关联第二章《政府方监管要点：政策部分》监管要点44：确认PPP项目信息是否按照规定及时公开？

表5-36 监管要点及政策依据

确认项目信息是否及时披露	
交通运输部《关于深化交通运输基础设施投融资改革的指导意见》（交财审发〔2015〕67号）	推进信息公开。除涉密信息外，适时向社会公开交通基础设施建设项目和投融资政策信息，特别是推行政府和社会资本合作模式项目的工作流程、评审标准、实施情况等相关信息。引导各级交通运输部门扩大部门预决算公开范围，细化部门预决算公开内容，逐步将部门预决算公开到基本支出和项目支出，自觉接受社会监督
财政部《关于规范政府和社会资本合作（PPP）综合信息平台运行的通知》（财金〔2015〕166号）附件《政府和社会资本合作（PPP）综合信息平台运行规程》	“所有PPP项目必须列入项目库。省、市、县级财政部门应与相关部门密切沟通，保证符合条件的项目及时、准确、规范、完整列入项目库”，“中央、省、市、县级财政部门、行业主管部门、实施机构、社会资本、咨询服务机构、金融机构、专家、公众等用户，可通过互联网在线访问、查询公开信息”
财政部《关于印发〈政府和社会资本合作项目财政管理暂行办法〉的通知》（财金〔2016〕92号）	各级财政部门应依托PPP综合信息平台，建立PPP项目库，做好PPP项目全生命周期信息公开工作，保障公众知情权，接受社会监督。项目准备、采购和建设阶段信息公开内容包括PPP项目的基础信息和项目采购信息，采购文件，采购成交结果，不涉及国家秘密、商业秘密的项目合同文本，开工及竣工投运日期，政府移交日期等。项目运营阶段信息公开内容包括PPP项目的成本监测和绩效评价结果等。财政部门信息公开内容包括本级PPP项目目录、本级人大批准的政府对PPP项目的财政预算、执行及决算情况等

续表

国家发展改革委《关于印发〈传统基础设施领域实施政府和社会资本合作项目工作导则〉的通知》（发改投资〔2016〕2231号）	各地要建立PPP项目信息公开机制，依法及时、充分披露PPP项目基本信息、招标投标、采购文件、项目合同、工程进展、运营绩效等，切实保障公众知情权。涉及国家秘密的有关内容不得公开；涉及商业秘密的有关内容经申请可以不公开。建立社会监督机制，鼓励公众对PPP项目实施情况进行监督，切实维护公共利益
财政部《关于规范政府和社会资本合作（PPP）综合信息平台项目库管理的通知》（财办金〔2017〕92号）	未按规定进行信息公开。包括违反国家有关法律法规，所公开信息与党的路线方针政策不一致或涉及国家秘密、商业秘密、个人隐私和知识产权，可能危及国家安全、公共安全、经济安全和社会稳定或损害公民、法人或其他组织合法权益的；未准确完整填写项目信息，入库之日起一年内未更新任何信息，或未及时充分披露项目实施方案、物有所值评价、财政承受能力论证、政府采购等关键信息的，应予以清退
财政部《关于印发〈政府和社会资本合作（PPP）综合信息平台信息公开管理暂行办法〉的通知》（财金〔2017〕1号）	政府有关部门、项目实施机构、社会资本或PPP项目公司等PPP项目信息提供方应当对其所提供信息的真实性、完整性、准确性、及时性负责。一经发现所提供信息不真实、不完整、不准确、不及时的，PPP项目信息提供方应主动及时予以修正、补充或采取其他有效补救措施。如经财政部门或利益相关方提供相关材料证实PPP项目信息提供方未按照规定提供信息或存在其他不当情形的，财政部门可以责令其限期改正；无正当理由拒不改正的，财政部门可将该项目从项目库中清退。被清退的项目自清退之日起一年内不得重新纳入PPP综合信息平台
交通运输部办公厅《关于印发〈收费公路政府和社会资本合作操作指南〉的通知》（交办财审〔2017〕173号）	交通运输主管部门或项目实施机构、项目公司应依照《收费公路管理条例》的要求，公开披露项目相关信息，保障公众知情权，接受社会监督

续表

财政部《关于推进政府和社会资本合作规范发展的实施意见》（财金〔2019〕10号）	规范的PPP项目应当符合以下条件……按规定纳入全国PPP综合信息平台项目库，及时充分披露项目信息，主动接受社会监督。不得出现“未按规定及时充分披露项目信息或披露虚假项目信息，严重影响行使公众知情权和社会监督权的”行为，否则，“应在限期内进行整改。无法整改或逾期整改不到位的，已入库项目应当予以清退”
国务院《政府投资条例》（国务院令第712号）	项目单位应当通过在线平台如实报送政府投资项目开工建设、建设进度、竣工的基本信息

监管要点94：确认最终项目移交标准是否清晰？是否按约执行？

合同依据与解析

本要点关联监管要点45，PPP项目合作期满后，按照合同约定，最终须完整地、无偿地、清晰地移交给政府方，这是项目公司资产的整体一次性移交，实施机构应予重点监管，严格按照合同约定执行。

合同第8.1（3）条约定，“特许经营起满后双方按照约定的标准对项目进行验收，经验收符合移交标准后，由乙方将设施完好、无偿地移交给政府方”。

合同第15.3.3条约定，“项目期满移交时，乙方须解除和清偿完毕其设置的所有债务、抵押、质押、留置、担保物权”。

合同第42条对移交前的过渡期双方应如何做好各项准备进行了明确的约定，“42.1.1特许经营期结束前12个月，甲方和乙方应成立移交工作小组，负责有关移交事项的商定。移交工作小组应由5名甲方代表和4名乙方代表参加。移交工作小组应定期会谈，必要时经双方同意可随时会谈，以便于商定项目设施移交的详尽程序及如何保持本项目的所有设备、设施在本项目移交时，均处于可正常运营状态等，以及向公众公布移交的方式。

42.1.2移交工作小组应在移交之前的第六个月开会就项目设施移交事宜

进行交谈，确定移交的实施步骤与方法。

42.1.3 在特许经营期内，由乙方责任产生的债务、人员安置及股权变更等其他经济、法律责任应由其自身承担。特许经营期届满，如乙方仍存在特许经营期内形成的债务等问题，乙方应负责继续清偿或解决，并应按时、无条件地将本协议规定的移交内容完成移交工作，并且不得向甲方索取任何补偿；同时，项目场地在移交时应不存在任何环境问题或环境遗留问题的潜在因素。此项义务由乙方独家履行，且此义务是不可撤消的。

42.1.4 乙方应保证本项目所有设施、设备、工具、器材及车辆在移交时均处于可正常运营的状态。

42.1.5 本项目特许经营期结束前至少六个月，乙方应免费培训甲方指定的人员，并做好本项目移交的一切准备工作，以保证本项目移交后能正常运营。

42.1.6 本项目应于特许经营期届满之时完成移交工作。特许经营期满后，乙方不再承担本项目的任何养护管理费用。

42.2 移交自查。在移交日期之前不早于十二个月，乙方应按照本协议约定的移交标准对本项目进行自查，对不符合移交标准之处进行修复，保证项目移交时符合移交标准”。

合同第 43 条对项目的最终移交程序和办法进行了详细的明确，43.1 移交内容，本项目移交应包括以下内容：（1）特许经营项目范围内的土地、房屋及所有设施（包括设备、工具、材料、备件、生产车辆及其他设施）的占有权和使用权；（2）本项目运营和维护有关的手册、制度、财务账目和凭证等项目文件资料；（3）本项目特许经营期内所产生的与本项目有关的知识产权、记录、档案、技术资料等。

43.2 移交程序。本项目的移交依照以下程序进行：（1）本项目的正式移交日期即项目特许经营期届满之日。乙方至少应在项目特许经营期届满前六个月提交所移交项目的移交清单；（2）乙方至少在移交前两个月内向甲方告知乙方移交代表的姓名及其他与移交有关的事项；（3）甲方应在收到乙方通知后三个工作日内以书面形式确认乙方的通知，并将甲方及有关部门参加移交代表的姓名通知乙方；（4）甲方应在正式移交日期前五个工作日内完成有关本项目移交内容的清点和复核工作，并与乙方签署《预移交备忘录》；（5）在移交之日，甲方和乙方应正式签署移交备忘录，同时甲方的管理人员正式接管本项目的运营和维护工作；（6）乙方于特许经营期届满之日起不再承担任何养护维修责任及费用。正式移交备忘录的签署，意味着乙方所拥有的本协议授予的项目特许权的结束和终止。涉及本项目设施的任何移交，双方须签署移交备忘录，以示移交完毕。在正式签署移交备忘录之日起六个月内，甲方可检查本项目的设施、设备是否有任何超出移交文件所描述范围的缺陷或损坏。乙方在证实甲方提出的书面索赔要求正确无误后，应根据该要求修理或更换有缺陷或损坏的设施、设备，并对甲方进行补偿。

43.3 移交验收。43.3.1 在移交日期之前，甲方和乙方共同对本项目进行移交验收，甲方可以委派专业人员或第三方机构，与甲方共同进行验收。移交时，根据当时执行的高速公路技术状况评定标准，对路况进行检测，以技术状况评定为良好水平以上作为津石高速公路 ×× 西段 PPP 项目二十五年后移交标准，项目设施应处于良好状态，满足使用需求。达到以上标准则通过移交验收。如果参数不能达到上述要求，乙方应修正本项目的任何缺陷，并重新进行验收。如果乙方不能自前次验收日起三十日内修正任何上述缺陷，甲方可以自行修正，由乙方承担风险和费用。特许经营期届满时，如甲方要求乙方提高项目的移交标准，乙方因此增加的相关成本，应由甲方予以补偿。43.3.2 本项目移交后，乙方应保证不得因乙方的债务、人员安置和股权等其他经济、法律责任而使甲方遭受任何其他方的追索，甲方不承担因此而引起的任何责任。

43.4 保险的转让。在移交时，乙方应将所有承包商和供应商提供的、尚未期满的担保及保证无偿转让给甲方或其指定机构，并且将所有保险单、暂保单和保险单批单转让给甲方或其指定机构。

43.5 无形资产的移交。在移交日期，乙方应将甲方或其指定或委托机构届时使用的、运营和维护本项目所需要的所有技术和技术诀窍，无偿移交给甲方或其指定或委托机构。除非乙方因上述权益向技术许可方支付了特许经营期外的使用费用。

43.6 有效协议的移交。乙方应解除其签订的、在移交日期之后仍有效的运营维护合同、设备合同、供货合同和所有其他合同，甲方对于解除上述合同所发生的任何费用不负责任，同时乙方应保证甲方不为此受到损害。否则，乙方应对甲方因此受到的损害予以补偿。对于向甲方移交和转让本项目及有关的承包商的保证、技术和供应协议，甲方无须向乙方支付任何补偿或收购费用，协议双方另有约定的除外。

43.7 人员的续用与解聘。特许经营期结束的六个月之前，乙方应向甲方提交一份当时乙方的雇员名单，包括每个雇员的资格、职位和收入等细节。乙方应允许甲方在合理情况下进入本项目，与这些人员进行面谈和面试。项目移交后，由甲方或接任乙方的经营者决定继续聘用或解聘。乙方应妥善地安置好公司原来的所有员工，甲方决定继续聘用部分员工，不代表乙方的责任转移。被解聘员工，甲方和接任乙方的经营者不负责安置。

43.8 无关物品的搬移。除非双方另有协议，乙方应于移交日期之后 30 日内，自费从场地移走非乙方所属的全部物品。移走的物品仅限于乙方雇员的个人用品以及与本项目的运营和维护无关的物品，不包括移交清单所列的本项目设备、工具、备品备件、设计图纸、技术资料和其他本项目营运和维护的必需物品。如果乙方在上述时间内没有移走这些物品，甲方在通知乙方之后，可以移走并将物品转运至适当的地点以便安全保管，保管期最长为 90 日。乙方应承担搬移、运输和保管的合理费用和风险。保管期满仍未移走的，视为该物品为无用物品任凭甲方处理。乙方应承担移交日期前本项目的全部或部分损失或损坏的风险，除非损失或损坏是由甲方的违约或不可抗力所致。

43.9 移交费用和支出。乙方和甲方应负责各自的因移交和转让发生的费用和支出。甲方应自费获得所有的批准或使之生效，并采取其他可能的为移交和转让所必需的行动，并且应支付与移交和转让有关的所有印花税、税收、收费和其他类似费用。如果乙方未按协议规定的范围和内容进行移交，致使甲方为此发生支出或造成损失，甲方有权向乙方要求补偿该项支出或损失。

自移交日期开始，乙方在本协议项下的权利和义务即应终止，本协议另有规定的除外。甲方或其指定机构应承接乙方的运营和维护，以及本协议明示或默示的、因本协议产生的、于协议终止后仍然有效的任何其他权利和义务。

43.10 再次授予特许权的优先权。如甲方计划在本协议规定的特许经营期结束后，再次将本项目的特许经营权授予新的经营者，在同等条件下乙方或其任一股东有优先权。若甲方在移交日之前决定了由乙方再次获得特许经营权，经双方书面同意后，本次移交程序可提前终止，移交条款由新的特许经营协议规定。

43.11 提前移交。根据本协议发生的提前移交，参照本章执行”。

以上合同条款对于移交标准、移交过渡期和正式移交的具体程序、办法等进行了详细的约定。双方应严格按照约定执行，实施机构可以委托第三方机构协助落实，建议派出律师参与。

要求成果清单

序号	要点内容（参考）
1	整体移交工作方案
2	移交标准清单、移交资产清单
3	项目公司资产审计报告（会计师事务所）
4	项目资产状态专项检查报告（含项目公司整改、修复完成的验收报告）
5	项目接收团队培训计划和相关文件
6	《预移交备忘录》
7	政府批准文件
8	正式移交验收报告
9	正式移交备忘录
10	其他相关文件等

关联政策及规定

本要点关联第二章《政府方监管要点：政策部分》监管要点45：确认项目移交是否按约执行？

表5-37 监管要点及政策依据

确认最终项目移交标准是否清晰？是否按约执行	
财政部《关于印发政府和社会资本合作模式操作指南（试行）的通知》（财金〔2014〕113号）	项目移交时，项目实施机构或政府指定的其他机构代表政府收回项目合同约定的项目资产。项目合同中应明确约定移交形式、补偿方式、移交内容和移交标准。移交形式包括期满终止移交和提前终止移交；补偿方式包括无偿移交和有偿移交；移交内容包括项目资产、人员、文档和知识产权等；移交标准包括设备完好率和最短可使用年限等指标。采用有偿移交的，项目合同中应明确约定补偿方案；没有约定或约定不明的，项目实施机构应按照"恢复相同经济地位"原则拟定补偿方案，报政府审核同意后实施
财政部《政府和社会资本合作模式操作指南（修订稿）》（财办金〔2019〕94号）	政府方应与项目公司（社会资本）共同组建项目移交工作组。项目移交工作组的政府方成员应至少包括来自实施机构、行业主管部门、移交接收机构和国有资产管理部门的人员。若项目期满有偿移交或因提前终止而移交时，财政部门应参与项目移交工作。项目移交工作组应根据项目的移交情形、移交方式、移交内容和移交标准，制定移交清单，以及最后恢复性大修（如适用）、性能测试和员工安置方案。项目移交工作组应严格按照性能测试方案和移交标准对移交资产进行性能测试。性能测试结果不达标的，项目公司（社会资本）应采取恢复性修理、更新重置等补救措施或赔偿损失……项目公司（社会资本）应将满足性能测试要求的项目资产、权益和技术法律文件、由政府方接收的人员，连同资产清单移交给移交接受机构，依法办理转让、变更程序以及管理权移交手续。项目公司（社会资本）应配合做好项目运营平稳过渡相关工作

续表

国家发展改革委《关于切实做好传统基础设施领域政府和社会资本合作有关工作的通知》（发改投资〔2016〕1744号）	政府和社会资本合作期满后，按照合同约定的移交形式、移交内容和移交标准，及时组织开展项目验收、资产交割等工作。推动PPP项目与资本市场深化发展相结合，依托各类产权、股权交易市场，通过股权转让、资产证券化等方式，丰富PPP项目投资退出渠道。提高PPP项目收费权等未来收益变现能力，为社会资本提供多元化、规范化、市场化的退出机制，增强PPP项目的流动性，提升项目价值，吸引更多社会资本参与
财政部《关于印发〈政府和社会资本合作项目财政管理暂行办法〉的通知》（财金〔2016〕92号）	各级财政部门应当会同行业主管部门做好项目资产移交工作。项目合作期满移交的，政府和社会资本双方应按合同约定共同做好移交工作，确保移交过渡期内公共服务的持续稳定供给。项目合同期满前，项目实施机构或政府指定的其他机构应组建项目移交工作组，对移交资产进行性能测试、资产评估和登记入账，项目资产不符合合同约定移交标准的，社会资本应采取补救措施或赔偿损失。项目因故提前终止的，除履行上述移交工作外，如因政府原因或不可抗力原因导致提前终止的，应当依据合同约定给予社会资本相应补偿，并妥善处置项目公司存续债务，保障债权人合法权益；如因社会资本原因导致提前终止的，应当依据合同约定要求社会资本承担相应赔偿责任……各级财政部门应当会同行业主管部门加强对PPP项目债务的监控。PPP项目执行过程中形成的负债，属于项目公司的债务，由项目公司独立承担偿付义务。项目期满移交时，项目公司的债务不得移交给政府
国家发展改革委《关于印发〈传统基础设施领域实施政府和社会资本合作项目工作导则〉的通知》（发改投资〔2016〕2231号）	对于PPP项目合同约定期满移交的项目，政府应与项目公司或社会资本方在合作期结束前一段时间（过渡期）共同组织成立移交工作组，启动移交准备工作。移交工作组按照PPP项目合同约定的移交标准，组织进行资产评估和性能测试，保证项目处于良好运营和维护状态。项目公司应按PPP项目合同要求及有关规定完成移交工作并办理移交手续

续表

交通运输部办公厅《关于印发〈收费公路政府和社会资本合作操作指南〉的通知》（交办财审〔2017〕173号）	在PPP合同期满后，社会资本方或项目公司应当以良好的运营和养护状态将收费公路PPP项目合同约定的项目及其附属设施、相关资料等无偿移交给政府有关部门或项目实施机构。收费公路PPP项目合同中应当明确约定项目移交的过渡期、移交内容和标准、移交程序、质量保证及违约责任等……项目移交应设置过渡期。过渡期宜为PPP合作期限届满前1年或2年，政府有关部门或项目实施机构和社会资本方或项目公司应当联合组建项目移交委员会，研究制定项目移交方案，共同做好项目移交过渡期的相关工作。项目移交方案应当包括移交的资产、资料明细，双方委派的移交人员及移交程序等内容……PPP合同期满前6个月，原审批机构应当对收费公路进行鉴定和验收。经鉴定和验收，公路符合取得收费公路权益时核定的技术等级和标准的，社会资本方或项目公司方可按照国家有关规定向交通运输主管部门办理公路移交手续；不符合取得收费公路权益时核定的技术等级和标准的，社会资本方或项目公司应当在交通运输主管部门确定的期限内进行维修养护，达到要求后，方可按照规定办理公路移交手续

关于合同约定任务监管要点的提炼，会随着合同约定的不同而不同，经过提炼和分析，PPP项目合同约定相关的建设阶段监管要点共计35项：

1. 监管要点54：确认是否已经获得了土地批准手续，相应的费用乙方是否及时、完全支付？并监管确认乙方是否按照协议约定的内容使用该土地？

2. 监管要点55：确认是否已经获得政府对PPP项目的批文和对实施机构的书面授权？

3. 监管要点56：本案中，请高速公路管理站确认是否已经获得××市交通运输委员会的书面授权？

4. 监管要点57：确认项目公司注册资本金、项目资本金是否已经足额、及时出资缴纳到位？融资贷款的条件是否按照协约约定达成？融资贷款是否及时到账，且未影响项目的正常推进？（应确认已经协助乙方提供了项目融资所必须的政府文件，且获得了乙方正式书面的融资交割文件？确认项目公司是否专款专用？）

5. 监管要点 58：确认乙方履约保函是否已经及时足额提交？且该提交的履约保函是否“见索即付”？若提取了保函，是否履行了合适的程序，且确认乙方是否及时予以补足？

6. 监管要点 59：确认项目公司是否有完整的组织架构，各岗位人员均已实际到位履职？确认项目公司是否有经过董事会正式批准的管理制度和管理体系，并遵照执行？

7. 监管要点 60：是否及时批准了《施工总承包合同》等重大协议的签订？保留相应审核记录、招采记录，签订后应保留一份合同原件备案。

8. 监管要点 61：确认乙方是否已经签订保修证书，并遵照执行？

9. 监管要点 62：确认项目公司是否按照约定购买相应保险？

10. 监管要点 63：确认项目公司是否已经按照规定履行并获得了施工许可证及其他项目实施应必须具备的合法合规性手续？若涉及前期手续法人不一致的，确认是否已及时配合乙方办理法人转移手续？

11. 监管要点 64：确认对项目公司的财务监管是否到位？

12. 监管要点 65：确认前期征地拆迁工作是否及时完成，是否符合项目推进进度要求？

13. 监管要点 66：确认项目公司是否已经获得项目所需的公用设施条件？必要时，可以给予充分和必要的协助。

14. 监管要点 67：确认项目公司是否按合同约定支付项目前期费用？若发生违约情形，是否按照合同约定提取履约保函？

15. 监管要点 68：确认项目材料、设备检测是否全部合格？（监理必须跟踪取样，并确认各程序合规）若不合格，要求项目公司整改完成并报备确认，各项工作应完整关闭。

16. 监管要点 69：确认乙方是否按照合同约定支付各类款项，是否及时支付农民工工资？

17. 监管要点 70：确认 PPP 项目建设期是否按照合同约定履约？若有工期变化，是否按照约定履行了批准手续？确认是否存在实施机构原因导致的建设期延误，若有，应批准乙方的顺延建设期要求。

18. 监管要点71：常态化监管投资是否超出批复概算？投资控制上限31.65亿元，若要超出，必须履行完成相应正式批准手续，以避免行政后果。

19. 监管要点72：关于工程变更，是否按照规定执行相应批准程序？

20. 监管要点73：确认项目公司的各项采购程序是否合规？

21. 监管要点74：要求项目公司及时提交《项目公司经营管理大纲》（包括经营方案、建设方案、运营方案等，包含一级控制进度计划）、年度建设进度计划、采购计划、资金计划等，作为年度监管的重要依据。要求项目公司按期提交固定格式的《项目公司经营管理月报》（包括三会工作情况、财务资金情况、工程投资情况、工程建设进度安全质量环保情况、项目运营情况等）、《项目公司经营管理年报》、会计师事务所出具的财务年报等。要求定期召开周例会或月例会，施工总承包单位、监理单位、跟踪审计单位、项目公司、实施机构等共同参加，听取各方工作汇报，并及时落实、处理问题。以上确认定期执行，并存档备案。

22. 监管要点75：确认乙方股权变更是否按照规定执行？

23. 监管要点76：是否已经协助项目公司获得许可的税收和其他优惠？

24. 监管要点77：专项资金是否已经按照规定及时、足额拨付？专项资金的使用是否按照《专项资金使用管理办法》专款专用？

25. 监管要点78：确认项目是否存在需要签订补充协议的情形？若有，确认双方是否已经签订补充协议或变更协议？且该协议已经通过同级人民政府书面批准？

26. 监管要点79：确认项目是否交工验收通过、竣工验收通过？

27. 监管要点80：最终投资的认定方法是否合适？

28. 监管要点81：确认项目公司是否存在视为放弃或严重违约情形？若有该等情形发生，实施机构是否及时介入？是否按照合同约定追求其违约责任？

29. 监管要点82：确认项目是否需要提前终止？若提前终止，确认是否按约处理？

30. 监管要点 83：确认项目是否存在双方不能达成一致的争议问题？若有，应根据合同约定及时处理，不得影响项目稳定推进。

31. 监管要点 84：确认是否存在不可抗力？若有，确认是否按约处理？

32. 监管要点 85：确认是否存在法律变更？若有，确认是否按约处理？

33. 监管要点 88：确认是否定期向政府提交年度监督检查报告？

34. 监管要点 89：确认是否按约及时进行绩效考核工作？

35. 监管要点 93：确认项目信息是否及时披露？

注：“要求成果清单”为提示性建议，非权威最终成果要求，需实施机构根据各地政府相关政策规定和管理要求，灵活调整、灵活增减，故仅供参考。

后 记

这本书熟悉的配方、熟悉的味道，又是一条一条的，和《PPP 项目执行阶段操作指南：100 个实务问题深度解析》一样。

其实有不一样的，《PPP 项目执行阶段操作指南：绩效考核实例》不一样、《SPV 公司标准操作规程》不一样、《项目合同履约指南及风险防控新解》不一样、《PPP 合同体系示范文本》也不一样，主要还是根据书的内容，以及读者更易接受的方式来的，《PPP 项目政府方监管要点》主要还是帮着实施机构明确量化具体监管的点，所以一条一条最为简单直接，比较合适。

实务过程中，我们还可以做得更加细致，比如说，就具体项目整体的监管要点进行筛选适用的条款，再进行表单化处理，形成《××××PPP 项目政府方监管要点清册》，具体管理时候，直接按照表单执行即可，更加简单高效。

一事精致，便能动人，亦其专心致志而然。

是这样的。

我也没有其他追求，就是在建设工程的这个圈圈里兜兜转转，既然做这个了，就捋捋顺，不那么地经常踩同样的雷、不那么地碰到问题思路全无、不那么地虚度时光，就足够了，所以乐此不疲。常总说就是看我持续亢奋的状态有点不正常，但好像只要是想做点事情的，都有点这样的状态，挺有意思的。

既然这样，那就继续亢奋吧，反正也不伤天害理。

下本书再见。

崔德高

2020 年 9 月 7 日

PPP 项目政府方监管要点扫二维码

图书在版编目(CIP)数据

PPP项目政府方监管要点 / 崔德高著. -- 北京:法律出版社,2020
(中核华纬系列丛书)
ISBN 978-7-5197-5195-1

Ⅰ. ①P… Ⅱ. ①崔… Ⅲ. ①政府投资-合作-社会资本-监管机制-中国 Ⅳ. ①F832.48②F124.7

中国版本图书馆CIP数据核字(2020)第244009号

中核华纬系列丛书	**PPP项目政府方监管要点** **PPP XIANGMU ZHENGFUFANG** **JIANGUAN YAODIAN**	崔德高 著	策划编辑 周 洁 责任编辑 周 洁 装帧设计 鲁 娟

出版 法律出版社
总发行 中国法律图书有限公司
经销 新华书店
印刷 天津嘉恒印务有限公司
责任校对 晁明慧
责任印制 胡晓雅

编辑统筹 司法实务出版分社
开本 710毫米×1000毫米 1/16
印张 27.75
字数 385千
版本 2020年12月第1版
印次 2020年12月第1次印刷

法律出版社/北京市丰台区莲花池西里7号(100073)
网址/www.lawpress.com.cn
投稿邮箱/info@lawpress.com.cn
举报维权邮箱/jbwq@lawpress.com.cn
销售热线/400-660-8393
编辑电话/010-83938103

中国法律图书有限公司/北京市丰台区莲花池西里7号(100073)
全国各地中法图分、子公司销售电话:
统一销售客服/400-660-8393/6393
西安分公司/029-85330678
上海分公司/021-62071639/1636
第一法律书店/010-83938432/8433
重庆分公司/023-67453036
深圳分公司/0755-83072995

书号:ISBN 978-7-5197-5195-1
定价:98.00元
(如有缺页或倒装,中国法律图书有限公司负责退换)